弘一大師晚年慈照
(攝於 1937 年 9 月，上海，時年 58 歲)

1899 年（清光緒 25 年），大師 20 歲時，攝於上海寓所，城南草堂。
左為弘一大師，右為友人毛子堅。他們頭上留有髮辮，垂在後面。

1900 年，弘一大師至上海與文友張小樓、蔡小香、袁仲廉、許幻園，合組“天涯五友”留影。左一為當時的李成蹊（弘一大師）。

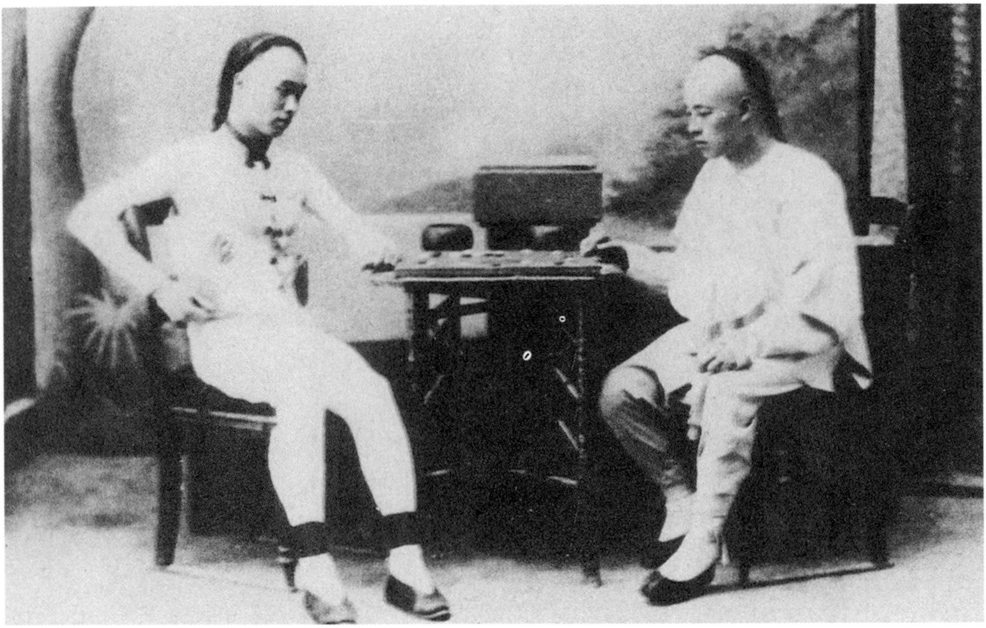

1905 年，弘一大師（李叔同）赴日留學前，在天津自宅與其兄桐岡下圍棋時留影。左為弘一大師，右為李桐岡。

1906年，大師26歲，留學東京，入上野美術專門學校，已剪去髮辮，改著西服，為一瀟灑的青年。

1907 年，弘一大師至日，於東京春柳社演出“茶花女”一劇，
劇終後尚未卸妝，與同學曾孝谷（右）留影。時年 28 歲。

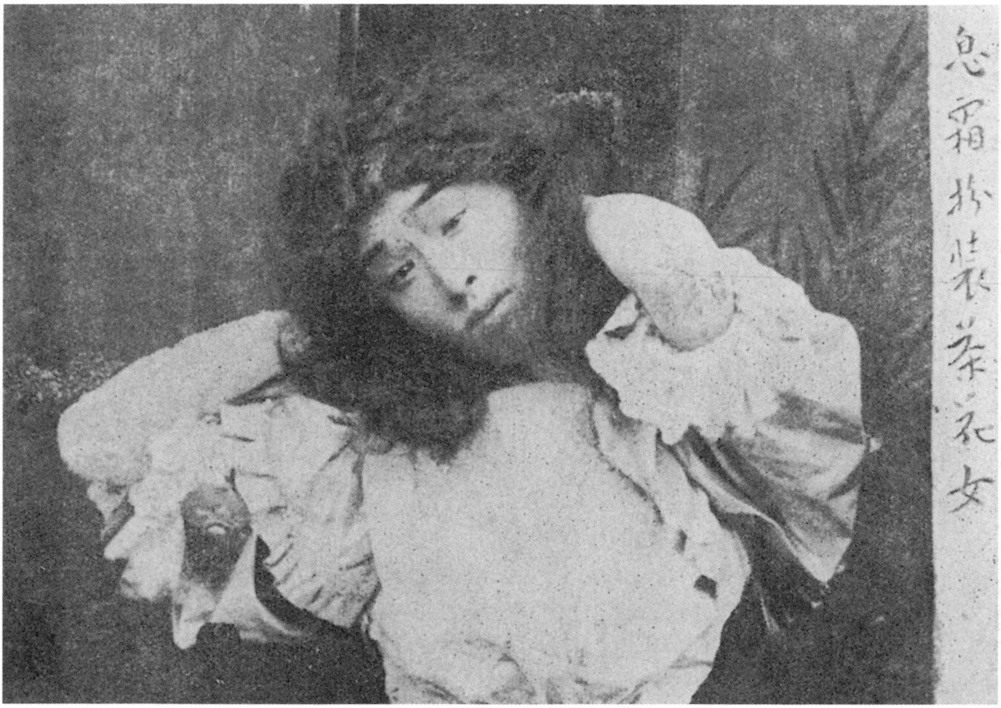

1907 年，弘一大師在日留學演“茶花女”時半身扮相。

1910 年，弘一大師至日留學期間，扮演日本軍官時留影。

SHAKESPEARE
沙翁墓誌
GOOD FREND FOR IESVS SAKE FORBEARE,
TO DIGG THE DVST ENCLOASED HEARE:
BLESE BE YE MAN Y SPARES HES STONES
AND CVRST BE HE YT MOVES MY BONES.

弘一大師於 1911 年將莎士比亞墓誌銘譯為近代英文，並為之題跋，發表於民國 3 年上海太平洋報。左上角為師所譯之英文，右上角為題跋。原件由大師之學生呂伯攸先生收藏。

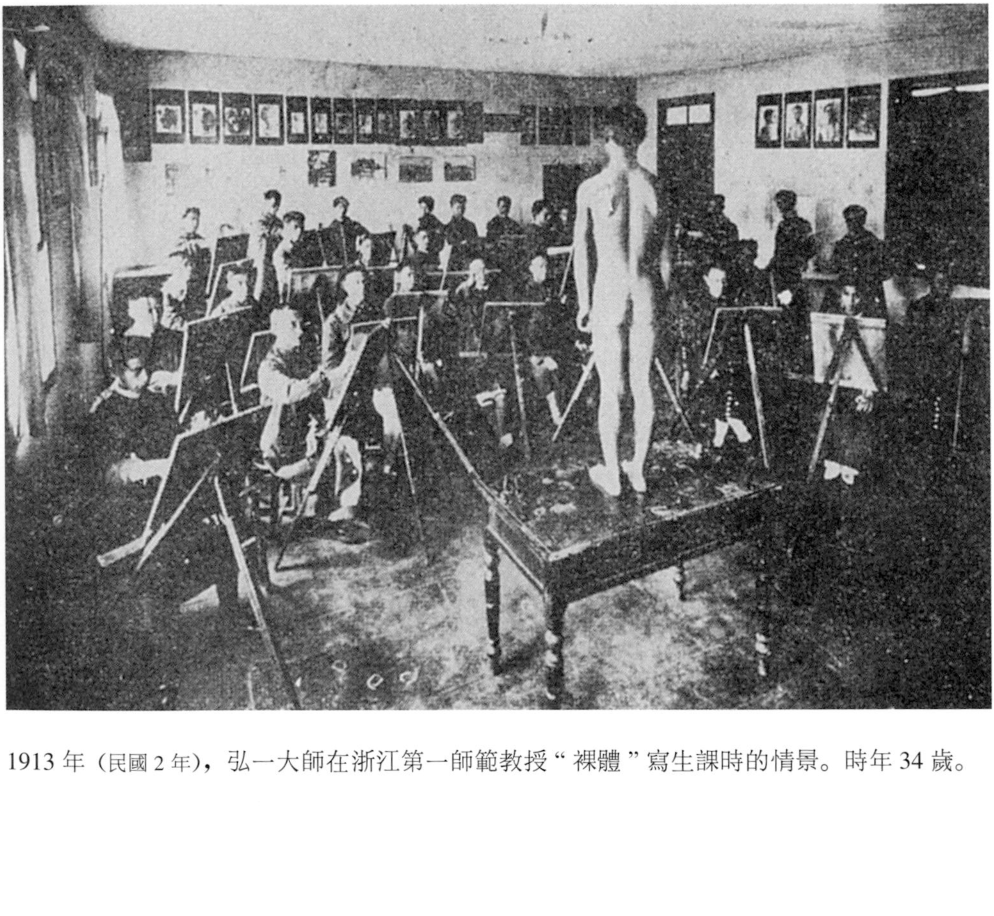

1913 年（民國 2 年），弘一大師在浙江第一師範教授“裸體”寫生課時的情景。時年 34 歲。

1916年12月，大師37歲，時在當年初夏，入杭州虎跑定慧寺斷食後留影。大師棄俗思想於焉發軔。

1918 年，弘一大師在入山修梵行之前，與學生劉質平（左）、豐子愷（右）合影。時為民國 7 年 4 月 15 日，大師 39 歲。

1919年，大師出家次年，40歲時，與作家陸露沙合影於杭州。

1920年9月，弘一大師初出家時，在杭州西湖玉泉寺留影。

1927 年，大師與俗侄李聖章（麟玉）在西湖西泠印社合影。

1937 年，大師 58 歲，時應青島湛山寺倓虛法師之請，赴該寺講律，臨行時，在太原輪上留影。

1939年，大師60歲，駐錫泉州，將去永春習靜前，與皈依弟子黃柏居士合影。

1940 年，弘一大師駐錫泉州留影，時年 61 歲。

1942 年，初春，弘一大師靜居永春山間古寺，時年 63 歲。

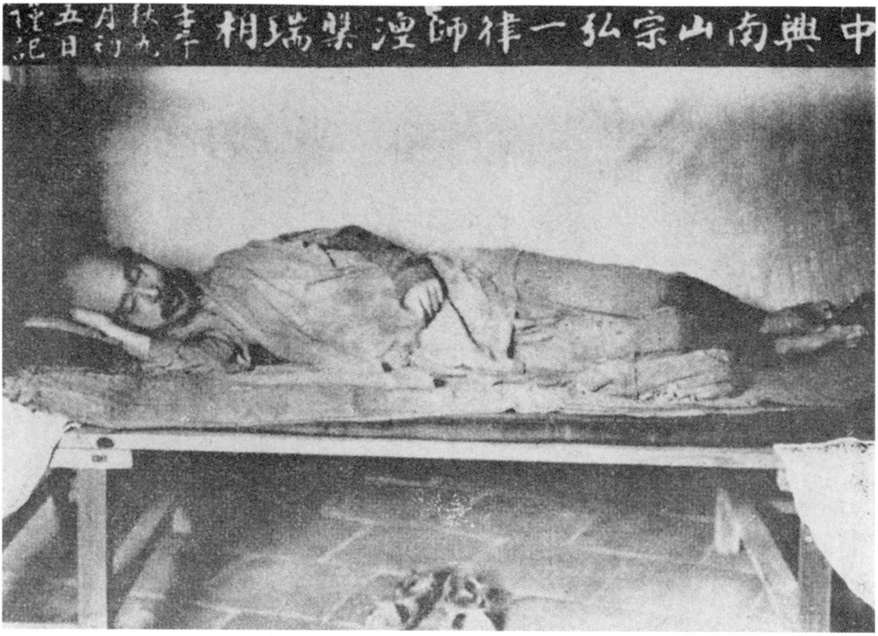

1942 年 10 月 13 日（農曆 9 月初 4 日），大師圓寂於福建泉州溫陵養老院晚晴室，右脇而臥，臨終之瑞相!「悲欣交集」（下），在入滅前，寫交侍者妙蓮法師。這是最後遺墨。

弘一大師杭州舍利塔落成，時在 1954 年元月 10 日。當時參與落成典禮之友生有二十餘人。中留白鬍戴眼鏡者為經學大師馬一浮。

福建泉州清源山風景區，弘一大師舍利塔。

杭州虎跑定慧寺後山弘一大師舍利塔。圖中塔左為圓拙法師，塔右為師生前侍者傳貫法師。

大師扮演黃天霸之劇照。

1905 年以前，大師在上海客串京劇，扮演褚彪（右）之劇照。

一九〇六年，弘一大師在日本留學時所作的人像素描。

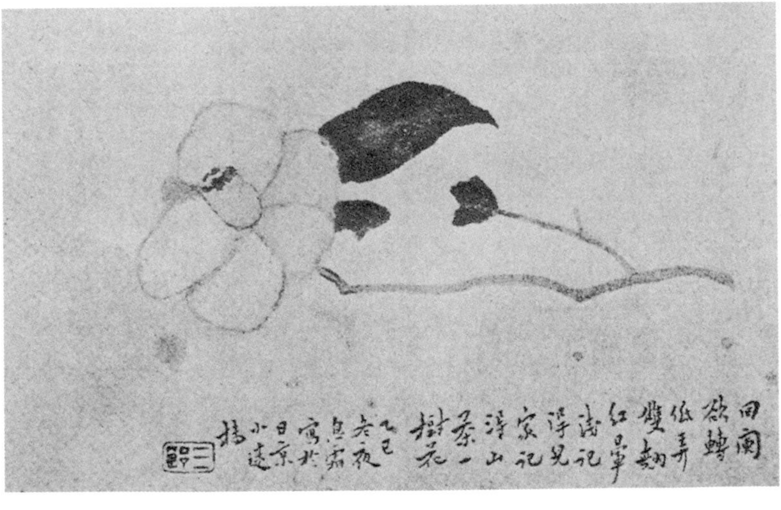

1905 年冬，大師在日留學時所繪的山茶花（水彩）。

1909 年，弘一大師留日時所作油畫“ 花卉 ”，藏於台北儲小石教授家中。此圖為後期印象派作品。大師油畫存於世者，僅此一幅。圖片由陳慧劍居士提供。

華嚴經偈
譬如工畫師
不能知自心
而由心故畫
諸法性如是
心如工畫師
能畫諸世間
五蘊悉從生
無法而不造
無著敬書

弘一大師出家後，一九三〇年代前後所繪之佛像及所題之華嚴經偈。

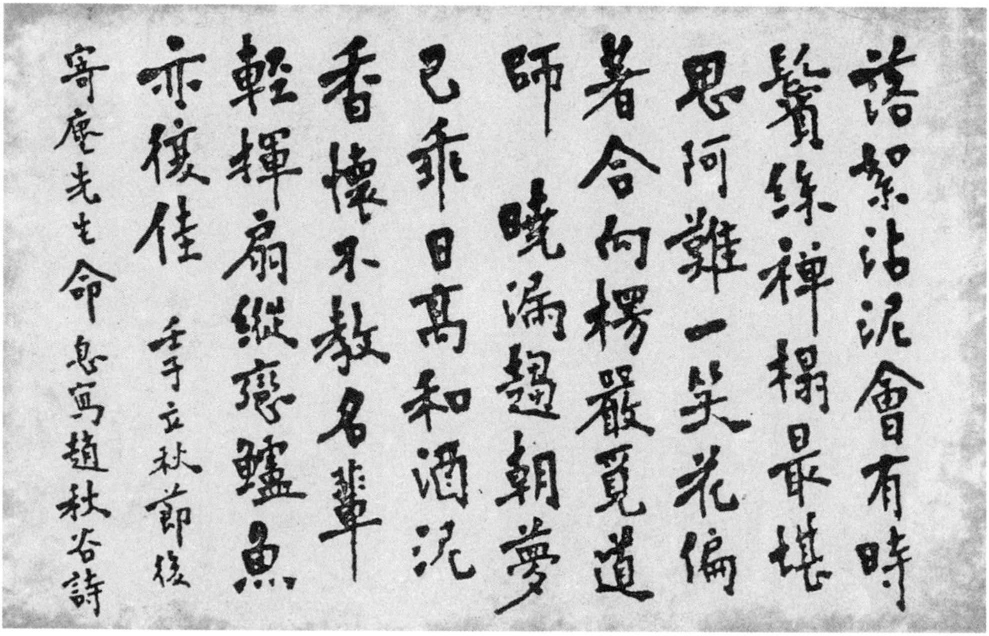

弘一大師早期墨寶。係於 1912 年（民國元年）寫於太平洋報社。寄塵，為當時一位編輯。

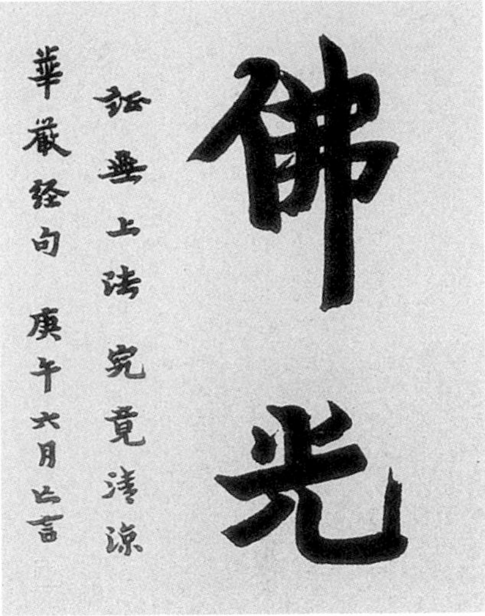

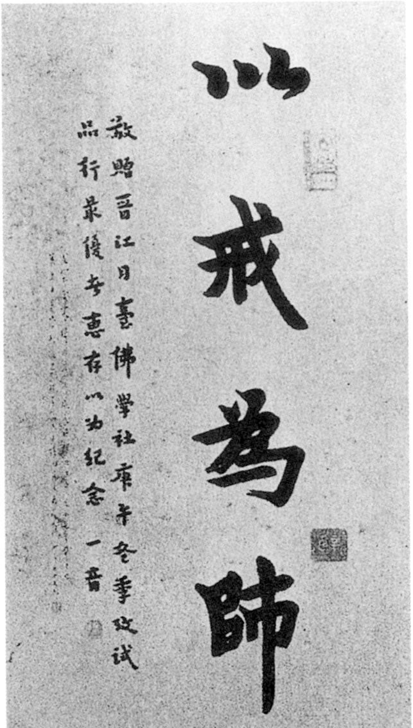

1930年（民國19年），弘一大師時年51歲，手書「以戒為師」等墨寶。此為中期作品。

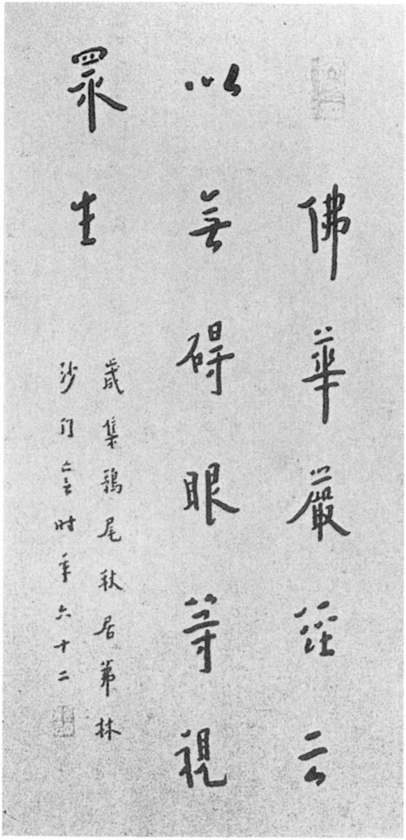
佛華嚴經云
以無礙眼等視
眾生

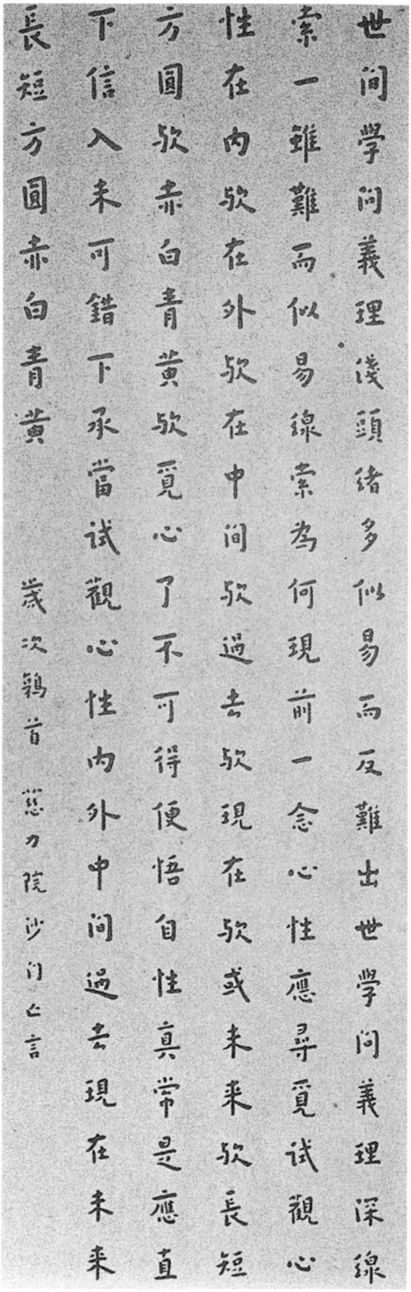
世間學問義理淺頭緒多似易而反難出世學問義理深線
索一雖難而似易線索為何現前一念心性應尋覓試觀心
性在內歟在外歟在中間歟過去歟現在歟或未來歟長短
方圓歟赤白青黃歟覓心了不可得便悟自性真常是應直
下信入未可錯下承當試觀心性內外中間過去現在未來
長短方圓赤白青黃

1941 年，弘一大師手書（清涼歌詞）及《華嚴經句》。此為大師晚期作品。

1918 年以前，弘一大師所作歌及曲，圖中收〈大中華〉、〈祖國歌〉、〈春游〉三首。

1918 年以前，弘一大師在俗時的金石作品。

自序

拙著《弘一大師年譜》，自一九四四年在上海出版至今，歷時已經近半個世紀了。當時烽火彌天，交通梗阻，徵集資料，至為困難。我竭年餘之力，從搜集到的有關弘一大師各種資料，摘錄整理，考證抉剔，約得十四、五萬字。限於當時客觀條件，內容簡陋，許多時期的事跡都是空白，插圖版面亦多欠明晰，實在是很不成熟的作品。

我寫年譜的動機和目的，在初版的前序後記已經有所說明。因為大師於一九四二年在福建泉州圓寂以後，各地佛教報刊雜誌的紀念文章很多，一般都是從個人的角度敍述一些回憶的印象，都不免偏於一時一地的記載，想憑這些互有出入的記載去了解大師的一生是不夠的。於是寫作一部線索分明的年譜，讓讀者可以看出大師一生所走過的道路——這個念頭就在我的腦裡萌生起來了。這可說是我最初的動機。

出版以後，有位讀者寫了一篇〈讀弘一大師年譜〉的文章，發表於上海《大公報》（一九四八年九月廿二日），他是很能理解我作年譜的苦心的。他的文章說：「年譜是實生活的紀錄，固貴詳盡無遺，尤尚語皆有本，真實無訛。這本年譜確能做到這地步。」又說：「弘一大師在世六十三年，從留學生活到教學生活，再到出家生活，其間思想的變遷，生活形態的改變，就好像是一齣的戲劇，毫無遺漏地引證敘述，實在不很容易。」這些話自然是過獎，但也表達一個讀者對於此書的評價和看法。

回憶最初搜集資料時，我首先找到了著名作家夏丏尊先生。他是弘一大師在杭州浙江省立第一師範學校多年的同事和出家後交誼最深的摯友，請他指示寫作的方法和提供他所收藏的資料。夏老那時有病，不能多談，只表示歡喜讚歎。說着就打開書箱，把他多年所收藏的大師手跡和有關資料，供我任意挑選抄錄。

不久我又寫信請教和大師誼在師友之間，曾任上海世界書局總編輯的蔡丏因（冠洛）先生，請他指示寫作大師年譜應注意哪些方面。他很快回我一封長信說：「子青先生左右：省書有《弘一大師年譜》之譔，甚盛甚盛。大師由儒入佛，又善詩詞，其西洋畫與音樂，久為藝壇所重。披剃以後，將平日一切輾轉熏染之習氣，洗滌淨盡，獨為人書寫經偈。蓋不僅以書重，嚴淨澹遠，如見其人，尤足重也。然大師以弘法為急，人因其書以重法方為不負。年譜之要，在釐其思想變遷之跡，判其學術異同之故。涉筆所及，貴實證尤貴識力。實證猶可於函牘中求之，師友見聞中詢之；而別異同、審得失，則非有識力不可。」

他最後說：「憶十九年秋（一九三〇年），余寓紹興。大師將去閩南，由杭過紹，居戒珠寺。

余以師應化事跡，彰彰在人耳目，年遠代湮，或不免傳聞失實。宜及身勒定年譜，以示後人。師言無過人之行，思之徒滋慚愧。惟自幼卽有無常苦空之感，乳母每教誡之，以為非童丱所宜。其後虎跑出家，內心迫切，若非卽時披剃不可者，自亦不能明其故也。……律學一欲復南山之舊，頗以宋明以來趨於簡情為非。常以一念不專，一行不篤，貽羞法門為懼。迹其所言，與靈巖老人實有不同，明代靈峯大師庶幾近之。」（靈巖老人，卽蘇州靈巖山印光法師；靈峯大師，卽浙江北天目山靈峯寺蕅益大師）

從蔡丏因的信看來，他是曾請大師於生前自定年譜的。但大師盛德謙光，豈肯自我標榜？終以「平生無過人之行」謝之。

我編的年譜出版後，蔡丏因在上海《覺有情》雜誌，先後發表《弘一大師年譜廣證》和《弘一大師經籍題記彙編》，並在我送他的《年譜》上寫得密密麻麻的有關資料托人轉送給我。《廣證》和《彙編》雖然只是他個人收藏的部分資料，但這些資料對我增訂年譜的工作卻有很大的幫助。

《年譜》初版時，大師出家前寫的《斷食日志》和一九三七年口述、高勝進筆記的《我在西湖出家的經過》，我尚未見過。許多情況是從蔡丏因的《年譜廣證》看到的。

一九四七年，在《覺有情》雜誌上看到胡宅梵寫的〈弘一大師勝緣紀略〉文中追記的事迹，足補一九二九年至一九三一年年譜的空白。〈紀略〉大意說：「我是一九二九年秋，在白湖金仙寺由亦幻法師介紹認識大師的。見師氣度靜穆，慈藹被人，一見興感，曾寫〈見了弘一法師〉一文，刊於《現代僧伽》，並和大師在金仙寺同聽天臺靜權法師講《地藏經》。（聽經應該是一九三〇年的事——著者。）復允余皈依為弟子，並取法名為『勝月』。後來我寫了一部《地藏經白話解》，大師曾為我題簽和作序。

「一九三一年，棲蓮和尚為五磊山住持，請師駐錫，我隨師上山。天未明，師已起上大殿，親擊鐘磬，導衆念佛。其間並與亦幻、文濤、顯真、棲蓮、慧純居士等十人，發起求生西方普賢願，親製願文。是年孟冬，師創律學院不成，下山居金仙寺。時有鎮海龍山伏龍寺住持誠一法師，請去供養，師命余隨往。至則居關房內，我小住卽歸。龍山風景，兼山海之勝，師從未出關欣賞。值新晴，請師賞領；師不允，蓋不耽逸樂也。」

在增訂年譜過程中，給我最大幫助的是大師俗姪李聖章（麟玉）先生。一九五六年，我到北京以後，早想前去拜訪他，了解一下李家的變遷情況。聽說他是全國政協委員，我就寫了一信請政協代轉。一九六四年四月十九日，約好在他家裡見面時，談了很多話。他說他的祖父名世珍（此名我初次聽到），字筱樓，和桐城吳摯甫（汝綸）是同治四年（一八六五）的進士同年。告辭的時候，聖章先生捧出一大堆有關大師在俗的寶貴資料說：「我看過您寫的《弘一大師年譜》，很費一番苦心！這些資料對您將來增訂年譜時，可能是有用的，請留下作個紀念吧。」

我回家打開一看，完全是我多年想看而找不到的資料，想不到竟會在北京發現！其中最難得的是日本明治三十九年（一九〇六）十月四日東京《國民新聞》記者採訪李哀的〈清國人志於洋畫〉的剪報（此文我已譯出，載於《弘一法師》紀念集）。

其次是大師致李聖章的十七通手札真迹和工楷書寫的《晚晴賸語》七紙，對大師出家的經過和志願及雲遊踪跡，以及精心撰述的散文傳記等，都是極為寶貴的資料。此外還有大師十八九歲時入天津縣學所作的「課藝」（時文）原稿十餘篇，足以窺見大師青年時代的學力和思想。

出版的小冊有：《唐靜岩司馬真蹟》、《辛丑北征淚墨》（大師早年所作的許多詩詞就在此書發見的）、《詩鐘彙編初集》、《漢甘林瓦硯題辭》、《法學門徑書》（翻譯）、《國際私法》（翻譯），以及許幻園的《城南草堂筆記》、宋貞（幻園夫人夢仙女士）的《天籟閣四種》等。還有蔡元培手批的「南洋公學作文」一篇。光緒二十八年補行「庚子、辛丑恩正併科浙江鄉試第叁場考卷」封面一紙（內署嘉興府平湖縣監生李廣平）。這些作品都是大師留日之前極重要的資料。

關於大師留學日本的記載資料，最初我只看到《上海通志館期刊》胡懷琛撰的〈上海學藝概要〉和歐陽予倩的〈自我演戲以來〉，略知他在東京美術學校學習油畫和音樂，並與同學曾延年（孝谷）等共同創立「春柳社」演劇團體，演出過《茶花女遺事》和《黑奴籲天錄》而已。其他都是空白。

一九五六年我到北京後，偶於友人處看到一本程淯著的《丙午日本遊記》（程淯字白葭，江蘇常州人。清末從事新聞工作於山西。一九〇六年奉派赴日考察工藝醫學，著有《丙午日本遊記》），適有參觀

「東京美術學校」記事頗詳。才知道大師考入東京美術學校的大概情況。同時看到《國民新聞》的〈清國人志於洋畫〉的報導，對於大師考入美校的時間和學習情況就更清楚了。

近年由於殊勝的因緣，得與日本作家吉田登志子女士通信，涉及大師早年詩作的解釋和春柳社的演出問題。我曾介紹戰前上海舉行的〈中國劇運先驅者懷舊座談會〉的雜誌紀錄給她。而她回報我的是一些登載李叔同參加日本漢詩壇活動的《隨鷗集》（日本明治時代著名漢詩人森槐南、大久保湘南等所組織的「隨鷗吟社」機關刊物），中村忠行的《春柳社逸史稿》，濱　一衛的〈關於春柳社的黑奴籲天錄〉，一九〇七年《早稻田文學》七月號所載伊原青青園的〈清國人的學生劇〉，及一九五七年歐陽予倩給中村忠行的信——《歐陽予倩先生的書簡》等。這些文章對於大師日本留學時代的演劇活動都是非常重要的資料。

從日本學者研究的資料看來，著名漢學家吉川幸次郎博士早就看過拙著的《弘一大師年譜》和收藏它的。濱　一衛寫的〈關於春柳社的黑奴籲天錄〉一文，基本上就是從吉川博士那裏借到的《年譜》寫成。據濱氏的文章說：「曾孝谷在明治四十四年（一九一一）美術學校畢業（同學會名簿）為止和李岸是同班同學，即自一九〇六年九月至一九一一年三月在學的。據當時當這油畫科班長直到畢業的山口亮一氏說：這個班裏有留學生三人，曾李之外有一印度人拉奧氏。」這和程淯的《丙午日本遊記》記載相符。《遊記》說：「西洋畫科之木炭畫室，中有吾國學生二人：一名李岸，一名曾延年。」同時濱氏還根據美校的「五年制」與一九一一年的畢業紀念照片，訂正拙著《年譜》的「一九一〇年畢業歸國」為一九一一年畢業之誤。

一九五六年中村忠行寫的《春柳社逸史稿》，對李岸留學時期的文化活動有更詳細的介紹。他說：「春柳社的創立是一九〇六年，其中心人物是曾延年與李岸，已經是衆所周知的事。兩人都是當時東京美術學校在籍的學生。就李岸說，以年僅二十七歲，早已主編《音樂小雜誌》那樣早熟的文學青年，留學日本後，似乎不久就努力和日本文化人有所接觸。一九〇六年六月，早已加入漢詩人森槐南、大久保湘南所領導的『隨鷗吟社』。七月一日即列席於偕樂園舉行的『副島蒼海以下十名士的追荐筵』，賦詩見志。當時的李叔同最注意的，除專門的繪畫與音樂的學習，似乎就是作詩。這時以後，他便常常參與『隨鷗吟社』的詩會或聽森槐南的李義山詩的講解，或投詩稿於《隨鷗集》，深得主編大久保湘南的稱許。同時日本一流的漢詩人們也歡喜和這年輕的中國詩人結交。可見大師留學初期在日本多方面的文化活動。」

最後發現的資料，是一九八八年四月二十日《天津日報》登載的〈李叔同史料的新發現〉，繼由天津圖書館高成元撰寫發表於《天津史志》（一九九〇年第三期）的〈李叔同革新喪禮的事迹〉。這兩種資料出於同一來源，都是根據一九〇五年天津《大公報》七八月間報導的關於李叔同革新喪禮的記事。

高成元的文章說：「一九〇五年初夏，李叔同的母親病逝於上海。他挈眷扶柩，歸津葬母。」此次居津的活動，是他傳記中的一段空白。高成元從當年天津《大公報》上發現了一組珍貴的史料，記載了李叔同革新喪禮安葬亡母的詳情，填補了這一段空白。他說：「在李叔同為他母親舉行喪禮的前六天，《大公報》就在『本埠新聞』欄中以『文明喪禮』為題預報說：『河東（天津河東區）李叔同君，新世界之傑士也。其母王太夫人月前病故，李君特定於本（七）月二十九日開追悼會，盡除一切繁文縟節，別定新儀。』次日《大公報》又公布了新儀的具體內容。除稱『備有西餐，以饗來賓』外，並附有〈哀啓〉說：『我國喪儀，繁文縟節，俚俗已甚。李叔同君廣平願力祛其舊。爰與同人商酌，據東西各國追悼會之例，略為變通，另定新儀。』」（詳情請參閱本年譜一九〇五年條）

由于近年「弘一研究熱」的興起，國內外許多小說、散文、隨筆的記事，為了迎合羣衆的某種趣味，便寫出了許多虛構的奇談怪論，甚至把他神化起來，使讀者把他當做怪人、超人看待。例如有人說，大師誕生時，有喜鵲銜松枝降其室，父母視為吉兆，垂髫之年，卽將松枝贈作紀念。但據李家後人說，絕未聞有此異事。又一般作者常把「滬學會」與「强學會」相混淆（以上二則均見丁福保《弘一大師文鈔序》），其實「强學會」是康有為早年組織的政治性團體，成立于一八九五年（《康南海自編年譜》）；而「滬學會」是個社會教育團體，成立于一九〇四年，性質完全不同（《民國人物傳》第一卷《穆藕初傳》）。有的小說還說大師在留學時期曾加入過「中國同盟會」，見過孫中山，而且填寫了「盟書」，向天宣誓，以為非如此不足以表現大師革命的思想。其實這些虛構的傳說是對大師歷史的歪曲。

還有一位作家說：「李叔同曾娶過一位日本夫人。有一天岳母來看女兒，談了半天，天忽然下起雨來。岳母要借一把傘回去，叔同無論如何不答應。」此事在徐半梅的《話劇初期回憶錄》也曾提到，說明其脾氣之怪。但大師的老同學黃炎培在〈我也來談談李叔同先生〉一文中却說：「他的風度一貫很溫和很靜穆——我看到『不肯把雨傘借給丈母娘』的記載，有些驚訝。」

大師最怕被人揑造神話，以資宣傳。一九三八年初夏，他從廈門避難到漳州，居城東瑞竹岩。志載瑞竹岩的得名，本有一段神話：謂五代時高僧楚熙，結茆于此，剞竹引泉，後竹生笋，因名「瑞竹」。師居瑞竹岩時，聞有枯竹萌芽，好事者為文載于報端，謂係大師蒞臨瑞應。師聞之急令人闢謠，住數月卽離岩而去云。

弘一大師音公圓寂已近五十年了。隨着時光的流逝，和他同代已故的高僧大德已逐漸為人們所淡忘；但大師逝世以後，人們對他的懷念景仰却是與日俱增的。因為大師生前以美術書法馳譽當世，修養高深，行解相應，所謂「明昌佛法，潛挽世風」，是中國道俗公認的律宗高僧。

弘一大師的出家，一般人都不很理解。各人有各人的看法，大多數知識分子對他好像都抱一種惋惜的心情。因為他多才多藝，於藝術領域幾乎無所不精。有位作家說：「就藝術論藝術，弘一法師是一個難得的全才。從藝術應有的作用來說，由於他世界觀的極度消極，其才華並沒有很好的發揮。因此他的後半生和他的整個藝術生命都是個不幸的悲劇。」這是世俗較有代表性的說法；然而這也是片面的。著名美學家朱光潛說：「弘一法師……是以出世的精神做入世事業的。

入世事業在分工制下可以有多種，他是從文化思想這個根本上着眼。他持律那樣謹嚴，一生清風亮節，會永遠頑廉立懦，為精神文化樹立了豐碑。」

弘一大師非常重視人的品格修養。他常誡人說：「應使文藝以人傳，不可人以文藝傳。」作為一個虔誠的佛教徒，他忠實於自己的信仰。凡事身體力行，言行一致，這種精神對任何人都是有啓廸的。有人說他出家前後所從事的事業和追求的理想大不一樣。我以為這正是他由藝術昇華到宗教的表現。大師的高足豐子愷說得好，「藝術的最高點和宗教相接近」，他認為大師的出家是當然的。他用三層樓打比喻說：人的生活可以分為三層：一是物質生活，二是精神生活，三是靈魂生活。物質生活就是衣食，精神生活就是學術文藝，靈魂生活就是宗教。大師對他出家前後所從事的事業和追求的理想的那種精神，却是始終如一的。這就是認真的、虔誠的、獻身的精神。

本年譜增訂版之得以問世，是在過去四十多年搜集資料的過程中，和國內外大德師友的督促幫助分不開的。特別是曾親近過大師的亦幻、圓拙、廣義諸法師不斷地慫恿和鼓勵，希望我能利用掌握的資料，寫出比較詳盡可信的大師年譜，以貢獻於當代及後世景仰大師的讀者。後來陸續得到杭州張慕槎、天津王慰曾、上海彭長青、溫嶺陳曼聲諸先生熱情地為我複印有關資料和剪寄報章，使我不顧衰老，得以耄耋之年來完成這項艱鉅的工作。對於這些大德友人無私的協助，謹致衷心的感謝。

一九八八年秋，我以參加編輯【弘一大師全集】的因緣，客居泉州開元寺，臺灣故廣欽長老的高足傳顗法師適以修建欽公紀念塔莅寺。他聽說我正從事《弘一大師年譜》的增訂工作，非常歡喜讚歎。回臺以後，轉告《弘一大師傳》的作者陳慧劍居士。陳居士對於大師的學問道德及其風範，早有虔誠的敬仰和深刻的研究，志同道合，聞之亦隨喜不置，來信表示願意介紹給臺灣東大圖書公司出版，這是本書在臺出版的因緣。在此之前，一九五九年香港弘化苑用四號字重印的是上海出版的初印本，由于付印匆促，許多錯字都未及校正，過了約二十年的一九七八年，臺北天華出版公司又改用五號字把它重新翻印，許多錯字仍未改正，內容也未變動。回憶本書初版時，著者體力尚健，而今已屆耄耋之年，視力衰退，思路遲鈍，書中資料安排失當，錯誤重複之處，定所難免。尚希十方大德，不吝賜教。

一九九二年一月八日林子青識於北京

凡例

一、本年譜之目的，在於搜輯有關弘一大師之研究資料，試圖將他的生平事蹟，勾出一個比較符合事實的輪廓，提供給景仰大師的讀者。

二、本年譜初版至今，已近半個世紀。其間新資料之發現需要增補，初版年譜之記事與錯字及繫年之有誤者需要訂正，故稱爲「弘一大師新譜」。

三、本年譜之體裁，大體以初版之內容結構爲基礎。追加資料約較初版增加兩三倍，多是不易得到的資料。

四、本年譜於每年開始，作一提要概述，簡明扼要。樂簡易者，閱覽提要，即可知其一年事蹟。每年所繫各事，順序逐條編入。其重要者或引全文，文繁者只加摘錄，必明出處。凡獨立記載之材料，皆用數字號碼❶❷❸❹等標出，以便對號檢讀原文。凡同一記事而材料各別者，則列於主要記事之次，而以「又」字冠其首。

五、本年譜記事所用年月，根據譜主所作序跋題記，及書札所署年月，以陰曆爲主；但紀念文字用陽曆者則仍其舊。各刊物之文字記載，多憑記憶寫作，年月有出入者，則以所知比較推算而訂正之。

六、本年譜所引用之文字記載，皆於每篇之首標明作者及其題目；譜主自作則但標題名以資識別。

七、近代學者著書或寫論文，引用文字之處，每憚繁瑣，常以「見某書某章某頁」略之，而不引用原文。本年譜所引譜主撰述，無論長短，皆盡量引用，以省讀者檢索之勞，而得直接欣賞大師文字風格。

八、本年譜除譜主稱大師或單稱師外，其餘引用文字作者姓名，概略敬稱。

弘一大師新譜

目次

大師姓名、別號及其家世概略

大師俗姓李，祖籍浙江平湖，世居天津，遂爲津人。幼名成蹊，一名廣侯，字叔同，亦作漱筒、瘦桐、舒統、俶同、庶同、俗同，別號惜霜。入天津縣學時，名文濤。弱冠奉母至滬，入南洋公學及赴浙江鄉試，改名廣平。鬻書時，稱醾紈閣主。廿六歲喪母後，改名哀，字哀公。留學日本東京美術學校時，初名哀，繼名岸。創立話劇團體「春柳社」時，藝名息霜，報刊署名作惜霜。歸國後，任上海《太平洋報畫刊》編輯，正稱李叔同，後加入柳亞子領導的文學革命團體「南社」，又名凡。任教杭州浙江省立第一師範學校時，名息，字息翁。民國五年試驗斷食後，改名欣，號欣欣道人；旋又名嬰，字黴陽，號黃昏老人。出家後，法名演音，號弘一，別署甚多。常用而可考見者如下：

曇昉　僧胤　弘裔　論月　月臂　一音　一相　一月　一味　入玄

大心　大山　大明　大慈　大誓　大舟　大捨　大安　不著　不轉

不動　不息　亡言　方廣　月音　月鐙　玄入　玄會　玄明　玄門
玄策　玄棨　如月　如眼　如說　如實　如智　如空　如理　自在
安立　安住　光網　妙勝　妙著　妙嚴　念慧　念智　成就　成智
成實　法城　法日　法幢　智身　智幢　智炬　智入　智門　智鐙
智眼　智藏　智境　智音　智住　智理　慈目　慈力　慈風　慈捨
慈月　慈現　慈鐙　慈藏　無有　無盡　無得　無說　無厭　無等
無所　無縛　無依　無住　無作　為勝　為依　為明　為首　為導
為炬　為趣　為護　為歸　為舍　善月　善知　善思　善惟　善解
善愍　善夢　善現　善攝　善入　善量　善臂　勝力　勝月　勝音
勝行　勝幢　勝髻　勝臂　勝鐙　勝願　勝解　勝祐　勝慧　慧幢
慧樹　慧鐙　慧牙　實語　實慧　實智　實義　真月　真義　瑞立
晚晴　龍音　龍臂　悲幢　悲願　堅固　堅鐙　德幢　德藏　調順
調柔　調伏　離垢　離著　離忍　離相　髻嚴　髻光　嚴正　嚴髻

【按】劉質平〈弘一大師史略〉，將大師「筆名」包括演音、弘一名號在內，共列爲二百。玆僅取一百五十。餘不常見從略。

常署別號有：

李廬主人　醿紈閣主　黃昏老人　大心凡夫　摩頤行者　晚晴老人

薝葡老人　南社舊侶　澹泞道人　晨暉老人　善夢老人　尊勝老人

二一老人　無著道人　婆心庵主　賢瓶道人等。

大師在家與出家之名號雖多，要之在家以李叔同之名，出家以弘一之法號爲世所通稱。

【按】《樂石社社友小傳》：「李息，字叔同，一字息翁，燕人或曰當湖人。幼嗜金石書畫之學。……生平易名字百十數。名之著者曰文濤、曰下、曰成蹊、曰廣平、曰岸、曰哀、曰凡。字之著者曰叔桐、曰漱筒、曰惜霜、曰桃溪、曰李廬、曰壙廬、曰息霜；又自謚曰哀公。」（此條似爲一九一四年李息所自記。「李下」一名與「成蹊」合義，取「桃李不言，下自成蹊」之意，署名曾見於致徐耀庭書札。「桃溪」、「壙廬」二號，則殊罕見。——著者。）

大師在俗世系，其遠祖已難詳考。原籍爲浙江平湖，一說原籍山西。一九六四年余在京曾親問其姪李聖章麟玉，亦云有此一說，但未知確爲何處。又謂大師廿三歲在滬時，爲應浙江鄉試，便於報考，乃預納監生為浙江嘉興府平湖縣籍。然浙江平湖，古名當湖，大師十七歲時，其師唐育厚為他所作書法範本《唐靜岩司馬眞蹟》題簽時，他已自署「當湖李成蹊」，故似稱「原籍浙江平湖」為妥。

據光緒二十八年（一九〇二）補行庚子、辛丑恩正併科浙江鄉試第三場考卷所開「籍貫三代」記錄，李廣平是年二十三歲，自署為「嘉興府平湖縣監生李廣平」，其所開三代為：

曾祖　忠孝　祖　錕　本生祖　銳　父　世榮　本生父　世珍。

李家先世因經營鹽業於天津，遂寄籍焉。父諱世珍，號筱樓，一作曉樓。清同治四年（一八六五）會試，與桐城吳汝綸（摯甫）同年，傳出瑞安孫渠田學士門下。

筱樓先生通籍後，曾官吏部 主事（「前清進士受職後，恆分各部觀政，名曰主事。」見林紓《畏廬瑣記》，著者。）

【按】李聖章之女李孟娟〈弘一法師的俗家〉：「我是弘一法師俗家的後代。我的曾祖父李筱樓，諱世珍（一八一三－一八八四），因曾創辦了『桐達』等幾家錢鋪，故人稱我家為『桐達李家』。曾祖父筱樓公……是清同治四年（一八六五）乙丑科這一年內先考取了舉人（員生）和進士的。中進士後，曾任吏部主事，數年後辭官經商。」

「在北京『第一歷史檔案館』的藏書中，有一冊手抄本的《乙丑科會試題名錄》，內載中試各省貢士二百五十二名的名次、姓名、籍貫等。我曾祖父名下這樣寫着：第七十名　李世珍、直隸天津府天津縣『附生』。」

「又大師致勝進居士高文顯書：『奉上《韓翰林集評註》一册，爲北方新刊本，吳摯甫評註。……吳摯甫與先父爲進士同年。時先父年踰五旬，吳氏僅二十餘歲。』」

筱樓先生生平邃於性理之學，晚年好內典，尤耽禪悅，樂善好施，設立義塾，與李嗣香、嚴仁波（嚴範孫之父）等友好，創辦「備濟社」，專事撫恤貧寒孤寡，施捨衣食棺木，津人稱之爲李善人。又因曾創辦過「桐達」等幾家錢舖，故被稱爲「桐達李家」。先生有一妻二妾，有子三人。長子名文錦，係嫡出，因彼長師五十歲，初誤傳爲夭折，實曾結婚有子，在有子（即師之長姪）後死去，其子又夭折，繼世無人。故胡宅梵《大師童年行述》云：「時有王孝廉（舉人）者，至普陀出家，返居天津之無量庵。師之大姪婦早寡，常從王孝廉學大悲咒、往生咒等。」此大姪婦，即文錦之夫人。

次子文熙，字桐岡，號敬甫（一九二九年去世，年六十二），長師十二歲。因他幼年羸弱，恐其不壽，故又納王氏爲側室而生大師。大師生時，其父已六十八歲，母年纔十九。

大師行三，幼名成蹊，取「桃李不言，下自成蹊」之意。學名文濤，字叔同，嘗自署三郎。

世傳大師生時，有鵲銜松枝降其室，以爲生有異徵，常隨身攜帶以爲紀念。後人更輾轉相傳，謂此松枝至大師入滅時，仍掛於臥室壁上。此爲好事者故弄玄虛，其實大師未嘗自言，親近弟子亦未曾聞，故斷無此事。

大師生五歲而失怙，賴王太夫人撫育成人。自幼聰穎過人。童年從天津趙幼梅、唐敬嚴、嚴範孫、王仁安、王吟笙、孟定生、王綸閣、王雪民、周嘯麟、李紹蓮、姚品侯、姚兆臣、馮玉夫、曹幼占、陳寶泉等，學習詩文書畫篆刻，切磋學問，爲同輩所稱。十七八歲時，以文童入天津縣學，學習時文（八股文）制藝。其文字修養，實基於是。

戊戌政變時，大師年方十九。京津之士，有傳其爲康梁同黨者，遂奉母氏王太夫人及眷屬，南下上海。僦居於前法租界卜鄰里。因加入城南文社，得識松江名士許幻園。庚子之夏，應幻園之邀，移居於其城南草堂，並與江灣蔡小香、江陰張小樓、寶山袁希濂、松江許幻園，結爲同譜兄弟，號稱「天涯五友」。在城南草堂時，其正廳題爲「醾紈閣」，幻園爲書「李廬」二字贈之，因自稱李廬主人。其《李廬印譜》、《李廬詩鐘》、《二十自述詩》，即作於是時。

一九〇一年辛丑，大師改名李廣平，考入上海南洋公學爲特班生，從蔡元培先生受業，與邵力子、謝無量、洪允祥、黃炎培、王莪孫、胡仁源、殷祖伊、項驤、貝壽同等，同爲蔡氏所賞識。蔡氏主授國文，兼教諸生讀和文之法，使自譯和文之書。大師之識日文自此始。其間曾譯《法學門徑書》及《國際私法》，越數年，由當時上海開明書店出版。

一九〇二年壬寅，各省補行庚子、辛丑恩正併科鄉試，大師納監爲浙江嘉興府平湖縣籍監生。八月，赴浙江應試，連考三場未中。報罷後，仍回南洋公學就讀。是年南洋公學學生因反對教員之專制，發生罷課風潮。冬月，各班相率退學者二百餘人。

大師自南洋公學散學以後，傳一度擔任聖約翰大學國文教員。一九〇四至〇五年間，聯合思想進步友朋，擇地租界以外之南市，創設「滬學會」，經常召開講演，利用演劇以宣傳改良婚姻，移風易俗。他的〈爲滬學會撰文野婚姻新戲旣竟，系之以詩〉，卽此時作品。滬學會又開辦補習學校，教育社會青年，是爲國內補習學校之嚆矢。大師自撰詞作曲之〈祖國歌〉，卽爲此「滬學會補習科」而作，爲當時一般學校青年男女所愛唱。

一九〇五年（農曆）二月初五日，慈母王太夫人在滬病故。大師扶柩還津，定期舉行追悼會，提倡改革喪禮。喪事完畢，卽東渡日本留學。

大師在俗原配俞氏，在滬生二子：長名準，次名端。有姪二人：長名麟玉，字聖章，留學法國，曾任中法大學校長；次名麟璽，字晉章，精篆刻，服務銀行界。

茲將天津桐達李家五代世系列表如次：（見下頁）

天津桐達李家五代世系略表

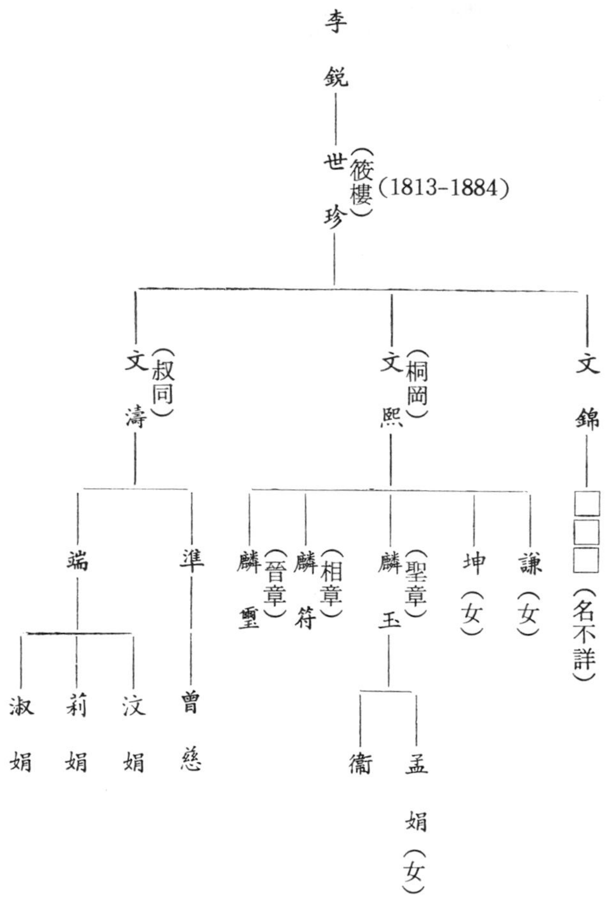

【譜 文】

一八八〇年（光緒六年庚辰） 一歲

是年陰曆九月二十日，大師出生於天津河東（區）地藏庵前陸家胡同老宅。父進士筱樓先生已六十八歲❶，母王太夫人年始十九，屬簉室。時師之長兄文錦，長師近五十歲，婚後得嗣，後又早逝，其名遂不傳於世。次兄文熙，字桐岡，號敬甫，長師十二歲。不久，筱樓先生購進一新屋於河東（區）山西會館南路西大門，李家遂遷居於此，即今糧店後街六十二號是也。

該處計有前後兩進住宅，兩個跨院，四個院落呈田字形，當中有一個小花園，名爲「意園」（亦稱洋書房），結構精雅。全宅共有四十餘間房舍。（見李端〈追憶先父李叔同事蹟片斷〉）

傳說大師生時，有鵲銜松枝降其室，認爲大師生有異徵，其實並無此事❷。

注釋

❶ 姜丹書〈弘一律師小傳〉：「其父某公為名進士，清光緒六年，生上人於簉室。時父年已六十有八，而母年纔二十餘。」

❷「雀銜松枝」之說，始見於一九二六年九月十七日《小說世界》發表的呂伯攸〈記李叔同先生〉：「據他（大師）說，這（松枝）便是他當年呱呱墮地的時候，由一隻喜鵲銜着飛進來，落在產婦床前的。」後來姜丹書〈弘一律師小傳〉踏襲此說，說「上人自言，至年長時，此松枝猶保存云。」最荒唐的是《覺有情》雜誌當時所引的《晉江通信》說：『法師圓寂時，此木仍端掛於禪榻旁之壁上，今存泉州開元寺。』關於此事，圓拙法師曾問過大師圓寂時為其料理後事的妙蓮法師。他說掛在禪房壁上的樹枝是泉州的龍眼樹枝，大師平時用以懸掛笠子帽子之類者。文人好事，故神其說以惑世人，可謂厚誣大師。」

【按】姜丹書（一八八四—一九六二），字敬廬，江蘇溧陽人，南京兩江優級師範學校畢業。與大師在杭州浙江省立第一師範學校同事七年，交至相得。

一九四九年後任浙江美協副主席，一九六二年八月六日逝於杭州，年七十八。（見一九六二年《美術》第四號）遺著《姜丹書藝術教育雜著》，一九九一年浙江教育出版社出版。

一八八四年（光緒十年甲申） 五歲

是年陰曆八月初五日，父筱樓先生病故，享年七十二歲。他生前爲李家起名「存樸堂」，並親自書寫匾額，懸於大客廳正中，當時津人稱之爲「存樸堂李筱樓家」或「桐達李家」。

是年四月，李鴻章在天津與法國議和，八月拜大學士（宰相），適李筱樓逝世（聞筱樓與鴻章爲鄉試同年，交情頗篤），出殯之日，當時視爲殊榮❶。

筱樓公因患痢疾，自知不起，將臨終前，痢疾忽癒。公乃延請高僧多人，朗誦《金剛經》，靜聆其音，而不許一人入內。師時方五齡，亦解掀幃窺探。當公臨歿，安詳而逝。師時見僧之舉動，皆可愛敬。以後卽屢偕其姪輩效「燄口」施食之戲❷❸。

注釋

❶ 李端〈家事瑣記〉：「我的祖父是一八八四年七十二歲時故去的。……祖父生前給我家起的堂名叫『存樸堂』，並親筆寫了一塊堂額，高懸在前院大客廳的正中。當時有人稱我們家為『存樸堂李筱樓家』，或『桐達李家』。據老家人張順講，我祖父故去時出了

大殯，由李鴻章『點主』，馬三元（清朝武官）『報門』，當時是有些氣派的。」

❷胡宅梵〈記弘一大師之童年〉：「（筱樓）公年至七十二，因患痢疾，自知不起，將臨終前痢忽癒。公乃延請高僧多人，朗誦《金剛經》，靜聆其音，而不許一人入內，以擾其心。師時方五齡，亦解掀幃窺探。當公臨歿，毫無痛苦，安詳而逝，如入禪定。靈柩藏家凡七日，每日延僧一班，或三班，誦經不絕。師時見僧之舉動，均可愛敬。天真啓發，以後即屢偕其姪輩，效『燄口』施食之戲，而自中據上座，如大和尚焉。」

❸李孟娟〈弘一法師的俗家〉：「李叔同是我的叔祖父，……比我父親李麟玉年長九歲，他們叔侄幼時是同玩的小伙伴。據我父親說：他和他的三叔一起常學和尚念經玩，三叔裝『大帽』和尚在那裏念念有詞，他在下首當小和尚，聽從調遣。兩個人都用夾被或床單當袈裟，在屋裏或坑上念佛玩。我父親還說上家塾時也由三叔教過英文。」

【按】「燄口」是佛教密宗的一種施食懺法，多舉行於夜間。源出於唐不空譯《救拔燄口陀羅尼經》。燄口為鬼王之名，實叉難陀譯為「面然」，稱為「面然大士」。自宋以後，燄口施食懺法盛行。一般信徒如舉行佛事一日或三日，其最後夜間必舉行施食法，謂之「放燄口」，通稱為「瑜伽燄口」。其儀式中據上座者，頭戴毘盧帽，據《瑜伽燄口》唱以梵腔，默作觀想，有時手振銅鈴以示起訖。雙手十指時作種種形式（手印），標示諸佛內證之德。其下兩側為四人或六人，外加司報鐘鼓一人，謂之「一台燄口」。今所行者，多為明、天機禪師所定施食科儀之「天機燄口」與「華山燄口」兩種。

【按】胡宅梵，名維銓，浙江紹興人，於慈谿白湖金仙寺皈依大師，法名勝月。其所撰《一師童年行述》，曾經大師過目，所記似較可信。

一八八六年（光緒十二年丙戌）七歲

是年，從仲兄文熙受啓蒙教育。日課《玉歷鈔傳》、《百孝圖》、《返性篇》、《格言聯壁》等❶。又攻《文選》，琅琅成誦，人多異之❷。

注釋

❶ 胡宅梵〈記弘一大師之童年〉：「師至六七歲，其兄教督甚嚴，不得少越禮貌；並時以《玉歷鈔傳》、《百孝圖》、《返性篇》、《格言聯壁》等囑師瀏覽。」

❷ 皈僧〈弘一大師傳略〉：「世之傳弘一大師者，不傳其文，卽傳其藝。然以大師之大智慧，豈在多能鄙事？乃率以稗官之筆出之，甚非恭敬之道也。皈僧不文，從大師遊，蓋十五年於茲矣。雖高深難測，而瞻仰匪遙。熏沐陳詞，聊解世人之惑。大師俗姓李，名息，字叔同。又名嬰，一字息霜。浙江平湖人，僑寓天津，生而穎悟。七歲攻《文選》，琅琅成誦，人多異之。」（見一九二七年七月上海《世界佛教居士林林刊》第十八期）

【按】「皈僧」即尤惜陰居士筆名。居士名秉彝，字雪行；別號惜陰，又號無相道人，江蘇無錫人。一九〇六年，大師在日創刊《音樂小雜誌》時，他即任其上海經手人。民國元年，又在上海「太平洋報」同事。大師出家後，彼此往來尤爲密切。曾任《世界佛教居士林林刊》編輯。一九二八年冬，與大師及謝國樑（即後出家之寂雲上人）居士同往泰國弘法。（大師至厦，爲道俗所留，未行。）晚年在新加坡出家，禮北京法源寺德玉和尚爲師，法號演本。一九五七年七月廿四日圓寂於馬來西亞金馬崙三寶寺。他與閩南長老性願、轉逢，俱有深交。著有《譚因》、《法味》等書。平生除研究佛學外，並精宅運堪輿之學。近年出版者，有竺摩法師編的《演本法師追思錄》，及楊大省居士編，由馬來西亞金馬崙三寶萬佛寺印行的《演本法師文集》及《續集》。

一八八八年（光緒十四年戊子） 九歲

是時天津有王孝廉者（舉人）者，至普陀山出家，回天津後，居無量庵。師之大姪婦從之學誦〈大悲咒〉、〈往生咒〉，師時從旁聽，旋亦能成誦❶。又從乳母劉氏，習誦《名賢集》，頗解其義❷。其時並就常雲莊某先生受業，讀《孝經》、《毛詩》諸類❸。

注釋

❶ 胡宅梵〈記弘一大師之童年〉：「時有王孝廉者，至普陀出家，返居天津之無量庵。師之大姪婦早寡，常從王孝廉學〈大悲咒〉、〈往生咒〉等。時師年紀八九歲，見而甚喜，常從旁聽之，旋亦能背誦。」

❷ 胡宅梵〈記弘一大師之童年〉：「時有乳母劉氏，能背誦《名賢集》（集為格言詩，四、五、七言遞加），時教師背誦其詞。如『高頭白馬萬兩金，不是親來強求親。一朝馬死黃金盡，親者如同陌路人。』師雖在八九歲間，亦頗能解其義。」

❸ 李芳遠《弘一大師年譜》原稿八九歲條：「從常雲莊某先生受業，讀《孝經》、《毛詩》、《唐詩》、《千家詩》諸類。」

一八八九年（光緒十五年己丑） 十歲

是年始讀【四書】、《古文觀止》（據李芳遠《弘一大師年譜》原稿）。

一八九二年（光緒十八年壬辰）　十三歲

此兩年間，略習訓詁之學。讀《爾雅》，並學《說文解字》，開始臨摹篆帖。十三歲學篆❶，同時也曾學放「燄口」❷。

注釋

❶篆書《華嚴經》集聯（「能於衆生施無畏，普使世間得大明」）題記：「十三歲學篆，弱冠以後，遂即棄捨，忽忽垂四十載矣。爾者勉力作書，握管生疏，無復兒時故態。衰老寖至，道業未就，殊自慚也。歲次玄枵閏三月，大病始瘉。華嚴偈頌集句，晉水薝葡院沙門髻嚴，時年五十又七。」

❷〈我在西湖出家的經過〉：「我以前雖然從五歲時，即時常和出家人見面，時常看見出家人到我的家裏念經及拜懺，而於十二、三歲時，也曾學了放燄口。……」

一八九四年（光緒二十年甲午） 十五歲

是時師漸成年，於其兄之所爲，頗不謂然。遂憤世嫉俗，養成反抗思想❶。喜畜貓，至東京留學時，仍未改其箇性❷。是年仍致力篆書❸，兼讀《史漢精華錄》及《左傳》等。（據李芳遠所作年譜十五歲條）

注釋

❶ 胡宅梵〈記弘一大師之童年〉：「至十餘歲，嘗見乃兄待人接物，其禮貌輒隨人之貴賤而異，心殊不平，遂反其兄之道而行之。遇貧賤者敬之，富貴者輕之。性更喜畜貓，而不平之心，時亦更趨偏激。往往敬貓如敬人，見人或反不致敬。人有目師為瘋癲者，師亦不為意。童年有此反抗革命之思想，亦可謂奇矣。……師閑居，必習練小楷，常摹劉石菴（清山東諸城人，名世安，字崇如，號石菴，乾隆十六年進士，官至體仁閣大學士，謚文清。擅長書法，其小眞書被列爲妙品。——著者）所臨文徵明《心經》甚久，兼事吟咏。」

❷ 姜丹書〈追憶大師〉：「上人少時，甚喜貓，故畜之頗多。在東京留學時，曾發一家

電，問貓安否？」

❸ 致晦廬書：

朽人鬢染以來二十餘年，於文藝不復措意。……篆額二紙，率爾寫奉。十四、五歲嘗學篆書，弱冠以後，茲事遂廢。今老矣，隨意信手揮寫，不復有相可得，寧計其工拙耶？

一八九六年（光緒二十二年丙申） 十七歲

是年從天津名士趙幼梅學詞，又從唐敬嚴（一作靜岩）學篆隸及刻石，所學皆駸駸日進❶。唐敬嚴爲書鐘鼎篆隸各體書一小册示之。師爲刊行《唐靜岩司馬眞蹟》，並親自題簽，署名「當湖李成蹊署」❷。其間喜讀唐五代詩詞，尤愛王維詩，並習八股，文理清秀，人咸奇之❸。

是年四月，天津有減各書院獎賞銀歸洋務書院之議，師以「照此情形，文章雖好，亦不足制勝」；又聞友人談及時事，有重洋文之勢，遂決心請人教算術及洋文。師之攻讀英文當自此始。據其姪李聖章對我說：他認識英文第一個字母A字就是他三叔教的❹。

師在青年時期，雖知致力新學，開始學習英文，然因其父爲淸末進士，欲繼承光大其門楣，仍甚熱中於科舉功名。他於山西渾源縣「恒麓書院」教諭（思齊）對諸生〈臨別贈言〉傳本，手自抄寫，奉爲讀書圭臬，以爲終身言行之準則❺。

注　釋

❶ 李晉章致林子青書：「子青先生尊鑒：行中歸來，接奉大札，拜讀之下，欣悉一一。嚴

範翁（名修）係舊交，趙幼梅為先叔學詞講師，不能不記。先叔刻石，就學於唐敬嚴師，官諱璽記不清楚。學篆亦是唐師領導，此在十六七歲時事。藉知於金石之學，不足二十歲，卽已深入，非凡人所能及。李嬌，甲申正月十四日。」

❷ 唐育厚〈唐靜岩司馬真蹟後記〉：「李子叔同，好古主也，尤偏愛拙書。因出素册念四幀，囑書鐘鼎篆隸八分書，以作規模。情意殷殷，堅不容辭。余年來老病頻增，精神漸減；加以酬應無暇，以致筆墨久荒。重以臺命，遂偷閒為臨一二幀，積日旣久，始獲藏事。塗鴉之誚，不免貽笑方家耳。時丙申（一八九六）夏月，湖陵山樵唐育厚撫於頤壽堂。」

❸ 李芳遠《弘一大師年譜》原稿十七歲條：「喜讀唐五代詩詞，尤愛王摩詰詩。略讀詞賦，兼習八股。文理清秀，人咸奇之。」

❹ 致徐耀庭書：

耀庭五哥大人閣下：前隨津字第一號寄上信一函，諒已收到。五月初二日，乃王靜波兄令堂發引之期，已代閣下送呢幛一軸，奠儀一吊文。……再今有信（消息）將各書院獎賞銀皆減去七成，歸於洋務書院。照此情形，文章雖好，亦不足以制勝也。昨朱蓮溪兄來舍，言有切時事，作詩一首云：

天子重紅毛，洋文教爾曹。

萬般皆上品，唯有讀書糟。

此四句詩，可發一笑。弟擬過五月節以後，邀張墨林兄內姪楊君，教弟念算術，學洋文。別無可報，專此達知，敬請　旅安，不一。

愚小弟　濤　頓首。

【按】此書未署年月，據前後事迹推算，當係作於一八九六年，師時年十七。

❺〈恒麓書院臨別贈言〉：「此壬辰（一八九二）館渾源時，與恒麓書院諸生臨別之言。渾源文風最樸陋，故所言皆為中人說法。門人鑑堂上舍秉衡，遂用此連掇巍科。近聞渾源士人，羣奉此數條，錄置案頭，以為圭臬；而垂念鄙人猶未置也。平生斯文之契，於此最深。頃自舊簏檢得此稿，陳知己一閱，並盼邃密商量，匡其不逮，幸甚。思齊註。

讀書之士，立品為先。養品之法，惟終身手不釋卷。……誦詩讀書，論世尚友，是士人絕大要着。持躬涉世，必於古人中擇其性質相近者師事一人，瓣香奉之，以為終身言行之準。……古文則須於唐宋八家中師事一家，而輔之以歷代作者；時文則須於國初諸老中師事一家，輔之以名選名稿。小楷則須於唐賢中師事一家，而縱橫於晉隋之間。……天分絕倫者無書不讀，過目不忘。此才誠曠代難逢。至於中人之資，縱不能博覽兼收，而四部之中，亦有萬不可不講者。……制藝之道，方望溪以『清真雅正』為主，此說，不可不知。……自來主司取士，無人不執中異不中同之說，習舉業者，不可不知。……應試之文，必有二三石破天驚處，以醒閱者之目，又須無懈可擊，以免主司之吹求。……小楷是讀書人末技，然世之有識者，往往因人之書法卜其終身。其秀挺者，必為英發之才。其腴潤者，必為富厚之器。至於乾枯了草，必終老無成。大福澤既不可期，小成就亦終無望。況善書之士，大之可以掇詞科，小之可以奪優拔，要皆仕進之階。有志者誠不可以忽也。」（後學李成蹊摹）

一八九七年（光緒二十三年丁酉）　十八歲

是年在俗，與俞氏結婚❶。同年以童生（文童）資格應天津縣儒學考試，學名李文濤。「初覆」考題有「致知在格物論」❷、「非靜無以成學論」❸。「二覆」考題有「策問」：「論廢八股與學論」等❹。

注釋

❶ 李晉章致林子青書：「三亡嬸俞氏（俞族津中四散，早不知居於何處矣），業茶（先住芥園大街）。有二子，長子名準，無字，次名端。一屬鼠，卽庚子年所生。一屬龍，今年四十矣。至先叔結婚年紀，津人無記得者。大約庚子前四五年，俟詢七旬以上老親戚，得悉再達。……李璠，癸未十二月廿七日。」

❷ 〈致知在格物論〉（摘錄）：「昔宋孝宗卽位，詔中外臣庶，陳時政闕失。朱子『封事』（卽為保密，將奏章封入於皂囊中，以供天子一人御覽者。漢應劭撰《漢官儀》：「密奏以皂囊封之，不使人知，故曰封事。」——著者），首言帝王之學，必先格物致知。是知格物致知

之學，為帝王所不廢。然世之欲致其知者，往往輕視夫格物之理，抑何謬也。……所以泰山之高，非一石所能積。琅玡之東，渤澥稽天，非一水之鍾。格物之理，微奧紛繁，非片端之能盡。此則人之欲致夫知者所不可不辯也。……語云：『通天地人謂之儒』。又云：『一物不知，儒者之耻』，其此之謂歟？」

❸〈非靜無以成學論〉（大意）：「從來主靜之學，大人以之治躬，學者以之成學，要惟恃此心而已。《言行錄》云：『周茂叔志趣高遠，博學力行，而學以主靜為主。』……蓋靜者安也。如莫不靜、好靜言思之類。是靜如水之止而停畜彌深，靜如玉之藏，而溫潤自歛。〈嘉言篇〉云：『非靜無以成學』，其卽此歟？成學者何？蓋以氣躁則學不精，氣浮則學不利……能靜則學可成矣。不然游移而無真見，泛騖而多馳思，則雖朝誦讀而夕謳吟，主宰必不克一也，又安望其成哉？」

【按】以上二卷俱附草稿。卷面上部各印有「天津縣」三字，其左蓋「初覆」、「二覆」印章，下僅署「李文濤」三字，蓋上「天津府印」漢滿兩文大印。

❹策問：〈論廢八股興學論〉（大意）：「嗟乎，處今日而談治道，亦難言矣。侵陵時見，人心惶惶。當其軍之興也，額籍出兵，老羸應募，裹創待敵，子弟從戎。竊思我中

國以仁厚之朝，何竟若是之委靡不振乎。而不知其故實由於時文取士一事。……考之時文者，八股是也。八股之興，始於宋王安石，至元尚晝，則八股廢。至明復興，至我朝益盛。世宗憲皇帝時，曾經諭旨改試策論（考官批改：「改試策論，在康熙初年。」）。未久遂復舊制。至今時則八股之作，愈變愈失其本來。昔時八股之興，以其闡發聖賢之義理，可以使人共明孝弟之大原。至今時則以詞藻為先，以聲調為尚，於聖賢之義理毫無關係。胸無名理，出而治兵所以無一謀。是此革舊章，變新制，國家又烏能振乎？雖然新制者何？亦在於通達時務而已。時務莫要於策論。策論者何？亦策論夫天文地理機汽算學而已。……允若茲，則策論興而八股廢，將文教於以修，則武敎亦於以備。今伏讀聖諭，改試策論，寰宇悉服，率土咸親。能識時務之儒，皆各抒所見，豈僅鋪張盛事，揚厲鴻庥而已哉。」

【按】以上時文，策問之論點是否正確，姑置勿論。以一年僅十八之「文童」，而有此政治歷史之學識與文學修養，實非易事。試舉其主考官在一「時文與試帖」賦得「六經讀罷方拈筆」的考卷上評語云：「熟而不俗，清而能腴。純用本地風光，尚不離題之分位，筆致亦極秀潤。」透過這些文字，亦可看出清末政治的腐敗與青年愛國之熱情。

一八九八年（光緒二十四年戊戌）　十九歲

是年春，仍入天津縣學應考。其課藝考卷正面塡寫「文童❶，李文濤，年十九歲，身中、白面、無鬚。曾祖忠孝、祖鋭、父世珍」。課卷寫時文兩篇。其一爲〈行己有耻使於四方不辱君命論〉❷。其二爲〈乾始能以美利利天下論〉❸。前者慨嘆國家之無人才，揭露淸末外交界之黑幕，及外交官之不學無術與無耻。後者主張中國欲富強應開礦產，謂今天下之美利，莫外於礦產。而中國之礦產，尤盛於他國。並主張設立礦學會，公舉數人出洋赴礦學堂，學習數年，學成回國，再議開採。最後提出士以「器識爲先，文藝爲後」之觀點。大師晚年常敎人以「士應使文藝以人傳，不可人以文藝傳」之思想，在其弱冠前早已形成。

是年淸光緒帝採納康梁維新主張，下詔定國是。大師亦以老大中華非變法無以自存，贊同康梁主張。傳曾自刻一印曰：「南海康君是吾師」。八月，戊戌政變宣告失敗後，康梁亡命國外。京津之士，有傳其爲康梁同黨者，遂携眷奉母，避禍上海。初賃居於法租界卜鄰里❹。時袁希濂、許幻園等假許氏城南草堂，組織城南文社，每月會課一次。由張蒲友孝廉評閱，定其甲乙。十月，大師本「以文會友」之義，初次入社，詩賦小課〈擬宋玉小言賦〉，寫作俱佳，名列第一，自是才華初露❺。

注釋

❶許地山〈清代文考制度〉：「凡未入學之學生，稱童生，考入學後為其進身之始。凡童生皆當於本縣考試。報名時應填明籍貫、年貌、三代，其事由州縣社房辦理。學生報名，有司查明身家籍貫無違礙後，方為儒童。其考試為童生試，分正考、覆考，二次考試。童生則填寫文章。」（見許地山《國粹與國學》）

❷〈行己有恥使於四方不辱君命論〉：「間嘗審時度世，竊嘆我中國以仁厚之朝，而出洋之臣，何竟獨無一人能體君心而達君意者乎？推其故實由於行己不知恥也。《記》曰：「哀莫大於心死」。心死者，詬之而不聞，曳之而不動，唾之而不怒，役之而不慚，刲之而不痛，靡之而不覺，則不知恥者，大抵皆心死者也。其行不甚卑乎！……

「然而我中國之大臣，其少也不讀一書，不知一物，以受搜檢。抱八股八韻，謂極宇宙之文。守高頭講章，謂窮天人之奧。是其在家時已忝然無恥也。即其仕也，不學軍旅，而敢於掌兵。不諳會計，而敢於理財。不習法律，而敢於司李。瞽聾跛疾，老而不死，年逾耄頤，猶戀棧豆。接見西官，栗栗變色。聽言若聞雷，覩顏若談虎。其下焉者，飽食無事，趨衙聽鼓，旅進旅退，濡濡若驅羣豕，曾不為恥。

「是其行己如是。一旦銜君命，遊四方……見有開礦產者，有習格致者，有圖製作者，彼將曰區區小道，吾儒不屑為也。其實彼則不識時務者也。……此所以辱君命者。然則所恥者何？亦恥己之所不能者耳。己之所不能者，莫如各國之時務。首考其地理，次問其風俗，繼稽夫人心。又必詳察夫天文，觀其分野而知其地輿。今日者，人臣苟能於其所不能而恥者，……使於四方，又何至貽強鄰之訕笑，而辱於君命乎？

「吾嘗考之：蘇武使匈奴，匈奴欲降之，武不從，置窖中六日，武嚙雪得不死。又遷之北海，卒不屈。是其不辱君命，非其行己有恥故乎！……雖羞惡之心，人皆有之。而何以今天下安於城下之辱，陵寢之蹂躪，宗社之震恐，邊民之塗炭，而不思一雪，乃託虎穴以自庇。求為小朝廷，以乞旦夕之命，非明明無恥乎？朝睹烽燧，則蒼黃瑟縮；夕聞和議，則歌舞太平。其人猶謂為有恥不得也。……」

❸

〈乾始能以美利利天下論〉：「《易》云：『乾始能以美利利天下。』吾蓋三復其詞，而歎天之生材，有利於天下者，固不乏也，況美利乎！而今天下之美利，莫外於礦產；而中國之礦產，尤盛於他國。今山東之礦已為他人所籠，山西之礦，亦為西商所覬。若東三省之金，湖南、四川、雲南以及川滇邊界夷地番地之五金煤炭，最為豐饒。他省亦復不少。……

「有礦之處，宜由紳商公議，立一礦學會。籌集斧資，公舉數人出洋，赴礦學堂學習數年，學成回華，再議開採。察礦之質性，而後採礦。能不用西師固善，即仍用西師，我亦可辨其是非而不為所欺。……中國近年來部庫空虛，司農幾乎束手，而實偪處此，又不能不勉强支持。以故款愈絀而事愈多，事愈多而費愈重。除軍警之餉需、文武之廉俸、各局廠委員司事之薪水、工食諸正款概不計算外，他若修鐵路也、立學堂也、定造兵輪、購辦槍砲，以及子彈火藥也，種種要需，均屬萬不得已。……

「扼要之圖，厥有四事：

「一曰習礦師。開礦之法，識苗為先。當日所延礦師，半係外洋無賴，夸張詭詐，愚弄華人，婪薪俸數萬金，事後則飄然竟去。滇南延諸日本，受弊亦同。必須令出洋學生專門學習，參以西法，精心考驗，明試以功，斯則丱人之選也。

「二曰集商本。近日集股之事，聞者咸有戒心。苟有虧蝕，查究著償。股票由商部印行，務使精美，不能作偽，乃能取信於民也。

「三曰弭事端。衆逾千人，派兵彈壓，並礦丁團練，以防未然。秩之崇卑，視礦之大小，督撫兼轄。礦政如鹽政之例，以一事權。礦中危險頗多，仍參仿西國章程辦理。

「四曰徵稅課。礦稅不能定額，情形時有變遷，宜略仿泰西廿分抽一，信賞必罰，酌盈劑虛，因時制宜，隨地立法。事之濟否？首在得人矣。……

「蓋以士為四民之首，人之所以待士者重，則士之所以自待者益不可輕。士習端而後鄉黨視為儀型，風俗由之表率。務令以孝弟為本，才能為末。器識為先，文藝為後。」

❹ 僧睿《弘一大師傳略》：「師生而穎異，讀書過目成誦。志學之年，即知愛國。謂中華老大帝國，非變法無以圖存。戊戌政變，與其眷屬奉母南下。」

❺ 袁希濂〈余與大師之關係〉：「遜清光緒丁酉，秋闈報罷。余集合同志，假許幻園上舍（監生）城南草堂，組織城南文社。每月會課一次，以資切磋。課卷由張蒲友孝廉評閱，定其甲乙。孝廉精研宋儒性理之學，旁及詩賦。戊戌十月，文社課題為『朱子之學出於延平，主靜之旨與延平異又與濂溪異，試評其說』，當日交卷。另設詩賦小課，散卷帶歸，三日交卷。試題『擬宋玉小言賦』，以題為韻。是時弘一大師年十九歲，初來入社，小課〈擬小言賦〉，寫作俱佳，名列第一。此為余與師相識之始也。」

一八九九年（光緒二十五年己亥）　二十歲

是年仍時參加城南文社集會，以詩文俱佳，許幻園奇其才，特闢城南草堂一部，並奉其母而居之❶。師於詩文詞賦外，極好書畫。與江灣蔡小香、寶山袁希濂、江陰張小樓、華亭許幻園尤為莫逆，五人遂結金蘭之誼，稱天涯五友❷。時慨國事蜩螗，偶遊北里，以詩贈名妓雁影女史朱慧百，朱畫箑為贈，並和其原作❸。

是年得清紀曉嵐所藏「漢甘林瓦硯」（紀撰有硯銘）❹，極為珍視，徧徵海內名士題辭，印成《漢甘林瓦硯題辭》二卷，分贈友人。扉頁署「己亥十月，李廬校印」，內署「醾紈閣主李成蹊編輯」，卷末有紀曉嵐〈硯銘〉。題辭作者三十餘人，其中有王春瀛寅皆〈紀文達甘林瓦硯歌〉❺、金爐寶篆詞人〈漢甘林瓦硯歌為醾紈閣主人作〉❻、承蜩館主〈題甘林瓦硯舊藏紀河間家〉❼等。

注釋

❶ 姜丹書〈弘一律師小傳〉：「有許幻園者，居上海城南，顏所居曰『城南草堂』，亦富

厚，而為人甚慷慨，儼如一新學界領袖也。設文社曰『城南文社』。常懸獎徵文，上人每投稿，輒名冠其曹者連三次。許君認為奇才，遂相見恨晚，特闢城南草堂之一部，並奉其母而居之。從此相交至篤，情同管鮑。」

❷ 袁布濂〈余與大師之關係〉：「戊戌政變後，乃奉母南遷。初賃居於法租界卜鄰里。翌年己亥（應爲庚子——著者），乃遷於青龍橋之城南草堂，與許幻園同居。師於詩文詞賦之外，極好書畫。與江灣蔡小香、江陰張小樓、華亭許幻園及余（按：袁氏爲寶山人）尤為莫逆。吾等五人，遂結金蘭之誼。」

❸ 水軟潮平樹色柔，新秋景物此清幽。
小齋雅得吟哦樂，一任江河萬古流。
斯人不出世囂譁，誰慰蒼生夙願奢。
遮莫東山高養望，怡情泉石度年華。
如君青眼幾曾經，欲和佳章久未成。
回首兒家身世感，不堪樽酒話平生！

漱筒先生，當湖名士，過談累日，知其抱負非常，感事憤時，溢於言表。蒙貽佳什，並索畫箋，勉以原韻，率成三截，以答瓊琚。素馨吟館主雁影女史朱慧百，設色於春申旅舍，時己亥十月小雪後並識。

❹紀曉嵐〈甘林瓦硯銘〉：「余與石菴皆好蓄硯，每互相贈遺，亦互相攘奪。雖至愛不能分割，然彼此均恬不為意也。太平卿相，不以聲色貨利相矜尚，惟以此事為笑樂，殆亦後來之佳話與？嘉慶甲子五月十日曉嵐記，時年八十有一。」

❺王春瀛寅皆〈紀文達甘林瓦硯歌〉：「趙子之徒李叔同，海上遺來雙秋鴻。甘林古瓦孰手拓？繭紙瑩白垂露工。石雲尚書老好事，細刻銘字如雕蟲。……」（按：紀昀，字曉嵐，晚號石雲，謚文達。趙子即天津趙元禮，字幼梅。——著者）

❻丹徒金爐寶篆詞人〈漢甘林瓦硯歌為醾紈閣主人作〉：「醾紈主人性風雅，鑒別金石明雙瞳。甘林片瓦篆文古，用之作硯堅如銅（漢武以銅爲瓦）。有謂此瓦本漢製，相傳來自長安宮。甘泉舊殿秦時建，武帝營造重鳩工。……」

❼承蜩館主〈題甘林瓦硯舊藏紀河間家〉：「李子嗜學能文章，獲古自憙猶珍藏。自云此係漢時物，土花拂拭松煤香。甘泉上林在何許，惟餘瓦礫明斜陽。河間尚書有奇癖，趣工雕琢安虛堂。並時諸城亦同好，餽貽攘奪相諮商。……古今瞬息二千載，一物戔戔關興亡。……」

一九〇〇年（光緒二十六年庚子） 二十一歲

正月，作《二十自述詩》，自爲序❶。是春，應許幻園之邀，舉家移居城南草堂。幻園爲書「李廬」二字贈之，因自稱李廬主人❷。三月，與上海書畫名家組織上海書畫公會，每週出《書畫公會報》一紙❸。又出版《李廬印譜》，自爲序❹。初夏，許幻園夫人宋貞（夢仙）作「城南草堂圖」，自題一詩，徵求和作。師（時名李成蹊）爲和韻並自注❺，許幻園爲作〈城南草堂圖記〉❻。是秋，出版《詩鐘彙編初集》（內題「庚子莫秋李廬校印」、「當湖惜霜仙史編輯」），又自爲序❼。冬月，撰〈李廬詩鐘自序〉❽。是年長子準生❾。作〈老少年曲〉一闋以自勉❿。

注釋

❶〈二十自述詩・序〉：「墮地苦晚，又攖塵勞。木替花榮，駒隙一瞬。俯仰之間，歲已弱冠。回思往事，恍如昨晨。欣戚無端，抑鬱誰語？爰託毫素，取誌遺蹤。旅邸寒燈，光僅如豆。成之一夕，不事雕劖。言屬心聲，乃多哀怨。江關庾信，花鳥杜陵。為溯前賢，益增慚恧。凡屬知我，庶幾諒予。庚子正月。」

❷ 許幻園《城南草堂筆記》卷上：「庚子春，漱筒姻譜仲，遷居來南，與余同寓草堂，因見正中客廳新懸某名士書之一額曰『醿紈閣』，而右旁書室，尚缺區額。余乘興書『李廬』二字以贈之。蓋仿雪琴尚書之『彭菴』，慰農觀察之『蒔廬』，曲園師之『俞樓』意耳。」

❸ 袁希濂〈余與大師之關係〉：「庚子三月，在上海福州路楊柳樓臺舊址組織海上書畫公會，為同人品茶讀畫之所。每星期出《書畫報》一紙。常熟烏目山僧宗仰上人，及德清湯伯遲，上海名畫家任伯年、朱夢廬、畫家高邕之等，俱來入會。」

【按】《書畫公會報》創刊於光緒二十六年（一九〇〇）四月，每星期（三、日）二紙。第一、二期交《中外日報》附送。第三期起自行發售。第二期四月二十五日禮拜三發行。第三期四月二十九日禮拜日發行。每張大錢十文。第三期第六幅（每張上下共分六幅）載有「醿紈閣李漱筒潤例」（書例，篆刻例）。

❹〈李廬印譜序〉：「緊自獸蹄鳥迹，權輿六書。撫印一體，實祖繆篆。信縮戈戟，屈蟠龍虵。範銅鑄金，大體斯得，初無所謂奏刀法也。趙宋而後，茲事遂盛。晁王顏姜，譜派灼著。新理蠡達，眇法葩呈。韻古體超，一空凡障，道乃烈矣。清代金石諸家，蒐輯探討，突駕前賢；旁及篆刻，遂可法尚。丁黃唱始，奚蔣繼聲，異軍特起，其章章焉。

蓋規秦撫漢，取益臨池，氣采為尚，形質次之。而古法畜積，顯見之於揮灑，與諗之於刻劃。殊路同歸，義固然也。不佞僻處海隅，昧道慉學，結習所在，古歡遂多。爰取所藏名刻，略加排輯，復以手作，置諸後編，顏曰『李廬印譜』。太倉一粒，無裨學業，而苦心所注，不欲自薶。海內博雅，不棄窳陋，有以啓之，所深幸也。」

❺酬宋貞〈城南草堂圖詩〉原作韻：「門外風花各自春，空中樓閣畫中身。而今得結烟霞侶，休管人生幻與真。」（自注：庚子初夏，余寄居草堂，得與幻園朝夕聚首。曩幻園於丁酉冬有〈二十歲自述詩〉，張蒲友孝廉爲題詞云：「無眞非幻，無幻非眞」，可謂深知幻園者矣。）

附宋貞原作：

花落花開春復春，城南小築寄閒身。
研前寫畫心猶壯，莫為繁華失本真。（集幻園句）

❻許幻園〈城南草堂圖記〉：「滬濱繁華，雞犬桑麻，又是一番世界。人家多臨水居，男婦皆樸重，蓋猶有古風存焉。余性耽靜僻，厭棄喧嘩。於丁酉之春，築草堂於此。庭植雜花，當盛開時，幽香滿室，頗得佳趣。北臨青龍橋，岸旁徧栽楊柳；東望黃浦，來往帆檣，歷歷在目。庚子孟秋，內子夢仙，為畫草堂圖，蒙海內大雅題句甚夥，因付剞劂，以誌墨緣，並附此圖於集中，為記其緣起如此。雲間幻園居士。」（見《城南草堂圖倡和集》）

7 《詩鐘彙編初集·序》：「己亥之秋，文社疊起，聞風所及，漸次繼興。義取盍簪，誌收衆藝，寸金雙玉，鬪角鈎心，各擅勝場，毋美不備。鄙謬不自揣，手錄一編。莛撞管窺，矢口懃訥，佚漏之弊，知不免焉。尤望大雅宏達，綴而益之，以匡鄙之不逮云。當湖惜霜仙史識。」（內書庚子莫秋李廬校印）

8 《李廬詩鐘·自序》：「索居無俚，久不託音。短檠夜明，遂多羈緒。又値變亂，家國淪陷。山邱華屋，風聞聲咽。天地頓隘，啼笑胥乖。迺以餘閒，濫竽文社，輒取兩事，纂為儷句。空梁落燕，庭草無人，隻句珍異，有媿鄒哲。歲月旣久，儲積寖繁，覆瓿摧薪，意有未忍。用付剞劂，就正通人，技類雕蟲，將毋齒冷？賜之斧削，有深企焉。庚子嘉平月。」

9 李晉章致林子青書：「……先叔有二子，長名準，無字；次名端。一屬鼠，卽庚子年所生。……」

10 〈老少年曲〉：「梧桐樹，西風黃葉飄，夕日疎林杪。花事匆匆，零落憑誰弔。朱顏鏡裡凋，白髮愁邊繞。一霎光陰底是催人老。有千金也難買，韶華好。」（見一九二六年，《小說世界》「李叔同未出家時手寫詩詞手卷」庚子條）

一九〇一年（光緒二十七年辛丑）　二十二歲

自去年庚子之役，京津騷然。仲兄文熙一家，逃難至河南內黃，師擬前往探視。臨行塡〈南浦月〉一闋，留別海上❶，至天津後，以交通阻塞，未至內黃。居津半月，仍回上海。此行往返，將途中見聞及與親友交往，以日記體寫成《辛丑北征淚墨》，於是年五月在滬出版。其中有詩詞十餘首，多爲前所未見❷。赴津之前，曾爲許幻園所撰《城南草堂筆記》題跋❸。三月，書唐詩及回津近作於箑，贈世交華伯銓❹。是年盛宣懷奏辦之南洋公學，開設特班，招考能作古文者二十餘人（黃炎培回憶作四十二人），預定畢業後拔優保送經濟特科。大師改名李廣平應考入學，從蔡元培（孑民）先生受業❺，與黃炎培❻❼、邵力子❽等同學。秋，上海有名詩妓李蘋香，以詩書箑請正❾。

注釋

❶ 《辛丑北征淚墨》首有辛丑四月藏齋（即趙幼梅）題詞，有：

與子期年長別離，亂後握手心神怡。

又從郵筒寄此詞，是淚是墨何淋漓。

——之句，可以想見喪亂之際師友之心情。

〈自序〉云：「游子無家，朔南馳逐，值茲亂離，彌多哀感。城郭人民，慨愴今昔耳。耳目所接，輒志簡篇。零句斷章，積焉成帙。重加釐削，定為一卷。不書時日，酬應雜務，百無二三，顏曰『北征淚墨』，以示不從日記例也。辛丑初夏，惜霜識于海上李廬。」又〈記〉云：「居津數日，擬赴豫中，聞土寇蠢起，虎踞海隅，屢傷洋兵，行人惴惴，余自是無赴豫之志矣。小住二旬，仍遄棹海上。」其第一條云：「光緒二十七年春正月，擬赴豫省仲兄。將啓行矣，填〈南浦月〉一闋，海上留別。」詞云：

楊柳無情，絲絲化作愁千縷。惺忪如許，縈起心頭緒。
誰道銷魂，盡是無憑據。離亭外，一帆風雨，只有人歸去。

❷ 《辛丑北征淚墨》所載詩詞有〈南浦月〉——「將北行矣，留別海上同人」、〈夜泊塘沽〉、〈到津次夜，大風，愁不成寐〉、〈感時〉、〈津門清明〉、〈贈津中同人〉、〈西江月〉——「宿塘沽旅館」、〈登輪感賦〉、〈輪中枕上聞歌口占〉。（見《弘一法師詩詞》）

❸ 《城南草堂筆記．跋》：「雲間許幻園姻譜兄，風流文采，傾動一時。庚子初夏，余寄

居城南草堂，由是促膝論文，迨無虛夕。今春養疴多暇，數日間著有《筆記》三卷，將付剞劂。竊考古人立言，與立德立功並重。往往心有所得，輒札記簡帙，兼收並載。積日既久，遂成大觀。如宋之《鐵圍山叢談》，本朝《茶餘客話》、《柳南隨筆》之類。今幻園以數日而成書三卷，其神勇尤為前人所不及。他日潤色鴻業，著作承明，日試萬言，倚馬可待，則幻園之學，豈遽限於是哉。時在辛丑元宵後，余將有豫中之行，君持初稿屬為題詞，奈行色匆匆，竟未得從容構想。爰跋數語，以志欽佩。當湖惜霜仙史李成蹊漱筒甫倚裝謹識。」

【按】《鐵圍山叢談》，六卷，宋蔡絛撰，記述自乾德至建炎二百餘年間的軼事瑣聞，共有二百四十餘條。《柳南隨筆》，六卷，清王應奎撰，隨錄經子詩文。

❹ 李晉章致林子青書：「尚有一扇，為世交華伯銓所書兩面。璽於數年前於冷肆以一元購得者，合抄錄於下：

「一面篆書：『故國三千里，深宮二十年。一聲河滿子，雙淚落君前。』辛丑寒食，伯銓先生大雅屬，成蹊。

「一面仿陶濬宣魏碑體：『世界魚龍混，天心何不平。豈因時事感，偏作怒號聲。燭燼難尋夢，春寒況五更。馬嘶殘月墜，金鼓萬軍營。』」（此詩詩題即「到津次夜，大風，愁不成寐」。）

【按】此詩於初版年譜之第六句「春寒」，誤印為「書寒」，出版後未及更正。其後港版與臺版年譜，均誤作「書寒」，特此更正。

❺ 黃世暉〈蔡子民先生傳略〉（蔡子民先生口述，黃世暉記）：「是年（辛丑），南洋公學開特班，招生二十餘人，皆能為古文辭者，擬授以經世之學，而拔其尤，保送經濟特科。以江西趙從蕃君為管理，而子民為教授。由學生自由讀書，寫日記，送教授批改，每月課文一次，由教授批改。子民又教諸生以讀和文之法，使自譯和文書，亦為之改定云。是時，子民于日記及課文評語中，多提倡民權之說。學生中最為子民所賞識者，邵聞泰（力子）、洪允祥（樵舲）、王莪孫、胡仁源、殷祖伊諸君，其次則謝沈（無量）、李廣平（叔同）、黃炎培、項驤、貝壽同諸君。」（見《蔡柳二先生壽辰紀念集》）

【按】經濟特科為清末科舉考試之一種。光緒二十七年，由內外大臣保荐通曉時務者，以策論試時事，稱為經濟特科。

❻ 黃炎培〈我也來談談李叔同先生〉：「我和叔同是一九〇一——一九〇二年上海南洋公學——後來被改名南洋大學、交通大學——特班同學。叔同名廣平，原籍浙江平湖，出生於天津鹽商的富有家庭。同學時他剛二十一、二。書畫篆刻、詩歌、音樂，都有過人的天資和素養。南洋特班宿舍有一人一室的，有兩人一室的，他獨居一室，四壁都是書畫，同學們很樂意和他親近。特班同學很多不能說普通話，大家喜愛叔同，因他生長北方，成立小組請他教普通話，我是其中的一人。他的風度一貫地很溫和、很靜穆。……」（見一九五七年三月七日上海《文滙報》）

❼ 黃炎培〈吾師蔡元培先生哀悼辭〉：「烏乎，吾師逝矣。……當民國紀元前十二年，我甫從舊式教育界，襆被出走，投上海南洋公學考取特班生肄業。……（蔡孑民）師之教吾輩，日常課程，為半日讀書，半日習英文及算學，間以體操。其讀書也，吾師手寫修學門類，及每一門類應讀之書，與其讀書先後次序。……每日令寫札記呈繳，手自批改。——隔一二日發下，批語則書於本節之眉。佳者則於本節左下角加一圈，尤佳者雙圈。每月命題作文一篇，亦手自批改。……全班四十二人，計每生隔十來日得聆訓話一次。吾輩之悅服吾師，尤在正課以外，令吾輩依志願習日本文，吾師自教之。師之言曰：今後學人須具有世界知識。世界日在進化，事物日在發明，學說日新月異。讀歐文書價貴，非一般人之力所克勝。日本迻譯西書至富，而書價賤，能讀日文則無異於能徧讀世

界新書。至日語，將來如赴日留學，就習未晚。令我輩隨習隨試譯。」

（見《蔡元培先生紀念集》五三頁）

❽ 邵力子〈我所追念的蔡先生〉：「我從蔡先生受業是在南洋公學特班，為時僅只一年。……他以名翰林，受盛宣懷氏禮聘來做我們的國文總教習，他當然不能明白的鼓吹革命，但早洗盡一切官僚教育的習氣。他教我們閱讀有益的新舊書籍，他教我們留意時事，他教我們和文漢讀，他教我們以種種研究學術的方法。他不僅以言教，並且以身教，他自己孜孜兀兀，終日致力於學問。他痛心於清政的腐敗，國勢之阽危，憂國的心情不時流露於詞色。他具有溫良恭儉的美德，從不以疾言厲色待人。……」

（《蔡元培先生紀念集》六三頁）

【按】以上黃炎培、邵力子介紹蔡元培先生的教育方法，可以知道南洋公學的學風。大師一生的言行，在南洋公學特班求學時，所受蔡元培先生的影響是很大的。邵力子先生的感受，可以說也是大師的感受。

❾ 潮落江村客棹稀，紅桃吹滿釣魚磯。不知青帝心何忍，任爾飄零到處飛。
風送殘紅浸碧溪，呢喃燕語畫梁西。流鶯也惜春歸早，深坐濃陰不住啼！
春歸花落渺難尋，萬樹濃陰對月吟。堪嘆浮生如一夢，典衣沽酒臥深林。

滿庭疑雨又疑煙，柳暗鶯嬌蝶欲眠。一枕黑甜鷄唱午，養花時節困人天！
繡絲竟與畫圖爭，轉訝天生畫不成。何奈背人春又去，停針無語悄含情。
凌波微步綠揚堤，淺碧沙明路欲迷。吟徧美人芳草句，歸來採取伴香閨。

辛丑秋日，為
惜霜先生大人　兩政。蘋香錄舊作於天韻閣南窗下。

一九〇二年（光緒二十八年壬寅）　二十三歲

春，仍就讀南洋公學特班，受教於蔡元培先生。六月二十三日義姊宋夢仙夫人，以瘵疾卒，時年二十六。清道人爲撰小傳，傷其早逝❶。七月七夕，過名妓謝秋雲妝閣有感，詩以謝之❷。是秋，各省補行庚子、辛丑恩正併科鄉試。據其俗姪李聖章對著者說：「師爲重振家聲，是秋曾赴河南納監應鄉試，未中式」，然此事未見文字記載。惟於是年九月見其〈致許幻園書〉有「弟於昨日自汴返滬」之語，知不無關係❸。即赴浙江鄉試亦未酬，仍回南洋公學❹。是年與王海帆同往應試，後十餘年，師曾書扇贈之，並自記其因緣❺。是冬，南洋公學學生因不滿學校當局之壓制，發生罷課風潮，結果鬧成全體退學，特班生亦相率離去，先後僅讀二年❻，但退學時間，馮自由的《革命逸史》，繫於一九〇四年，蓋誤❼。

注釋

❶ 清道人〈宋夢仙夫人小傳〉：「夫人諱貞，姓宋氏。方誕時，其母夢旛蓋徧滿空中，有女子衣雲錦裳，暉麗彪炳，金光四照，手奉玉簡，來降於庭。自言曰：余董雙成也，

因以玉簡授母，寤而生夫人，故字曰夢仙。幼挺秀容奇發，弱齡七歲，入小學過目成誦。雖在童孺，神情峻徹，精進劬勤，業冠儕輩。……年十八（一八九四），嫁上海許鑅，鑅亦才士，時號雙璧。長洲王韜、元和江標，皆負時望，因與夫鑅並詣門下。執贄請業，至此名譽日茂。王、江既歿，夫人為文祭之，敘至精洽。辭旨哀惻，甚重於時。夫人善書畫，工篆刻。光緒庚子，『拳匪』擾攘，天下震動。西北人民，相率避亂，老弱蒲伏，顛踣於道。夫人曰，裙布荊釵，更無可脫，遂貿書畫以為賑濟。豪家貴族，競相乞請，歎未曾有。壬寅（一九〇二）六月二十三日，以瘵疾卒，時年二十六。……」

（見《清道人遺集》）

【按】許鑅，字幻園，江蘇松江人，卜居上海城南草堂，爲大師在俗之譜兄弟，著有《城南草堂筆記》三卷。清道人，姓李，名瑞清，字梅庵，江西臨川人。光緒二十年進士，曾官江寧提學，後任兩江師範學堂監督。辛亥革命後鬻書上海，號清道人。王韜，江蘇長洲人，字紫詮，號仲弢，晚號天南遯叟。官粵省，以祖護太平軍去職。遊西洋，同治間回國，講學上海格致書院。工詩文，著有《弢園文集》等。江標，江蘇元和人，字建霞，號靈鶼，清末進士。曾任湖南學使。宋夢仙夫人所作〈恭祝王弢園師七旬壽序〉、〈祭江靈鶼師文〉，見《天籟閣四種・繡餘草》。

❷ 李叔同未出家時所寫詩詞手卷之三：

七月七夕，在謝秋雲妝閣，重有感，詩以謝之。

風風雨雨憶前塵，悔煞歡場色相因。
十日黃花愁見影，一彎眉月懶窺人。
冰蠶絲盡心先死，故國天寒夢不春。
眼界大千皆淚海，為誰惆悵為誰顰。

❸ 致許幻園書：「幻園老哥同譜大人左右：別來將半載矣。比維起居萬福，餐衛佳勝為頌。弟於前日自汴返滬，側聞足下有返里之意，未識是否？秋風蓴鱸，故鄉之感，烏能已已，料理歸裝，計甚得也。小樓兄在南京甚得意，應三江師範學堂日文教習之選，束金頗豐；今秋亦應南闈考試。聞二場甚佳，當可高攀巍科也。……專此祇頌　行安，不盡欲言。姻小弟　廣平頓　初二日。」

【按】從此書看來，大師入南洋公學後，似已遷離城南草堂。他無故絕不會赴汴（河南開封），蓋因鄉試未中，心緒灰懶，故「自汴返滬」，略提行踪而已。而言及其譜兄張小樓，謂「今秋亦應南闈考試」，亦可略見其意。

❹ 袁希濂〈余與大師之關係〉：「壬寅年，各省補行庚子辛丑恩正併科鄉試，師亦納監入場。報罷後，仍回南洋公學。」

【按】是年大師應浙江鄉試，署名爲「嘉興府平湖縣監生李廣平」，考至第三場未酬。據郭沫若〈關于范爻充軍伊犁的經過〉說：「清朝的監生是可以捐納的，可以滿天飛，四處應鄉試。」（見北京《光明日報》一九六一年八月七日）

❺ 孤山歸寓成小詩書扇貽王海帆先生：「文字聯交誼，相逢有宿緣（前年五月，南社同人雅集湖上始識先生）。社盟稱後學（先生長余三十二歲），科第亦同年（歲壬寅，余與先生同應浙江鄉試，先生及第）。撫碣傷禾黍（今歲余侍先生遊孤山，先生撫古墓碑。視『皇清』二字未磨滅，感喟久之），怡情醉管絃（孤山歸來，顧曲于湖上歌臺）。西湖風月好，不慕赤松仙（近來余視見世爲樂土，先生亦贊此說）。」

【按】此詩作于民國六年，載【南社叢刻】第二十二集詩錄。署名天津李凡、息霜。鄭逸梅《南社社友事略》：「南社社友中，齒德俱尊的老人……餘杭王海帆，年事高出儕輩。生於一八四五年二月二日，名毓岱，一字少舫，別號舟枕老人。南社雅集西湖西泠印社……海帆亦參與其盛。一九一七年逝世。」（見鄭逸梅《南社叢談》）

❻ 〈蔡子民先生傳略〉又云：「南洋公學自開辦以來，有一部分之教員及管理員，不為學生所喜。吳稚暉君任公學教員時，為組織『衞學會』，已引起衝突，學生被開除者十餘

人。吳君亦以是辭職，赴日本。而不孚人望之教員則留校如故。是年，有中院第五班生，以誤置墨水瓶於講桌上，為教員所責。同學不平，要求總理去教員，總理不允，欲懲戒學生。於是激而為全體退學之舉。特班生亦犧牲其保舉經濟特科之資格，而相率退學。……」但此文所記學生發生退學風潮時間不明。

蔣慎吾〈興中會時代上海革命黨人的活動、三愛國學社和教育會〉：「到一九〇二年，上海先有中國教育會的創辦，發起人為章炳麟、蔡元培、黃宗仰等。……蔡孑民被舉為會長。……至十一月十六日（陰曆十月十七日），在上海的國立南洋公學發生罷課風潮，所有特班、政治班頭班、二班、三班、四班、五班、六班學員二百餘人，紛紛退學。……該會會長蔡氏，本係南洋公學特班教習，事先曾從中調停，不得要領，乃毅然和退學學員脫離該校。……其退學的原因，係由於該校當局壓迫言論自由，不許高談革命，甚至保皇派所主持的《新民叢報》也禁止閱讀。」（見《蔡柳二先生壽辰紀念集・論文》二一七—二一八頁）

❼ 馮自由〈章太炎事略〉：「癸卯（一九〇三年），蘇人劉師培、粵人鄧實等創設《國粹學報》於上海。……是年夏，上海南洋公學學生因反抗教員之專制，相率退學，向章炳麟及蔡元培、黃宗仰（烏目山僧）、黃炎培諸人求助。」馮氏所記南洋公學學生退學時間，顯係推遲一年。可見近人記近事，其歷史亦常有出入。（見馮自由《革命逸史》初集五

五頁。）

【按】過了近六十年，當時退學的學員平海瀾、伍特公等曾於上海政協（一九六〇年）座談過「南洋公學的一九〇二年罷課風潮和愛國學社」。據其紀錄，出席者有平海瀾、伍特公、舒新城。爲了明瞭當時的情況，摘錄一二發言如下：

平海瀾：當時南洋公學初開，總辦（卽校長）是何梅笙。他是常州人，盛宣懷的表兄弟。盛宣懷奏明光緒皇帝辦兩個學堂，一個北洋，一個南洋。後來何梅笙故世了，接手的就是張元濟（菊生）先生。張先生勵精圖治眞好……。我們一班到六班，叫中院。還有一個叫特班……特班裡的學生是秀才、擧人居多，住在上院。……當時黃炎培、邵力子，還有以後曾經做過北大校長的胡仁源，都在特班裡。當時我的腦筋以爲學生都是秀才擧人，那怎麼搞呢？秀才擧人是不是還學國學，請誰來敎呢？後來就請了個蔡元培，他是翰林。那麼擧人也不要緊了，可以壓倒了。所以翰林當國文先生。

當時公學裡還有兩個很好的人。一個是伍光建，一個是李一琴（應作李廣平）。

伍特公：就是那個做和尚後來成了高僧的。

舒新城：這個人不錯，是豐子愷的老師——李叔同，弘一法師。這個人到過德國（應作日本），當時是有一些影響的，在西洋美術、西洋音樂方面有些影響的。

一九〇三年（光緒二十九年癸卯）　二十四歲

是年，與尤惜陰居士同任上海聖約翰大學國文教授，旋又離去❶。三月，譯日本玉川次致著《法學門徑書》一小册。書分六章，約五六千字，所論頗簡明扼要❷，卷首有讀者識，謂法學紛錯；譯成之書，以十數計。是書雖寥寥無多，……吾於是多譯者之卓識云❸。五月，又譯太田政弘、加藤政雄、石井謹吾合著《國際私法》講義。二書俱署名李廣平譯，上海開明書局發行。《國際私法》爲「譯書彙報社」出版【政法叢書】第六編。全書分緒論、本部兩部，卷首有耐軒序❹。以上二書爲吾國近代法律學最初介紹國際法公權與私權之譯著。

注釋

❶伯圓《演本法師文鈔續集・序》：「演本老法師是個儒林學者，兼精周易，從儒入佛。……原籍江蘇無錫，俗姓尤，名雪行（按：原名秉彝，字雪行——著者），別號惜陰，又號無相道人。一九〇三年曾與弘一法師（卽李叔同先生）同任上海聖約翰大學國文教授。離開大學後，卽辦平民學校於滬瀆，甚得時人敬重。」

【按】此事曩年故李芳遠居士曾摘引當時報章記載，略記其事，未及發表，今已遺失。前年在滬，聞同濟大學陳從周教授言：前聖約翰大學內，舊有顏惠慶之父紀念堂一座，其額即李叔同所書，或與大師在此任教有關，惜無由證實。姑記之以待他日印證。

❷《法學門徑書》內容：「第一章，養成法律全體之概念。第二章，國民有知法律之義務。第三章，研究法律當依實際研究法。第四章，法律學研究法（分分析、歷史、比較、哲理研究法四種）。第五章，法律之知識與普通之知識。第六章，學法律學有必要之學科。（必要之學科凡五：一、外國語學。二、名學。三、生計學。四、歷史學。五、哲學。）」

❸讀者〈法學門徑書・序〉：「建章之宮，千門萬戶，入焉者目眩神駭，躊躇惝怳，莫知所措，迄未窺見真相。有大匠焉，圖之界之，孰堂孰庭，廊廡奧牖，可指而數矣。法學之紛錯，亦建章之門戶也。譯成之書，以十數計，或憲法、或民法、或國際法，本末未具，先後不辨。以之導人，不猶强盲人以入建章歟？為危孰甚！玉川君是書雖寥寥無多語，然真圖之界之者也。吾於是多譯者之卓識云。癸卯三月讀者識。」

❹耐軒〈國際私法・序〉：

排外非理，媚外亦非理。文明國之待外人也，與以私權而靳其公權。公權者關於國家組織之權利也，唯國民斯有之。私權者關於個人相互之權利也，即外人亦同之。

吾國之待外人也果何如乎？夫外人得享治外法權於與國公例也；外人而有領事裁判權於與國（治外法權指國家君主、外交官、軍艦、軍隊等所享有之特權，謂外於駐在國法規之外也；領事裁判權，指領事裁判己國人民之權也。）非公例也。今天下之有他國領事裁判權之國，舍土耳其、朝鮮、暹羅及吾國而外，不多聞也。日本昔亦嘗有之矣。自條約改正，而此權遂撤。

中國之言變法也，先於日本，而其收效也，則遠不及日本，無乃不揣其本而齊其末，枝枝節節而為之，不肯從事於政治改革歟？不然，彼居於歐美之外人，非猶居於吾國然乎？居於日本之外人，非猶居於吾國者乎？何居於人國則奉公守法也如彼，居於吾國則蔑理背道也有若此歟？雖然外人之於吾國，固非合於公理矣。吾國之於外人，其固合公理否乎？惡則排之，畏則媚之，於國際法所謂公權私權者，固未之知也。

李君廣平之譯此書也，蓋慨乎吾國上下之無國際思想，致外人之跋扈飛揚而無以為救也。故特揭私人與私人之關係，內國與外國之界限，而詳哉言之。苟國人讀此書而恍然於國際之原則，得回挽補救於萬一，且進而求政治之發達，以為改正條約之預備，則中國前途之幸也。

癸卯初夏・耐軒識於日本之東京

【按】「辛丑（一九〇一年）七月，清政府下詔廢止八股文，改試『策論』，並選派學生出洋。……留學界之有志者嘗發刊一種雜誌，曰《譯書彙編》，庚子下半年出版。……此報專以編譯歐美法政名著爲宗旨。如盧騷之《民約論》、孟德斯鳩之《方法情理》、約翰穆勒之《自由原論》、斯賓塞之《代議政體》，皆逐期登載。……吾國青年思想之進步，收效至巨，不得不謂《譯書彙編》實爲之倡也。」（見馮自由著，《革命逸史》初集九九頁。）

一九〇四年（光緒三十年甲辰）　二十五歲

庚子以後，國事日非。八國聯軍佔領北京，越年簽訂辱國條約，賠款講和。大師一腔熱血，無處發洩，乃寄託於風情瀟灑間，以詩酒聲色自娛。曾填〈金縷曲〉贈歌郎金娃娃以見志❶。二月，於歌筵賦一律以寄慨❷，又作二絕句贈語心樓主人❸。是年與思想先進分子擇地租界以外，創設「滬學會」，經常召開演說會，辦補習學校，提高社會青年知識與覺悟❹。一腹牢騷，以詩書箋寄姪麟璽❺(又)，又作〈滑稽傳題詞〉四絕❻。是年十一月初三日，次子端生❼(又)。

注　釋

❶ 姜丹書〈弘一律師小傳〉：「先是上人年少翩翩，浪跡燕市，抱屈宋之才華，恨生叔季之時會。一腔牢騷憂憤，盡寄託於風情瀟灑間；亦曾走馬章臺，廝磨金粉，與坤伶楊翠喜、歌郎金娃娃、名妓謝秋雲輩，以藝事相往還。抑蓮為君子之花，皭然泥而不滓。蓋高山流水，志在賞音而已。其贈歌郎金娃娃〈金縷曲〉云：

「秋老江南矣。忒匆匆，春餘夢影，樽前眉底。陶寫中年絲竹耳，走馬胭脂隊裏。

怎到眼都成餘子。片玉崑山神朗朗，紫櫻桃，慢把紅情繫。愁萬斛，來收起。 泥他粉墨登場地。領略那英雄氣宇，秋娘情味。雛鳳聲清清幾許。銷盡填胸盪氣，笑我亦布衣而已。奔走天涯無一事，問何如聲色将情寄。休怒罵，且游戲。」

❷

二月歌筵，賦此疊韻：

莽莽風塵窣地遮，亂頭粗服走天涯。
樽前絲竹銷魂曲，眼底歡娛薄命花。
濁世半生人漸老，中原一髮日西斜。
祇今多少興亡感，不獨隋堤有暮鴉。

❸

〈贈語心樓主人〉：

天末斜陽淡不紅，蝦蟆陵下幾秋風。
将軍已老圓圓死，都在書生倦眼中。
道左朱門誰痛哭，庭前柯木已成圍。
祇今蕉萃江南日，不似當年金縷衣！

❹

黃炎培〈我也來談談李叔同先生〉：「叔同從南洋公學散學以後，經過一個時期，在上海集合一般思想先進分子，擇地租界以外——那時是一九〇四、一九〇五年——創設一個『滬學會』，經常召開演說會，辦補習學校，也許是全國第一個補習學校。……我至今還保存着叔同親筆寫他自撰詞自作曲的〈祖國歌〉，當時曾被一般男女青年傳誦。」

【按】朱信泉《穆藕初傳》：「一九〇〇年，穆考入上海江海關任辦事員。一九〇四年他和馬相伯等組織『滬學會』，練習槍操，提倡尚武精神，還參預辦義學，創音樂會，演文明新劇等資產階級改良主義的活動。」（見《民國人物傳》第一卷二七〇頁）朱傳說的「滬學會」，與李叔同等所創設之「滬學會」似爲一事。

又熊尚厚《李叔同傳》：「一九〇四年，李叔同畢業（南洋公學）後，與穆恕齋等在上海南市組織『滬學會』，宣傳講究衞生和移風易俗，廣開風氣等，並提倡辦學堂，培養人才，想以此使國家獨立富強。」（見《民國人物傳》第三卷三一八頁）

❺〈書憤〉——為姪麟璽書箋：

文采風流四座傾，眼中豎子遂成名。

某山某水留奇跡，一草一花是愛根。

休矣著書俟赤鳥，悄然揮扇避青蠅。

衆生何事干霄哭，隱隱朝廷有笑聲。

❻李晉章（璽）致林子青書云：「『文采風流四座傾』句詩，乃甲辰年（一九〇四）為璽所

書。此箋不知落於何方？前者為芳遠兄所鈔，本璽昔年背誦記住未忘。一時想起，故急鈔之以奉。其當時胸中牢騷口吻，已露于紙墨間。」

【按】 梁啓超《飲冰室詩話・一一四》則載：「新民〔叢報〕社校對房一敝箋，忽有題七律五章於其上者。塗抹狼藉，不能全認識，更不知誰氏所作，中殊有佳語。」……第二章末聯云：「衆生何事干霄哭，隱隱朝廷有笑聲」……《新民叢報》發表「飲冰室詩話」時，李叔同正在日本留學。只因當時不甚出名，故其詩被擱置於校對房而未刊載。

（此詩末句「衆生何事干霄哭」，係用杜甫「哭聲一路干雲霄」之意。《滬譜》誤作「千宵」，《港譜》、《臺譜》又誤作「旰宵」均誤，應予更正。）

❻ 〈滑稽傳題詞〉四絕：

斗酒亦醉石亦醉，到心惟作平等觀。此中消息有盈朒，春夢一覺秋風寒。 淳于髡

中原一士多奇姿，縱橫宇合卑莎維。人言畢肖在鬚眉，茫茫心事疇誰知。 優孟

嬰武伺人工趣語，社鵑望帝淒春心。太平歌舞且拋卻，來向神州懺陸沉。 優旃

南山豆苗肥復肥，北山猿鶴飛復飛。我欲蹈海乘風歸，瓊樓高處斜陽微。 東方朔

（見民國十五年，《小說世界》第十五卷第九十期）

❼朱經畬《李叔同年譜》：「一九〇四年……二十五歲。是年十二月九日（十一月初三）次子李端生。」

❽李端〈家事瑣記〉：「我是李叔同的次子，一九〇四年生於上海，現已年過八十，退休多年了。近幾年來，國內報刊在紀念先父百歲誕辰和逝世四十周年忌時，曾有一些專文評述他老人家的一生，閱後很獲教益。」

（以上兩條均見一九八八年天津古籍出版社出版的《李叔同——弘一法師》）

一九〇五年（光緒三十一年乙巳）　二十六歲

是年，師見曾志忞所編《教育唱歌集》與沈心工所編《學校唱歌初集》，分別由東京和上海出版後，在當時新興學堂中風行一時❶。他稱道曾、沈二子「紹介西樂與我學界」，但對其歌詞，謂「僉出近人撰著，古義微言，匪所加意，余心恫焉。」於是親從《詩經》、《楚詞》與古詩詞選出十三篇，分爲五類，一一配以西洋及日本曲調，連同兩段崑曲譯譜，合爲一集，顏曰「國學唱歌集」，出版於是年。故師留日以前，於音樂已有一定造詣。但其後他對此書深覺不滿。他說：「去年余從友人之請，編《國學唱歌集》。迄今思之，實爲第一疚心之事。前已函囑友人，毋再發售，並燬板以謝吾過❷。」（見《音樂小雜誌·昨非錄》）

是年春，塡〈菩薩蠻〉二首，懷楊翠喜❸；又寫一絕，〈爲老妓高翠娥作〉❹。時爲「滬學會」撰《文野婚姻新戲冊》竟，有詩四絕紀其事❺。

二月初五日，母氏王太夫人逝世。師挈眷扶柩乘輪回津，首倡喪禮改革。以開追悼會，盡除繁文縟節，提倡行鞠躬禮以移風易俗。當時天津《大公報》稱「李叔同君廣平，爲新世界之傑士」，連日報導，影響極大❻。

李叔同運靈回津，按禮儀開弔出殯。舉行正式喪禮時，採用西式。他自彈鋼琴，唱悼歌，喪禮轟動一時，因此親朋中認爲「李三爺辦了一件奇事❼●。」

喪禮完畢，即於八月東渡日本留學。臨行塡〈金縷曲〉一闋，留別祖國❽。他到滬後，讀書奉母，自謂「二十歲至二十六歲之間的五、六年，是平生最幸福的時候。」其學生豐子愷對此時期有簡要的記載❾。

師到日後，即爲留日學生高天梅主編的《醒獅》雜誌撰寫〈圖畫修得法〉❿與〈水彩畫法說略〉⓫，介紹圖畫之作用與水彩畫之繪法，以輸入新知。不久，又與同人議創《美術雜誌》，音樂隸焉。後以發生風潮，同人星散，乃以個人之力，先刊《音樂小雜誌》，在日本出版，寄回國內發行⓬●。

是冬，師在東京，曾作水彩畫「山茶花」一幅，自題一詞，此爲現存水彩畫遺作之一⓭。近年天津又發現其留日時致徐月亭（耀庭）明信片上所作水彩風景畫一件，現藏天津市藝術博物館⓮。

注釋

❶ 錢仁康〈息霜三歌小考〉：「李叔同先生非常重視民族文化遺產的保存和發揚，這是他的愛國思想的一個重要組成部分。一九〇四年，我國最早的兩本學校歌曲集——曾志忞

編的《教育唱歌集》和沈心工編的《學校唱歌初集》，分別於日本東京和上海出版後，在新興學堂中風行一時，也受到了當時在『滬學會』補習科教唱歌的李叔同先生的注意。他稱道曾、沈二子『紹介西樂於我學界』，但又感到這兩本歌集中的歌詞『僉出近人撰著，古義微言，匪所加意，余心恫焉！』（《國學唱歌集・序言》）因此他就親自動手，從《詩經》、《楚辭》和古詩詞中選出十三篇，一一配以西洋和日本曲調，連同兩段崑曲的譯譜合為一集，顏曰『國學唱歌集』，出版於一九〇五年。

「不久，他東渡日本，看到日本唱歌集中『詞意襲用我古詩者，約十之九五』，而我國不學之徒，則詆諆故典，廢棄雅言。迨見日本唱歌，反嘖嘖稱其理想之奇妙。凡吾古詩之唾餘，皆認為島夷所固有。既齒冷於大雅，亦貽笑於外人矣。」（〈嗚呼！詞章！〉——見上海《音樂藝術》一九八四年第四期。）

❷《國學唱歌集・序》：

「樂經云亡，詩教式微，道德淪喪，精力爂（音漂，火飛也）摧。三稔以還，沈子心工，曾子志忞，紹介西樂於我學界，識者稱道毋稍衰。顧歌集甄錄，僉出今人撰著，古義微言，匪所加意，余心恫焉。商量舊學，綴集茲冊，上泝古《毛詩》，下逮《崑山曲》，靡不鰓理而會粹之。或譜以新聲，或仍其古調，顏曰「國學唱歌集」，區類為五：

毛詩三百，老唱歌集。數典忘祖，可為於邑，「揚葩」第一。

風雅不作，齊竽競嘈。高矩遺我，厥唯楚騷。「翼騷」第二。

五言七言，濫觴漢魏。瑰偉卓絕，正聲罔愧。「修詩」第三。

詞托比興，權輿古詩。楚雨含情，大道在茲。「擷詞」第四。

余生也晚，古樂靡聞。夫唯大雅，卓彼西崑。「登崑」第五。」

❸〈菩薩蠻〉——憶楊翠喜

燕支山上花如雪，燕支山下人如月。額髮翠雲鋪，眉彎淡欲無。　夕陽微雨後，葉底秋痕瘦。生小怕言愁，言愁不耐羞。

曉風無力垂楊嬾，情長忘却游絲短。酒醒月痕低，江南杜宇啼。　痴魂銷一捻，願化穿花蝶。簾外隔花陰，朝朝香夢沉。

❹〈為老妓高翠娥作〉：

殘山剩水可憐宵，慢把琴樽慰寂寥。頓老琵琶妥娘曲，紅樓暮雨夢南朝。

(以上詩詞均見《小說世界》李叔同未出家時所寫詩詞手卷「乙巳」條。)

❺〈為滬學會撰《文野婚姻新戲冊》既竟，系之以詩〉：

牀第之私健者恥，為氣任俠有奇女。鼠子膽裂國魂號，斷頭臺上血花紫。

東鄰有兒背佝僂，西鄰有女猶含羞。蟪蛄寧識春與秋，金蓮鞋子玉搔頭。

河南河北間桃李，點點落紅已盈咫。自由花開八千春，是真自由能不死。

誓度衆生成佛果，為現歌臺說法身。孟旃不作吾道絕，中原滾地皆胡塵。

【按】以上四首發表於一九〇五年留日學生所編之《醒獅》雜誌第二期，是大師留學前的作品，署名爲惜霜。後在東京的〈茶花女遺事演後感賦〉中所載的，是重錄其中的二、四兩首。

❻ 天津《大公報》記事（一九〇五年七月廿三日）：

《大公報》以「文明喪禮」為題，預告云：「河東（區）李叔同廣平，新世界之傑士也。其母王太夫人月前病故，李君特定於本（七）月二十九日開追悼會，盡除一切繁文縟節，別定儀式。」

次日（七月廿四日），該報又以「天津追悼會之儀式及哀歌」為題，公布新儀式內容。除稱「備有西餐，以饗來賓」外，並附「哀啓」曰：

啓者：我國喪儀，繁文縟節，俚俗已甚。李叔同君廣平，願力祛其舊。爰與同人商酌，據東西各國追悼會之例，略為變通，定新喪儀如下：

一、凡我同人，倘願致敬，或撰詩文，或書聯句，或送花圈花牌，請勿饋以呢緞軸幛、紙箱扎彩、銀錢洋圓等物。

二、諸君光臨，概免弔唁舊儀，倘須致敬，請於開會時行鞠躬禮。

三、追悼會儀式：甲、開會。乙、家人致哀辭。丙、家人獻花。丁、家人行鞠躬禮。戊、來賓行鞠躬禮。己、家人致謝向來賓行鞠躬禮。庚、散會。同人謹白。

❼ 李孟娟〈弘一法師的俗家〉：「叔祖父事其母至孝。一九〇五年王氏曾祖母在上海故去，叔祖父一家運靈回津，……按禮儀開弔出殯。喪儀為西式。有人致悼詞（不是孝子跪地讀祭文）。叔祖父彈鋼琴，唱悼歌，待客是吃中西餐兩種。全家穿黑色衣裳送葬（未穿白色孝袍）。這件事情在親朋中轟動，說是『李三爺辦了一件奇事』。」

【按】李孟娟爲大師俗姪李聖章之女。

㊂ 一九八八年四月二十日《天津日報》的「文藝副刊」，金圖、塞科兩先生以「李叔同史料的新發現」為題，作了詳細的報導與分析。該報說：

〈哀啓〉雖署「同人謹白」，但證以前日的「李君特定於七月二十九日開追悼會，別定新儀」等語，可大致推定乃是出於叔同手筆。

李母之喪還在清末，戊戌變法失敗，封建勢力反撲。以二十六歲的青年，能在較上海遠為守舊的天津倡導喪禮改革，的確表現了很大的膽識。那時他尚未留學，並非出於洋教育的灌輸。可見他的思想何等開通！

又喪禮後數日，八月三、四日的報上，又連續刊載了〈西國喪服制考〉，顯然是李叔同改革的餘波。十來天中，共刊有關材料五篇，顯見叔同此舉造成的社會影響之深廣了。——五篇材料中的又一篇，是八月二日的〈記追悼會〉。除記述追悼會實況外，更可貴的是從李叔同在津的社會關係等方面提供了難得的資料。報導說，在「到者四百餘人」中，有奧工部官阿君（當時李家在奧國租界——著者）、醫官克君、高等工業學堂顧問官藤井君、松長君、單味仁司馬、學務處總辦嚴範孫君、高等工業學堂監督趙幼梅君，及各學校校長教員等，大半皆與斯會，可云盛矣。

一個中國平民家庭的喪儀，竟有外賓多人參加；又叔同剛從上海來津，就能號召起整個教育界，可見他的交游之廣，名氣之大。出席名流中，趙元禮（幼梅）固為叔同老師，至於嚴範孫與李的交誼，則鮮為人知。

【按】嚴範孫名修，原籍慈谿，先世移居天津，遂家焉。清癸未（一八八三）進士，歷官翰林院編修、貴州學政，著有《蟫香館使黔日記》九册。晚年創辦天津南開大學，一九二九年三月去世，年七十。他與李家爲世交。同光之交，李嗣香、李筱樓及嚴仁波（嚴修之父）等，曾合辦「備濟社」（救濟團體）。（見《嚴範孫先生古近體詩存稿》卷二〈李嗣香前輩七十壽詩〉注。——著者）

報導又說：「所收挽聯哀詞二百餘首，聞將付印，以廣流傳。」不知後來是否實現，這也為我們提供了搜集線索。

又七月廿四日《大公報》，在〈哀啓〉之後附有歌片兩首，都用簡譜記調。詞中有「母胡棄兒輩」，「痛節母之長逝兮，祝子孫其永昌」等語，令人想到這兩首歌也可能出自李叔同之手。至於是為成曲填詞抑或曲亦叔同所譜。是否此即我國近代最早哀歌，只有等待專家考證了。

附哀歌二首辭

〈追悼李節母之哀辭〉：

松柏兮翠姿，涼風生德闈。母胡棄兒輩，長逝竟不歸！

兒寒復誰恤，兒饑復誰思？哀哀復哀哀，魂兮歸乎來！

〈上海義務小學學生追悼李節母歌〉：

賢哉節母，柏操流芳。賢哉節母，國史褒揚。賢哉節母，遺命以助吾學堂。痛節母之長逝兮，荷欽旌之榮光。痛節母之長逝兮，增學界之感傷！痛節母之長逝兮，祝子孫其永昌。

❽〈金縷曲〉——留別祖國，並呈同學諸子：「披髮佯狂走。莽中原，暮鴉啼徹，幾枝衰柳。破碎河山誰收拾，零落西風依舊，便惹得離人消瘦。行矣臨流重太息，說相思，刻

骨雙紅豆。愁黯黯，濃於酒。　漾情不斷淞波溜。恨年來絮飄萍泊，遮難回首。二十文章驚海內，畢竟空談何有。聽匣底蒼龍狂吼。長夜淒風眠不得，度群生那惜心肝剖。是祖國，忍孤負。」

【按】此詞轉載多處，誤字頗多。茲據《小說世界》所刊「李叔同未出家時所寫詩詞手卷」改正。

⑨ 豐子愷〈法味〉：「他父親生他時，年紀已經六十八歲，五歲上，父親就死了。家主新故，門戶又複雜，家庭中大概不安。故他關於母親，曾一皺眉，搖着頭說：『我的母親——生母很苦！』他非常愛慕他母親。二十歲時陪了母親南遷上海，住在大南門金洞橋畔一所許宅的房子——卽所謂『城南草堂』，肄業於南洋公學，讀書奉母。他母親在他二十六歲的時候就死在這屋裏。他自己說：『我自二十歲至二十六歲之間的五六年，是平生最幸福的時候。此後就是不斷的悲哀與憂愁，直到出家。』……他講起他母親死的情形，似乎現在還有餘哀。他說：『我母親不在的時候，我正在買棺木，沒有親送。我回來，已經不在了。還只有四十幾歲！』喪母後的他，自然像游絲飛絮，飄蕩無根，於家庭故鄉還有甚麼牽掛呢？他就到日本去。」

⑩ 〈圖畫修得法〉（小序）：「我國圖畫，發達蓋早。黃帝時史皇作繪，圖畫之術，實肇

乎是。有周聿興，司繪置專職，茲事寖盛。漢唐而還，流派灼著，道乃烈矣。顧秩序雜遝，教授鮮良法，淺學之士，靡自闚測。又其涉想所及，狃於故常，新理眇法，匪所加意，言之可為於邑。不佞航海之東，忽忽逾月，耳目所接，輒有異想。冬夜多暇，掇拾日儒柿山、松田兩先生之言，間以己意，述為是編。夫唯大雅，倘有取於斯歟？」

【按】此文為一九〇五年未入東京美術學校以前之作。全文僅三章，似未寫完，而《醒獅》已停刊。

⑪〈水彩畫法說略〉：「西洋畫凡十數種，與吾國舊畫法稍近者，唯水彩畫。爰編纂其畫法大略，凡十章。以淺近切實為的，或可為吾國自修者之一助焉。」

【按】本文共有十章，今只見二章，其餘八章，未見發表，至為可惜。（以上二文均見《弘一法師》紀念集）

⑫《音樂小雜誌・序》：「……乙巳（一九〇五）十月，同人議創《美術雜誌》，音樂隸焉。迺規模粗具，風潮疊起。同人星散，瓦解勢成。不佞留滯東京，索居寡侶，重食前說，負疚何如？爰以個人綿力，先刊《音樂小雜誌》，餉我學界，期年二冊，春秋刊行。蠡測莛撞，矢口慚訥。大雅宏達，不棄窳陋，有以啟之，所深幸也。……時丙午正

月三日。」

【按】《音樂小雜誌》之出版在一九〇六年正月，已見各家記載。但實物早已不見，僅見其〈序文〉，內容無由懸測。最早記載的是一九三三年《上海通志館期刊》第四期〈上海學藝概要〉，胡懷琛寫的〈西洋畫西洋音樂及西洋戲劇之輸入〉提到的關於李叔同的水彩畫和《音樂小雜誌》。我在一九四三年所撰的《弘一大師年譜》初版時已經提到，但迄未見實物的形狀。上海音樂學院的陳聆先生在《音樂愛好者》一九八〇年第二期發表題爲「我國最早的音樂刊物」，便是指此。近年經豐子愷、劉質平的後人豐一吟和劉雪陽二人多方探尋，始從日本京都大學圖書館獲得《音樂小雜誌》第一期的複印件。（詳情請看豐劉合寫的〈我國最早音樂雜誌在日本找到〉，見上海《音樂藝術》一九八四年第四期。）《音樂小雜誌》的目次共列十九項內容，其中九項都署名「息霜」（大師在俗別署）。其中「雜纂」一欄，收有〈昨非錄〉與〈嗚呼！詞章〉二文。前者力倡樂歌應用五線譜，唱歌者當先練習音階與音程，學琴者當先練習基礎教程。後者則深慨吾國留學生之不重視漢學，謂「日本作歌大家皆善漢詩」，「學者皆通《史記》、《漢書》」。且說「昔有日本人舉《史》、《漢》事蹟，質諸吾國留學生，而留學生茫然不解所謂，且不知《史記》、《漢書》爲何物，致使日本人傳爲笑柄。」（見《音樂小雜誌·嗚呼！詞章！》）

㊋《音樂小雜誌》第一期出版後，原擬續出第二期，且登出編輯部徵稿啓事——「文壇公鑒」於第一期之末頁。略謂「本社創辦伊始，資本微弱，撰述乏人。故第一期材料簡

單，趣味闕乏，至為負疚。自第二期起，當竭力擴充，並廣徵文藝，匡我不逮。凡論說、雜著與新撰唱歌、詩詞、謠曲等，倘蒙賜教，至為欣幸。（惟已登入報章或刊入書籍者，毋再寄來。）他日登出後，當以李叔同氏水彩畫、油畫或美術音樂書籍等奉酬（寄稿限五月底爲止）。編輯部謹白。」同時又登出「徵求沈叔達氏肖像」啓事：「沈氏為吾國樂界開幕第一人，久為海內所欽仰。今擬將沈氏肖像登入本雜誌，如諸君有收藏此肖像者，請郵寄下。他日登出者，贈水彩畫一張、第二期雜誌一冊、《日本唱歌》一冊。……」可見其推重先達之意。

【按】沈心工（一八七〇—一九四七）名慶鴻，字叔逵，江蘇上海人。青年時曾考中秀才。一八九六年考入南洋公學師範班。後又於一九〇二年四月東渡日本，就讀東京弘文學院。同年十一月，發起在東京留學生會館開辦音樂講習會，請日本音樂教育家鈴木米次郎（一八六八—一九四〇）講授樂歌。沈氏自己創作樂歌，也從這時開始。著名的〈男兒第一志氣高〉（一名「兵操」）一歌，就是他在日本寫的。一九〇三年初，他從日本回國，在南洋公學附屬小學任教唱歌，以授學生。我國學校中有「唱歌」一課，就是從這時開始的。後來沈氏把自製的樂歌編成《學校唱歌集》三集，出版於一九〇四—一九〇七年，是我國最早的唱歌教本。（見錢仁康《啓蒙音樂教育家沈心工先生》）

⑬〈水彩山茶花題詞及附記〉：「回闌欲轉，低弄雙翹紅暈淺。記得兒家，記得山茶一樹

花。乙巳冬夜，息霜寫於日京小迷樓。」「三郎」（印）

⑭ 寄徐月亭明信片附水彩畫題記：「沼津，日本東海道之名勝地。郊外多松柏，因名其地曰『千本松原』。有山聳於前，曰愛鷹。山崗中黃綠色為稻田之將熟者，田與山之間有白光一線，卽海之一部分也。乙巳（一九〇五）十一月，用西洋水彩畫法寫生，奉 月亭老哥大畫伯一笑。弟哀，時客日本。」（明信片原件今藏天津藝術博物館）

【按】沼津（NUMAZU）位於日本靜岡縣駿河灣東北岸近郊一帶之地，氣候溫和，爲避暑避寒勝地，附近的「千本松原」爲風光明媚的海岸，今爲沼津公園，近處爲著名的海水浴場。

一九〇六年（光緒三十二年丙午） 二十七歲

是年專心補習日語。時屬明治末葉，日本漢詩頗爲流行。其作歌大家，皆善漢詩，故詩社先後崛起。其尤著者爲「隨鷗吟社」，參加者多當時日本朝野名士。其主要人物有森 槐南、大久保湘南、永阪石埭、日下部鳴鶴、本田種竹等。該社出版有月刊《隨鷗集》❶。是年七月一日該社於東京偕樂園舉行「追薦物故副島蒼海等十名士」宴會，師首次以李哀之名，參與盛會，賦詩二首，深得與會名士贊賞❷。自是至翌年，常參與「隨鷗吟社」集會，聯吟賦詩❸，並以舊作新詠，如〈春風〉、〈前塵〉、〈鳳兮〉、〈朝遊不忍池〉諸詩，發表於《隨鷗集》，署名息霜、李哀等，深受該集主編大久保湘南之好評❹。

是年，自日回津一次，頗有感慨。塡〈喝火令〉一闋以見志❺。

陽曆九月二十九日，考入東京美術學校油畫科。初名李哀，繼名李岸。當時留日學生學美術者極少。不久，東京《國民新聞》（德富蘇峰所辦）記者特往採訪。其訪問記題爲「淸國人志於洋畫」，發表於一九〇六年十月四日《國民新聞》，並登有李哀西裝全身照片與速寫畫稿一幅❻。

【按】日本明治維新（一八六八）後，自明治五年（一八七二年）採用太陽曆，以陰曆十二月三日爲明治六年一月一日。

這時東京美術學校油畫科，中國留學生只有二人，另一人爲曾延年字孝谷❼，一般以師爲留學東京美術學校之第一人❽。一說嶺南畫家高劍父爲第一人，但似與事實略有出入❾。師在東京美術學校，除從黑田清輝學油畫外，又在校外從上眞行勇學音樂戲劇❿。他在留學期間，生活頗習江戶趣味⓫。

【按】東京美術學校爲日本明治維新以後，仿照西洋美術學校方式所創立的學校。它創立於一八八八年，初任校長爲岡倉覺心，後由正木直彥繼任。一八九三年著名油畫家黑田清輝自法國留學回日，一八九五年該校始設洋畫科，以黑田氏爲主任。教授有中村源次郎、長原孝太郎等。吾國之留學該校者，前後知名的有李岸（叔同）、曾延年（孝谷）、黃二難（輔周）、陳了雲（之駟）、高劍父、蘇曼殊、陳抱一等。當時詳情，見程淯《丙午日本游記》，該校戰後已改名爲東京藝術大學。

是年冬，與同學友人創立春柳社演藝部，發表〈春柳社演藝部專章〉，闡明演戲之重要。謂「吾國倡改良戲曲之說有年矣。……其成效卒莫由覩。走輩不揣檮昧，創立演藝部，以研究學理，練習技能爲的……願吾同人共矢斯志也。」

專章規定：「應辦之事，約分二類：一、演藝會，每年春秋開大會二次。二、出版部，每年春秋刊行雜誌二册。春柳社事務所暫設於東京下谷區鐘聲館。信件寄本社編輯員李岸收受不誤⑫。」是年八月三十日（陽曆十月十七日），師自考入東京美術學校後，《國民新聞》曾派記者往訪，並將其肖影及畫稿登出。師特致書許幻園並寄該報一紙，以爲紀念⑬。

注釋

❶〈隨鷗吟社社規〉：

第一、本社研鑽詩道，且期振作之。

第二、本社為達所期目的，實行如左諸項：

1. 每月開例會一次，每年開大會一次。
2. 每月發行《隨鷗集》一回，採錄社中之詩。
3. 每月例會之講義，筆記之，發表於《隨鷗集》。

第三、對贊成本社之目的，每月寄金二圓以上者，特待之為協贊員。（餘從略）

❷《隨鷗集》第二十二編記事（一九〇六年七月一日）偕樂園追薦，追薦副島重臣等十名士，為布覲盛會。與會六十餘人，各有賦詩。師以李哀之名，初次與會，作詩二絕云：

蒼茫獨立欲無言，落日昏昏虎豹蹲。
賸却窮途兩行淚，且來瀛海弔詩魂。

*

故國荒涼劇可哀，千年舊學半塵埃。
沉沉風雨鷄鳴夜，可有男兒奮袂來。

❸
《隨鷗集》第二十三編：

「隨鷗第二十一集」七月八日依例開於上野公園之三宜亭。槐南先生所講的李義山詩，為「送千牛李將軍赴闕五十韻」（五排）一篇。阪井、南洋、河野、溪南、猪谷、赤城、李息霜諸賢，新來會合。聯句三十二句，起句「星河昨夜碧沄沄」為大久保湘南所作，結句「故鄉欵段思榆枌」為森　槐南所作。其中第五句「仙家樓閣雲氣盦」為李哀所作。又同編〈星舫小醼〉略記云：

玉池先生，一日招飲清國李君息霜於「星舫」（酒家），夢香、藏六二君同席。先生偶書濱寺舊製以示。闔座卽和其韻。息霜君之作云：「昨夜星辰人倚樓，中原咫尺山河浮。沈沈萬綠寂不語，梨花一枝紅小秋。」玉池先生又疊韻題息霜卽席所畫的水彩畫云：「古柳斜陽野寺樓，采菱人去一船浮。將軍畫法終三變，水彩工夫繪晚秋。」

❹
大久保（湘南）評〈春風〉一詩云：「李長吉體，出以律詩，頑艷淒麗，異常出色。而

其中寄託自存。」又評〈前塵〉一詩云：「湘南曰：奇艷之至，其繡腸錦心，令人發妬。李君自謂『此數年前舊作，格調卑弱，音節曼靡，殊自惡也』，夫然豈其然乎？」又評〈朝游不忍池〉云：「湘南曰：如怨如慕，如泣如訴，真是血性所發，故沉痛若此！」又評〈鳳兮〉（此詩後發表於上海《小說世界》，題爲「醉時」）云：「湘南曰：所見無非愁景，所觸無非愁緒，侘傺悲鬱，此無可奈何之辭。」

❺〈喝火令〉：

故國鳴鷓鴣，垂楊有暮鴉。江山如畫日西斜。新月撩人透入碧窗紗。 陌上青青柳，樓頭艷艷花，洛陽兒女學琵琶。不管冬青一樹屬誰家，不管冬青樹底影事一些些。——〈喝火令〉哀國民之心死也，今年在津門作，李息。

【按】此詞爲光緒丙午年自日返津時作。《冬青樹》爲清代戲曲，蔣士銓作，主要描寫文天祥與謝枋得之忠節，演南宋滅亡之事。

❻〈清國人志於洋畫〉記事：（譯自一九〇六年十月四日《國民新聞》）

「最近因為聽說有一位叫李哀的清國人考入美術學校，而且專學洋畫，所以趕快冒著秋雨，走上谷中小道，訪問了下谷上三崎北町三十一番地。……經過一聲招呼之後，從裏屋出來一個女人，看來像是女傭似的一個矮小的半老的婦人。『李先生在家嗎？』聽到記者一問，從鄰室飄然漫步出來一位身材有五尺六寸的魁梧大漢，後來知道這位就是李哀先生。他是個圓肩膀兒的青年，在久留米的紺絣的和服外衣上，繫上一條黑縐紗的黑腰帶，頭上留著漂亮的三七分的髮型，用泰然的聲音說：『請裏邊坐！』把我引了進去，是他的書齋。……那麼，我這個來客是誰，幹甚麼來的？在他看來好像不大自在的樣子。看了我的名片後才莞然地點頭說：『是槐南詩人的新聞社嗎？』『是的，槐南先生的詩也常刊登，您認識他嗎？』『是的，槐南、石埭、鳴鶴、種竹諸詩人，都是我的朋友，我最喜歡詩，一定投稿，請賜批評。』『樂器怎麼樣？』『正學拉小提琴，以外大概都搞一下，其中最喜歡的是油畫。』『您的雙親都在嗎？』『都在。』『太太呢？』『沒有，是一個人，二十六歲還是獨身。』『甚麼時候進了美術學校？』『九月二十九日。』『日本語的講課聽得懂嗎？』『聽不懂。下午的功課我不聽。我聽英語的講課。英語我比較可以對付。』……」（案：此一報導，部份紀錄可能有誤。）

❼

程淯《丙午日本游記》（一九〇六）：

十月十三日午前，往觀上野之東京美術學校，由某職員導觀。據云校生共三百四十五名，中有吾國學生四名。入校須有中學卒業之程度，由校中考取入本科。吾國之留學者，無中學程度，入校則先實習。雖能聽講，終苦扞格耳。實習五年卒業。其預科乃專為日人所設。學科為西洋畫、日本畫、塑像、鑄造、調漆、蒔繪、木雕刻、牙雕刻、石雕刻、圖案等。

西洋畫科之木炭畫室，中有吾國學生二人，一名李岸，一名曾延年。而畫亦以人面模型遙列几上，諸生環繞。塑造教室中，有吾國學生一人，名談誼孫。室中各生分據一高几，以白堊各塑同一人面半身形，眼鼻口耳類皆一致，無毫髮異……。

遂出，至校旁食所，見有西洋女子一人。異詢之，知去年尚有西洋女子三人，已卒業去。蓋日本美術，以此校為最，西人亦傾倒之也。

【按】程淯字白葭，江蘇常州人，善詩文篆刻，清末在山西從事新聞事業。一九〇六年奉山西省派赴日本，考察工藝醫學，著有《丙午日本游記》等。

❽ 袁希濂〈余與大師之關係〉：

甲辰（一九〇四）余東渡，留學東京法政大學；師亦於翌年（乙巳）東渡，入上野美術專門學校。中國留學生之得入日本美術學校者，以師為第一人。

❾ 簡又文〈高劍父畫師苦學成名記〉：

抵東未久……幾經艱苦挫磨，始得加入白馬會、太平洋畫會及水彩研究會等，潛心研究東洋西洋畫學。……又二年，先生再行東渡，考入東京美術院，作高級研究。此院為日本藝術之最高學府，吾國留學生之得考入者，先生實為第一人。

【按】此文載於一九三六年五月《逸經》（半月刊）第六期，文中未記明確年月。所謂「美術院」，當爲「美術學校」之誤。吾國觀念，以爲既稱最高學府，當稱爲院，而不稱學校。簡君之文，亦想當然也。高劍父與李岸之入東京美術學校，可能爲先後同學，然他絕非第一人。

⑩ 吳夢非〈弘一法師和浙江的教育藝術〉：

他在日本留學時，名李岸。一面進東京美術學校從黑田清輝專攻西洋畫，一面又在校外另從上真行勇習音樂，平時又喜研究戲劇。在東京曾扮演「茶花女」主角，傾動一時。

（見一九三六年十一月《浙江青年》三卷一期）

⑪ 內山完造〈弘一律師〉：（夏丏尊譯自《上海霖雨》）

據說弘一律師，……曾留學東京，學洋畫於上野之美術學校，又在音樂學校學洋琴。在留學時生活曾大改變，早浴、和服、長火鉢，諸如此類的江戶趣味，也曾道道地地嘗過呢！據說……直至今日為止，油畫的造詣，尚無出他之右者。

⑫ 〈春柳社演藝部專章〉〔光緒三十二年（一九〇六）〕：

報章朝刊一言，夕成輿論，左右社會，為效迅矣。……第演說之事跡，有聲無形；圖畫之事跡，有彩無聲；兼茲二者，聲應形成，社會靡然而嚮風，其惟演戲歟？輓近號文明者，曰歐美，曰日本。歐美優伶，靡不博洽多聞，大儒愧不及；日本新派優伶，泰半學者，早稻田大學文藝協會有演劇部。教師生徒，皆獻技焉。……吾國倡改良戲曲之說有年矣。……其成效率莫由覩。走輩不揣檮昧，創立演藝部，以研究學理，練習技能為的。……息霜詩曰：「誓渡衆生成佛果，為現歌臺說法身」，願吾同人共矢茲志也。專章若干則如下：

一、本社以研究各種文藝為的，創辦伊始，驟難完備。茲先成立演藝部，改良戲曲，為轉移風俗之一助。

二、演藝之大別有二：曰新派演藝（以言語動作感人爲主，即今歐美所流行者），曰舊派演藝。本社以研究新派為主，以舊派為附屬科……。

三、應辦之事，約分二類：

1.演藝會　每年春秋開大會二次，此外或開特別會，臨時決議……。

2.出版部　每年春秋刊行雜誌二册（或每季一册），又隨時刊行小說、劇本、繪畫明信片……。

四、春柳社事務所，暫設於東京下谷區池之端七軒町廿八番地鐘聲館，若有寄信件者，

請直達鐘聲館，由本社編輯員李岸收受不誤。（見【晚淸文學叢鈔】，阿英編，《戲曲研究卷》，一九六〇年三月〈補遺〉）

【按】此〈春柳社演藝部專章〉之敍言與條款，撰於一九〇六年，似係李岸手筆。觀其通信由春柳社事務所編輯員李岸收受，及敍文中所引「息霜詩曰：『誓渡衆生成佛果，爲現歌臺說法身。』」（係李息霜爲滬學會撰《文野婚姻新戲册》題詩第四首之首二句）可信。

⑬ 致許幻園書：

幻園吾哥：手書敬悉。……弟自入美術學校後，每日匆忙萬狀，久未通訊，祈亮之。前《國民新聞》（大隈伯主持）將弟之肖影並畫稿登出，茲奉呈一紙，請哂納，匆匆上。如姻小弟哀頓八月三十。

以後惠書請寫交「日本東京下谷區茶屋町一番地中村方　李□□」因弟卽日遷居也。

【按】《國民新聞》爲一九〇六年十月四日。是年閏四月。八月三十日卽十月十七日。

一九〇七年（光緒三十三年丁未）　二十八歲

一月十三日（陰曆一九〇六年十一月廿九日），日本「隨鷗吟社」舉行（第二十六集）盛會，師以李息霜之名與留日同學陸玉田參加❶。二月，祖國徐淮告災，春柳社首演巴黎「茶花女遺事」，集資賑之，日人驚爲創舉，嘖嘖稱道，新聞紙亦多譔詞❷，我國戲劇家洪深譽之爲「中國戲劇革命先鋒隊」❸，日人濱　一衞對於春柳社第一次公演「茶花女」頗有好評❹，後來中村忠行對於李息霜留學時期參加「隨鷗吟社」及編輯《音樂小雜誌》等種種活動，更有詳細的介紹❺。四月六日，出席「隨鷗吟社」第三次大會（年會）。是日參加者有來自日本各地漢詩人達八十人，其中有中國留學生李息霜、陸玉田、何士果三人。詩人石埭特設茗筵招待與會詩人。宴罷，依例輪作「柏梁體」聯句，共八十二句。李息霜輪吟第五十句爲「余髮種種眉髟髟」（種種，髮短貌；髟音標，髮垂長也。）❻。六月，春柳社開丁未演藝大會，上演「黑奴籲天錄」，發表大會趣意❼，歐陽予倩記春柳社的開場與參加春柳社的經過，兼論李叔同的爲人❽。是年八月，東都酷熱。舊友楊白民旅遊日本，歡聚浹旬❾。

注釋

❶ 隨鷗二十六集：

丁未一月十三日，依例開於上野公園之三宜亭。出席此次集會的有森 槐南等共四十六人，成為每月例會未曾有之盛會，是日兼開新年賀宴。師以李息霜之名與留日同學陸玉田與會。由森 槐南開講李義山〈贈別蔚州契苾使君〉、〈灞岸〉諸詩。餘興又行「抽簽」，頒發書籍、文房用具及盆梅等。聯句得「春風吹夢送斜陽」（李息霜）。（《隨鷗集》第二十八、九合編，一九〇七年二月五日。）

❷ 〈春柳劇場開幕宣言〉：

溯自乙巳丙午（一九〇五—一九〇六）間，曾存吳、李叔同、謝抗白、李濤痕等，留學扶桑，慨祖國文藝之墮落，亟思有以振之。顧數人之精力有限，而文藝之類別綦繁，兼營並失，不如一志而冀有功。於是「春柳社」遂出現於日本之東京，是為我國人研究新戲之始，前此未嘗有也。未幾，徐淮告災，消息傳至海外，同人演巴黎「茶花女遺事」，集資賑之。日人驚為創舉，嘖嘖稱道，新聞紙亦多諛詞。是年夏，休業多暇，推李叔同、曾存吳（孝谷）主社事，得歐陽予倩等為社員。……（《上海市通志館期刊》第二年第三期）

❸失名〈春柳社——「戲劇革命」的先鋒隊〉：

春柳社，是我國最早的新劇團體，創立於光緒三十二年（一九〇六），在日本東京作首次公演。它在我國戲劇史上的地位當然是非常重要的。

洪深在他的〈從中國的新戲談到話劇〉一文中，竟稱它為中國「戲劇革命」的先鋒隊，這的確沒有過譽。……所以春柳社也可以說是我國現代劇的開山鼻祖。

春柳社的興起，至少和當時的社會環境和時代很有密切關係。在這時候，正值日本明治維新之後，日本戲劇界為了反抗歌舞伎劇，興起了新劇運動，以愛國為目標的志士戲所謂「浪人芝居」（日語「芝居」卽戲劇）大大地流行。

〈從中國的新戲說到話劇〉一文中說：「他們最初看了川上音二郎與他的夫人川上貞奴所演的「浪人戲」。他們從事戲劇的欲望，已經有力地從內心威逼出來。」這不是很明白地說明春柳社的產生和日本新派戲的關係了嗎？後來這幾個熱心於戲劇的留學生，認識了東京俳優學校校長藤澤淺二郎和日本戲劇革命家市川左團次，得到了他們的幫助和指導，這春柳社從此就誕生了。

春柳社第一次的處女公演，名義是賑災的慈善游藝會，地點在日本東京留學生會館，劇目是法國小仲馬「茶花女」，共計兩幕。表演的演員有唐肯（政治留學生）的亞猛，亞猛的父親是美術學校西洋畫科的曾孝谷。……至於那位茶花女呢，是不久以前圓寂的名僧弘一大師。大師姓李名岸，又名哀，號叔同，小字息霜，天津人。那時在日本學西洋美術。……指導是市川左團次和藤澤淺二郎。觀衆大多是在日本的中國留學生，如女俠秋瑾也是當時座上客之一。（上海《新申報》）

❹

濱 一衞〈關於春柳社的第一次公演〉：

這次「茶花女」公演的規模稱為第一次公演並不相稱，它是賑災游藝會的餘興之一。據歐陽予倩說，它是放在節目的最後的，所以最受期待。「茶花女」上演的情況，除歐陽氏的記載之外，並無詳細的報導。據他說，上演的是亞猛之父去訪馬克的一場兩幕。演亞猛父親的是曾孝谷，配唐是孫某，茶花女是李息霜，曾孝谷曾博得了好評；反之，茶花女是粉紅色的西裝，扮相並不好，他的聲音也不甚美，表情動作也難免生硬些。然而松居松翁却絕讚說：「中國的俳優，使我佩服的，便是李叔同君。當他在日本時，雖僅僅是一位留學生，但他所組織的春柳社劇團，在樂座上演「椿姬」（〔日人稱茶花女爲「椿姬」Tsubaki Hime〕）一劇，實在非常好。不，與其說這個劇團好，不如說這位飾茶花女的李君演得非常好。這個脚本的翻譯非常純粹。化裝雖然簡單一些，却完全是根據西洋風俗的。當然和普通的改成日本式的有些不同。會話的中國語，又和法語有相像的地方。因此，愈使人感到痛快。尤其是李君的優美婉麗，絕非日本的俳優所能比擬。」……（參見孟憶菊：〈東洋人士對李叔同的印象〉——一九二七年一月《小說世界》第一一

二期）

❺

中村忠行〈關於春柳社與李叔同〉：

關於在中國話劇史上留下光輝足跡的春柳社，已有春柳舊主的〈春柳社之過去譚〉、歐陽予倩的〈自我演戲以來〉，以及徐慕雲的《中國戲劇史》、張庚的《中國話劇運動史初稿》、辛島驍博士的《中國之新劇》等，很詳細的記事，在某種程度上已經明了。然而歐陽氏之成為春柳社的同人，是在第一次「茶花女」上演取得成功以後的事。而其〈追憶記〉却是在十年乃至二十年之後執筆的。因此這些資料雖可說是研究春柳社的基本資料，但基於記憶的錯誤而有事實的相違和不全面也是難免的。至於其他諸著，似乎多是踏襲這些追憶記，而怠於檢討之勞，往往照樣踏襲前者的錯誤。筆者擬就近日接觸到的若干資料，略正舊來之說。（按：全文共數萬字，今略譯其要——著者）說起春柳社，誰都相信是在中國留日學生之間所組織的中國最初的新劇團。……春柳社的結成，是光緒三十二年卽一九〇六年，其中心人物是曾延年與李岸，已為衆所周知。這二人都是當時東京美術學校的學生。李叔同在這前後，還入音樂學校攻讀，他們都愛好詩文，是罕見的戲迷。……今稍加說明：李叔同當時是個年齡只有二十七歲，早已主編過《音樂小雜誌》那樣早熟的文學青年。到日本留學後不久，似乎就努力和日本文化人有所接觸。其留學始於何時雖不清楚，但在光緒三十一年（一九〇五）的春秋之間是確定的。在翌年三十二年（一九〇六）正月二十日，他已在東京編輯出版《音樂小雜誌》。同年六月，早已加入森　槐南、大久保湘南領導的「隨鷗吟社」；七月一日，即參加在神田八町堀偕樂園舉行的「副島蒼海以下十名士」的追薦筵，留下七絕二首（詩見《隨鷗集》廿二編），這確是一位燃着青雲之志來日留學的當代中國青年的作品。總之，當時的李叔同最注意的，除專門的繪畫與音樂的學習，似乎便是漢詩的寫作了。從這時以後，他於隨鷗吟社的詩會和槐南的「李義山詩講座」也時常參加，或與同人共作聯句，或投寄詩稿於《隨鷗集》。他的詩風在妖艷裡彷彿呈現沈鬱悲壯的面影。（一九五六年十二月《天理大學學報》二十二號，〈春柳社逸史稿〉——作者天理大學教授）

❻

小青居士〈隨鷗大會〉（記事）：「丁未四月六日。設席於墨水枕橋之八百松樓，召開我隨鷗吟社第三次大會。乃推石埭先生及裳川、禾原、櫻東、龍峰、蓄堂（共二十七人）諸君為幹事，賴其援助，得完終始。余忝為主幹，先應感謝者也。……是日至下午三時，來會諸賢達八十人。如下總之高塚楫浦，上總之奈良耕硯（千葉縣），新潟之長澤松南，尾張（名古屋）之近藤井田，函館（北海道）之小橋愛山，小樽之添田靜淵，根室之前田螺山，皆遠方之朋，訂新盟、溫舊交，豈不樂哉。休息之間，一立齋文慶子講《義士傳》數座為餘興，衆賓益樂。繼余請槐南先生作一席講話，即以『詩學——三大寶典』為題，講話約歷一時半，闔座無不傾聽。其間另設茗筵一席，係石埭先生所奉獻。據蓄堂醉俠所作〈茶會記〉，其會場概要如下：正面壁龕（即日本客廳擺裝飾品之處）掛清人瞿子冶水墨老松圖豎幅，花瓶插白牡丹二朵，壁龕左側古黑漆矮几上排列：石（靈壁之重疊峯巒）、册（清胡松泉細楷）、文鎮（古玉浮雕雙喜文字），壁龕右側，陳列賴山陽先生扇面、硯、墨、墨臺（端溪紫石長方形，刻螭龍）、筆、筆架（白古玉鈎）、印譜、天然木（刻御製詩）……人字屏、香、席、茶等，無一非石埭先生愛玩之物。衆賓離坐，就席啜茗，皆驚嘆先生之風流好事。宴已開，酒三行後，令本名昇堂子朗誦本編所錄大會唱和之什，各人一篇，其聲琅琅，響徹樓宇。酒酣之後，以抽籤方式，頒書畫各數十幀，石印數枚，皆竹亭貴爵、鳴鶴先生、石埭先生、柳城畫伯、聽松畫伯、藏六印家之所寄贈，足為本會紀念。其事完畢，依例行『柏梁體』聯句，以盡清歡。散會時，正是夜二更也。」（「柏梁體聯句」略）

【按】「柏梁體」通說前漢武帝元封三年，柏梁臺成，帝會群臣，令席上聯句，各作七言一句，每句押韻。後世倣此體者，稱「柏梁體」。（一九〇七年四月《隨鷗集》三十一編）

❼〈春柳社開丁未演藝大會之趣意〉：

演藝之事，關係於文明至巨。故本社創辦伊始，特設專部，研究新舊戲曲，冀為吾國藝界改良之先導。春間曾於青年會扮演助善，頗辱同人喝采，嗣復承海內外士夫交相贊助。本社值此事機，不敢放棄。茲定於六月初一日初二日，借本鄉座擧行「丁未演藝大會」，準於每日午後一時，開演「黑奴籲天錄」五幕。所有內容之梗概及各幕扮裝人名，特列左方，大雅君子，幸垂教焉。（演員名單略）（脚本著作主任存吳、佈景意匠主任息霜）

❽ 歐陽予倩〈春柳社的開場、兼論李叔同的為人〉：

有一天聽說青年會開什麽賑災游藝會，我和幾個同學去玩，末了一個節目是「茶花女」，共兩幕。那演亞猛的是學政治的唐肯君（常州人），演亞猛父親的是美術學校西洋畫科的曾延年君（曾君字孝谷，號存吳，成都人），飾配唐的姓孫，北平人，是個很漂亮而英文説得很流利的小伙子。至於那飾茶花女的，是早年在西湖師範學校教授美術和音樂的先生，以後在C寺出家的弘一大師。大師天津人，姓李名岸，又名哀，號叔同，小字息霜。他和曾君是好朋友，又是同學。關於他的事且按下不表。只就茶花女而言，他的扮相並不好……。他本來留着鬍子的，那天還有王正廷君因為他犧牲了鬍子，特意在臺上報告給大衆知道。我還記得他那天穿的是一件粉紅色的西裝。……

這一回的表演，可説是中國人演話劇最初的一次。我當時所受的刺激最深。……於是我很想接近那班演戲的人。我向人打聽，才知道他們有個社，名叫「春柳」。……我有一個四川同學和曾孝谷最接近，我便因他得識曾君，只見一次面，我便入了春柳社。……春柳社第二次又要公演了。第一次的試演頗引起許多人的興趣，社員也一天一天的多起來——日本學生、印度學生，有好幾個加入的。其餘還有些，現在都不記得了。中堅分子當然首推曾李。重要的演員有李文權、莊雲石、黃二難諸君。……這是新派劇第二次的表演，是我頭一次的登臺。歡喜、高興自不用說。……

「黑奴籲天錄」當然含着很深的民族意義。戲本是曾孝谷編的，共分五幕呢，其中舞會一幕客人最多，日本那樣寬闊的舞臺都坐滿了。……

曾孝谷的黑奴妻分別一場，評判最好。息霜除愛美柳夫人之外，另飾一個男角，都說不錯。可是他專喜歡演女角，他為愛美柳夫人作了百餘元的女西裝。那時我們的朋友裡頭惟有他最闊。他家裡頭是做鹽生意的；他名下有三十萬元以上的財產。以後天津鹽商大失敗的那一次，他哥哥完全破產，他的一份也完了。可是他的確是愛好藝術的人，對於這些事不甚在意。他破了產也從來沒有和朋友們談及過。……

老實說，那時候對於藝術有見解的，只有息霜。他於中國詞章很有根柢，會畫，會彈鋼琴，字也寫得好。他非常用功，除了他約定的時間以外，絕不會客。在外面和朋友交際的事，從來沒有。黑田清輝是他的先生，也很稱讚他的畫。他對於戲劇很熱心，但對於文學却沒有什麼研究。他往往在畫裡找材料，很注重動作的姿勢。他有好些頭套和衣服，一個人在房裡打扮起來照鏡子，自己當模特兒供自己的研究。得了結果，就根據着這結果，設法到臺上去演。自從他演過「茶花女」以後，有許多人以為他是個很風流蘊藉有趣的人，誰知他的脾氣，却是異常的孤僻。有一次他約我早晨八點鐘去看他——我住在牛込區，他住在上野不忍池畔，相隔很遠，總不免趕電車有些個躭誤，及至我到了他那裡，名片遞進去，不多時，他開開樓窗，對我說：「我和你約的是八點鐘，可是你已經過了五分鐘，我現在沒有功夫了，我們改天再約罷。」說完他便一點頭，關起窗門進去了，我知道他的脾氣，只好回頭就走。……

像息霜這種人，雖然性情孤僻些，他律己很嚴，責備人也嚴，我倒和他交得來。我們雖好久不見面，常常總不會忘記。他出家的時候，寫了一付對聯送我，以後我便只在玉泉寺見過他一次。……（歐陽予倩《自我演戲以來》）

❾

致楊白民書：

白民先生足下：東都重逢，歡聚浹旬。行李匆匆，倏忽言別，良用惘然！別來近狀何似，學制粗具規模否？金工敎師如准延用，當為代謀。束金之數，以五七十金為限否？請即示復。……哀再拜，八月廿六日。

近日東都酷熱，溫度在八十以上。

一九〇八年（光緒三十四年戊申）　二十九歲

是年仍在東京美術學校西洋畫科與音樂學校肄業。關於戲劇方面，自去冬在常磐館上演一次（戲名已無人記憶），沒有得到好評，加以春柳社內人數頓增，意見未能一致，師遂宣布退出劇社，專心致力繪畫和音樂❶❷。

注釋

❶ 歐陽予倩《自我演戲以來・春柳社的開場》：「春柳自從演過『黑奴籲天錄』以後，許多社員有的畢業，有的歸國，有的恐妨學業不來了。只有孝谷、息霜、濤痕、我尊、抗白，我們這幾個人，始終還是幹着。在演『籲天錄』那年的冬天，又借常磐館演過一次，什麼戲名我忘記了，只記得息霜參考西洋古畫，製了一個連蜷而長的頭套，一套白緞子衣裙。他扮女兒，孝谷扮父親，還有個會拉梵娥玲的廣東同學扮情人。誰知臺下看不懂，——息霜本來瘦，就有人評量他的扮相，說了些應肥、應什麼的話，他便很不高興。……」

❷中村忠行〈春柳社逸史稿〉：「因此……遂使他失去對演劇的熱情。畢竟李叔同是春柳社的發起人，且為其中心人物，由於他的退出，因而引起近於解散的混亂。」（見一九五六年《天理大學學報》）

一九〇九年（宣統元年己酉）　三十歲

是年仍在東京美術學校西洋畫科肄業。

感懷家國，作〈初夢〉、〈簾衣〉各二絕❶。

注釋

❶〈初夢〉、〈簾衣〉二絕：

初夢

鷄犬無聲天地死，風景不殊山河非。
妙蓮花開大尺五，彌勒松高腰十圍。

*

恩仇恩仇若相忘，翠羽明珠繡裲襠。
隔斷紅塵三萬里，先生自號水仙王。

簾衣

簾衣一桁晚風清，艷艷銀鐙到眼明。
薄倖吳兒心木石，紅衫孃子喚花名。

＊

秋于涼雨燕支瘦，春入離絃斷續聲。
後日相思渺何許，芙蓉開老石家城。

（錄自《小說世界》第十五卷第十二期，手迹「丁未」）

一九一〇年（宣統二年庚戌）　三十一歲

是年仍在東京美術學校西洋畫科與音樂學校肄業。大暑，書范伯子詩贈楊白民❶。

注釋

❶書贈楊白民聯句題記：「獨念海之大，願隨天與行。」宣統二年大暑，寫范伯子詩，上白民先生，哀公。陽文印「漱筒長壽」，陰文印「臣本布衣」。

【按】此聯早年原藏楊白民女公子國畫家楊雪玖女士處，今不知尚存否？范伯子，名當世，字肯堂，江蘇通州人，清末著名詩人。一九〇四年卒於上海，年五十一，著有《伯子詩集》十九卷。

一九一一年（宣統三年辛亥）　三十二歲

是年三月，畢業東京美術學校。歸國至天津，任直隸模範工業學堂圖畫教員。家資數十萬爲票號所倒，幾瀕破產❶。書聯贈楊白民，署宣統三年，似初回津時所書❷。據胡懷琛〈西洋畫之輸入〉所記：「李叔同是清光緒末年的日本留學生，畢業於東京美術學校。」（日本明治四十三年、宣統二年——一九一〇）（見《上海市通志館期刊》第四期〈上海學藝概要〉）然據日本濱一衞考證，其畢業當係一九一一年，實相隔一年❸(又)。

注釋

❶ 袁希濂〈余與大師之關係〉：「辛亥年余就事天津，旋任法曹。師為直隸模範工業學堂圖畫教員，星期常得聚首。其家在天津某國租界，夏屋渠渠，門首有進士第匾額。余曾數次飯於其家。師之兄為天津名醫，兄弟極相得。且富有資產，一倒於義善源票號五十餘萬元，再倒於源豐潤票號亦數十萬元，幾破產，而百萬家資蕩然無存矣。」

❷ 書聯贈楊白民：「白雲停陰岡，丹葩耀陽林」，宣統三年，白民先生正，哀公。「李

哀」（印）。此聯曾藏楊雪玫女士處。

❸ 濱 一衛〈關於春柳社「黑奴籲天錄」的演出・李岸條〉：「《（弘一大師）年譜》雖記一九一〇年畢業歸國，但實際是一九一一年三月畢業。因為美校是五年制，故有此誤吧。這一年還有畢業紀念照相。」（見一九五三年《日本中國學會報》第五號）

又 濱氏同文記載：「曾延年於明治四十四年（一九一一）美術學校畢業（同窗會名簿），與李岸同班，其在學期間，即自明治三十九年九月至四十四年三月為止。據當時擔任油畫科班長直到畢業的山口亮一氏的話說：這個班有留學生三人，曾、李之外，有印度留學生拉奥（D. Y. Rāo）一人，此人讀了二年退學。」

【按】據一九〇六年程淯《丙午日本游記》：十月十三日，參觀東京美術學校所記：「西洋畫科之木炭畫室，中有吾國學生二人：一名李岸，一名曾延年。」與濱氏所記相符。

一九一二年（民國元年壬子）　三十三歲

是年春，自津至滬。初任教城東女學❶(又)，三月十三日，「南社」社友在滬愚園集會，師始參與，並爲《南社通信錄》設計圖案及題簽❷。這時陳英士創辦《太平洋報》社於上海，師被聘爲該報文藝編輯，主編《太平洋報畫報》。曼殊著名小說《斷鴻零雁記》，即師任編輯時刊登於《太平洋報畫報》者。他曾以隸書筆意寫英文〈莎士比亞墓誌〉，與曼殊爲葉楚傖所作「汾隄弔墓圖」，同時印入《太平洋報畫報》，稱雙絕❸，同時又與柳亞子等創辦「文美會」，主編《文美雜誌》❹(又)。六月，以各體字戲寫陶詩一首，贈義兄許幻園❺。時以隸書筆意寫〈莎士比亞墓誌〉，刊于《太平洋報》❻。七月間，於《太平洋報》登「李叔同書例」鬻書❼，其間曾於《太平洋報》發表〈南南曲〉贈黃二南❽，及〈詠菊〉❾與〈題丁慕韓繪黛玉葬花圖〉二首❿。

秋間，太平洋報社以負債停辦，師應舊友經亨頤之聘赴杭，任浙江兩級師範學校（越年後改爲省立第一師範學校）圖畫音樂教員⓫。其間與同事姜丹書、夏丏尊游西湖，作〈西湖夜游記〉⓬。辛亥革命成功，民國肇造，師填〈滿江紅〉一闋誌感⓭。是年大雪節，同事閔庵居士（夏丏尊）將歸里，索書以貽細君，爲書汪容甫、王眉叔、姚鴳雛、郭頻伽四人文賦詩詞四幅以贈⑭。第二次到杭州，時常獨自到景春園品茗，並偶遊昭慶寺⑮。師在浙江一師的教學方法，頗受學生歡迎⑯。

注釋

❶〈題朱賢英女士遺畫集〉：「壬子春，余在城東授文學，賢英女士始受余教。其後屢以書畫乞為判正，勤慎懇到，冠於同輩。……」

✕ 胡懷琛〈上海學藝概要〉：「李叔同除研究繪畫外，他在日本對於音樂也很有成績。……他歸國後，任(上海)城東女學音樂教習。」(《上海市通誌館期刊》第四期)

❷勁草《南社影事．四．南社中葉時期》：「當時南社社友，散居東南各省，而大部分仍在上海。此時社友猶不過二百餘人，而留滬者已有四五十人，可稱少數中之多數。民國成立後第一次聚餐，實為第六次雅集。……民元三月十三日，仍在愚園舉行，到者四十人。計柳亞子、朱少屏、黃濱虹、胡樸安、雷鐵崖、葉楚傖、黃季剛、馬小進、陳柱尊、曾孝谷、李息霜(即弘一大師)等。愚園茶會、民影攝影、杏花樓聚餐。這一次雅集，與高采烈，盡歡而散。五月《通信錄》出版，粉紅色封面，李息霜設計圖案畫並題簽，古色古香，彌覺悅目。……」(上海《雜誌》第十二卷第五期)

❸胡懷琛〈上海學藝概要〉：「民國元年，他(李叔同)在《太平洋報》館擔任編輯。

當時《太平洋報》附刊的『畫報』，就是他主編的。（叔同兼工書法，嘗以隸書筆意寫英文〈莎士比亞墓誌〉，與蘇曼殊為葉楚傖所作「汾隄弔墓圖」，同時印入《太平洋畫報》，稱雙絕。蘇曼殊說部《斷鴻零雁記》最初亦在《太平洋畫報》發表）。同時他又創辦『文美會』，主編《文美雜誌》，會址附設在太平洋報社中。」

❹ 胡懷琛〈上海學藝團體・文美會〉：「文美會為李叔同等所發起，一九一二年（民國元年）李氏方主編《太平洋畫報・副刊》，故『文美會』中人多太平洋報社中人，『文美會』所即附設在太平洋報社內。李氏曾編《文美雜誌》一冊，內容係會友所作書畫及印章搨本，皆為手稿。紙張大小一律，極為精美。開會時會員彼此傳觀，並未印行。該會創辦未及一年，即無形解散。」

【按】陳無我〈話舊〉：「民元春夏間，陳英士先生等辦《太平洋報》，主筆葉楚傖，總理朱少屏。我也濫竽在編輯部內。那《太平洋報》特闢文藝一門，用連史紙石印單張，隨報附送。那主編文藝的，原來就是李叔同先生。」（一九四二年十二月，上海《覺有情》第四卷六—八期）又據鄭逸梅《南社叢談》一四三頁〈余天遂傳〉：「辛亥軍興，……君（余天遂）參姚雨平戎幕，馳驅徐宿間。……和議既成，姚君創《太平洋報》於上海，延君佐筆政。」

(又) 柳亞子〈贈弘一大師偈跋〉：「弘一大師為余三十年前舊交，即以『茶花女』現身說法之李惜霜也。南社、文美會都有因緣。嗣聞君披剃大慈山，遂絕音耗。頃復稔其閉關閩海，爰書此勗之。中華民國三十年二月亞子．九龍。」（見澳門《覺音月刊》）

❺〈戲寫各體字贈義兄許幻園〉：

萬族各有託，孤雲獨無依。曖曖虛中滅，何時見餘暉。朝霞開宿霧，衆鳥相與飛。遲遲出林翮，未夕復來歸。量力守故轍，豈不寒與饑？知音苟不存，已矣何所悲！

壬子六月，戲寫各體字奉

幻園譜兄一笑　息

【按】此詩爲陶淵明〈詠貧士〉七首之一。

❻胡寄塵〈記斷鴻零雁〉：「適陳英士在上海辦《太平洋日報》，曼殊遂以《斷鴻零雁記》稿付印於該報，從頭刊起，然原稿仍未完也。是為民國元年夏間事。及民國元年秋，《太平洋報》以負債停辦，同人星散。……為時極匆促，余之行李竟未及攜出，被鎖閉於該社中；而獨攜出曼殊墨跡二：一為其手寫《斷鴻零雁記》稿本，一則曼殊為楚傖所繪「汾隄弔墓圖」也（圖見【曼殊全集】卷四，一四四頁）。然尚有一物未及攜出，至今引以為恨事，即李叔同手書〈莎士比亞墓誌〉原文是也。」（【曼殊全集】卷四，七〇頁。）

【按】〈莎士比亞墓誌〉（即〈莎翁墓誌〉）原文，後被發現，刊於上海《小說世界》，拙著初版《弘一大師年譜》（三六頁），曾複印製版刊出。

⑦《太平洋報·李叔同書例》：

名刺一元，扇子一元，

三、四尺聯二元，五尺以上三元。件交本社許鴻園君代收。

四幅以上者照加。

餘件另議，先潤後墨。

件交太平洋報館廣告部。

——（見中華民國元年七月五日《太平洋報》第九十六號）

⑧贈黃二南君〈南南曲〉：

在昔佛菩薩，趺坐赴蓮池。始則拈花笑，繼則南南而有詞。南南梵唄不可辨，分身應化天人師。或現比丘，或現沙彌，或現優婆塞，或現優婆夷，或現丈夫女子宰官諸像為說法，一一隨意隨化皆天機。以之度衆生，非結貪瞋痴。色相聲音空不染，法語南南盡皈依。春江花月媚，舞臺裝演奇。偶遇南南君，南南是耶非？聽南南，南南詠昌霓；見南南，舞折枝，南南不知之，我佛行深般若波羅蜜多時。

【按】此曲乃李叔同贈東京美術學校同學，曾參加春柳社公演「黑奴籲天錄」之黃二難，原名輔周，回國後改名二南，又號「喃喃」。抗戰時在重慶後方，以舌畫知名。晚年任北京文史館館員。此曲乃爲余親誦者，因時隔多年，疑有誤字。

⑨〈詠菊〉：

姹紫嫣紅不耐霜，繁華一霎過韶光。生來未藉東風力，老去能添晚節香。

風裹柔條頻損綠，花中正色自含黃。莫言冷淡無知己，曾有淵明為擧觴。

⑩〈題丁慕韓繪黛玉葬花圖〉二絶：

收拾残紅意自勤，携鋤替築百花墳。玉鈎斜畔隋家塚，一樣千秋冷夕曛。

飄零何事怨春歸，九十韶光花自飛。寄語芳魂莫惆悵，美人香草好相依。

【按】以上二詩，係早年上海《覺訊》月刊轉載《太平洋報畫報》者。

⑪姜丹書〈弘一律師小傳〉：「方清之季，國內藝術師資甚稀，多延日本學者任教。余先民國一年受聘入是校（浙江兩級師範），而省內外各校缺乏藝師也如故。於是校長經子淵氏因事制宜，特開高師圖畫手工專修科，延聘上人主授是科圖畫及全校音樂。上人言教之餘，益以身教，莘莘學子，翕然從風。」

⑫〈西湖夜游記〉：「壬子七月，余重來杭州，客師範學舍。殘暑未歇，庭樹肇秋，高樓當風，竟夕寂坐。越六日，偕姜夏（姜丹書、夏丏尊）二先生游西湖。於時晚暉落紅，暮山被紫，游衆星散，流螢出林。湖岸風來，輕裾致爽。乃入湖上某亭，命治茗具。又有菱芰，陳設盈几。短童侍坐，狂客披襟，申眉高談，樂說舊事。莊諧雜作，繼以長嘯，林鳥驚飛，殘燈不華。起視明湖，瑩然一碧；遠峰蒼蒼，若現若隱，頗涉遐想。因憶舊游，曩歲來杭，故舊交集，文子耀齋，田子毅侯，時相過從，輒飲湖上。歲月如流，倏逾九稔。生者流離，逝者不作，墜歡莫拾，酒痕在衣。劉孝標云：『魂魄一去，將同秋草。』吾生渺茫，可唏然感矣。漏下三箭，秉燭言歸。星辰在天，萬籟俱寂，野火闇閃，疑似青燐；垂楊沉沉，有如酣睡。歸來篝燈，斗室無寐，秋聲如雨，我勞如何？目瞑意倦，濡筆記之。」

⑬〈滿江紅〉：民國肇造，填〈滿江紅〉誌感：「皎皎崑崙，山頂月，有人長嘯。看囊底，寶刀如雪，恩仇多少。雙手裂開鼷鼠膽，寸金鑄出民權腦。算此生不負是男兒，頭顱好。　荊軻墓，咸陽道，聶政死，屍骸暴。盡大江東去，餘情還繞。魂魄化成精衞鳥，血花濺作紅心草。看從今，一擔好山河，英雄造。」

⑭手書詩詞贈同事悶庵居士：「悶庵居士將歸里，索書以貽細君。壬午大雪節，微陽並記。」（見《弘一法師》圖版一三）

⑮〈我在西湖出家的經過〉：「第二次到杭州時，那是民國元年的七月裏。這回到杭州倒住得很久，一直住了近十年。……我的住處在錢塘門內，離西湖很近，只兩里路光景。在錢塘門外靠西湖邊，有一所小茶館名景春園。我常常一個人出門獨自到景春園的樓上去喫茶。當民國初年的時候，西湖那邊的情形，完全與現在兩樣。那時候還有城牆及很多柳樹，都是很好看的。……在景春園的樓下有許多茶客，都是那些搖船、擔擔的勞動者居多，而且樓上喫茶的就只有我一個人了。所以我常常一個人在上面喫茶，同時還憑欄看看西湖的風景。在茶館的附近就是那有名的大寺院——昭慶寺了。我喫茶之後，也常常順便地到那裏去看一看。」

⑯吳夢非〈弘一法師和浙江教育藝術〉：「弘一法師的誨人，少說話，是行不言之教。凡受過他的教誨的人，大概都可以感到。雖平時十分頑皮的一見了他老，一入了他的教室，便自然而然地會嚴肅恭敬起來。但他對待學生並不嚴厲，却是非常和藹地，這真可說是人格感化了。……我想在民國初年，我國其他各省一般學校的藝術教法，大致也如四川的情形，不過使學生臨臨黑板畫而已。但是弘一法師在浙江兩級師範教導專修科的學生時，計畫十分周詳，設備更力求充足。凡學生用的石膏模形，重要的，無不購備。人體寫生也曾雇用模特兒。一切教法完全仿照外國的專門學校。」

一九一三年（民國二年癸丑）　三十四歲

是年，浙江兩級師範學校，改稱爲浙江省立第一師範學校（簡稱爲「浙江一師」，時間或云在一九一二年）。師仍任敎圖畫音樂。同事有姜丹書❶、夏丏尊❷、錢均夫（顯念居士）❸、馬敍倫❹等。

夏間，集師生諸作，編爲《白陽》，全部中英文，俱由師書寫石印，浙江一師校友會出版。其封面亦由師設計圖案畫，至爲美觀。刊名「白陽」二字，黑底白字，其右書「誕生號癸丑五月」，是爲中國雜誌封面圖案畫的濫觴。其所作〈春游曲〉三部合唱及所撰〈近世歐洲文學之概觀〉與〈西洋樂器種類概說〉等，即刊載於《白陽》❺。其間曾與同學遊西湖，歸寓乘興治印七方，以二方寄贈廣州陸丹林並作書致意❻。有一次，學校裏請一位名人來演講，師與夏丏尊卻躲到湖心亭吃茶。當時夏丏尊對他說：「像我們這種人出家做和尚倒是很好的！」他聽到這句話覺得很有意思。他說這是他後來出家的一個遠因❼。

五月十四日同事夏丏尊二十八歲初度，師摹「漢長壽鈎鈎銘」，並加題記以祝❽。

注釋

❶ 姜丹書〈弘一律師小傳〉：「余與上人，初為文字交，先卽以報章文藝相往還，繼為「南社」同文。至民國紀元，始同事於『浙江兩級師範學校』，以至改組為『浙江省立第一師範學校』。五六年間，志同道合，聲應氣求，相交益契。」

❷ 夏丏尊〈弘一法師之出家〉：「我和弘一法師相識，是在浙江杭州兩級師範學校（後改名浙江第一師範學校）任教的時候。這個學校有一個特別的地方，不輕易更換教職員。我前後擔任了十三年，他擔任了七年。在這七年中我們晨夕一堂，相處很要好。」

❸ 顯念居士（卽錢均夫，名家治）〈悼弘一法師〉：「余之初識師也，距今三十四、五年前，在東瀛留學，有時邂逅於集會場所，然尚未及訂交也。民元師應聘來杭，任浙江一師教職，時余亦在一師任課，彼此上下教室相值，或遇開教務會議時相與研討，始知師之沉默寡言，和藹可親。而其立品之高超，學識之淵博，又為余所銘刻於心而未嘗或忘者。」

【按】錢家治，字均夫，杭州人，留學東京高等師範史地科卒業。晚年皈依諦閑法師學佛，法名顯念。

❹ 馬敘倫〈悼弘一師〉：「四十年前，有諸暨馮先生，館於余同居之倪氏。……常喜談柳巷花街故事，語及天津李叔同豪華俊映，不可一世。時上海有《中外日報》者最風行，先生因指報額曰：此卽叔同所書也。既而又貽余小册，則皆臨摹周秦兩漢金石文字，無不精似。余知叔同自此始，後十年，余歸自廣州，任教于杭州，與叔同同事於師範學校。……」

❺ 手寫〈春游曲〉歌譜：三部合唱，署名：息霜作歌，息霜作曲；發表於一九一三年五月《白陽》誕生號。

〈春游曲〉：「春風吹面薄於紗，春人妝束淡於畫。游春人在畫中行，萬花飛舞春人下。梨花淡白菜花黃，柳花委地芥花香。鶯啼陌上人歸去，花外疏鐘送夕陽。」

〈近世歐洲文學之概觀〉與〈西洋樂器種類概說〉，見《弘一法師》，第七六—八一頁。

❻ 寄陸丹林廣州書：「丹林道兄左右：昨午雨霽，與同學數人泛舟湖上。山色如娥，花光如頰，溫風如酒，波紋如綾。才一舉首，不覺目酣神醉。山容水意，何異當年袁石公游湖風味？惜從者棲遲嶺海，未能共挹聖湖清芬為悵耳。薄暮歸寓，乘興奏刀，連治七印，古樸渾厚，自審尚有是處。從者屬作兩鈕，寄請法政。或可在紅樹室中與端州舊硯，曼生泥壺，結為清供良伴乎？著述之餘，盼復數行，藉慰遐思。春寒，惟為道自

愛，不宣。岸白。」

【按】此書係李芳遠所提供，未記年月，僅署「岸白」。李岸乃師留學東京美術學校時學名，歸國後似未曾用，姑置於一九一三年條。據鄭逸梅《南社叢談・南社社友事略・陸丹林傳》所載：陸氏廣東三水人，生於一八九六年，卒於一九七二年，享年七十六。他初到上海，賃居寰球學生會宿舍，認識學生會主幹朱少屏，介入南社。南社第六次雅集，是民元三月十三日，在上海愚園舉行，到者計柳亞子、朱少屏、黃賓虹、胡樸安、黃季剛、馬小進、李息霜等四十人。這時，陸丹林只有十七歲，他認識大師（李息霜）大概在這一年。

❼〈我在西湖出家的經過〉：「當民國二年夏天的時候，我曾在西湖的廣化寺裏面住了好幾天。但是住的地方，却不在出家人的範圍之內。那是在該寺的旁邊，有一所叫做痘神祠樓上的，……有時也到出家人所住的樓上去看看。心裏却感覺到很有意思。記得那時，我亦常常坐船到湖心亭去喫茶。曾有一次，學校裏有一位名人來演講，那時我和丏尊居士却出門躲避而到湖心亭上去喫茶。當時夏丏尊曾對我說：『像我們這種人出家做和尚倒是很好的。』那時候我聽到這句話就覺得很有意思。這可以說是我後來出家的一個遠因了。」

❽〈漢長壽鈎鈎銘題記〉——「長壽」：

右漢長壽鉤鉤銘二字，阮元案：銘作陰欵，揣其制，當更有一鉤，文必陽識。古人合之以當符券也。癸丑五月十四日。丐尊同學二十八年誕辰，摹此以祝丐翁長壽。當湖老人息翁。

一九一四年（民國三年甲寅）　三十五歲

是年仍在杭州第一師範學校任敎。同事夏丏尊築「小梅花屋」於杭州城內彎井巷，因窗前有一株梅樹，陳師曾（衡恪）爲畫「小梅花屋圖」，一時朋輩多有題詠。師爲題〈玉連環影〉一闋於畫圖❶。此圖曾疑遺失，近年讀夏滿子〈「小梅花屋圖」及其他〉一文，知尚存人世❷。課餘集合友生組織「樂石社」，從事金石研究。其友人南社詩人姚鵷雛爲撰〈樂石社記〉記其事❸。七月爲許幻園夫人宋夢仙遺畫題詞，賦五律一首，以志哀思❹。冬月，第一師範舉行第二次運動會，師與經亨頤、夏丏尊等分別擔任司令部、審判部、賞品部等職務❺。

注釋

❶〈玉連環影〉：「屋老。一樹梅花小。住個詩人，添個新詩料。愛清閒，愛天然；城外西湖，湖上有青山。」

夏丏尊〈自記〉：「民初，余僦居杭城，庭有梅樹一株，因名之曰『小梅花屋』。陳師曾君為作圖，一時朋好多有題詠。圖經變亂已遺失。此小詞猶能記誦，亟為錄存於此。

丏尊記。」（見一九四〇年十二月上海《覺有情》半月刊第四卷六—八號）

【按】據一九七九年九月，夏丏尊居士之女夏滿子發表於《人民日報》的《戰地》增刊六期〈「小梅花屋圖」及其他〉（附有該畫及友朋題詠插圖）一文看來，此圖雖經變亂，並未遺失。

❷ 夏滿子〈「小梅花屋圖」及其他〉：「小梅花屋圖，是陳師曾先生給我父親畫的。落款『朽道人衡為夏蓋山民製』，蓋兩方陰文印章，一方是『師曾』，一方是『陳衡恪印』。圖上的題辭有章嶔先生的兩首七絕，李叔同先生的詞〈玉連環影〉，陳夔先生的詞〈疏影〉。我父親自己題了一首〈金縷曲〉，題記下蓋一方小印章，是陰文『丏尊』兩字，看來是李叔同先生刻的。『夏蓋山民』是我父親年輕時候的別號，等於說『上虞崧厦人姓夏的』。聽老人們說，故鄉上虞崧厦有一座鑊蓋山，我們那裏叫覆盆式的鍋蓋為『鑊蓋』。『鑊』『夏』兩字，上虞人念起來聲音很相近，也許父親故意把『鑊』字改成『夏』字。

「陳師曾先生的款不記年月。李叔同先生和我父親的詞都記明『甲寅』年作，甲寅年是一九一四年。那時候父親在杭州浙江兩級師範教書，住在城里彎井巷，租人家的幾間舊房子。窗前有一棵梅樹，父親就取了個『小梅花屋』的室名，請陳先生畫了這幅『

小梅花屋圖』。陳先生在北京教書，不曾來過我家，當然無法寫實，只好寫意，這個辦法本來是中國畫的舊傳統。畫面不到兩尺見方，分三個層次：近處是緩坡竹林和三間瓦房，屋前一棵梅樹，矮而拳曲，像是盆景的梅樁；遠處是濃淡不同的幾座山峰；中間是一帶城墻，城外的西湖自然看不見了。層次之間不著筆墨，留有空隙，好像烟雲彌漫，使畫面顯得很深很遠。城墻著淡赭色，其餘用淡墨色和灰藍色隨意渲染，只在梅樹上有幾點鮮紅的花。全幅色調有點兒冷，有點兒荒涼意。

「陳師曾先生和李叔同先生都是我父親留學日本時候的好朋友。我沒見過陳先生，可能他回國後常在北京，沒有來過浙江。李先生是看我長大的，當時跟我父親同在兩級師範任教，後來在虎跑寺出了家，大家稱呼他弘一法師。題詞落款『息翁』，是他出家以前的別號，下面一顆圓形小圖章，刻著『叔同』兩個字。他題的〈玉連環影〉只寥寥幾句：『屋老，一樹梅花小。住個詩人，添個新詩料。愛清閒，愛天然。城外西湖，湖上有青山。』這首『小令』倒是寫實，記下了我家當時居住情況，也記下了父親的興致和愛好。

「最引起我懷念的是我父親自己題的〈金縷曲〉，現在抄在下面：『已倦吹簫矣。走江湖，饑來驅我，嗒傷吳市。租屋三間如艇小，安頓妻孥而已。笑落魄萍踪如寄。竹屋紙窗清欲絕，有梅花慰我荒涼意。自領略，枯寒味。　此生但得三弓地。築蝸居，梅花不種，也堪貧死。湖上青山青到眼，搖蕩烟光眉際。只不是家鄉山水。百事輸人華髮改，快商量別作收場計。何鬱鬱，久居此！』

「父親填這首詞的時候才二十八歲。照現在說，二十八歲還是青年，為什麼在這首詞裏，他表現得這樣意氣消沉呢？是不是學了填詞，染上了這種頹唐的調調兒呢？聽父親的學生說，父親敎書非常認真，對學生極其誠懇，不是個把擔任敎員當作混喫的人。前清末年，魯迅先生也在兩級師範敎書，發動過一次反封建的『木瓜之役』，父親是積極參加的一個，取得勝利之後還留下了一張很可紀念的照片。辛亥革命後，兩級師範改為第一師範，出現了一批勇於抨擊封建勢力的學生。因此，社會上把父親和陳望道先生、劉大白先生、李次九先生四位敎員稱作『四大金剛』，說敎育當局甚至要把他們撤職查辦，可見父親當時在敎員中也算是個革新派。這些往事，跟李先生的題詞，跟我父親自己的題詞，多麼不一致啊！恐怕正好說明，人的思想感情本來就是很複雜的，尤其在那個時代。

「離開了家鄉，住房不是自己的，工作不隨心，抱負不能舒展，是這首〈金縷曲〉的基調。在我生下來之後不久，父親和幾個好朋友都到上虞白馬湖春暉中學去敎書了。那個學校是私立的，比較公立的第一師範自由得多。白馬湖四面環山，風景極好，比西湖更幽靜。我父親在湖邊造了幾間瓦房，把家搬了去，窗前也種了一棵紅梅。『蝸居』

也『築』了，『梅花』也『種』了，可是父親為了生活，後來還是帶著『妻孥』搬到上海住弄堂房子，只偶爾回白馬湖休憩些日子，最後還是『貧死』在上海，那是一九四六年四月二十三日，父親還沒過六十歲生日。

「父親喜歡書畫，遺物中較多是弘一法師的字和陳師曾先生的畫。有一本陳先生畫的册頁，一共十二幅，大多是山水，見到的人都說是精品。册頁的題簽『朽道人畫册』五個大字，下面寫『壬子石禪』，都是隸書。『壬子』是一九一二年，『石禪』是經子淵(亨頤)先生的別號。扉頁也是李叔同先生題的，寫『朽道人畫册』五個篆字，下面寫『丐尊藏息霜篆額』，蓋一個很大的『息』字印章，格式頗別致。這兩行字的風格，跟他出家以後的字迥然不同。『息霜』也是李先生早年的別號。」(見一九七九年九月《戰地》增刊第六期)

❸

姚鵷雛〈樂石社記〉：「樂石社者，李子息霜，集其友朋弟子治金石之學者，相與探討觀摩，窮極淵微而以存古之作也。余懵於考故，未有所贊於李子；顧於李子懷文抱質，會心獨往，神合千祀之旨，則不能無述焉。始余槖筆來滬瀆，獲交李子。李子博學多藝，能詩能書、能繪事、能為魏晉六朝之文、能篆刻。顧平居接人，沖然夷然，若舉所不屑。氣宇簡穆、稠人廣坐之間，若不能一言；而一室蕭然，圖書環列，往往沉酣咀啜，致忘旦暮。余以是嘆古之君子，擅絕學而垂來今者，其必有收視反聽、凝神專精之度，所以用志不紛，而融古若治，蓋斯事大抵然也。茲來虎林，出其所學，以餉多士。復能於課餘之暇，進以風雅，雍雍矩度，講貫一堂，毡墨鼎彝，與山色湖光相掩映。方今之世，而有嗜古好事若李子者，不令千載下聞風興起哉！社友龍丁，吾鄉人也，造門告以斯社之旨，並以作記為請。余視龍丁，博學多藝如李子，氣宇簡穆如李子，而同客武林，私念亦嘗友李子否？及袖出緘札，赫然李子書也，信夫氣類之合有必然者矣。將以閒日，詣六橋三竺間，過李子龍丁，盡觀其所藏名書精印，痛飲十日，以畢我懸遲之私。李子龍丁，亦能坐我玉笋班中，使謝覽芬芳競體耶，因書此為息壤。」（見《南社叢刻》，第十八集）

【注】本文辭彙略釋

槖筆，文士筆墨生涯。古代書史小吏，手持囊槖，插筆於頭頸，侍立帝王大臣左右，以備隨時記事，稱持槖簪筆，簡稱槖筆。　收視反聽謂無視無聞。陸機〈文賦〉注：收視反聽，言不視不聽也。　虎林一稱武林，卽杭州別稱。　講貫卽講習。　懸遲久仰也。　玉笋班，唐宋朝士風貌秀異，有才華者，人稱玉笋，得與其列者稱玉笋班。　謝覽，梁時人，字景滌。年二十餘，為太子舍人。武帝建業，覽詣之，長揖而已。意氣閒雅，視瞻聰明。帝目送良久，曰：「此生芳蘭竟體。想謝莊政當如此。」天監初，歷任中書侍郎、吏部尚書，出為吳興太守，以廉潔稱。息壤原為地名，以曾為諸侯盟約之地，轉為信誓盟約之意。

❹

題許幻園夫人宋夢仙遺畫：

夢仙大姊，幼學於王弢園先輩，能文章詩詞，又就靈鶼京卿學。畫宗七薌家法，而能得其神韻，時人以出藍譽之。是畫作於庚子（一九〇〇）九月，時余方奉母居城南草堂。花晨月夕，母輒招大姊說詩評畫，引以為樂。大姊多病，母為治藥餌，視之如己出。壬寅（一九〇二）荷花生日，大姊逝。越三年乙巳，母亦棄養。余愐亡命海外，放浪無賴。迴憶曩日家庭之樂，唱和之雅，恍惚殆若隔世矣。今歲，幻園姻兄示此幅，索為題辭。余恫逝者之不作，悲生人之多艱。聊賦短什，以志哀思。

「人生如夢耳，哀樂到心頭。灑剩兩行淚，吟成一夕秋。慈雲渺天末，明月下南樓。（今春余過城南草堂舊址，樓臺楊柳大半荒蕪矣。）壽世無長物，丹青片羽留。」

甲寅秋七月　李息時客錢塘

❺

浙江第一師範第二次運動會記事：

第二次運動會記事：民國三年十一月十二日運動會盛況、優勝者名單、並各教職員擔任運動會職員的名單——

㈠司令部經子淵等十四人
㈡審判部（即後來之裁判）李叔同等九人
㈢賞品部夏丏尊、堵申甫等六人
㈣裝置部姜敬廬（丹書）等十一人
還有紀錄部、衞生部、糾察部、販賣部、庶務部各若干人。
（見《浙江第一師範學校校友會志》——民國三年下半年，第九號）

一九一五年（民國四年乙卯）　三十六歲

是年仍任教浙江省立第一師範學校。春間曾返北京訪友❶，旋應南京高等師範學校校長江謙（易園）之聘，兼任該校圖畫音樂教師❷。五月，在杭州西泠印社參加南社臨時雅集❸，與柳亞子、林秋葉、周佚生、費龍丁等二十餘人，憑弔孤山馮小青之墓。爲書同遊諸子題名，立石於其墓側❹。六月，撰《樂石社社友小傳》並作〈樂石社記〉。自述發起因緣。小傳共記二十五人之姓名、籍貫及專長。其中多當時杭州知名人士❺。七月致書劉質平，告以本年兼任杭寧二校課程及赴日本避暑經過❻，歸時囑學生李鴻梁前往南京代授高師圖畫音樂功課❼(又)，遇天津舊友陳寶泉於西湖烟霞洞。陳氏時任北京高等師範校長，約他至北京高師任教，師初許之，旋致書謝絕，似已萌出家之念❽。

是年在杭所作詩詞頗多，如〈早秋〉、〈悲秋〉、〈送別〉、〈憶兒時〉、〈月夜〉、〈秋夜〉等，似均作於此年❾。

注　釋

❶ 四十年前著者在滬時，曾晤北京道禪和尚。據云：「民國四年春，他因友人之介，曾晤李叔同先生於北京鐵獅子胡同余宅，余氏為李先生友人，時任職交通部云。」據此，是年大師或曾到北京一次。

❷ 江謙〈壽弘一大師六十週甲〉詩：

鷄鳴山下讀書堂，廿載金陵夢未忘。「寧社」恣嘗蔬筍味，當年已接佛陀光。

乙卯年，謙承辦南京高等師範時，聘師任教座。師於假日倡「寧社」，借佛寺陳列古書字畫金石，蔬食講演，實導儒歸佛方便門也。

❸ 南社臨時雅集攝影說明：「中華民國四年五月十六日，南社舉行臨時雅集於杭州西湖孤山之西泠印社。社友先後戾止者為：林好修、鄭佩宜、姚石子、高吹萬、李息霜、柳亞子、王海帆等共二十七人。」（《南社》第十五集，民國五年一月出版）

❹ 手書柳亞子「明女士廣陵馮小青墓」題記及同游諸子題名：

馮郎春航，能歌小青影事者。頃來湖上，泛棹孤山，撫冢低回，題名而去。既與余邂逅，屬為點染，以眎後人；用綴數言，勒諸墓側。世之覽者，儻亦有感於斯？民國四年夏五，吳江柳亞子題。

是日同游者：林秋葉、王漱巖、沈半峰、程弢堂、陳慮尊、陳越流、李息翁、朱屏子、丁白丁、丁不識、丁展藩、周佚生、費龍丁、陳穉蘭、高吹萬、姚石子、林憩南、樓辛壺、陸鄂不、龍小雲等。

【按】以上分書二碑，原立於孤山放鶴亭下馮小青墓側。字作北魏筆法，雖未署名，一見可知。一九四四年六月十二日，余遊西湖，登陸憑弔，曾爲錄存。後聞該墓已被拆去，碑亦無存。

【按】馮小青，揚州人，受封建婚姻迫害，看了湯顯祖的《牡丹亭》（杜麗娘與柳夢梅愛情故事）後，聯繫自己悲慘的身世，寫了一絕句云：「冷月幽窗不可聽，挑燈閒看《牡丹亭》。人間亦有癡於我，豈獨傷心是小青！」

⑤《樂石社社友小傳》附〈樂石社記〉：

粵若稽古先聖，繼天有作，創造六書，以給世用，後賢踵事，附庸藝林。金石刻劃，實祖繆篆。上起秦漢，下逮珠申，彬彬郁郁，垂二千年，可謂盛矣。世衰道微，士不悅學。一技之末，假手喁夷，獸蹄鳥蹟，觸目纍纍。破觚為圓，用夷變夏。典型淪喪，殆無譏焉。

不佞無似，少耽痂癖，結習所存，古歡未墜。曩以人事，羈蹟武林，濫竽師校。同學邱子，年少英發。既耽染翰，尤耆印文，校秦量漢，篤志愛古，遂約同人，集為茲社，樹之風聲，顏以樂石。切磋商兌，初限校友，繼迺張皇。他山取益，志道既合，聲氣遂孚。自冬徂春，規模寖備。復假彼故宮為我社址，西泠印社諸子，觥觥先進，勿棄葑菲。左提右挈，樂觀厥成，滋可感也。

不佞昧道懵學，文質靡底。前無老馬，屍位經年。伏念雕蟲篆刻，壯夫不為，而雅廢夷侵，賢者所耻。值猖狂衰靡之秋，結枯槁寂寞之侶。足音空谷，幽草寒蛩，縱未敢自附於國粹之林，倘亦賢乎博奕云爾。爰陳梗概，備觀覽焉。乙卯六月李息翁記。

【按】邱子即邱志貞，字梅白，浙江諸暨人。壬子就學武林，始與西泠諸印人相往來。

「樂石社」重要社友如下：

1. 夏鑄，字丏尊，號悶庵，上虞人。
2. 李息，字叔同，一字息翁，燕人或曰當湖人。
3. 樓啓鴻，字秋賓，號逍遙子，新登人。
4. 楊鳳鳴，字子岐，嘉善人。
5. 陳兼善，字達夫，諸暨人。
6. 吳荐誼，字翼漢，又號聞秀，諸暨人。
7. 周其鑣，字淦卿，杭人。
8. 朱毓魁，字文叔，桐鄉人。
9. 杜振瀛，字丹成，嵊人。
10. 經亨頤，字子淵，別號石禪，上虞人。

11.堵福詵，字申甫，又號屹山，會稽人。
12.費硯，字劍石，號龍丁，華亭人。
13.周承德，字佚生，海寧人。
14.柳棄疾，字亞子，吳江人。
15.姚光，字石子，金山人。
16.徐渭仁，字善揚，上虞人。

小傳共廿五人，玆錄十六人，餘略。

李叔同條，自稱：「燕人或曰當湖人。幼嗜金石書畫之學，長而碌碌無所就。性奇僻不工媚人，人多惡之。生平易名字百十數。名之著者曰文濤、曰下、曰成蹊、曰廣平、曰岸、曰哀、曰凡，字之著者曰叔同、曰漱筒、曰惜霜、曰桃谿、曰李廬、曰壙廬、曰息霜，又自謚曰哀公。」

樂石社職員表　自甲寅十一月至乙卯六月

主任	李叔同	杭城第一師範學校
會計	楊子岐	同
書記	邱梅白	同
庶務	杜丹成	同
同	戚繼同	同
同	陳達夫	
同	翁慕匋	同

❻ 致劉質平信：「不佞於本學年，兼任杭、寧二校課程，汽車（日本名詞，卽火車——著者）往來千二百里，亦大苦事也。〔今夏〕遊日本，未及到東京，故章程未覓到，詳情容後復。」（一九一五年九月三日）

❼ 李鴻梁〈我的老師弘一法師李叔同〉：「我是在一九一五年（民國四年）畢業的。法師就在這一年暑假到日本去洗溫泉浴。……他是九月間回國的，回國前打了個電報叫我到南京高等師範（卽東南大學前身），去代法師的課。因為我那時對於教學毫無經驗，年齡又這樣輕，驟然去教同等程度的學校，心裏頗有點忐忑不定。但是見到法師，他馬上拿出本學期的教學進度給我看，並且告訴我那邊學校裏的一切情形。……」（見一九八三年《浙江文史資料選輯》第二十六輯）

文 崔旻飛《鴻翔日記》：「一九一五年七月七日，李叔同來一明片，言已東渡，須九月底回國。」

❽ 陳寶泉〈憶舊〉：「李叔同君，曉樓先生之季子，與予為世交。少年倜儻，精文翰，擅書法，所謂翩翩濁世佳公子也。及冠游學日本，習美術、書畫、音樂，並臻絕詣。民國四年（一九一五），予與遇於湖上之烟霞洞，乃一變昔日矜持之態，謙恭而和易。予力約其北來任高等師範教授，但笑應之。及予北歸，旋得復書謝絕。未幾，聞已入空門矣。在湖上曾寫小詞示予，頗可窺其志趣。茲錄於左，以為紀念云：

故園鳴鸜鵒，垂楊有暮鴉，江山如畫日西斜。新月撩人窺入碧窗紗。陌上青青草，樓頭艷艷花。洛陽兒女學琵琶。不管冬青一樹屬誰家，不管冬青樹底影事一些些。——調名『喝火令』。」（見《退思齋文存‧敍記類》）

【按】陳寶泉，字筱莊，天津人，早年留學日本。民初曾任北京國立高等師範校長，著有《退思齋文存》。

❾是年在杭所作詩詞：

早秋

十里明湖一葉舟，城南烟月水西樓。幾許秋容嬌欲流，隔著垂楊柳。遠山明淨眉尖瘦，閒雲飄忽羅紋縐。天末涼風送早秋，秋花點點頭。

悲秋

西風乍起黃葉飄，日夕疏林杪。花事匆匆，夢影迢迢，零落憑誰弔。鏡裏朱顏，愁邊白髮，光陰暗催人老。縱有千金，縱有千金，千金難買年少。

送別（此曲曾爲著名電影「城南舊事」採爲主題歌）

長亭外，古道邊，芳草碧連天。晚風拂柳笛聲殘，夕陽山外山。天之涯，地之角，知交半零落；一瓢濁酒盡餘歡，今宵別夢寒。長亭外，古道邊，芳草碧連天。晚風拂柳笛聲殘，夕陽山外山。

憶兒時

春去秋來，歲月如流，游子傷漂泊。回憶兒時，家居嬉戲，光景宛如昨。茅屋三椽，老梅一樹，樹底迷藏捉。高枝啼鳥，小川游魚，曾把閒情託。兒時歡樂，斯樂不可作。兒時歡樂，斯樂不可作。

【按】豐子愷〈法味〉：「——他（大師）後來教音樂時，曾取首淒惋嗚咽的西洋有名歌曲：“My dear old sunny home” 來改作一曲〈憶兒時〉，中有『高枝啼鳥，小川游魚，曾把閒情託』之句，恐怕就是那時居城南草堂的自己描寫了。」

月夜

纖雲四捲銀河淨，梧葉蕭疏搖月影。剪徑涼風陣陣緊，暮鴉棲止未定。萬里空明人意靜。呀！是何處，敲徹玉磬。一聲聲清越度幽嶺。呀！是何處，聲相酬應。是孤雁寒砧並。想此時此際幽人應獨醒，倚欄風冷。

秋夜

日落西山，一片羅雲隱去。萬種情懷，安排何處？卻妝出嫦娥，玉宇瓊樓緩步。天高氣清，滿庭風露。問耿耿銀河，有誰引渡。四壁涼蛩，如來相語。盡遣了閒愁，聊共月華小住。如此良宵，人生難遇。

寒蟬吟罷，驀然螢火飛流。夜涼如水，月掛簾鈎。愛星河皎潔，今宵雨歛雲收。蟲吟侑酒，掃盡閒愁。聽一枝長笛，有誰人倚樓。天涯萬里，情思悠悠。好安排枕簟，獨尋睡鄉優游。金風颯颯，底事悲秋。

（以上幾首，未記寫作年月，姑予歸入本年。）

一九一六年（民國五年丙辰）　三十七歲

是年仍在杭州浙江第一師範任教，同時兼任南京高等師範圖畫音樂功課❶。師受聘在浙江一師兼課的故事，爲同學津津樂道者，可於馮藹然〈憶畫家潘天壽〉一文中見之(文)。秋間將入山坐禪，題舊藏陳師曾所畫荷花小幅，以贈聽泉居士❷。夏丏尊偶見日本雜誌有關斷食的文章，說斷食爲身心更新之修養方法，介紹他閱讀❸。師遂決心試驗斷食，經丁輔之居士介紹，選定虎跑大慈山定慧寺（通稱虎跑寺）爲斷食地點❹。斷食二十餘日，手書「靈化」二字，加跋贈學生朱穌典❺。師在斷食期間，仍以寫字爲常課。所寫有魏碑、篆文、隸書等，筆力毫未減弱。所臨各種碑帖，皆注明月日所書，並作題記，後存夏丏尊處。夏丏尊對他斷食經過有極概括的敍述❻。大師自信無壽徵，是年刻一印章曰：「丙辰息翁歸寂之年」❼。斷食期間臨摹各碑題記❽。〈斷食日志〉全文如注❾。

注釋

❶ 豐子愷〈話舊〉：「我在十七歲（一九一四）的暑假時，畢業於石灣的崇德縣立第三高小

學校。母親決定我投考杭州第一師範。……三年級以後……我們的圖畫科改由向來教音樂而常常請假的李叔同先生教授了。李先生的教法在我覺得甚為新奇。……有一晚，我為了別的事體去見李先生。告退之後，先生特別呼我轉來，鄭重地對我說：『你的畫進步很快，我在所教的學生中，從來沒有見過這樣快速的進步。』李先生當時兼授南京高等師範及我們的浙江第一師範兩校的圖畫。他又是我們所最敬佩的先生的一人。我聽他這兩句話，猶如暮春的柳絮受了一陣急烈的東風要大變方向而突進了。……二十年四月三十日作。」（見《中學生》）

㉞

馮藹然〈憶畫家潘天壽〉：「潘天壽，浙江寧海人，字大頤。……一九一六年，始來杭進浙江省立第一師範學校，卽以擅長書法，見重全校。……當時老師中擅長書法者，如李叔同、經亨頤、夏丏尊輩，或天資過人，或功夫到家，早已蜚聲一時，與校外名流馬一浮、丁輔之、余紹宋、張宗祥輩齊名。因此潘的造詣，受諸前輩之益者不少。……

「這裏要講一講當時一師注重美術、音樂教育的一些舊事：一師校長經亨頤辦學，要求德、智、體、美、社交，五育並臻，致力培養健全人格，同時注意個性發展，教學相長，能者為師。……這時的潘君，方參加師生共同的課外研究組織，學習詩詞、篆刻，均有成就。……圖畫課既全由李叔同老師安排，占學時不能太多，而所有石膏素描、速寫、水彩、油畫等，全屬西畫系統。……

「李叔同老師本兼南京高師、杭州兩級師範兩校美術、音樂，又是詩詞、篆刻等課外研究組織的臺柱，南社、西泠印社的健將。晚年德行，為全校師生所同欽。

「校長經亨頤請他來杭兼課的故事，更為同學所津津樂道。經校長以留日同學情誼，慫李來兼任美術、音樂，他提出設備條件，是每個學生有一架風琴，繪畫室石膏頭像、畫架等不能有缺。校長以為在學校缺錢、市上缺貨的情況下，風琴每人一架的要求，實嫌過高。李叔同先生的答復是同學出去要教唱歌，不會彈琴不行，教授時間有限，練習全在課外，『你難辦到，我怕遵命』。經校長想盡辦法，弄到大小風琴二百架（夠要求的半數），排滿在禮堂四周、自修室、走廊上，再請他來看過。從此就每星期三天南京、三天杭州，僕僕道路，兩頭兼課，直到在杭州出家為止。像李這樣的負責老師是不能有意見的。從效果看，他擔任的美術、音樂課程，就培養出不少適合大、中學校教師以及對小學圖畫、唱歌的確是普遍能夠勝任之才。」

（見《浙江文史資料選輯》第二十一輯）

❷

〈題陳師曾畫「荷花小幅」〉：「師曾畫荷花，昔藏余家；癸丑之秋，以貽聽泉先生同學。今再展玩，為綴小詞，時余將入山坐禪，慧業云云，以美荷花，亦以是自劭也。丙辰寒露。『一花一葉，孤芳致絜。昏波不染，成就慧業。』」（見《南社叢刊》第二十二集，民國十二年）

❸ 夏丏尊〈弘一法師之出家〉：「有一次我從一本日本的雜誌上見到一篇關於斷食的文章，說斷食是身心『更新』的修養方法，自古宗教上的偉人，如釋迦，如耶穌，都曾斷過食。斷食能使人除舊換新，改去惡德，生出偉大的精神力量。並且還列舉實行的方法及應注意的事項，又介紹了一本專講斷食的參考書。我對於這篇文章很有興味，便和他談及，他就好奇地向我要了雜誌去看。以後我們也常談到這事，彼此都有『有機會最好斷食來試試』的話，可是並沒有作過具體的決定。至少在我自己是說過就算了。

約莫經過了一年，他竟獨自去實行斷食了，這是他出家前一年陽曆年假的事。他有家眷在上海，平日每月回上海二次，年假暑假當然都回上海的。陽曆年假只十天，放假以後，我也就回家去了，總以為他仍照例回到上海了的。假滿返校，不見到他，過了兩星期他才回來。據說假期中沒有回上海，在虎跑寺斷食。我問他『為甚麼不告訴我？』他笑說：『你是能說不能行的，並且這事預先教別人知道也不好，旁人大驚小怪起來，容易發生波折。』」

❹ 〈我在西湖出家的經過〉：「到了民國五年的夏天，我因為看到日本雜誌中有說及關於斷食方法的，謂斷食可以治療各種疾病。當時我就起了一種好奇心，想來斷食一下。因為我那個時候患有神經衰落（弱）症，若實行斷食後，或者可以痊癒亦未可知。要行斷食時，須於寒冷的季候方宜。所以，我便預定十一月來作斷食的時間。至於斷食的地點

呢？總須先想一想，總要有個很安靜的地方才好。當時我就和西泠印社的葉品三來商量。他說，西湖附近的地方，有所虎跑寺可作斷食的地點，丁輔之是虎跑的大護法，可以請他去說一說。於是便請丁輔之代為介紹。到了十一月的時候，我還不曾親自到過。於是我便托人到虎跑寺那邊去走一趟，看看在那一間房裏住好。回來後他說在方丈樓下的地方倒很幽靜的。因為那邊房子很多，平常時候都是關起來的。在方丈樓上只有一位出家人住着。等到十一月底我到了虎跑寺，就住在方丈樓下的那間屋子裏。

「我常常看見一位出家人在我的窗前經過，就是住在樓上的那一位。我看到他十分的歡喜。因此時常和他談話，同時他也拿佛經來給我看。……看到他們那種生活我很歡喜，而且羨慕起來了。我在那邊雖然只住了半個多月，但心裏却十分地愉快，而且對於他們所吃的菜蔬更歡喜喫。回到學校裏，我就請佣人照他們那種樣的菜煮來喫。這一次，我到虎跑寺去斷食，可以說是我出家的近因了。」

❺ 斷食後，自書「靈化」題記：「丙辰新嘉平，入大慈山，斷食十七日，身心靈化，歡樂康彊。書此奉穌典仁弟，以為紀念。欣欣道人李欣叔同。」下嵌二印：一為「李息」，一為「不食人間煙火」。

❻ 夏丏尊〈弘一法師之出家〉：「他的斷食共三星期，第一星期逐漸減食至盡，第二星期除水以外完全不食，第三星期起，由粥湯逐漸增加至常量。據說經過很順利，不但並無

苦痛，而且身心反覺輕快，有飄飄欲仙之象。他平日是每日早晨寫字的，在斷食期間，仍以寫字為常課。三星期所寫的字，有魏碑，有篆文，有隸書，筆力比平日並不減弱。他說斷食時，心比平時靈敏，頗有文思，恐出毛病，終於不敢作文。他斷食以後，食量大增，且能喫整塊的肉，（平日雖不茹素，不多食肥膩肉類。）自己覺得脫胎換骨過了，用老子『能嬰兒乎』之意，改名李嬰，依然教課，依然替人寫字，並沒有甚麼和前不同情形。據我知道，這時他只看些宋元人的理學書和道家的書類，佛學尚未談到。」

❼ 夏丏尊〈續護生畫集敍〉：「和尚在俗時，體素弱，自信無壽徵。日者謂丙辰有大厄，因刻一印章，曰『丙辰息翁歸寂之年』。是歲為人作書常用之。余所藏有一紙，即蓋此印章。」

❽ 斷食期間臨摹各碑題記：「丙辰十一月三十日至十二月十八日，斷食大慈山定慧寺所書。」（白文印「不食人間煙火」，又一印文為「一息尚存」，早年存夏丏尊處，今歸其女夏滿子保存。）

❾ 〈斷食日志〉：

丙辰新嘉平一日始。斷食後，易名欣，字俶同，黃昏老人，李息。

十一月廿二日，決定斷食，禱諸大神之前，神詔斷食，故決定之。

擇錄村井氏說：「妻之經驗，最初四日，預備半斷食。六月五日、六日，粥、梅乾。七日、八日，重湯、梅乾。九日始本斷食，安靜。飲用水一日五合，一回一合，分五六回服用。第二日，饑餓胸燒，舌生白苔。第三、四日，肩腕痛。第四日，腹部全體凝固，體倦就床，晨輕晚重。第五日，同，稍輕減，坐起一度散步。第六日，輕減，氣分爽快，白苔消失。胸燒愈。第七日，最平穩，斷食期至此止。

「後一日，攝重湯，輕二碗三回，梅乾無味。後二日，同。後三日，粥、梅乾、胡瓜，實入吸物。後四日，粥，吸物，少量刺身。後五日，粥、野菜、輕魚。後六日，普通食，起床。此兩三日，手足浮腫。

「斷食期內，或體痛不能眠，或下痢，或嘍。便時以不下床為宜。預備斷食或一週間，粥三日，重湯四日。斷食後或須一週間，重湯三日，粥四日，個半月體量恢復。半斷食時服リチネ。」

＊

到虎跑攜帶品：被褥帳枕、米、梅乾、楊子、齒磨、手巾、手帕、便器、衣、漉水布、リチネ、日記紙筆書、番茶、鏡。

預定期間：一日下午赴虎跑。上午聞玉去預備。中食飯，晚食粥、梅乾。二日、三日、四日，粥、梅乾。五日、六日、七日，重湯、梅乾。八日至十七日斷食。十八日、十九日、二十日，重湯、梅乾。廿一日、廿二日、廿三日、廿四日，粥、梅乾、輕菜食。廿五日返校，常食。廿八日返滬。

三十日晨，命聞玉攜蚊帳、米、紙、糊、用具到虎跑。室宜清閒，無人迹、無人聲，面南，日光遮北，以樓為宜。是晚食飯，拂拭大小便器桌椅。

午後四時半入山，晚餐素菜六簋（音癸，盛食物的圓形器具——著者。），極鮮美。食飯二盂，尚未饜。因明日始即預備斷食，强止之，榻於客堂樓下，室面南，設榻於西隅，可以迎朝陽。聞玉設榻於後一小室，僅隔一板壁，故呼應便捷。晚燃菜油燈，作楷八十四字。自數日前病感冒，傷風微嗽，今日仍未愈。口乾鼻塞，喉緊聲啞，但精神如常。八時眠，夜間因樓上僧人足聲時作，未能安眠。（《覺有情》雜誌編者按：「據前節所記預定期間十二月一日下午赴虎跑。而此節所記，三十日午後四時半即已入山，當係臨時改定。」）

十二月一日，晴，微風，五十度。斷食前期第一日。疾稍愈，七時半起床。是日午十一時食粥二盂，紫蘇葉二片，豆腐三小方。晚五時食粥二盂，紫蘇葉二片，梅乾一枚。飲冷水三杯，有時混杏仁露，食小橘五枚。午後到寺外運動。

余平日之常課，為晨起冷水擦身，日光浴。眠前熱水洗足。自今日起冷水擦身暫停，日光浴時間減短，洗足之熱水改為溫水，因欲使精神聚定，力避冷熱極端之刺激也。對於後人斷食者，應注意如下：

一、未斷食時練習多飲冷開水。斷食初期改飲冷生水，漸次加多。因斷食時日飲五杯冷水殊不易，且恐腹瀉也。

二、斷食初期時之粥或米湯，於微溫時食之，不可太熱，因與冷水混合，恐致腹痛。

余每晨起後，必通大便一次。今晨如常，但十時後屢放屁不止。二時後又打格兒甚多，此為平日所無。是日書楷字百六十八，篆字百〇八。夜觀焰口，至九時始眠。夜嗽多惡夢，未能入眠。

二日，晴和，五十度。斷食前期第二日。七時半起床，晨起無大便，是日午前十一時食粥一盂、梅一枚、紫蘇葉二片。午後五時同。飲冷水三杯，食桔子三枚，因運動歸來體倦故。是日舌苔白，口內粘滯，上牙裏皮脫。精神如常，但過則疲□□(二字不明)，運動微覺疲倦，頭目眩暈。自明日始即不運動。

晚侍和尚念佛，靜坐一小時。寫字百三十二，是日鼻塞。摹大同造像一幅，原拓本自和尚假來，尚有三幅，明後續□□(摹寫)。八時半眠，夜夢為升高跳越運動。其處為器具拍賣場，陳設箱櫃机椅並玩具裝飾品等。余跳越於上，或騰空飛行於其間，足不履地，靈捷異常，獲優勝之名譽。旁觀有德國工程師二人，皆能操北京語。一人謂有如此之技能，可以任遠東大運動會之某種運動，必獲優勝，余遜謝之。一人謂練習身體，斷食最有效，吾二人已二日不食。余即告余現在虎跑斷食，亦已預備二日矣。其旁又有一中國人，持一表，旁寫題目，中並列長短之直紅線數十條，如計算增減高低之表式，是記余跳越高低之順序者。是人持以示余，謂某處由低而高而低之處，最不易跳越，贊余有超人之絕技。後余出門下土坡，屢遇西洋婦人，皆與余為禮，賀余運動之成功，余笑謝之。夢至此遂醒。余生平未嘗為一次運動，亦未嘗夢中運動，頭腦中久無此思想。忽得此夢，至為可異，殆因胃內虛空有以致之歟？

三日，晴和，五十二度。斷食前第三日。七時半起床。是晨覺饑餓，胸中擾亂，苦悶異常，口乾飲冷水。勉坐起披衣，頭昏心亂，發虛汗作嘔，力不能支，仍和衣臥少時。飲梅茶二杯，乃起床，精神疲憊，四肢無力。九時後精神稍復元，食桔子二枚。是晨無大便，飲蓖油一劑，十時半軟便一次，甚暢快。十一時水瀉一次，精神頗佳，與平常無大異。十一時二十分食粥半盂，梅一個，紫蘇一枚。摹普泰造象、天監造像二頁。飲水、食物，喉痛，或因泉水性太烈，使喉內脫皮之故。午後四時，飲水後打格篤，食小梨一個，五時食粥半盂。是日感冒傷風已愈，但有時微嗽。是日午後及晚，侍和尚念佛，靜坐一小時。八時半眠。入山預斷以來，即不能為長時之安眠，旋睡旋醒，輾轉反側。

四日，晴和，五十三度。斷食前第四日。七時半起床。是晨氣悶，心跳、口渴，但較昨晨則輕減多矣，飲冷水稍愈。起床後頭微暈，四肢乏力。食小桔一枚，香蕉半個。

八時半精神如常，上樓訪弘聲上人，借佛經三部。午後散步至山門，歸來已覺微疲。是日打格兒甚多，口時作渴，共飲冷水四大杯。摹大明造象一頁。寫楷字八十四，篆字五十四。無大便。四時後頭昏，精神稍減。食小桔二枚。是日十一時飲米湯二盂，食米粒二十餘。八時就床，就床前食香蕉半個。自預備斷食，每夜三時後腿痛，手足麻木。

（余前每逢嚴冬有此舊疾，但不甚劇。）

五日，晴和，五十三度。斷食前第五日。七時半起床。是夜前半頗覺身體舒泰，後半夜仍腿痛，手足麻木。三時醒，口乾，心微跳，較昨減輕。食香蕉半個，飲冷水稍眠。六時醒，氣體甚好。起床後不似前二日之頭暈乏力。精神如常，心胸愉快。到菜園採花供鐵瓶。食梨半個，吐渣。自昨日起，多寫字，覺左腰痛。是日腹中屢屢作響，時流鼻涕，喉中腫爛尚未愈。午後侍和尚念佛，靜坐一小時，微覺腰痛，不如前日之穩靜。三時食梨半個，吐渣，食香蕉半個。午、晚飲米湯一盂。寫字百六十二。傍晚精神稍差，惡寒口渴。本定於後日起斷食，改自明日起斷食，奉神詔也。

斷食期內，每日飲梨汁一個之分量，飲桔汁三小個之分量，飲畢嗽口。又因信仰上每晨餐供神生白米一粒，將眠，食香蕉半個。是日無大便，七時起床。是夜神經過敏甚劇，加以鼠聲人鼾聲，終夜未安眠。口甚乾，後半夜腿痛稍輕，微覺肩痛。

六日，晴暖，晚半陰，五十六度。斷食正期第一日。八時起床。三時醒，心跳胸悶，飲冷水桔汁及梅茶一杯。八時起床，手足乏力，頭微暈，執筆作字殊乏力，精神不如昨日。八時半飲梅茶一杯。腦力漸衰，眼手不靈，寫日記時有誤字，多遺忘。九時半後精神稍可。十時後精神甚佳，口渴已愈。數日來喉中腫爛亦愈。今日到大殿去二次，計上下廿四級石階四次，已覺足乏力，為以前所無。是日共飲梨汁一個，桔汁二個。傍晚精神不衰，較勝昨日，但足乏力耳。仍時流鼻涕，晚間精神尤佳。是日不覺如何饑餓。晚有便意，僅放屁數個，仍無便。是夜能安眠，前半夜尤穩安舒泰。眠前以棉花塞耳，並誦神人合一之旨。夜間腿痛已愈，但左肩微痛。七時就床，夢變為豐顏之少年，自謂係斷食之效。

七日，陰復晴，夜大風，五十四度，斷食正期第二日。六時半起床。四時醒，心跳微作卽愈，較前二日減輕。飲冷水甚多。六時半卽起床，因是日頭暈已減輕，精神較昨日為佳，且天氣甚暖故早起床也。起床後飲桔汁一枚。晨覽《釋迦如來應化事跡圖》。八時後精神不振，打呼欠，微寒，流鼻涕，但起立行動如常，午後身體寒益甚，擁被稍息。想出食物數種，他日試為之。炒餅、餅湯、蝦仁豆腐、蝦子麵片、十錦絲、鹹胡瓜。三時起床，冷已愈，足力比昨日稍健。是日無大便，飲冷水較多。前半夜肩稍痛，須左右屢屢互易，後半夜已愈。

八日，陰、大風、寒，午後時露日光，五十度。斷食正期第三日。十時起床。五時醒，氣體至佳，如前數日之心跳頭暈等皆無。因天寒大風，故起床較遲。起床後精神甚佳，手足有力，到院內散步。四時半就床，午後益寒，因早就床。是日食慾稍動，有時覺餓，並默想各種食物之種類及其滋味。是夜安眠，足關節稍痛。

九日，晴、寒、風，午後陰，四十八度。斷食正期第四日。八時半起床。四時醒，氣體極佳，與常日無異。起床後精神如常，手足有力。朝日照入，心目豁爽。小便後尿管微痛，因飲水太多之故。自今日始不飲梨桔汁，改飲鹽梅茶二杯。午後因飲水過多，胸中苦悶。是日午前精神最佳，寫字八十四，到菜圃散步。午後寒，一時擁被稍息。三時起床，室內運動。是日不感饑餓。因天寒，五時半就床。

十日，陰、寒，四十七度。斷食正期第五日。十時半起床。四時半醒，氣體精神與昨同。起床後精神至佳。是日因寒故起床較遲。今日加飲鹽湯一小杯。十一時楊劉二君來談至歡。因寒四時就床。是日寫字半頁。近日神經過敏已稍愈，故夜間較能安眠，但因昨日飲水過多傷胃，胃時苦悶，今日飲水較少。

十一日，陰寒、夕晴，四十七度。斷食正期第六日。九時半起床。四時半醒，氣體與昨同。夜間右足微痛，又胃部終不舒暢。是日口乾，因寒起床稍遲，飲鹽湯半杯，飲梨汁。夕晴，心目豁爽。寫字百三十八。坐簷下曝日，四時就床，因寒早就床。是晚感謝神恩，誓必皈依，致福基書。

十二日，晨陰、大霧、寒，午後晴，四十八度。斷食正期第七日。十一時起床。四時半醒，氣體與昨同，足痛已愈，胃部已舒暢，口乾，因寒不敢起床。十一時福基遣人送棉衣來，乃披衣起。飲梨汁及鹽湯、桔汁。午後精神甚佳，耳目聰明，頭腦爽快，勝於前數日。到菜圃散步，寫字五十四。自昨日始，腹部有變動，微有便意，又有時稍感饑餓。是日飲水甚少。晚晴甚佳，四時半就床。

十三日，晨半晴陰，後晴和，夕風，五十四度。斷食後期第一日，八時半起床。氣體與昨同，晨飲淡米湯二盂，不知其味，屢有便意，口乾後愈。飲梨汁桔汁，十一時飲濃米湯一盂，食梅乾一個，不知其味。十時服瀉油少許，十一時半大便一次甚多，便色紅，便時腹微痛，便後漸覺身體疲弱，手足無力。午後勉强到菜圃一次。是日不飲冷水。午前寫字五十四。是日身體疲倦甚劇，斷食正期未嘗如是。胃口未開，不感饑餓，尤不願飲米湯，是夕勉飲一盂，不能再多飲。

十四日，晴，午前風，五十度。斷食後期第二日。七時半起床。氣體與昨同，夜間較能安眠。五時飲米湯一盂，口乾，起床後精神較昨佳。大便輕瀉一次，又飲米湯一盂，飲桔汁，食蘋果半枚。是日因米湯梅乾與胃口不合，於十時飲薄藕粉一盂，炒米糕二片，極覺美味，精神亦驟加。精神復元，是日極愉快滿足。一時飲薄藕粉一盂，米糕一片。寫字三百八十四。腰腕稍痛，暗記誦《神樂歌序章》。四時食稀粥一盂，鹹蛋半個，梅乾一個，是日不感十分饑餓，如是已甚滿足。五時半就床。

十五日，晴，四十九度。斷食後期第三日。七時起床。夜間漸能眠，氣體無異平時。擁衾飲茶一杯，食米糕三片。早食藕粉米糕，午前到佛堂菜圃散步，寫字八十四。午食粥二盂，食梨一個，桔二個。敬抄《御神樂歌》二葉，暗記誦一、二、三下目。晚飲粥二盂，青菜鹹蛋，少許梅乾。晚食粥後，又食米糕飲茶，未能調和，胃不合，終夜屢打格兒，腹鳴。是日無大便，七時就床。

十六日，晴，四十九度。斷食後期第四日。七時半起床。晨飲紅茶一杯，食藕粉、芋。午食薄粥三盂，青菜、芋大半碗，極美，有生以來不知菜芋之味如是也。食桔、蘋果，晚食與午同。是日午後出山門散步，誦《神樂歌》，甚愉快。入山以來，此為愉快之第一日矣。敬抄《神樂歌》七葉，暗記誦四、五下目。晚食後食煙一服。七時半就床，夜眠較遲，胃甚安，是日無大便。

十七日，晴暖，五十二度。斷食後期第五日。七時起床。夜間仍不能多眠，晨飲瀉油極少量。晨餐濃粥一盂，芋五個，仍不足，再食米糕三片，藕粉一盂。九時半，大便一次，極暢快。到菜圃誦《御神樂歌》。中膳，米飯一盂，粥二盂，油炸豆腐一碗。本寺例初一、十五始食豆腐，今日特因僧人某死，葬資有餘，故以之購食豆腐。午前後到山門外散步二次。擬定出山後剃鬚。聞玉採蘿蔔來，食之至甘。晚膳粥三盂，豆腐青菜一盂，極美。今日抄《御神樂歌》五枚，暗記誦六下目。作書寄普慈。是日大便後愉快，晚膳後尤愉快。坐簷下久。擬定今後更名欣，字俶同。七時半就床。

十八日，陰、微雨，四十九度。斷食後期最後一日。五時半起床。夜間酣眠八小時，甚暢快，入山以來未之有也。是晨早起，因欲食寺中早粥。起床後大便一次甚暢。六時半食濃粥三盂、豆腐青菜一盂，胃甚漲。坐菜圃小屋誦《神樂歌》，今日暗記誦七下目，敬抄《神樂歌》八枚。午，食飯二盂，豆腐青菜一盂，胃漲大，食煙一服。午後到山中散步，足力極健。採乾花草數枝，松子數個。晚食濃粥二盂，青菜半盂，僅食此不敢再多，恐胃漲也。餐後胸中極感愉快。燈下寫字五十四，輯訂斷食中字課，七時半就床。

十九日，陰、微雨，四時半起床。午後一時出山歸校。囑託聞玉事件：晚飯菜、桔子、做衣服附袖頭，廿二要：轎子油布，轎夫選擇，新蚊帳，夜壺。自己事件：寫真，付飯錢，致普慈信。

【按】大師〈斷食日志〉寫於一九一六年冬，原稿最初交與同事堵申甫居士保存，封面蓋有「李息翁章」。經三十餘年，至一九四七年，始由陳鶴卿居士謄清，發表於上海《覺有情》雜誌第七卷十一、十二期。本文全文轉錄自《覺有情》。（現在《覺有情》也不易見了，所以不嫌冗長，錄其全文。）

從〈日志〉中在斷食前的「禱諸大神之前，神詔斷食，故決定之」，「敬抄《御神樂歌》二葉」，「誦《神樂歌》甚愉快」等看來，大師在入佛之前，曾一度信過日本天理教，似係受其日籍夫人之影響，此爲以前所未知。據日本學者濱 一衞考證，她歸日後成爲一天理教信徒云。（見一九五三年三月《日本中國學會報》第五期，一二〇頁。濱 一衞〈關於春柳社「黑奴籲天錄」的演出・李岸條〉。）

【按】天理教爲日本宗教神道（今稱新興宗教）之一派。其教祖稱中山美伎（一七九八—一八八七）。她原是大和國（今奈良縣）山邊郡朝和村三昧田的前川半七的長女，嫁與莊屋敷村的中山善兵衞，因名中山美伎。一八三八年十月廿三日，爲其患病長子祈禱時，自稱「眞神」降臨，要她傳達神意，解救世人，後來天理教卽定此日爲創教紀念日。中山美伎藉咒術神符爲人治病助產，並與家人一起傳播「天理王命」，遂稱天理教。

「天理王命」是天理教信仰中心十個神的總稱，也稱父母神。其教義認爲世界和人類是父母神所創造的。人必須認識神的恩惠，愉快地從事日常的神聖勞動，彼此合作，相互親愛，消除前生惡業，實現康樂世界。

天理教的主要經典是《御神樂歌》（修行活動時的唱詞）、《御筆先》（記「神示」的一七一一首和歌）和《御指圖》（中山美伎等的言論集）。天理教以繼承教祖血統的「眞柱」爲最高領導人，其教會本部設於中山美伎故里奈良天理市，盛行說教及文書宣傳。總部發行《天理時報》等五種報刊。教育文化設施，設有從幼兒園、男女中學及天理大學等一系列教育機構以及圖書館、博物館、醫院、出版社、研究所和培養教會人員的專門學校。

天理教的信徒以農民、商人、職員、家庭婦女等社會中下層群衆爲多，最近信徒約達二百萬人云。

《斷食日志》中日語名詞略釋：

梅干卽鹹梅（醃過的梅子）。重湯卽米湯。胡瓜卽黃瓜。吸物卽湯或清湯。刺身卽生魚片。番茶，日本粗茶。リチネ（Richine），西藥名。寫眞爲照相。楊子卽牙刷。齒磨卽牙粉。「食烟一服」，卽抽烟一支，「一服」爲日本名詞，卽一支烟，一杯茶之意。

聞玉爲浙江一師專門照顧大師之工友。

【附記】近年國內外出版大師傳記，提到他在俗的日籍夫人的名字，或稱雪子，或稱誠子，或稱葉子，似乎都是猜測之詞。在斷食「十一日——斷食正期第六日」日志中，有「是晚感謝神恩，誓必皈依，致『福基』書。」又十二日斷食日志有「因寒不敢起床。十一時『福基』遣人送棉衣來，乃披衣起。」福基也許是日籍夫人的眞名，時間過了七、八十年，可惜無從證實了。

一九一七年（民國六年丁巳） 三十八歲

大師自去冬在虎跑試驗斷食後，已決心出家。故寒假後雖仍回校任教，但今年起已開始茹素，看佛經並供佛像了❶。二月間，馬一浮修理古琴，擬供大師一彈，曾致書以聞❷。大師擬宣佈辭職，暑假後不再任事。並欲以音樂書贈劉質平，且托他在日本請購佛書。其他書物則分贈各處❸。九月，至虎跑，聞法輪禪師說法，頗有所悟，歸後書一聯呈奉❹。冬月，馬一浮居士致書，告以月霞法師於初六日荼毗，惜未與師往觀❺。是年歲暮，他並未回家，而到虎跑去過年❻。

注釋

❶ 夏丏尊〈弘一法師之出家〉：「假期滿後，仍回到學校裏來。從此以後，他茹素了，有念珠了，看佛經，室中供佛像了。」

❷ 馬一浮致李叔同書：「壁上琴弊。曏者足下欲取而彈之，因命工修理，久之始就。曾告徐君，便欲遣童齎往，未辱其答，恐左右或如金陵。比還杭州，願以暇日枉過草庵，安

絃審律，或猶可備君子之御耳。浮頓首　叔同先生足下，閏月十七日。」

【按】此書原繫於一九一六年，因日期爲「閏月十七日」而是年無閏月，越年始有閏二月，故改移於一九一七年，似較合適。

❸致劉質平書：「……不佞自知世壽不永，又以無始以來，罪業之深，故不得不趕緊修行。自去臘受馬一浮之薰陶，漸有所悟。世味日淡，職務多荒。近來請假，就令勉强再延時日，必外貽曠職之譏，內受疚心之苦。……

「不佞即擬宣佈辭職，暑假後不再任事矣。所藏音樂書，擬以贈君，望君早返國收領（能在五月內最妙），並可為最後之暢敘。不佞所藏之書物，近日皆分贈各處，五月以前必可清楚。秋初即入山習靜，不再輕易晤人，剃度之期，或在明年，李嬰。……

＊不佞擬再託君購佛學書數種，俟後函達。」

❹書聯贈法輪長老題記：「永日視內典，深山多大年。」（聯句）

題記：「余於觀音誕後一日，生於章武李善人家，丁巳卅八。是日入大慈山，謁法輪禪師，說法竟夕，頗有所悟。歸來書此，呈奉座右。嬰居士息翁。」

【按】章武卽漢之天津縣名。此聯余於一九五三年三月間，遊杭州虎跑寺時，猶見懸於寺壁；後聞爲杭州博物館籌備會借去，今不知流落何方。同年師又以〈天發神讖碑〉體書同一聯贈人。上款書：「孔爽仁弟屬，集吳天璽碑」，下款署「丁巳嬰居士息翁」。

❺馬一浮致李叔同居士書：「昨復過地藏庵，與楚禪師語甚久。其人深於天台敎義，綽有玄風，不易得也。幻和尚因衆啓請，將以佛成道日往主海潮寺；遂於今夕解七。明日之約，蓋可罷已。海潮梵宇宏廣，幻和尚主之，可因以建立道場，亦其本願之力，故感得是緣。月法師聞於今日荼毗，惜未偕仁者往觀耳。浮和南　叔同居士足下，初六日。」

【按】地藏庵在杭州裏西湖。楚禪師卽楚泉禪師，天台宗匠，諦閑法師弟子。月法師卽月霞法師，華嚴宗尊宿。他於民國六年十一月三十日，圓寂於杭州玉泉寺，故此信應作於十二月初六日。

❻〈我在西湖出家的經過〉：「及到民國六年的下半年，我就發心吃素了。在冬天的時候卽請了許多的經，如《普賢行願品》、《楞嚴經》及《大乘起信論》等很多的佛典，而於自己的房裏也供起佛像來。如地藏菩薩，觀世音菩薩……的像，於是亦天天燒香了。到了這一年放年假的時候，我並沒有回家去，而到虎跑寺裏去過年。」

一九一八年（民國七年戊午）　三十九歲

是年新歲，師以居士身至虎跑寺習靜。馬一浮居士介紹其友人彭遜之往居虎跑，就法輪長老修習禪觀。正月初八日，彭君卽於虎跑出家。師目擊當時情形，頗爲感動，但還不想出家，僅皈依虎跑退居老和尚了悟爲在家弟子，取名演音，號弘一❶。

【按】 以上記事，年譜初版誤繫於一九一七年。根據史實，應移於一九一八年，特爲改正。

是年在虎跑，曾約天津舊友王仁安（時任杭州道尹）晤談，王氏有詩記其事❷。夏間以所藏印章贈與西泠印社，該社社長葉舟爲鑿龕庋藏，題曰「印藏」，以爲紀念❸。同時將少時朱慧百、李蘋香二妓所贈詩畫扇頁各一，裝成卷軸，貽夏丏尊，自題其端曰「前塵影事」❹，並以舊藏贈金娃娃〈高陽臺〉詞橫幅加跋贈夏丏尊㊀。仲夏又書「南無阿彌陀佛」直幅贈楊白民（見《弘一法師》圖版十四），並以書法分贈劉質平等❺。披剃前，檢所藏圖書珍玩，貽舊友崔旻飛居士，居士因奉佛法，率族皈依大慈老人❻。七月十三日，披鬀於杭州虎跑寺，卽依皈依師了悟上人爲師，仍用皈依時的法名演音，號弘一。鬀度之翌日，夏丏尊走訪於虎跑，師寫《楞嚴經》一節贈之，以爲紀念❼。中秋以扇臨〈秦嶧山刻石〉，補書古德偈語三首贈夏丏尊❽。九月至靈隱寺受戒，馬一浮貽以《靈峯毘尼事義集要》並《寶華傳戒正範》，披覽後因發心學戒❾。靈隱受戒因緣，師有〈我在西湖出家之經過〉講話，自述甚詳❿。是月夏丏尊喪父，師具戒後以緣者所施之筆墨與紙，爲書《地藏本願經》一節，以爲廻向⓫。並致書夏丏尊，介紹宏祥、永志二僧爲其亡父「念普佛」，以資超薦⓬。十月至嘉興精嚴寺閱藏，首以筆墨接人。十一月應馬一浮之招至杭州海潮寺打七⓭。在嘉興時，手書佛號並親寫鬀度、乞戒時日，寄贈在俗譜兄李紹蓮居士⓮。歲暮，舊友楊白民訪師於玉泉寺，爲寫訓言二則並加題記貽之⓯。他的學生、作家曹聚仁對師的爲人與晚年出家心理有很精闢的見解⓰。

注釋

❶ 夏丏尊〈弘一法師之出家〉：「據說他自虎跑寺斷食回來，曾去訪過馬一浮先生，說虎跑寺如何清靜，僧人招待如何殷勤。陰曆新年，馬先生有一個朋友彭先生，求馬先生介紹一個幽靜的寓處。馬先生憶起弘一法師前幾天曾提起虎跑寺，就把這位彭先生陪送到虎跑寺去住。恰好弘一法師正在那裏，經馬先生之介紹，就認識了這位彭先生。同住了不多幾天，到正月初八日，彭先生忽然發心出家了，由虎跑寺當家法輪長老為他鬀度。

弘一法師目擊當時的一切，大大感動。可是還不就想出家。僅皈依三寶，拜了悟老和尚為皈依師。演音的名，弘一的號，就是那時取定的。」

【按】據夏先生云：虎跑寺有大房二房之分，彭遜之出家鬆度師父法輪長老，爲二房主持；大師之鬆度師了悟和尚，爲大房之退居老和尚。

❷ 王仁安〈虎跑寺赴李叔同約往返得詩二首〉：

步步彎環步步奇，常愁路有不通時。
却憐疊嶂青巒處，一曲羊腸到始知！
興來尋友坐深山，竹院逢僧半日閒。
歸到清波門外路，又將塵夢落人間。

（見《王仁安集・仁安詩稿・卷十七・戊午上》）

❸ 葉舟西泠印社「印藏」題記：「同社李君叔同，將祝髮入山，出其印章移儲社中。同人用昔人『詩冢』、『書藏』遺意，鑿壁庋藏，庶與湖山並永云爾。戊午夏葉舟識。」

❹ 「前塵影事」等題記：「息霜舊藏此卷子，今將入山修梵行，以貽丏尊。戊午仲夏並記。」（見光緒己亥及辛丑年條附錄）

又 又以所藏贈金娃娃詞橫幅贈夏丏尊，自跋其尾曰：「戊午仲夏將入山，檢奉丏尊藏之，演音。」

❺ 致楊白民書：「贈兄之阿彌陀佛直幅，乞收之。又一小條，乞交質平。（孝先款）其餘四包，乞依包面所寫者分送之。費神，至好不言謝也。

白民老哥　　弟嬰頓首

五月廿二日。

又：《類腋》及《楹聯叢話》各一冊，係前送上之書籍內所缺者，故補奉之，附致質平函，乞轉交。弟定明晨入山。」（陽曆七月一日）

【按】此札爲民國七年仲夏自杭州寄滬者，信箋爲自畫造像，坐於芭蕉葉上，前存蘇州蕭退闇處。楊白民爲大師在俗至友，時任上海城東女學校長。

❻ 〈大乘戒經、十善業道經・跋〉：「南皖崔居士，余故友也。遜國改元而後，余住錢塘湖上，數與居士函問往還。逮及披鬀，檢所庋藏圖書珍玩貽之。居士因奉佛法，集余貽物，別陳一室，中供佛像，焚香誦經。並率族衆，依余親教大慈老人稟受三歸。」

❼ 贈夏丏尊手書《楞嚴經》跋：「戊午大勢至菩薩誕，鬀度於定慧禪寺。翌日丏尊居士來山，為書《楞嚴念佛圓通章》，願他年同生安養，聞妙法音，回施有情，共圓種智。大

慈山當來沙彌演音並記。七月十四日。」

❽ 贈夏丏尊手書〈秦嶧山刻石〉題記：「中秋書扇，補書古德偈語三首，贈夏丏尊。」

(見一九八二年上海《書法》第四期)

❾ 《四分律比丘戒相表記・跋》：「余於戊午七月，出家落髮。其年九月受比丘戒。馬一浮居士貽以《靈峯毘尼事義集要》，並《寶華傳戒正範》，披翫周環，悲欣交集，因發學戒之願焉。」

❿ 〈我在西湖出家的經過〉：「於是就發心出家，同時就想拜那位住在方丈樓上的出家人為師父，他的名字是弘祥師。可是他不肯，介紹我去拜他的師父。他的師父在松木場護國寺裏，他就請他的師父回到虎跑來，我也就於民國七年正月十五日受三皈依了。我打算這年的暑假入山，在寺裏住上一年後再出家。這時我就做了一件海青，學習了兩堂功課。二月初五是我母親的忌日，先兩天我就到虎跑寺去，誦了三天的《地藏經》，為我母親迴向。到五月底我就提前考試。考試一了，就到虎跑寺去。到了寺就穿出家人的衣裳，預備轉年再剃度。及至七月初，夏丏尊居士，他看我穿了出家人的衣裳，而却不出家，是沒有甚麼意義的。承他的勸，本來想轉年出家的我，就決定趕緊出家了，於七月十三那一天落了髮。落髮以後，由林同莊君的介紹，到靈隱寺去受戒。……八月底我就到靈隱寺去。方丈和尚很客氣，叫我住在客堂後面芸香閣樓上，當時是由慧明法師做大

師父的。有一天在客堂裏遇著了，說起是來受戒的。他說為什麼不進戒堂呢？雖然你是讀書人，但讀書人就可這樣隨便嗎？就是皇帝，我也一樣看待。但那方丈和尚仍舊要我住在客堂樓上，只戒堂裏面有緊要佛事時去參加一兩回。受戒以後，就住在虎跑寺。到十二月搬到玉泉寺去。此後又常常到別處去，不常在西湖了。」

⑪ 為夏丏尊書《地藏本願經》跋：「戊午九月，入靈隱山乞戒。受紙筆墨；時丏尊喪父，為書《地藏本願經》一節，釋演音。」

⑫ 致夏丏尊書：

示悉。師傅有他事，不克依尊命，已由演音代請本寺（虎跑寺）宏祥師及永志師二位。于初十晨八時前，至尊府念普佛一日。（不放燄口）至晚八時止。二師道行崇高，為演音所深知，故敢紹諸仁者。是日二師來時，不帶香燈師，由尊處命茶房一人布置伺候一切。布置大略圖說附奉，務請于事前布置完善，俾免臨時匆促。牌位二分附呈，佛位已寫好。靈位請仁

> 生于……
> 顯考……靈位
> 歿于……男……奉祀

者自填，並須做位架二具，張列牌位，靈位供靈前。又靈前亦須上茶上供及香燭。

二師䞋儀，由演音酌定，共送拾圓。因宏祥師極不易請到，永志師亦非常僧，故宜

從豐，以結善緣也。今日料理一切極忙，草草奉復。明日第二次車準赴嘉興。

丏尊居士　演音

＊宏祥師送經券及演音送經券附奉。請于初十日供靈前，是晚隨牌位焚化。

（見《中國書法》一九八六年第四期十三頁圖版）

【按】此遺札向所未見，以往《書簡》、《書信》，均未收入。玆特編入年譜。

⑬范古農〈述懷〉：「民國七年，師將出家，大捨其在俗所有書籍筆硯，以及書畫印章樂器等於友生。道出嘉興，持杭友介紹書見訪，垂詢出家後方針。余與約如不習住寺，可來此間佛學會住，有藏經可以閱覽。故師出家後，卽於九、十月間來嘉興佛學會。會中佛書每部為之標簽，以便檢閱。會在精嚴寺藏經閣，閣有清藏全部，亦曾為之檢理。住時雖短，會中得益良多。時頗有知其俗名而求墨寶者，師與余商：『已棄舊業，甯再作乎？』余曰：『若能以佛語書寫，令人喜見，以種淨因，亦佛事也，庸何傷？』師乃命購大筆瓦硯長墨各一，先寫一對贈寺，余及余友求者皆應焉。師出家後以筆墨接人者，殆自此始。居會約兩月，杭州海潮寺請法一禪師主七，馬一浮先生招之往，遂行。」（海潮寺在杭州閘口，與靈隱、淨慈、昭慶，同爲四大叢林之一。法一禪師爲當時揚州高旻寺首座，

以禪法知名。）

⓮ 手書「南無阿彌陀佛」贈李紹蓮題記：「演音於戊午七月十三日鬀度，九月入靈隱山乞戒，十月來秀州（嘉興），閱藏於精嚴寺。書此贈俗兄紹蓮居士，以為紀念。西湖大慈山定慧寺弘一沙門釋演音。」

⓯ 手書古德訓言贈楊白民題記：「古人以除夕當死日。蓋一歲盡處，猶一生盡處。昔黃檗禪師云：豫先若不打徹，臘月三十日到來，管取你脚忙手亂。然則正月初一便理會除夕事不為早；初識人事時便理會死日事不為早。那堪荏荏苒苒，悠悠揚揚，不覺少而壯，壯而老，老而死；況更有不及壯且老者，豈不重可哀哉？故須將除夕無常，時時警惕，自誓自要，不可依舊蹉跎去也。

余與白民交垂二十年，今歲余出家修梵行，白民猶沈溺塵網。歲將暮，白民來杭州，訪余於玉泉寄廬，話舊至懽。為書訓言二紙貽之，余願與白民共勉之也。戊午除夕雪窗大慈演音。」

【按】另一紙係書《十善法》，其題記云：「戊午歲暮，爲白民書《十善法》，勉旃。西湖定慧弘一釋演音，時客玉泉淸漣。」楊白民先生已於一九二四年謝世，此物曾由其女公子楊雪玫女士保存，不知尚在人間否？

⑯

曹聚仁著〈李叔同〉：「在我們教師中，李叔同先生最不會使我們忘記。他從來沒有怒容，總是輕輕地像母親一般吩咐我們。……他給每個人以深刻的影響。伺候他的茶房，先意承志，如奉慈親。……

「『我們的李先生』（同學間的稱呼），能繪畫，能彈琴作曲，字也寫得很好，舊體詩詞造詣極深，在東京時曾在春柳社演過茶花女；這樣藝術全才，人總以為是個風流蘊藉的人，誰知他性情孤僻，律己極嚴，在外和朋友交際的事，從來沒有，狷介得和白鶴一樣。……民國五年，他忽然到西湖某寺去靜修，斷食十四天，神色依然溫潤。七年七月，他乃削髮入山，與俗世遠隔了。我們偶而在玉泉寺遇到他，合十以外，亦無他語。有時走過西泠印社，看見崖上的『印藏』，指以相告，曰：『這是我們李先生的』。……李先生之於人，不以辯解，微笑之中，每蘊至理；我乃求之於其靈魂所寄託的歌曲。在我們熟習的歌曲中，〈落花〉、〈月〉、〈晚鐘〉三歌正代表他心靈的三個境界。『落花』代表第一境界：

「紛，紛，紛，紛，紛，紛，……

惟落花委地無言兮，化作泥塵；

寂，寂，寂，寂，寂，寂，……

何春光長逝不歸兮，永絕消息。

既乘榮以發秀，倏節易而時遷，春殘。
覽落紅之辭枝兮，傷花事其闌珊；
已矣！春秋其代序以遞嬗兮，俛念遲暮，
榮枯不須臾，盛衰有常數！
人生之浮華若朝露兮，泉壤興衰；
朱華易消歇，青春不再來。
「這是他中年後對於生命無常的感觸，那時期他是非常苦悶的，藝術雖是心靈寄託的深谷，而他還覺得沒有著落似的。不久，他靜悟到另一境界，那便是『月』所代表的境界：
「仰碧空明明，朗月懸太清；
瞰下界擾擾，塵欲迷中道！
惟願靈光普萬方，盪滌垢滓揚芬芳！
虛渺無極，聖潔神秘，靈光若仰望！
惟願靈光普萬方，盪滌垢滓揚芬芳！
虛渺無極，聖潔神秘，靈光常仰望！
「他既作此超現實的想望，把心靈寄託於彼岸。順理成章，必然地走到『晚鐘』的境界：

「大地沉沉落日眠，平墟漠漠晚煙殘；
幽鳥不鳴暮色起，萬籟俱寂叢林寒。
浩蕩飄風起天杪，搖曳鐘聲出塵表；
緜緜靈響徹心弦，眑眑幽思凝冥杳。
衆生病苦誰持扶？塵網顛倒泥塗污。
惟神愍恤敷大德，拯吾罪惡成正覺；
誓心稽首永皈依，瞑瞑入定陳虔祈。
倏忽光明燭太虛，雲端髣髴天門破；
莊嚴七寶迷氤氳，瑤華翠羽垂繽紛。
浩靈光兮朝聖真，拜手承神恩！
仰天衢兮瞻慈雲，忽現忽若隱。
鐘聲沈暮天，神恩永存在，
神之恩，大無外！」（《人世間》月刊第九期）

一九一九年（民國八年己巳） 四十歲

是年春，居杭州玉泉寺。舊友袁希濂往訪，大師但勸其念佛，並閱《安士全書》❶。初夏，自玉泉寺致書上海楊白民轉請蕭蛻公，託其研究止咳丸製法，以施十方❷。是夏居虎跑大慈寺結夏，夏丏尊往訪，檢手書《楞嚴經》數則貽之❸，時了悟上人請華德老人在寺教習唱念，師隨衆學習；旋以事至玉泉，手錄《贊頌》一册，顏曰「贊頌輯要」，並作〈弁言〉，記其因緣❹。是時虎跑有一小黃犬臥病，繼以不起，師悲憫及於旁生，與諸道侶爲念佛，依法超度❺。秋，至靈隱寺掛搭，南社舊侶與「太平洋報」老同事胡樸安訪之，賦詩以贈❻。

是年南通張季直（謇）爲祈嗣得應，在南通狼山修觀音院❼，想請一高僧弘一或太虛爲住持，致書江易園，託他代爲聯繫❽，又託歐陽予倩邀請大師，但他沒有答應❾，師爲此事曾致書楊白民云：「南通事（卽住持觀音院事）俟前途有肫誠敦請，再酌去就，現在無須提及❿。」冬，在玉泉寺與程中和（卽後之弘傘法師）結期修淨業，共燃臂香，依天親菩薩《菩提心論》發十大正願⓫。又爲舊友費龍丁題唐人寫經殘本貽曼達，後又轉貽吳居士演定⓬。

注釋

❶ 袁希濂〈余與大師之關係〉：「民國七年戊午，余再調杭州，而師已出家。余因公務大繁，不克尋訪。翌年己未，余調任武昌，知師在玉泉寺，乃往話別。師謂余前生亦係和尚，勸令朝夕念佛；並謂有《安士全書》，必須閱讀，不可忘却等語，鄭重而別。」

【按】周夢顏，又名思仁，字安士，清崑山人。博通經藏，虔信淨土法門，著有《安士全書》。

❷ 致楊白民轉蕭蛻公書：「前獲尊片，欣慰無已。尤惜陰居士施送止咳丸，謂其效卓著。竊謂咳嗽之疾有多種，似未可執定一方。以此方雖善，或亦有時未能適用。聞蕭蛻公居士精於醫理，玆附寄原方，乞為轉呈蛻公。乞彼詳為斟定：何種咳嗽，服此最宜，何種咳嗽服此亦可，何種咳嗽服此不宜。請彼詳細寫錄，即逕寄上海蘭路七二七號尤惜陰居士手收。余為慎重人命起見，故敢代為陳請，想蛻公當甚願惠教也。若此方配合之藥品分兩有須變易者，亦乞寫示。率陳不具。　四月十五日　演音疏。附二紙並此函，乞同寄蛻公居士至感。」

【按】此函作於民國八年，時師在杭州玉泉寺。蕭蛻庵（一八七五—一九五八）字中孚，初名敬則，後以退闇聞世。別署退庵、蛻公、本無居士，江蘇常熟人。博通經文，善詩文，精小學。參加「南社」，與李叔同、余天遂、葉玉森、沈尹默、馬叙倫等，同爲南社著名書家。祖上三代業醫，故醫術極好。李叔同出家前，一次偶染疾，幾次易醫均無效，後經先生診治，數副湯藥後，即告痊癒。因之對先生極爲敬佩。

（沙曼翁〈蕭蛻庵先生〉——上海《書法》一九八九年第四號）

❸ 書《楞嚴》數則貽夏丏尊跋：「己未中伏，丏尊來大慈，檢手寫《楞嚴》數則貽之。定慧弘一淨行近住釋演音並記。」

❹ 〈贊頌輯要弁言〉：「贊頌之體，原出經論，流傳東土；後世轉展，制為音韵偈贊，如現今所宣唱者，昉於魏時。陳思王曹植，因誦佛經，以為至道之宗極。乃制轉讀七聲，昇降曲折之響，世皆放之。後游魚山，聞有聲特異，清揚婉轉，遂仿其聲為梵唄。今所傳有『魚山梵』，即其遺制也。贊頌之源，可考證者如是。至若歌唱贊頌，其利益甚多：一能知佛德深遠，二體制文次第，三令舌根清淨，四得胸藏開通，五處衆不惶，六長命無病。以是名山大刹，於休夏安居之時，定習唱贊頌為日課，舊參新侶，皆列坐其次焉。今夏吾大慈（即了悟禪師）請華德老人為阿闍黎，率衆習唱。演音時適歸臥山中，得參末席。同學者演慧、阿五、阿六、長生、弘濟諸兄及溫州某師，手錄《贊頌》一冊，

附以記印。習用之作，略備於斯。贊詞太繁，未及備載。習未卒業，以事來靈苑，居玉泉龕舍月餘。偶檢是册，剪輯裝訂，顏曰『贊頌輯要』，並志其源起於簡端，以備他日誦覽云爾。己未七月，弘一近住釋演音記。」

❺ 超度小黃犬日記：「七月初八日，風定，晴。午後小黃犬病不起，請弘祥、弘濟及高僧共七人與余，為小黃犬念佛。弘祥師先說開示，念《香讚》、《彌陀經》、《往生咒》，繞念佛名後，立念。小黃犬(猶)不去。由弘祥師再開示，大眾念佛名。小黃犬放溺，呼吸短促而腹不動，為焚化。了悟老和尚、弘祥兄及余所書經佛像……，小黃犬深呼吸一次乃去。察其形色，似無所苦，觀者感歎，時為申初刻。旋與弘祥、弘濟及三高僧送葬青龍山麓。」

❻ 胡樸安〈我與弘一大師〉：「民國元年與大師同事於太平洋報。……朝夕同居，常覺其言論有飄飄出塵之致。後在杭州出家。鬀髮於虎跑，受戒於靈隱，寄寓於玉泉。樸安每到杭，必謁大師，大師非佛書不書，非佛語不語。樸安謁大師於靈隱寺，贈詩云：『我從湖上來，入山意更適，日澹雲峯白，霜青楓林赤。殿角出樹杪，鐘聲雲外寂。清溪穿小橋，枯藤走絕壁，奇峯天飛來，幽洞窈百尺，中有不死僧，端坐破愁寂。層樓聳青冥，列窗挹朝夕。古佛金為身，老樹柯成石。雲氣藏棟梁，風聲動松柏。弘一精佛理，禪房欣良覿。豈知菩提身，本是文章伯。靜中忽然悟，逃世入幽僻。為我說禪宗，天花

落几席。坐久松風寒，樓外山沈碧。』

「大師書『慈悲喜捨』一橫幅答之。語樸安曰：『學佛不僅精佛理而已。又我非禪宗，並未為君說禪宗，君詩不應誑語。』樸安囿於文人之習慣，不知犯佛教誑語之戒，於是深敬大師持律之精嚴也。」

❼ 張謇（季直）〈狼山觀音院後記〉：「昔者謇兄弟少時，嘗因母病，誦《菩薩觀世音經》。先母晚年，晨必禮菩薩。先室則為余祈嗣於院而應。既先後寫經、造像、修院以致讚歎，驩喜恭敬尊重之意。……復於院右擴地周垣，濬溪渲流，依巖栽樹，特築精廬，以待善知識之長老居士，以維院於久久不壞。……」（見一九三一年《海潮音文庫・佛教傳記》）

❽ 張謇致江易園書：「狼山觀音院可臻精潔勝處，而和尚太惡俗，欲求勤樸誠淨之僧或居士主之。狼山亦擬仿焦山例，為改一叢林作模範。但如何措手未定，故尚不宣示意見，須計定再說。若弘一、太虛能為之，亦大好事也。試與弘一、太虛言之。」（見聖嚴著，《歸程》第四章五七—五八頁）

【按】江謙字易園，號陽復子，安徽婺源人，近代知名居士。他爲南通張季直學生，曾任南京高師校長，與當代大德弘一、太虛等皆有交遊。大師未出家前曾任南京高師圖畫音樂教員，即由他聘請。

⑨ 徐半梅（卓呆）《話劇創始期回憶錄・八・李息霜》：「歐陽予倩在南通辦伶工學校時，張季直在狼山重修一廟宇（觀音院），打算請一位高僧去住持，曾託予倩去邀他。但他沒有答應。李叔同有兩位高足，一位是畫家豐子愷，一位是音樂家劉質平。劉君曾在南通伶工學校當過音樂教師。」（可能也託他請過）

⑩ 致楊白民書：「片悉。不慧於中旬返玉泉寺，暫不他適。南通事，前有友人代詢詳細情形，未有復音。鄙意擬俟前途再有肫誠之敦請，再酌去就，現在無須提及也。知念附聞。乍涼惟珍攝，不具。演音　七月廿四日。」

⑪ 〈玉泉居士墓誌銘〉：「改元後七年，余始鬀染，與程中和住玉泉。翌年冬結期修淨業，十二月八日，共燃臂香，依天親《菩提心論》發十大正願。」

⑫ 唐人寫經殘本題記：「是册為龍丁貽曼達者，曼達蹤迹不可得，為轉貽吳居士演定，以結法緣。己未大雪・弘一演音記。」

【按】一九四四年六月十二日遊西湖招賢寺，晤圓一法師。承示唐人寫經殘本，有此題記，因急錄之。據云是時（己未冬）大師居西湖玉泉寺。

一九二〇年（民國九年庚申）　四十一歲

是年春，仍居杭州玉泉寺。《印光法師文鈔》出版，師為題詞讚歎❶。三月欲赴新城（富陽鄰縣）閉關，以貝山寺舍因農忙尚未修理，故赴上海新華藝專小住五日，受門人劉質平等供養，旋又回杭州玉泉寺❷。四月初八日，手書《金剛三昧經》一卷，後以付崔旻飛居士供養❸。四月二十一日，亡母王太夫人五十九周冥誕，手書《無常經》以資冥福❹。五月，手書《根本說一切有部戒經》一卷❺。六月，將之新城貝山掩關，敬書佛號六字並摘錄蕅益大師警訓及〈三皈依〉、〈五學處〉（即五戒）等，以付石印，廣結善緣❻。臨行，杭州諸善友於銀洞橋虎跑下院接引庵為師送行，治麵設齋，並攝影以留紀念。馬一浮居士為題「旭光室」一額，並賦詩以贈❼，范古農居士與杭州佛學會會友亦來參加送行。程中和居士即於此時在接引庵剃髮出家，法名演義，字弘傘，隨往護關❽。臨別手書「珍重」二字橫幅，加跋以贈夏丏尊居士❾。師到新城，居樓居士家數日，將於二日後入山❿。在貝山時，以假得《弘教律藏》三帙，將掩室山中，專研戒律；後以障緣，未遂其願⓫。七月初二日，誦《無常經》並撰長序，多達二千餘言，詳述此經在印度之流行，以引起我國僧俗之重視，寄上海勸丁福保居士付印流通⓬。七月弘傘法師喪母，爲書《梵網經》，以資冥福⑬。七月十三日，剃染二年，手書《佛說大乘戒經》回向法界衆生，並自題記⑭。又書《十善業道經》，並自題記⑮。大師住貝山僅月餘，以事緣未具，不能久居；中秋節後，即移居衢州蓮花寺，手裝《佛說大乘戒經》及《十善業道經》，並自題記⑯。是時因寫經過多，用心過度，印光法師曾致書誡之⑰。居蓮花寺，始識馮君明之，聞汪居士名，致詞延召，爲撰〈汪居士傳〉⑱。其間又書《戒本偈》後三頌於蓮花寺⑲。初冬，閱《夢東徹悟禪師語錄》，擇其淺明警策，以朱圈識，俾便誦習⑳。九月，在蓮花寺校定《菩薩戒本》，並爲題記㉑。臘月，手裝《增壹阿含經》、《雜阿含經》、《本事經》，並自題跋㉒。此行赴衢州，携有玉佛一尊贈蓮華寺㉓。

注釋

❶〈印光法師文鈔題辭並序〉：「是阿伽陀，以療羣疾。契理契機，十方宏護。普願見聞，歡喜信受。聯華萼於西池，等無量之光壽。庚申暮春，印光老人文鈔鐫板，建東、雲雷囑致弁詞。余於老人嚮未奉承，然嘗服膺高軌，冥契淵致。老人之文，如日月歷天，普燭羣品，寧俟鄙倍，量斯匡廓。比復敦囑，未可默已。輒綴短思，隨喜歌頌。若夫翔繹之美，當復俟諸耆哲。大慈後學釋演音稽首敬記。」

【按】阿伽陀：梵語 Agada，藥名音譯，譯有多義——一爲「普去」（除去衆病），二爲「無價」（無比貴藥），三爲「無病」（服之則無病）。

❷〈與劉質平書〉：「居滬五日，濫膺恭敬供養，慚恧慚恧。新城工匠近皆耕植迫忙。寺舍能修理速就與否？未能決定。城內濕熱多蚊，擬於初一日暫移居玉泉。今後通信，即寄是處。遠行定期後，當再奉聞。演音，三月廿八日。舊同學諸子均覽。」

【按】是時吳夢非、劉質平等均執教上海新華藝專。

❸手書《金剛三昧經》題記：「庚申四月初八日手裝，大慈弘一釋演音並題。癸亥正月付旻飛居士供養。澹泞道人曇昉敬題。」

❹手書《無常經》跋：「庚申四月二十一日，亡母五十九週誕辰，敬書是經，以資冥福。大慈弘一演音並記。」

❺手書《根本說一切有部戒經》題記：「庚申五月大慈弘一沙門演音敬寫。」

❻手書「南無阿彌陀佛」洪名題記：「明蕅益大師云：念佛工夫，祇貴真實信心。第一要信：我是未成之佛，彌陀是已成之佛，其體無二。次信娑婆的是苦，安養的可歸，熾然

欣厭。次信現前一舉一動，皆可回向西方；若不回向，雖上品善，亦不往生。若知回向，雖誤作惡行，速斷相續心，起殷重懺悔，懺悔之力，亦能往生，況持戒修福種種勝業，豈不足以莊嚴淨土？庚申六月，將之新城貝山，掩關念佛，書此以志紀念。大慈定慧弘一沙門演音。」（見《南無阿彌陀佛解、三皈依、五學處解》合刊，上海醫學書局出版。）

❼蔡冠洛〈大師將赴新城攝影題記〉：「即將赴新城貝山掩關，舊友會於接引庵，為治麵辦齋，並攝影以留紀念。時馬一浮居士為題『旭光室』一額，並賦詩以贈。」

❽范古農〈述懷〉：「此（出家）後嘗住杭玉泉清漣寺，居士程中和常親近焉。時余每年春首暑假，必假杭佛學會講經。八年春，講《十二門論》畢，與會友遊清漣寺，衆請師開示念佛。師以擷《普賢行願品疏鈔》相託。余返里擷之於課餘，至暑假即赴杭會講演。翌年，師將赴新登山上閉關，程居士即出家名弘傘，約伴往護關。余與會友往送，攝影而別。」

❾手書「珍重」，贈別夏丏尊並記：「余居杭九年，與夏子丏尊交最篤。今將如新城掩關，來日茫茫，未知何時再面？書是以貽，感慨系之矣。庚申夏弘一演音記。」

❿致夏丏尊書：「曩承遠送，深感厚誼。來新居樓居士家數日，將於二日後入山。七月十三日掩關，以是日為音剃染二週年也。吳建東居士前屬撰〈楊溪尾惠濟橋記〉，音以掩關期近，未暇構思，願賢首代我為之。某氏所撰草稿附奉，以備參考。撰就希交吳居士

收。相見無日，幸各努力，勿放逸，不一。丐尊居士文席，演音，六月廿五日。」

⑪《四分律比丘戒相表記・自序》：「庚申之夏，居新城貝山，假得《弘教律藏》三帙，並求南山《戒疏》、《羯磨疏》、《行事鈔》及《靈芝記》。將掩室山中，窮研律學，乃以障緣，未遂其願。」

⑫《佛説無常經・序》：「庚申之夏，余居錢塘玉泉龕舍，習《根本説一切有部律》。有誦《三啓無常經》之事數則。（《根本薩婆多部律攝》卷七云：佛言，若苾芻來及五時者，應與利分。云何爲五？一打揵椎時，二誦《三啓無常經》時，三禮制底（一作支提，有舍利曰塔，無舍利曰制底）時，四行籌時，五作白時。其餘數則，分注下文。）又閱義淨《南海寄歸內法傳》，載誦《三啓無常經》之儀至詳。《南海寄歸內法傳》云：『神州之地，自古相傳，但知禮佛題名，多不稱揚讚德。何者？聞名但聽其名，罔識智之高下，讚歎具陳其德，乃體德之宏深。卽如西方，制底畔睇（頂禮佛塔），及常途禮敬，每於晡後或曛黃時，大衆出門，繞塔三帀，香花具設，並悉蹲踞。令其能者，作哀雅聲，明徹雄朗，讚大師德。或十頌，或二十頌，次第還入寺中，至常集處。既共坐定，令一經師，昇師子座，讀誦少經。其師子座，在上座頭。量處度宜，亦不高大。所誦之經多誦《三啓》。乃是尊者馬鳴之所集置。初可十頌許，取經意而讚歎三尊。次述正經。是佛親說。讀誦既了，更陳十餘頌。論回向發願。節段三開，故云〈三啓〉。經了之時，大衆皆云〈蘇婆師多〉。

蘇，即是妙。〔婆師多〕，是語。意欲讚經是微妙語。或云〔娑婆度〕。義曰〔善哉！〕經師方下。上座先起，禮師子座。修敬既訖，次禮聖僧座。還居本處。第二上座，準前禮二處已，次禮上座，方居自位而坐。第三上座，準次同然，迄乎衆末。若其衆大，過三五人，餘皆一時望衆起禮，隨情而去。斯法乃是東方聖耽摩立底國僧徒軌式。』因以知是經為佛世諸大弟子所習誦者。或以是為日課焉。經譯於唐，其時流傳未廣，誦者蓋罕。（日本沙門最澄《顯戒論》，開示大唐貢名出家，不欺府官明據五十一，轉有當院行者趙元及，年三十五，貫京兆府雲陽縣龍雲鄉修德里，父貞觀爲戶身無籍，誦《無常經》一卷等。）宋元以來，殆無道及之者。余懼其湮沒不傳，致書善友丁居士，勸請流通。居士讚喜，屬為之敘。竊謂是經流通於世，其利最普，願略述之：

「經中數說老病死三種法，不可愛，不光澤，不可念，不稱意。誦是經者，痛念無常，精進嚮道，其利一。正經文字，不逾三百，益以偈頌，僅千數十。文約義豐，便於持誦，其利二。佛許苾芻，惟誦是經，作吟詠聲。《根本說一切有部毗柰耶雜事》卷第四云：『佛言：苾芻不應作吟詠聲，誦諸經法，及以讀經。請教白事，皆不應作。然有二事，作吟詠聲：一謂讚大師德，二謂誦《三啓經》。餘皆不合。妙法稀有，梵音清遠，聞者喜樂。』《根本說一切有部毗柰耶雜事》卷第四〔又〕云：『是時善和苾芻，作吟諷聲，讚誦經法。其音清亮，上徹梵天。時有無數衆生，聞其聲者，悉皆種植解脫分善根，乃至傍生稟識之類，聞彼聲者，無不攝耳，聽其妙音。後於異時，憍薩羅勝光大王，乘白蓮華象，與諸從者，於後夜時，有事出城，須詣餘處。善和苾芻，於逝多林內，高聲誦經。於時象王，聞音愛樂，屬耳而聽，不肯前行。御者即便推鉤振足，象終不動。王告御者曰：〈可令象行。〉答言：〈大王，盡力驅前，不肯移足。未知此象意欲何之？〉王曰：〈放隨意去。〉彼即縱鉤，便之給苑。於寺門外，攝耳聽聲。善和苾芻，誦經既了，便說四頌，而發願言：〈天阿蘇羅藥叉等，乃至隨所住處常安樂。〉時彼象王，聞斯頌已，知其經畢，即便搖耳，舉足而行，任彼驅馳，隨鉤而去。其利三。』此土葬儀誦經，未有成軌。佛世之制，宜誦是經。」【毗柰耶藏】《根本說一切有部毗柰耶雜事》卷第十八云：『佛言：〈苾芻身死，應為供養。〉苾芻不知云何供養？佛言：〈應可焚燒。〉具壽鄔波離請世尊曰：〈如佛所說，於此身中，有八萬戶蟲，如何得燒？〉佛言：〈此諸蟲類，人生隨生，若死隨死，此無有過。身有瘡者，觀察無蟲，方可燒殯。〉〈欲燒殯時，無柴可得。〉佛言：〈可棄河中。若無河者，穿地埋之。〉〈夏中地濕，多有蟲蟻。〉佛言：〈於叢薄深處，令其北首，左脇而臥，以草稕支頭，若草若葉，覆其身上。送喪苾芻，可令能者，誦《三啓無常經》，並說伽他，為其呪願。〉』《根本薩婆多部律攝》卷十二云：『苾芻身死，應檢其屍，若無蟲者，以火焚燒。無暇燒者，應棄水中，或埋於地。若有蟲及天雨，應共輿棄空野林中，北首而臥，竹草支頭，以葉覆身，面向西望。當於殯處，誦《無常經》。復令能者，說呪願頌。喪事既訖，宜還本處。其捉屍者，連衣浴身。若不觸者。應洗手足。』《根本說一切有部毗柰耶》卷第四十三云：『出尊者屍，香湯洗浴，置寶輿中。奏衆伎樂，幢幡滿路，香煙遍空。王及大臣，傾城士女，從佛及僧，送諸城外，至一空處，積衆香木，灌灑蘇油，以火焚之。誦《無常經》畢，取舍利羅置金瓶內。於四衢路側，建窣堵波。種種香華，及衆音樂，莊嚴供養，昔未曾有。』本經附文，及《內法傳》。《南海寄歸內法傳》云：『然依佛教，苾芻亡者，觀知決死，當日舁向燒處，尋即以火焚之。當燒之時，親友咸萃，在一邊坐。或結草為坐，或聚土作臺，或置甎石，以充坐物。令一能者，誦《無常經》，半紙一紙，勿令疲久。然後各念無常，還歸住處。』皆詳言之。其利四。斬伐草木，大師所訶。築室之需，是不獲已。依律所載，宜誦是經，並說十善。不廢營作，毋傷仁慈。《根本說一切有部毗柰耶》卷第二十七云：『佛告阿難陀，營作苾芻，所有行法，我今說之。凡授事人，為營作故，將伐樹時，於七八日前，在彼樹下，作曼荼羅，布列香花，設諸祭食，誦《三啓經》。耆宿苾芻，應作特欹拏呪願，說十善道，讚歎善業。復應告語，若於此樹，舊住天神，應向餘處，別求居止。此樹今為佛法僧寶，有所營作。過七八日已，應斬伐之。若伐樹時，有異相現者，應為讚歎施捨功德，說慳貪過。若仍現異相者，即不應伐。若無別相者，應可伐之。』又《根本薩婆多部律攝》卷第九所載者，與此略同。其利五。是經附文，臨終方訣，最為切要。修淨業者，所宜詳覽。若兼誦經，獲益彌廣。了知苦、空、無常、無我，方諸安養樂國，風敲樂器，水注華間，所演法音，同斯微妙，其利六。生逢末法，去聖時遙。佛世芳規，未由承奉。幸有遺經，可資諷誦。每當日落黃昏，暮色蒼茫，抗聲哀吟，諷是經偈，逝多林中，窣堵波畔，流風遺俗，彷彿遇之，其利七。是經之要，略具於斯。惟願流通，普及含識。見者聞者，歡喜受持。共悟無常，同生極樂，廣度衆生，齊成佛道云爾。

「是歲七月初二日，大慈弘一沙門演音，撰於新城貝多山中，時將築室掩關，鳩工伐木，先夕誦《無常經》，是日草此敘文，求消罪業。」

【按】《根本說一切有部》，爲小乘二十部之一，亦音譯爲「薩婆多部」，以主張我空法有，立三世實有，法性恒有之義，被簡稱「有部」，在二十部中最有勢力。苾芻即比丘之新譯，義爲乞士。男子出家依乞食生活之僧人，即上乞法以資慧命；下乞食以養色身。制底譯爲塔，行籌即投票。毘柰耶，梵語舊譯毘尼，義爲律。具壽，爲佛弟子比丘通稱，即具有法壽的長老大德。舍利羅，略云舍利，即骨灰。草稕，稕音肫，束稈也。

⑬ 手書《佛說梵網經》跋：「庚申七月，同學弘傘義兄喪母，為寫《佛說梵網經菩薩心地品菩薩戒》一卷，並誦是戒，以為日課。惟願福資亡者，得見諸佛，生人天上，演音敬記。」

⑭手書《佛說大乘戒經》跋：「庚申七月十三日，大勢至菩薩聖誕，演音鬚染二年，敬寫此經，惟願四恩三有，法界衆生，戒香熏修，往生極樂。」

⑮手書《十善業道經》跋：「庚申七月二十九日，地藏菩薩聖誕，演音敬寫《十善業道經》，回向法界衆生，願同修十善業道，以此淨業正因，決定往生極樂。」

⑯手裝《大乘戒經》、《十善業道經》題記：「庚申中秋，演音手裝並題，時客衢州蓮花古刹。」

⑰印光致弘一法師書：「弘一大師鑑：昨接手書並新舊頌本，無訛，勿念。書中所說用心過度之境況，光早已料及於此，故有止寫一本之說。以汝太過細，每有不須認真，猶不肯不認真處，故致受傷也。觀汝色力，似宜息心專一念佛，其他教典與現時所傳布之書，一概勿看，免致分心，有損無益。應時之人，須知時事。爾我不能應事，且身居局外，固當置之不問，一心念佛，以期自他同得實益，為惟一無二之章程也。……書此順候禪安。蓮友印光謹復。九年七月廿六日。」（見一九三七年厦門《佛教公論》第八號。）

【按】此書係漳州念西（義俊）法師所珍藏者，似爲《印光法師文鈔》所未收入。

⑱〈汪居士傳〉：「庚申秋中，余來三衢，居蓮花寺，始識馮君明之。有言汪居士隱於村

肆，慕其高軌，致詞延召，適行賈高家，末由省展。」

【按】蓮花寺在浙江衢縣北門外三十里處蓮花村。高家爲鎮名。

⑲ 手書《戒本偈》後三頌題記：「世尊涅槃時，興起於大悲，集諸比丘衆，與如是教誡。莫謂我涅槃，淨行者無護。我今說戒經，亦善說毘尼。我雖般涅槃，當視如世尊。此經久住世，佛法得熾盛。以是熾盛故，得入於涅槃。若不持此戒，如何應布薩。喻如日沒時，世界皆闇冥。《戒本偈》庚申九月大慈弘一演音，敬書於柯城蓮花禪院大悲閣。」

【按】柯城爲衢州別稱，因爛柯山而得名。相傳爲樵子遇仙處。柯，斧柄也。

⑳ 圜識清《夢東徹悟禪師語錄》題記：「庚申小雪，敬擇編中淺明警策，適合庸劣之機者，以朱圈識，俾便常常誦習。曇昉記。」

㉑ 《菩薩戒本》題記：「慈氏菩薩《說出地持戒品》中，讖師第二譯，靈峰先老人箋。靈峰先老人《梵網合註》云：又所誦戒法，若依此經，則先誦十重四十八輕戒；若地持中別出《菩薩戒本經》卷，正是半月誦戒之本。共列四重四十一輕戒相。其根本四重及飲

酒等，自屬具戒，十戒、五戒中攝，故不重出。惟出菩薩增上律儀，實與此經互為表裏，以彼四重，卽此經之後四重，故從彼四十一輕。但與此經開合次第稍殊，而開遮持犯之致更明晰。故藏中先後共有六譯，惟讖師所譯最善。故今輯在後集。半月半月，似應誦此戒本。庚申九月，演音敬記於蓮華。」

㉒ 手裝《增壹阿含經》、《雜阿含經》、《本事經》後跋：「是歲（庚申）十二月，敬寫合輯裝訂，白月褒灑陀日，摩頤行者，弘一演音並記。」

㉓ 王月娥〈弘一法師在衢州〉：「一九二〇年，弘一法師受蓮華寺主持僧德淵法師邀請來衢州蒞壇說法，並携來一尊緬甸玉佛。……這一尊妙相莊嚴的趺坐玉佛，高五十六公分，重四〇公斤。」（見《中國文物報》一九九〇年十二月二十日）

【按】大師此次往衢州，係自杭州乘船前往。李鴻梁〈我的老師弘一法師李叔同〉：「一九二〇年夏，法師要到新登貝山去掩關。前一天，是弘傘法師在銀洞橋某庵剃度，同往貝山護關。……第二天我們送到錢江輪船上，直到解纜而別。」

一九二一年（民國十年辛酉）　四十二歲

是年正月，將自衢州回溫州，手書《大乘戒經》並錄舊作七篇，寫成手卷，以贈南社舊侶尤墨君❶。尤氏擬編師在俗所作詩詞爲《霜影錄》，徵求同意。師以三十以前所作詩詞多綺語，謝之。且主張「傳布著作，寧少勿濫」❷。返杭後，披尋《四分律》，始覽此土諸師之作❸。在杭小住閘口鳳生寺，弟子豐子愷將赴日本留學，聞師歸杭，特往話別❹。三月五日，舊友陶秉珍、朱章卿至杭州玉泉相訪，因同攝影留念❺。時將赴溫州，至滬候船，手書《佛說五大施經》等三經，付穆藕初居士影印流通，舊友尤秉彝（惜陰）居士爲其題記❻。此三經現歸蘇州靈岩山收藏，有一九六四年弟子豐子愷題跋[又]。在滬時，居護國院手書《佛說十二頭陀經》一卷，並自題記❼。三月，因玉泉居士吳建東之介紹，自杭州至溫州，居慶福寺，俗稱城下寮❽，一說係同學瑞安林同莊介紹，由溫州吳璧華、周孟由二居士延請，至慶福寺安居❾。師入寺未久，擬即掩關，從事律學著述，與寺中約法三章，謝絕諸緣❿，初習四分律部，其間曾撰〈刻十二頭陀經跋〉，讚歎迦葉尊者，冀正法之重興⓫。四月因事至滬，居城東女學，爲女弟子朱賢英開示念佛法門⓬。安居前，手書《根本說一切有部戒經》，並自題記。自謂學律，「願依有部以自利，兼學旁部以利他。力屏新舊之名，無取軒輊之見」[13]。四月二十一日，爲亡母王太淑人六十冥誕，先後敬寫《讚禮地藏菩薩懺願儀》及《佛三身讚頌》三種，以爲回向[14][文]。六月，《戒相表記》初稿始訖[15]。是夏暴熱，致書西湖玉泉寺印心、寶善二長老，問訊起居[16]。八月初五日爲亡父三十七周諱日，敬寫《佛說無常經》、《佛說略教誡經》，以資冥福[17]。八月二十七日，輯《根本說一切有部毗柰耶犯相摘記》[18]。九月復寫《增壹阿含》四經於城下寮[19]。十一月，夏丏尊居士發心學佛，爲寫蕅益大師等法語，以督勵之[20]。十二月，敬寫別譯《雜阿含經》於永寧城下寮[21]。同月，又寫《本事經》二段於永寧城下寮[22]。十二月，其徒因弘始謁師於慶福寺，師勗以出家，並介紹本寺惟靜大師爲其剃度，師爲二師父，寺主寂山老和尚爲其師祖[23]。

注釋

[1] 尢墨君〈追憶弘一法師〉：「一九二一年春，弘一法師將離衢州時，先後曾贈我一本他寫好的《大乘戒經》和他寫的一幅小小的手卷。前者是法師披剃二年紀念所寫，後者是錄他的近作七篇，用硃筆點句，句讀分明。他出家以後所寫的文章，沖淡淵穆，好像一泓止水，和他以前的寫作專尚穠麗風華者不同。」

[2] 尢墨君〈追憶弘一法師〉：「我因想搜集他的舊作，印成小册，取名『霜影錄』，因法師披剃前別署『息霜』。這，他並不反對。因他曾和我通信聯繫，有『三十歲以前所作

詩詞多涉綺語，格調亦卑，無足觀也。』但他又囑我把《霜影錄》刊出後，寄一冊給他住在北京的姪兒李聖章。並云：『聖章為朽人（法師自稱）仲兄之子，為俗家後輩之賢者。以此付彼，聊表紀念也。』目錄已定，寄他審閱。他來信這樣說：『若錄舊作傳布者，詩詞悉可刪，以詩非佳作，詞多綺語。贈王海帆詩不記有此事。以前送致〈南社〉之稿，皆友人代為者，未經朽人斟酌，故甚淆亂。《白陽》誕生詞亦可刪。……鄙意以為傳布著作，寧少勿濫，又綺語尤宜屏斥，以其非善業也。』這信讀後，不禁使我爽然若失。因若照他說法，幾無可刊之稿。為尊重他的意志，故刊印事，只好擱而不談。」

【按】〈白陽誕生詞〉云：「技進於道，文以立言。悟靈感物，含思傾妍。水流無影，花落如煙。掇拾群芳，商量一編。惟癸丑之暮春，是爲《白陽》誕生之年。」

❸《四分律比丘戒相表記・自序》：「庚申之夏，居新城貝山，……明年正月，歸臥錢塘，披尋《四分律》，得覽此土諸師之作。」

❹豐子愷〈法味〉：「我於六年前將赴日本的前幾天的一夜，曾在閘口鳳生寺向他（弘一法師）告別。……六年前告別時的情景，霎時都浮出在眼前。我就決定到杭州去訪問。……一九二八年八月四日，記於石門。」

【按】豐子愷赴日留學，爲一九二一年的早春。所謂六年前當係民國十年無疑。其〈我的苦學經驗〉云：「一九二一年的早春，向我的姊丈周印池君借了四百塊錢，就拋棄了家庭，獨自冒險地到東京去了。」（見《中學生》，民國二十年新年號）

⑤ 與陶、朱二友攝影題記：「辛酉三月初五日，弘一演音偕陶子秉珍、朱子章卿寫於玉泉。」

⑥ 尤秉彝（即尤惜陰）為師寫經題記：「辛酉春暮，弘一大師欲赴溫州辦道，來滬待船，贈穆藕初居士以手寫三經一帙：一為《佛說五大施經》，一為《佛說戒香經》，一為《佛說木槵子經》。每經繫以贊揚勸修語，並附行人常識數則，簡約明顯，妙契時機。穆居士特付石印，用廣流通，以慰大師弘揚佛法之深心，並盡朋友見聞隨喜之至意。謹附片言，以表是經出世因緣。末學尤秉彝稽首敬志。」

(文) 豐子愷，弘一大師寫經三種題跋：

一、佛說戒香經　辛酉二月弘一沙門演音書

二、佛說五大施經　辛酉二月弘一沙門演音書

三、佛說木槵子經　辛酉三月弘一沙門演音書

先師弘一上人在家時，精通音樂、演劇、詩文字畫，而於書法造詣尤深。出家後屏棄諸

藝，獨不忘情於書法。常寫經文佛號，廣結勝緣。此三經乃初出家時為穆藕初居士所書者。筆力遒勁，與後年所書輕描淡寫，落墨不多者迥異其趣。在佛法上與藝術上，此皆可稱為至寶。藕初居士乃當年滬上鉅賈，皈依大師，熱心弘法。白馬湖晚晴山房之建築及《護生畫初集》之刊行，此人曾慨捐不淨之財，亦難得也。蘇州靈岩山妙真老法師，創辦文物館，得此墨寶，屬為題字，率書所知如上。時甲辰歲首，豐子愷於海上日月樓。

【按】「木槵子」可爲念珠。佛經云：「當貫木槵子一百八個，常自隨身。」

❼ 手書《佛說十二頭陀經》經末題記：「辛酉三月十日，居上海護國院，弘一沙門演音敬寫。願將以此功德，回向四恩三有，法界衆生，同離結著，集諸善本，發大乘心，往生西方，速得無上正真之道。」

【按】此經乃一九五九年北京西山建佛牙塔時，溫州某僧寄來裝藏者，今存北京中國佛教協會。護國院即上海南市老關帝廟雅稱。主僧與西湖玉泉寺住持眞空（河南人）同一系統，師與玉泉因緣特深，故到滬常居於此。此次赴滬係取道赴溫。

❽〈玉泉居士墓志銘〉：「辛酉季春，余徙永嘉，掩室城寮，蓋由居士為之紹介。」

⑨ 因弘〈弘一音公駐錫永嘉行略〉：「溯吾師自民國七年出家杭州虎跑，受具靈隱，九年研敎新城貝山，因舊同學瑞安林同莊君言，永嘉山水清華，氣候溫適，師聞之欣然。又因吳壁華、周孟由二居士延請，遂於十年三月料理行裝，擁錫來永，掛褡城南慶福寺。」

⑩ 丁鴻圖〈慶福戒香記〉：「慶福寺，位溫州之東城下，俗名城下寮。僧伽篤守清規，專修淨業，蔚為一郡名藍。……弘一上人以周孟由、吳壁華二居士之介，駐錫於此，喜其幽寂，遂居之，且興終焉之願。……師於民國十年三月初蒞寺，居數日卽閉關，編《四分律比丘戒相表記》。曾為約三章如下：

余初始出家，未有所解，急宜息諸緣務，先辦己躬下事。為約三章，敬告同人。

一、凡有舊友新識來訪問者，暫緩接見。

一、凡以寫字作文等事相屬者，暫緩動筆。

一、凡以介紹請託及諸事相屬者，暫緩承應。

惟冀同人共相體察。失禮之罪，希鑒亮焉！釋弘一謹白。」

⑪ 〈刻十二頭陀經跋〉——先老人遺著

頭陀以抖擻塵勞為義，具十二法。迦葉尊者，終身奉行。世尊謂正法住世，全賴此人。迨茲末運，妄以鬚髮當之；尚不知比丘戒為何事，矧頭陀法耶？余雖根劣，僅持一二，然一番展讀，輒一番愧感。例諸賢達，想亦當爾。重錄梓行，伏願見聞隨喜者，發增上心，多少奉持。庶重興正法，不日可望耳。辛酉三月演音敬錄。　大迦葉尊者，畢生行頭陀行，「我今所有無上正法，悉已付囑摩訶迦葉，當為汝等作大依止。」弘一沙門演音敬錄。時初來甌上，居城下寮，習四分律部。

⑫〈題朱賢英女士遺畫集〉：「去歲四月，余來滬，居城東（女學），賢英過談半日，勉以專修持名念佛，勿旁騖他法。……壬戌二月大慈弘一沙門演音書於溫嶺城寮。」

⑬手書《根本說一切有部戒經》題記：「西國持律，唯依自部，神州之士，多尚會通。前者簡要而易明，後者複雜而難辨。是因廣約而異趣，寧有是非之可云。音幸得人身，忻逢大法，願以有部以自利，兼學旁部以利他。力屏新舊之名，無取軒輊之見。冀以上報世尊之慈恩，下順衆生之根器云爾。辛酉前安居隨喜日，西湖大慈弘一沙門演音，敬錄義淨三藏《寄歸傳》二則，並以私意附識。」

【按】此書原藏浙江嘉興濮院鎮蔡丏因居士之可園。居士按云：「安居舊譯，分前中後三期，前安居始於四月十六日，後安居始於五月十六日，在其中間者爲中安居，新譯止分前後。」

⑭〈讚禮地藏菩薩懺願儀跋〉：「改元後十年，歲次辛酉四月二十一日，為亡母王太淑人

六十句冥誕，敬寫《讚禮地藏菩薩懺願儀》一卷，以此功德，回向亡母，早消業障，往生西方。弘一釋演音敬記。」

又 手書《佛三身讚頌》跋：「歲次辛酉四月二十一日，亡母王太淑人六十年誕，敬寫讚頌三種，以此功德回向亡母，解脫塵緣，往生極樂。弘裔沙門僧胤。」

⑮ 《四分律比丘戒相表記·自序》：「庚申之夏，居新城貝山，……明年正月，歸臥錢塘，披尋《四分律》，得覽此土諸師之作。以戒相繁雜，記誦非易，思撮其要，列表志之。輒以私意，編錄數章。頗憙其明晰，便於初學。三月來永寧（溫州）居城下寮，讀律之暇，時綴毫露。逮至六月，草本始訖，題曰『四分律比丘戒相表記』。」

⑯ 致杭州玉泉寺印心、寶善二和尚書：

印心寶善二大和尚座下：拜別慈顏，忽忽三月。音等來此習靜念佛，謝絕人事，四大亦粗調適。今歲寒暑不時，比忽暴熱；遙憶法座，輒致書問訊，起居安隱。不具。

後學演音演義稽首　六月初八日

清月大和尚乞為問安。

靈峯圓湛大和尚，便中乞為問安。

⑰ 手書《佛說無常經》、《佛說略教誡經》跋：「辛酉八月初五，亡父三十七周諱日，敬

寫是經，以資冥福。大慈弘一沙門演音。」

⑱《根本説一切有部毗柰耶犯相摘記》題記：「辛酉八月十七日，弘一沙門演音敬錄。」

⑲ 手書《增壹阿含經》跋：「辛酉九月，敬寫《增壹阿含四經》於永寧城下寮。弘一沙門演音並記。」

⑳ 手書蕅益大師等法語題記：「丏尊居士發心學佛，為寫先德法語，以督勵之。辛酉嘉平演音。」

㉑ 手書《別譯雜阿含經》跋：「辛酉十二月，敬寫《別譯雜阿含經》於永寧城下寮。弘一沙門演音並記。」

㉒ 手書《本事經》跋：「辛酉十二月，敬寫《本事經》二段於永寧城下寮。弘一沙門演音並記。」

㉓ 因弘〈恩師弘一音公駐錫永嘉行略〉：「因弘始聞吾師道譽，與同邑李君巖新偕至慶福寺禮謁。吾師一見，頗承讚善，為示念佛法門及淨土要旨，並以出家相勗，因弘敬謹遵諭。即蒙介紹，就本寺求上惟下靜大師剃落，依師為二師父，賜令名，字白傘，時古曆三月廿四日。寺主吾師祖寂山老和尚，專弘淨土，緇白皈敬。」

一九二二年（民國十一年壬戌） 四十三歲

是年歲朝，書法常首座〈辭世詞〉贈楊白民居士❶。仍居永嘉城下寮，以依律須奉寺主為依止師，遂尊寂山長老為依止阿闍梨❷。寂公遜謝，師仍懇請，遂終身以師禮事寂公❸。正月，得其俗兄自天津來函，謂其在家之妻室已謝世，屬師返津一行。師曾上書寂山長老，乞代請吳璧華居士授其神咒❹[又]。二月為在俗女弟子朱賢英女士題遺畫集❺。二月五日為亡母王太淑人逝世之期，手書「地藏菩薩名號」立軸，分贈道友❻。二月八日，刻印五方，寄贈上海夏丏尊，並為題記❼。又依《靈峯宗論》摭寫警訓一卷，顏曰「寒笳集」❽。四月，復俗姪李聖章長函，歷述出家前後事迹、今後志願及當時浙省佛教發展情形❾。秋初，溫州颶風過境，拔木發屋。吳璧華居士默念佛號而眠，雖墻傾圮，磚泥墜落徧身，竟得安然無恙。翌日至慶福寺與師言之，深感佛恩之廣大❿。師患痢疾，疑或不起，囑命終將其纏裹送投江心，結水族緣，不久幸卽霍然，其解脫有如此⓫。是年春夏秋三季，師在溫州，各寫古德詩文一紙，以奉夏丏尊居士，並自題記⓬⓭⓮。又為庖人陳阿林撰〈陳阿林往生傳〉⓯。

注釋

❶ 手書法常首座〈辭世詞〉贈楊白民：

此事楞嚴嘗露布，梅花雪月交光處。一笑寥寥空萬古。風甌語，迥然銀漢橫天宇。蝶夢南華方栩栩。斑斑誰誇豐干虎。而今忘却來時路。江山暮，天涯目送飛鴻去。

法常首座辭世詞　壬戌歲朝寫貽　白民居士　弘一．音。

❷ 因弘〈恩師弘一音公駐錫永嘉行略〉：「十一年春……師以依律須奉寺主為依止阿闍梨。一日詣寂老室，正暢談間，袖出啓事，示拜師之意。寂老愕然曰：余德尠薄，何敢為仁者師？再三辭讓。師曰：吾以永嘉為第二故鄉，慶福作第二常住，俾可安心辦道，幸勿終棄，並邀壁華、孟由二居士懇勸始允。翌日，行拜師禮，並登報聲明。……」

【按】吳璧華，浙江溫州人，早年畢業日本士官學校。歷任軍政要職，深信佛法。一九二二年在溫創辦「蓮池海會」，以闡揚佛法。曾請湖南唐大圓居士至溫州宏法。（見唐大圓《溫州宏法記》——《海潮音文庫．筆記》下）周孟由，深信淨土法門，皈依印光法師，爲溫州知名居士。

❸ 丁鴻圖〈慶福戒香記〉：「寂公（寂山）為慶福寺主持，以師為富家子弟而兼學者，出

家竟能嚴持戒律，刻苦精進，欽敬供奉，視同佛菩薩。嘗因師持過午不食，特將全寺午飯時間提早為十時。……師感寂公之慈悲護念，於民國十一年，曾攜氈至寂公室，以氈敷座，懇寂公坐其上受拜為依止師。公遜讓不敢，師禮空座，尊公為依止阿闍梨。故函札來往，均稱寂公為師父大人，自稱弟子。公殊不安，曾函告以後勿用師弟稱呼。師即覆云：『弟子以師禮事慈座，已將三載，何可忽爾變易？伏乞慈悲攝受，允列門牆。』仍終身以師禮事寂公。……」

④上寂山和尚書：「恩師大人慈座：前命寫之字帖，今已寫就奉上，乞收入。前數日得天津俗家兄函，謂在家之妻室已於正月初旬謝世，屬弟子返津一次；但現在變亂未寧，弟子擬緩數月，再定行期，一時未能動身也。再者，吳壁華居士不久即返溫，弟子擬請彼授予神呪一種，或往生呪，或他種之呪。便中乞恩師與彼言之。弟子現在雖禁語之時，不能多言，但為傳授佛法之事，亦擬變通與吳居士晤談一次，俾便面授也。順叩慈安。弟子演音頂禮。正月廿七日。」

【按】是年張作霖與吳佩孚交戰於長辛店，稱「奉直戰爭」，故曰「變亂未寧」。

(文) 李晉章致林子青書：「俞氏三嬸（即大師在俗德配）故於十一年正月初三日（故於天津本

宅），紀念物所存甚多，一時難寄照片。……」

❺〈題朱賢英女士遺畫集〉：「壬子春，余在城東授文學，賢英女士始受余教。其後屢以書畫，乞為判正，勤慎懇到，冠於同輩。未幾負疾，廢學家居。前年侍母朝普陀，禮觀音大士，受三皈依。自是信佛至篤，修習教典，精進靡間。去歲四月，余來滬，居城東，賢英過談半日，勉以專修持名念佛，毋旁騖他法。其時賢英至心信受，深自慶幸；乃以幻緣既盡，殤於歲晚。淨業始萌，朝露溘至，可嘆慨也！比者，同學將集其遺畫，影印輯帙，以志哀思，遠徵題詞於余，為記其往昔因緣如是。壬戌二月大慈弘一沙門演音，書於溫嶺城寮藏堂。」

❻為亡母忌日寫經題記：「於時歲在玄默二月五日，亡母棄世十七周年，敬書菩薩名號，並錄《地藏本願經》句。以此功德，惟願亡母，速消業苦，往生西方，廣及法界衆生，同圓種智。大慈弘一沙門演音記於甌嶺城寮慶福藏堂。」（據蔡丏因「廣證」增補）。

❼贈夏丏尊篆刻五方題記：「十數年來，久疏雕技。今老矣，離俗披鬀，勤修梵行，寧復多暇耽玩於斯。頃以幻緣，假立臣名及以別字，手製數印，為志慶喜。後之學者覽茲殘礫，將毋笑其結習未忘耶？於時歲陽玄默吠舍佉月白分八日。余與丏尊相交久，未嘗示其雕技。今齋以供山房清賞。弘裔沙門僧胤並記。」

【按】所刻五印皆白文，爲「大慈、弘裔、勝月、大心凡夫、僧胤。」題記中「假立𦣝名」之「𦣝」字，夏丏尊介紹原作「亞」字，即「亞名」，初版《年譜》因之。近年引起葉聖陶、俞平伯、張人希諸先生之注意。葉老對此「𦣝」字說不識，俞老認爲是「宧」字的省文，說「宧」字出自《爾雅》，室東北隅謂之「宧」，後人經常用爲書齋命名。但我提出異議，因爲文中提到的五方印，無一是書齋印而全是別名。後來張人希先生經過種種篆刻的研究，認爲這個「𦣝」字是「私」字。「假立𦣝名」就是「假立私名」。俞老也表示同意了。認爲「自漢以來，篆刻文字相同，則爲『私』字無疑」。「私名別字」，文理通順。並說「葉老知之，亦必欣然」。（見上海《書法》一九七九年第六期、張人希的〈弘一法師的篆刻藝術〉及一九八二年第一期〈對於弘一法師「𦣝字的析疑」〉）。「歲陽玄默」，「歲陽」即天干，「玄默」（默音亦）屬「壬年」，爲壬戌年，即一九二二年。「吠舍佉月」爲印度曆二月，「白分」。（亦稱「白月」爲上半月。《大唐西域記》卷二：「月盈至滿，謂之白分；月虧至晦，謂之黑分。……黑前白後，謂之一月。」）

❽《寒笳集．序》：「壬戌之歲，嘗依《靈峰宗論》摭寫警訓一卷，顏曰『寒笳集』。」

❾復俗姪李聖章（麟玉）書：「聖章居士：二十年來，音問疏絕。昨獲長簡，環誦數回，歡慰何如！任杭教職六年，兼任南京高師顧問者二年，及門數千，徧及江浙。英才蔚出，足以承紹家業者，指不勝屈，私心大慰。弘揚文藝之事，至此已可作一結束。戊午二月，發願入山剃染，修習佛法，普利含識。以四閱月力料理公私諸事：凡油畫美術圖

籍，寄贈北京美術學校（爾欲閱者，可往探詢之），音樂書贈劉子質平，一切雜書零物贈豐子子凱（二子皆在上海專科師範，是校爲吾門人輩創立）。佈置既畢，乃於五月下旬入大慈山（學校夏季考試，提前爲之），七月十三日鬀染出家，九月在靈隱受戒，始終安順，未值障緣，誠佛菩薩之慈力加被也。出家既竟，學行未充，不能利物；因發願掩關辦道，暫謝俗緣（由戊午十二月至庚申六月住玉泉清漣寺時較多）。庚申七月，至新城貝山（距富陽六十里），居月餘，值障緣，乃決意他適。於是流浪於衢、嚴二州者半載。辛酉正月，返杭居清漣。三月如溫州，忽忽年餘，諸事安適，倘無意外之阻障，將不他往。當來道業有成，或來北地與家人相聚也。音拙於辯才，說法之事，非其所長；行將以著述之業終其身耳。比年以來，此土佛法昌盛，有一日千里之勢。各省相較，當以浙江為第一。附寫初學閱覽之佛書數種，可向臥佛寺佛經流通處請來，以備閱覽。拉雜寫復，不盡欲言。釋演音疏答，四月初六日。爾父處亦有復函，歸家時可索閱之。」

⑩ 〈淨宗問辨記〉：「溫州颶風災害中，吳壁華念佛免難奇跡。十一年壬戌七月下旬，溫州颶風暴雨。牆屋倒壞者甚多。是夜（吳）壁華適臥牆側，默念佛號而眠。夜半，牆忽傾圮，磚礫泥土墜落偏身。家人疑已壓斃，相率奮力除去磚土，見壁華安然無恙，猶念佛號不輟。察其顏面以至肢體，未有毫髮損傷，乃大驚歎，共感佛恩。其時余居溫州慶福寺，風災翌日，壁華親至寺中向余言之。」（《弘法月刊》第二十九期）

⑪因弘〈恩師弘一音公駐錫永嘉行略〉：「是（民國十一）年，師患痢疾，寂老存問；師曰：小病從醫，大病從死。今是大病，從他死好。惟求師尊，俟吾臨終時，將房門扃鎖，請數師助念佛號，氣斷逾六時後，即以所臥被褥纏裹，送投江心，結水族緣。聞者涕下，幸即霍然。……」

⑫手書〈念佛三昧詩〉題記：「於時歲陽玄默，吠舍佉月第一褒洒陀前三日，寫貽丏尊居士慧覽，弘一沙門演音居甌嶺慶福。」

【按】「第一褒洒陀前三日」。「褒洒陀」爲「布薩」之新譯，乃梵語 Posadha 之音譯。有共住、長養、淨住多義，義譯甚難，故義淨三藏音譯爲「褒洒陀」。印度古時寺院每半月集衆僧誦《戒經》一次。于半月間若有犯戒者，令懺悔之，以長善除惡的儀式，稱爲「布薩」。我國叢林行事，稱爲「誦戒」。「吠舍佉月第一褒洒陀日」，即二月十五日，「第一」指上半月誦戒。

⑬手書蓮池大師等法語題記：「壬戌夏寫付丏尊居士　弘裔沙門僧胤居溫嶺。」

⑭手書蘇軾畫阿彌陀佛像題偈跋：「於時遜國後十一年歲次玄默秋孟之節，寫付丏尊居士。弘裔僧胤。」

⑮〈庖人陳阿林往生傳〉：「陳阿林，名修量，瑞安下林鄉人，幼業燒瓦，後居城下寮掌

齋厨。辛酉三月，余來溫城始識阿林，面黃顴削，無福德相。入侍飲膳，常合掌致禮，食竟撤盂皿，輒視余面目，久不瞬，如童騃。見余食少，愀爾改容，必窮其故。舊病肺喘，咳嗽不已；然操作勤苦，未嘗以是介意焉。夕餐後，恆侍僧衆誦《阿彌陀經》，持佛名號，吭聲淒緊，聲絕同侶。新歲十日輟職。越二日來寮檢取衣被，戀戀不忍去。適有佛事，須人助治，仍暫止焉。留滯數日，未嘗言對。十六日午，捧麪器入余室，著新絮袍，冠履襟帶，儀觀至偉。相顧而喜，且謂不復去矣。後聞人言，阿林於是夕歸家，宿疾轉劇。二月初七晨，屬人淪湯，自濯巾沐浴已，臥床念佛，泊然而化，閱世三十有一。

「贊曰：阿林治庖城寮，先後二年，非勤修淨行者。然觀其生死之際，脫焉無所累。人謂阿林愚，是其所以不可及也夫。」

【按】城下寮本名慶福寺，在溫州永嘉縣大南門外。（錄自《微妙聲》月刊）

一九二三年（民國十二年癸亥）　四十四歲

是年二月，自溫州至上海，臨別與其徒和寺主攝影留念❶。在滬與尤惜陰居士合撰〈印造佛像之功德〉一文，由師示綱，尤惜陰演繹，舉十大利益普勸羣生（見《印光法師文鈔》卷四附錄）。然據師致俗姪李聖章書，則此文爲師自撰，而託名與尤居士合撰者❷。師持戒精嚴，凡屬常住公物，雖一毫不敢佔用。是年自溫至杭，曾借慶福寺碗筷一副。抵杭後，即託林贊華居士帶還慶福寺常住❸。四月，居上海太平寺親近印光法師。題元魏曇鸞《往生論註》，並錄補陀印光法語於卷端❹。時遇江謙（易園）居士於滬上，勸其讀《靈峰宗論》，江氏自云受益無窮❺。六月，爲杭州西泠印社書《阿彌陀經》一卷，該社爲刻於石幢，以爲紀念❻。夏至靈隱寺，聽慧明法師（受戒時大師父）講《楞嚴經》，見他髮白齒落，爲之淚落不止❼。九月，重至衢州，仍居蓮華寺。因馮明之居士之介，識隱士汪澄衷，爲撰〈汪居士傳〉❽。十月，撰〈紹興開元寺募建殿堂疏〉❾。臘月，作〈大中祥符朗月照禪師塔銘〉❿。

是年師與印光法師通信頗多，其原函雖不得見，但自印光法師之復書觀之，師此時所致力之功夫，仍以掩關並刺血寫經爲主。而印光法師則勸其先專志修念佛三昧，然後再事寫經。大師發願刻期掩關，誓證念佛三昧，並請印光法師作「最後訓言」。印光法師遜謝，略謂「朋友往還，貧富各盡其分。」勸他關中用功，當以不二爲主。不可以妄躁心先求感通。心未一而切求感通，乃是修道第一大障⑪。他第二次衢州之行，留下許多墨迹，並以《續藏經》等贈與衢州祥符寺，又石刻一詩贈汪夢松⑫。

注釋

❶ 因弘〈送別恩師攝影題記〉：「歲次癸亥二月廿四日，恩師弘一比丘將赴滬上，因弘名字沙彌鬀髮出家，謹請寺主寂山老和尚，合攝此影於南城外慶福禪寺以留紀念。」

❷ 致俗姪李聖章書：「……附齎《印光法師文鈔》一部。（是爲第四次新版，卷首有余題詞，附載《印造經像文》亦余所撰述。）……論月。」

❸ 丁鴻圖〈慶福戒香記〉：「師持齋嚴淨，不用公共碗筷。民國十二年赴杭州，借慶福寺碗筷一副；抵杭後，即託交林贊華居士帶還慶福常住。（碗筷雖云微物，既屬常住，一芥不容侵損，師持戒之精微類此。）」

❹ 題元魏曇鸞《往生論註》：「癸亥四月，居上海太平寺，依北京新刊補陀光法師校定本標寫，今復錄補陀法語三節於卷端。時在癸亥歲將暮，晚晴沙門曇昉書。」

【按】補陀卽普陀山略稱。印光法師居普陀，故稱其法語爲《補陀法語》。

❺ 江謙〈壽弘一大師六十周甲〉詩：
細讀靈峯宗論教，別來旦夕未能忘。
千年儒佛相攻案，至是鏗鏘會一堂。
癸亥遇師滬上，敎讀《靈峯宗論》，受益無窮。

❻ 西泠印社彌陀經塔題記：「佛曆二千九百五十年，歲次癸亥六月，西泠印社請弘一音師寫，山陰吳熊捨資造，仁和葉為銘監造，俞庭輔、吳福生、王宗濂、趙永泉鐫刻。」
（此經塔現存杭州西泠印社——著者。）

❼ 〈我在西湖出家的經過〉：「……曾記得在民國十二年的夏天，我到過杭州。那時慧明法師，正在靈隱講《楞嚴經》。開講的一天，我去聽法。因為好幾年沒有看見他了，覺得他已老了不少。頭髮已經斑白，牙齒也大半脱落。我當時大為感愴。於拜他的時候為之淚落不止。聽說沒有幾年功夫，慧明法師就圓寂了。」

【按】慧明法師，名圓照，汀州溫氏子。早歲出家。年十九，於天台國淸寺受具，其後歷參金山、寶華、九華、天童諸山宗匠，精研教理，熟習瑜伽梵唄水陸儀軌，諸方推爲老參飽學。中年置一寮於迴龍眞寂寺，屢應請出外講經及充戒期教授等職。晚年應請主杭州靈隱法席，與修殿宇不遺餘力。靈隱自洪楊刼後，至師始有中興之象。一九三〇年二月廿三日寂於靈隱丈室，享年七十一歲。寂後太虛法師爲撰行述，稱師「志行純備，宗說兼通，不愧爲一代高德。」（見太虛《靈隱慧明照和尚行述》）

❽〈汪居士傳〉：「……越三年癸亥九月，余以業緣，重來蓮華。未數日，居士與馮君明之、胡子嘉有過余精舍。」

【按】〈汪居士傳〉，曾載於一九二四年《海潮音》第五卷第五期。其手迹編入《晚晴賸語》，見《弘一法師》（紀念集）圖版第二十。

❾〈紹興開元寺募建殿堂疏〉：「紹興開元寺建於梁天監中，當昔全盛之時，金刹梵宇，峻極雲表，實為爽塏棲心之所。開堂接衆，數逾千百，道風蔚盛，冠於東浙。郡邑士夫，祝釐肄禮，誦宣詔勅，亦聚於是。二千年來，興衰之迹，記載闕佚，末由詳考。今所存者，有乾隆四十五年宋明府撥田開元常住碑記，尋繹詞旨，粗可悉其概末焉。清季以來，寖以零落，殿梁摧朽。金像顛覆（羅漢堂中五百羅漢大半殘闕），池橋之勝，崩榛引塞。（普渡橋、萬工池皆爲昔放生之所，今惟存基地。）歲月騖過，芳流歇絕，不其惜乎？比

者，聞願法師，卓錫是間，將集善侶，重建殿堂，乃製緣册，倡募資財。余以夙慶，至德同時，預奉餘論，頂戴踊躍，輒述緣起，為弁册首。建立佛塔僧坊，福德之殊勝者，冀諸善侶，銘佩仁誘，共加宏讚也。於時歲在昭陽報沙月釋曇昉書於西安蓮華寺。」

【按】太歲在癸曰「昭陽」，此爲癸亥；「報沙月」爲印度古曆十月之稱。西安衢州古名。

⑩〈大中祥符朗月照禪師塔銘〉：「吳嘉禾間，將軍鄭平舍宅，建大中祥符禪寺，勝境標絕，為三衢諸刹之冠。綿世寖遠，盛衰之迹，靡得詳考。清道光中葉，住持僧某，重葺梵宇，敷揚洪業。興繼之美，見述後代。百年以來，玄風墜替，金剎廢圮。其有嗣徽緒於往哲，移道俗以歸懷，崇振頽流，闡固法道，若朗月照禪師者，誠末化之芬陀，昏途之寶炬矣。師諱能照，字朗月，一字天心。家浙江江山，族周氏。髫齔之歲，投詣祥符，出家披鬀，長稟具足於錢塘昭慶律寺。二十三任副寺，作務劬勤，行業貞簡。後十五年，嗣法住持，嚴勒清規，增置寺田，繕治祖堂丈室十數楹。自奉儉約，未嘗虛糜僧物。性耽寂靜，晨燈夕香，晏坐斗室，披尋群典，以自娛適。老儒吳子弓、汪鞠如輩，時扣禪寮。師便延召，披襟致契，談笑竟夕。宰官搢紳，數數參訪者，輒屏不納。抗行峻節，與世寡和，有古德之遺風焉。宣統二年，僧衆集會興學，延師長其事，固辭不

就；而楷定章則，求覓典籍，悉力任之。上海賑濟會，募資於衢，師為倡緣；不足，自捐巨金實其數。愛人之周，皆類此也。師於徒衆，督課勤肅。再傳弟子永祚，根性聰利，師嘗器許。提奬道趣，接誘無倦。寺役龔叟，人至樸質，侍師日久，嘗敎念佛，注心西極，今猶傳誦遺德，稱道不衰。夙志參學，寺務羈制，未遂其願。今歲三月，師壽五十，屛除慶祝之文，先期子身如錢塘，將欲艤舟天目，以盜亂未寧，旋歸三衢。五月四日，示微疾，自知不起。詔命弟子，承嗣寺業。彌留之夕，神志清澈。遺囑修葺大殿，改建齋廚。乃吉祥臥，泊然遷化。時十二年歲在癸亥七月十八日也。師住世時，博覽內外玄籍，於大慧《禪林寶訓》，尤所心折。病臥之暇，披檢研味，常不釋卷。既而龕殮，乃舉《寶訓》，供置靈右，慰其幽魄焉。世壽五十，法臘十有二年。弟子妙玄，再傳永祚、永仁等。是歲十一月十二日，嚴霜之晨，葬於鹿鳴山登高亭下。余以宿緣，承侍窆禮。睇朝陽之頹景，悼至人之殂化。輒從眷徒，略承遺德。深心追往，寄懷毫素。乃為銘曰：『住持之道，《寶訓》其資。亦旣末運，聖敎陵遲。至人示生，繼承法位。不務榮名，不干時貴。卓哉師德，季葉之賢。淳心獨得，唯宗是篇。標舉一行，以該萬德。旌彼幽光，百世昭式。』大慈沙門曇昉撰並書。」

【按】朗月照禪師塔，在衢縣祥符寺，大師曾掛錫於此。三衢，山名，卽浙江衢州，傳昔有洪水暴漲，派此山爲三道，故稱三衢。芬陀，梵語，具稱芬陀利，譯爲白蓮華，或人中好華等。在蓮華青黃赤白四種之中，最爲高尚。《觀無量壽經》稱譽念佛者爲人中芬陀利華。

⑪ 印光復大師書之一：「座下勇猛精進，為人所難能。又欲刺血寫經，可謂重法輕身，必得大遂所願矣。雖然，光願座下先專志修念佛三昧，待其有得，然後行此法事。倘最初卽行此行，或恐血虧神弱，難為進趨耳。入道多門，惟人志趣，了無一定之法。其一定者曰誠，曰恭敬。此二事雖盡未來際，諸佛出世，皆不能易也。而吾人以博地凡夫，欲頓消業累，速證無生，不致力於此，譬如木無根而欲茂，鳥無翼而欲飛，其可得乎？（中示刺血寫經之利弊方法及前人經驗，且略。）又寫經不同寫字屏，取其神趣，不必工整。若寫經，宜如進士寫策，一筆不容苟簡，其體必須依正式體。若座下書札體格，斷不可用。……」

【按】博地一作薄地。薄者逼也，爲諸苦所逼之地位，謂凡夫境界。《淨土戒觀》下曰：「薄地凡夫，臭身鄙陋，果報卑劣。」（《摩訶止觀》作博地。）一說爲通數十地之第五地——薄地。凡夫，聖者之對，謂智慧淺薄愚鈍的衆生。

其二：「接手書，見其字體工整，可依此寫經，夫書經乃欲以凡夫心識，轉為如來智慧。比新進士下殿試場，尚須嚴恭寅畏，無稍怠忽。能如是者，必能卽業識心，成如來藏。於選佛場中可得狀元。今人書經，任意潦草，非為書經，特藉此以習字，兼欲留其筆迹於後世耳。如此書經，非全無益，亦不過為未來得度之因。……刺血寫經一事，且作緩圖，當先以一心念佛為要。恐血耗神衰，反為障礙矣。」

【按】迷界的眞如名「如來藏」，謂衆生藏有如來性德，故名「如來藏」。

其三：「接手書，知發大菩薩心，誓證念佛三昧，刻期掩關，以期遂此大願。聞之，不勝歡喜。所謂最後訓言，光何敢當？然可不盡我之愚誠以奉之乎？雖固知座下用此種絡索不著，而朋友往還，貧富各盡其分，則智愚何獨不然。但盡愚誠卽已，不計人之用得著與否耳。竊謂座下此心，實屬不可思議；然於關中用功，當以不二為主。心果得一，自有不可思議感通。於未一之前，切不可以妄躁心，先求感通。一心之後，定有感通。感通，則心更精一。所謂明鏡當臺，遇影斯映，紜紜自彼，與我何涉？心未一而切求感通，卽此求感通之心，便是修道第一大障。況以躁妄格外希望，或致起諸魔事，破壞淨心。……敢為座下陳之。」

其四：「講《起信論》，雖不必定宗《裂網疏》，然絕不謂裂網為非，此決定不易之法也。靈峯著述，千古少有。彼等正眼未開，不知其要，故輒吠影，以惑初學。果真具正知見者聞之，則彼之心腹徹底了知矣。靈峯老人，乃末法絕無而僅有者。其言句理多具足，利益叵測，隨人分量，各受其益。」

⑫ 王月娥〈弘一法師在衢州〉：「一九二三年八月至一九二四年四月，弘一法師先居蓮花寺治律，後又居衢州城東四十里的三藏寺及城裏的祥符寺等。他還將誦習的諸經及全部藏經和《續藏經》捐贈給祥符寺看經會，以廣流傳。……

「弘一法師在衢州活動期間，曾留下許多珍貴實物，尤其是墨迹。但歷經幾次運動，損失很多。幸存下來的，民間發現有『南無阿彌陀佛』。（主軸，題爲「歲在昭陽小雪後，曇昉居西安蓮花」。）另有被衢州市博物館收藏的幾件：《大佛頂如來密因修證了義諸菩薩萬行首楞嚴經合轍》十卷，為明代二楞庵僧人通潤所撰，明天啓元年木刻本，有通潤自序一篇。經書第一册封面上有弘一法師一九二三年親筆題字及朱印：『舊藏銀洞接引庵。癸亥九月，恩師以付演音。是歲十月記於蓮花。』石頭一塊，是一九二三年冬弘一法師贈送給夢松的。上有弘一法師親筆題詩一首：『千峯頂上一間屋，老僧半間雲半間。昨夜雲隨風雨去，到頭不似老僧閑。』……」

一九二四年（民國十三年甲子）　四十五歲

是年春，居衢州蓮華寺。因前年南京內學院王恩洋居士撰《大乘起信論料簡》，謂《起信論》之作，出于梁陳小兒，無知徧計，引起國內佛教學者爭論。常惺法師撰〈大乘起信論料簡駁議〉駁之。大師深爲激賞。致書蔡丙因，稱其文甚精，並乞詳覽❶。二月致書王心湛居士，盛讚印光法師之盛德，謂於當代善知識中，最服膺者惟光法師。稱他「折攝皆具慈悲，語默無非教化，二百年來一人而已。」及再三懇求列爲弟子經過❷。三月，移居三藏寺❸。於三藏寺輯《毗尼勸持錄》❹。四月以東瀛古版《行事鈔》，供施江山圖書館❺。又書《華嚴淨行品偈》一卷，以答謝之❻。

【按】是年春夏之交，初版《年譜》誤記大師駐錫永嘉。其後發現大師與俗姪李聖章幾通書信，始知他春間尚在衢州，有「居衢以來，忽忽半載」之語。且確知其離衢赴溫之時日，故本年若干記事，須移後改寫。

四月，向衢州蓮華寺主借得旅費三十元❼。十九日自衢州起行，取道松陽、青田。廿五日回至溫州，繼續掩室。旅費則請俗姪李聖章償還❽。五月，手書《佛說八大人覺經》，以贈陳伯衡居士，居士為影印流通❾。同月前往普陀山，參禮印光法師於後寺（法雨寺）。居七日，觀察印光法師一切生活情況，至為景仰❿(又)。時遇王大同居士亦同戾止，賦詩為贈⓫。五月，撰《有部毗柰耶犯相摘記》⓬。在衢州時，晤南社舊侶吳江尤墨君玄父居士。回溫州後，即錄近作五篇，寫成手卷奉贈。尤氏為編《論月集》，後陸續發表於杭州《越風》半月刊第十七、十九、廿一期⓭。八月手書《四分律比丘戒相表記》脫稿。穆藕初居士為施資影印⓮。是時並立「遺囑」：謂本衲身後，無庸建塔，祇乞募資，重印此書，以廣流傳。〈遺囑〉由弟子劉質平保存⓯。回溫州後，續撰《根本說一切有部毗柰耶自行鈔》⓰，更輯《學根本說一切有部律入門次第記》⓱、《四分律比丘戒相表記》石印後，寄贈蔡丏因與李圓淨二居士各一冊，並致書蔡丏因云：「出家比丘之戒律，在家人不宜閱覽……，開卷之時，不須研味其文義，唯賞玩其書法，則無過矣⓲。」八月，欲往杭州，抵海門，聞杭州發生變亂（是秋江蘇齊燮元與浙江盧永祥開戰，所謂「齊盧之戰」——著者），因往紹興訪諸門人。此事因據蔡冠洛〈廓爾亡言的弘一大師〉一文所記，初版年譜誤繫於民國十二年（一九二三）條⓳。今據李鴻梁文，改正為十三年⓴。九月，為友人崔鴻祥撰〈崔母往生傳〉㉑。冬至後，友人惠施《華嚴疏鈔》，師以卷帙繁多，致書蔡冠洛，願與輪流共閱，俾施主功德彌勝㉒。仲冬，手書《梵網經》成，馬一浮居士為題一詩㉓。十二月，以楊仁山居士刻經，多不刻科文；徐蔚如刻經，亦復如是，致書蔡冠洛述其利害，深爲慨然㉔。是年撰〈校刻佛說優婆塞五戒相經箋要序〉，於歸戒功德，受戒應於出家五衆邊受，及今人乞師證明受歸依者，輒稱歸依某師，俗例相承，頗有未安。因於〈例言〉，詳爲闡述，反復啓導，至於千言㉕，最後又爲此經補釋三章㉖。

注釋

❶ 致蔡丏因書：「丏因居士：前奉手書，具悉一一。孫居士精進修習，歡讚無量。承寄《淨土十要》等五冊，今日已受收，晤時乞為致意。別郵《崔母傳讚錄》一冊，敬贈仁者，僅存此一冊，未能遍贈道俗為憾。常惺法師之文（《起信論料簡駁議》）甚精，乞詳覽。曇昉，二月二日。」

❷ 致王心湛書：「心湛居士道席：損書，承悉一一。小印倉卒鐫就，附郵奉慧覽。刻具久已拋棄，假鐵錐為之。石質柔脆，若佩帶者，宜以棉裹襯，否則印文不久即磨滅矣。朽人於當代善知識中，最服膺者惟光法師。前年嘗致書陳情，願厠弟子之列，法師未許；去歲阿彌陀佛誕，於佛前燃臂香，乞三寶慈力加被，復上書陳請，師又遜謝。逮及歲晚，乃再竭誠哀懇，方承慈悲攝受，歡喜慶幸，得未曾有矣。法師之本，吾人寧可測度？且約迹論，永嘉周孟由嘗云：法雨老人，禀善導專修之旨，闡永明料簡之微。中正

似蓮池，善巧如雲谷，憲章靈峯（明蕅益大師），步武資福（清徹悟禪師），宏揚淨土，密護諸宗。明昌佛法，潛挽世風，折攝皆具慈悲，語默無非教化，二百年來一人而已，誠不刊之定論也。孟由又屬朽人當來探詢法師生平事跡，撰述傳文，以示後世，亦已承諾。他年參禮普陀時，必期成就此願也。率以裁復，未能悉宣。二月四日，曇昉疏答。」

❸致李聖章書：「聖章居士丈室：惠書誦悉，感慰無已。今猶有餘資，他日須者，當以奉聞。比移居三藏寺暫住，今後來信，希郵致衢州東鄉全旺鎮懋泰南貨號轉交三藏寺內朽人手收。率復，不盡一一。曇昉疏，三月十一日。」（一九二四年）

❹《毗尼勸持錄・自註》：「依南山《戒本疏》、《羯磨疏》、《行事鈔》，並靈芝《行宗記》、《濟緣記》、《資持記》節錄。甲子三月廿二日始，廿五日寫竟。沙門曇昉並記於西安三藏寺。」

【按】西安古爲縣名，晉稱信安，唐改曰西安，明清皆爲衢州府治。民國廢府，改西安曰衢縣。一般習稱爲衢州。三藏寺在衢州東鄉巖頭村。

❺《比丘律藏》函題詞：「律云：毗尼藏者，佛法壽命。毗尼住世，佛法方住。毗尼此譯為律。末世僧衆，罔諳律檢，佛法衰滅，有由來矣。余鬀染而後，偏攻此部。雖未貫

徹，徹闕其指。今將掩室，念佛待死，以舊藏比丘律藏二函，付江山圖書館。數年心力，悉在於是。後之學者，當尊重珍敬焉。」

【按】大師圈點〈南山鈔記跋〉：「剃染後二年庚申，請奉東瀛古版《行事鈔記》，未遑詳研；甲子四月，供施江山。」所記，當與《比丘律藏》之贈送為一事。

❻〈書華嚴經淨行品偈後記〉：「上海黃涵之居士，以影印扶桑本《續藏經》，施三衢佛學會，卷帙之富，仞房盈閣。見者聞者，靡不歡喜踴躍，歎為希有。余以夙幸，叨預勸請之末，為寫《華嚴淨行品偈》一卷，併節錄清涼疏文，以奉居士，而報德焉。……改元後十三年歲在閼逢沙門曇昉撰。」

又據大師致黃涵之居士書云：「附奉陳者，前承惠施《續藏經》，暫存上海立達學園。此次返杭之後，立達主任夏、豐二居士，即來杭晤談。諄諄懇請，以此《續藏經》，永存立達學園。……音察其情意誠摯，不忍違拂，已允其請，並由彼致函與衢州汪居士，說明此意。請汪居士歡讚其事。照此情形，是經存置立達，似頗允妥。……附陳梗概，並鳴謝忱。」

【按】此藏經其後下落如何，今無由悉。此信載於一九二六年四月，上海《淨業月刊》。

❼致李聖章書：「居衢以來，忽忽半載。溫州諸人士屢來函，敦促朽人返彼繼續掩室，情誼殷摯，未可固辭；不久即擬啓程。行旅之費，已向蓮華寺住持借用三十元，尊處如便，布為代償。……此次赴溫，由衢經松陽、青田，較繞道杭滬稍近，約七日可達。率復不具。曇昉答　四月十七日。」

❽致李聖章書：「聖章居士丈室：昨承來旨，委悉一一。荷施資致返蓮華，感謝無盡。四月初，衢州建普利道場，朽人入城隨喜。以居室不潔，感受潮穢之氣，因發寒熱，纏綿未已，……然絕無大礙。朽人於四月十九日自衢州起行，廿五日達溫。比擬繼續掩室，一以從事休養，一以假此謝客養痾。……曇昉疏答　六月廿一日。」

❾手書《佛說八大人覺經》題記：「十三年歲在甲子五月，沙門曇昉寫。」陳伯衡（錫鈞）跋云：「民國紀元第一甲子夏五月，弘裔（曇昉）禪師寫經寄我，因付影印，以廣流傳；並願以此微因，迴向先父先母往生佛國，早證菩提。淮陰陳錫鈞敬題。」

❿致李聖章書：「聖章居士丈室：五月往普陀，參禮印光法師。六月返溫，八月將如錢塘；抵海門，乃知變亂復作。因留滯上虞、紹興者月餘。本月初旬，歸臥永寧，仍止慶福。居上虞紹興時，與同學舊侶晤談者甚衆，為寫佛號六百餘葉，普結善緣，亦希有之

勝行也。

「老友丏尊，曾撰〈序子愷漫畫集〉文，刊入《文學週報》，略記朽人近狀，附郵以奉慧覽。又佛號數葉，亦併郵呈。此未委具。十月廿三日　曇昉疏。」

⑩〈略述印光大師之盛德〉：「大師一生，於惜福一事最為注意。衣食住等，皆極簡單麤劣，力斥精美。民國十三年，余至普陀山，居七日。每日自晨至夕，皆在師房內觀察師一切行為。師每日晨食，僅粥一大碗，無菜。師自云：『初至普陀時，晨食有鹹菜，因北方人吃不慣，故改為僅食白粥，已三十餘年矣。』」

⑪王大同〈輓弘一上人〉：「十餘年前，余與徐偉居士游南海普陀，頂禮於後寺印光老法師。適弘一上人亦由甌江行錫至山，晤談兩日，暢聆法言。更蒙上人惠贈精書佛語一幅，至今留存行篋，作時時展誦也。『儒門逃出學參禪，面壁功夫勝十年。』記得印公有一語，上人行德邁前賢。』」

⑫《有部毗柰耶犯相摘記》題記：「附錄《南海寄歸內法傳》數節。又記云：『案：以上所錄，悉屬有部之說，他部譯本，或與是殊。』南山諸師撰述，亦多與此歧異。須知各有所長，未可是丹非素。而南山一派，尤深契此土機宜，慎勿固執有部之說，妄生疑謗也。歲次玄枵木槿榮月於西安蓮華寺。」

【按】玄枵爲子年，卽甲子年（一九二四），「木槿榮月」卽五月。木槿花名，五月始開，《逸周月令》云：「仲夏之月，木槿榮是也。」

⑬尤墨君《論月集》題記：「歲在甲子，講學三衢，會弘一法師亦莅斯土，相與晤對，如平生歡，蓋法師與不材同隸南社也。尋法師返甌，以近作錄成手卷見贈，都文五。茲先錄寄萍蓀先生，以實《越風》，並以示世之愛讀法師文字者。尚有簡札跋語，當再續寄。『論月』者，法師號也。丙子夏，東吳尤墨君謹識。

「手卷通體作小行楷，古媚之氣，盎然紙上，蓋法師書法原從張猛龍碑陰出。卷末附以短跋，字小如蠅頭，凄婉可誦。跋云：『歲陽閼逢，冉冉春暮，將退隱林邱，埋名長遯。手寫近作，以付玄父居士。』按：太歲在甲曰閼逢，是年甲子為建國十三年。玄父卽為不材別篆。猶憶今春晤陳伯衡先生於古越，以所藏法師各種手迹示之，先生歎為至寶。題《佛說八種長養功德經跋》，稱法師書法，可俯視隋唐，洵非過譽。手卷亦正在倩先生加題中。法師尚有致俗宗兄紹蓮居士書，擬附《論月集》後。又有《晚晴寱語》及題跋簡札，當陸續鈔付《越風》發刊，以饗讀者。二十五年歲陽柔兆孟秋之月，東吳尤墨君再識。」（以上《越風》第十九期）

【按】《越風》爲戰前之《杭州文史半月刊》，社長兼主編黃萍蓀，撰稿者多一時名流，如夏丏尊、經亨頤、姜丹書、郁達夫、弘一、馬一浮、尤墨君等。

⑭《四分律比丘戒相表記．自序》：「余於戊午七月出家落髮，其年九月受比丘戒。……是冬獲觀《毗尼珍敬錄》……未能貫通。庚申之夏，居新城貝山，假得《弘教律藏》三帙，……將掩室山中，窮研律學，乃以障緣，未遂其願。明年正月，歸臥錢塘，披尋《四分律》，並覽此土諸師之作。以戒相繁雜，記誦非易，思撮其要，列表志之。輒以私意，編錄數章，頗喜其明晰，便於初學。三月來永寧，居城下寮，讀律之暇，時綴毫露，逮至六月，草本始訖。題曰『四分律比丘戒相表記』。……爾後時復檢校，小有改定。惟條理錯雜，如治棼緒。舛駁之失，所未能免。幸冀後賢，亮其不逮，刊之從正焉。時後十三年歲在甲子八月，大慈後學演音敬書。」

⑮致劉質平〈遺囑〉：「余命終後，凡追悼會、建塔，及其他紀念之事，皆不可做。因此種事，與余無益，反失福也。倘欲做一事業與余為紀念者，乞將《四分律比丘戒相表記》，印二千冊。（以一千冊交佛學書局流通，以五百冊贈與上海內山書店存貯，以後隨意贈與日本諸居士，以五百冊分贈同人。）此書可為余出家以後最大之著作，故宜流通，以為紀念也。弘一書。」（見《弘一法師》圖版六一號墨迹）

⑯《根本說一切有部毗柰耶自行抄》題記：「歲次北陸歌栗底迦月，於永寧晚晴重治校訖。」

【按】說一切有部，小乘二十部之一，又稱「根本說一切有部」，略稱「有部」。此部主張「我空法有」，在小乘二十部中最有勢力。《大毘婆娑論》、《六足論》、《發智論》等，爲此部所奉教義。「北陸」爲子年，即甲子年（一九二四）。「歌栗底迦月」爲印度曆八月。永寧，縣名，漢晉隋改爲永嘉，即今浙江溫州。

⑰《學根本說一切有部律入門次第記》云：「昔義淨三藏法師，學於西域二十五年，該通三藏，而偏精律部。翻出有部律文十九部，百九十八卷。又別撰《內法傳》等四部七卷。譯綴之暇，曲授學徒。凡所行事，皆尚急護。漉囊滌穢，特異常倫。學侶傳行，徧於京洛。泥洹而後，斯宗遂衰，妙典無傳，琅函久錮，不其惜歟？余以夙幸，嘗預鑽仰。憂其失墜，矢願宏布。旣集《犯相摘記》一卷，《自行抄》一卷，並述斯文，錄於卷本。冀初心者，始涉有津。敢以闇短，光顯法門；振其絕緒，當復俟諸後賢矣。」

⑱致蔡冠洛書：「拙述《四分律比丘戒相表記》，今已石印流布。是書都百餘大頁，費五年之力編輯，並自書寫細楷。是屬出家比丘之戒律，在家人不宜閱覽，但亦擬贈仁者及

李居士各一册，以志紀念。開卷之時，不須研味其文義，唯賞玩其書法，則無過矣。」

⑲ 蔡冠洛〈廓爾亡言的弘一大師〉：「我和弘一法師見面，是在他將赴新登貝山掩關的一年（民國九年）。……大約是第三年吧（應是民國十三年），我在紹興第五師範教書。弘一法師從白馬湖到紹興來，同事李鴻梁、孫選青是他在杭州第一師範的學生，邀我一道到船埠去接他。船到了，一一見了面。……他這回到紹興，在城南的一角田野裏叫做草子田頭的普慶庵住了半個月。每於假日，與師泛若耶、游雲門顯聖寺，及禹陵那些名勝地，他很覺快樂。……臨別，寫佛號千紙分贈善友，下題：『願共諸衆生，往生極樂國』，因署其室曰『千佛名室』。並貽孫選青、蔡冠洛以手書篆字佛號，並錄靈峯、蓮池、印光諸師法語，隨機開導，因病與藥。下題：『歲在星紀初霜，游方會稽，晤丏因居士，為書此紙，以志遺念。晚晴沙門論月。』」

⑳ 李鴻梁〈我的老師弘一法師李叔同〉「三次紹興之行」：「弘一法師蒞紹興，先後共計三次。第一次是在一九二四年秋天。按林子青編《弘一大師年譜》中引蔡冠洛的〈廓爾亡言的弘一大師〉中說：『我和弘一法師見面是在他將赴新登貝山掩關的一年(民國九年)，大約是在第三年吧（民國十二年），我在紹興第五師範教書……』，這是不對的。因為十二年春我還在廈門集美學校教書，在那年秋季，才應紹興五中、五師之聘。翌年秋，才兼長縣女師職。所以法師第一次蒞紹是在民國十三年（一九二四），這是不會錯的。並

且我還記得，師在若耶溪上讚美過紅葉，所以是在秋天無疑。」

【按】本文作於一九六二年八月，發表於一九八三年十一月的《浙江文史資料選輯》第二十六輯。一九八八年天津古籍出版社出版的《李叔同——弘一法師》轉載。

㉑ 〈崔母往生傳〉：「十三年歲次玄枵，九月二十二日。崔母歿世，子祥鴻述其遺行，乞文傳焉。母為南皖太平孫君德甫長女，適同邑崔處士注川。處士少而窮悴，同光之際，徙居蕪湖，設肆貿易，乃漸饒盛。崔母治家勤苦，一粟一縷無虛靡。處士嘗曰：吾家致富，資於內助也。……去八年，從禹王明禪師諮稟戒法，蔬食念佛，精進之力，軼於常倫。今歲正月，神心瞢悶，殆及於危。命迎尼衆，念佛一七日，小得康損。……九月二十日，復示微疾，持誦佛號，安詳平坐，奄然從化。……春秋七十有九。子三，祥鳩、祥鵾、祥鴻。……永寧晚晴院沙門論月撰。」

㉒ 致蔡冠洛書：「爾有友人惠施《華嚴疏鈔》一部，如仁者暫不請購，可先與朽人輪換共閱此一部。因朽人所閱者僅數册，餘悉束置高閣。若與仁者共閱，俾令施主功德彌勝。曇昉疏白，冬至後二日。」蔡冠洛按：「師由是常分部寄來，閱竣寄還；又寄其餘部分。其意實緣疏鈔繁重，多則生怠倦心，故分部寄閱，輪換研究。善巧誘掖，於此可

見。」

㉓馬一浮題大師手書《梵網經》詩：「要識如來種，應觀孝順心。撥爐知有火，廢井乃無禽。毅陵惟扶律，情亡在飲鍼。毫端留舍利，萬本示叢林。弘繖大士出音上人寫《梵網經》屬題，率綴短句，甲子仲冬，湛翁。」

㉔致蔡丏因書：「丏因居士丈室：……《華嚴經疏科文》十卷，未有刻本。日本《續藏經》第八套第一册、二册，有此科文。他日希仁者至戒珠寺檢閱。疏、鈔、科三者如鼎足，不可闕一。楊（仁山）居士刻經疏，每不刻科文，厭其繁瑣，蓋未嘗詳細研審也。今屛去科文而讀疏鈔，必至茫無頭緒。北京徐（蔚如）居士刻經，悉依楊居士之成規，亦不刻科。所刻南山律宗三大部，為近百册之巨著，亦悉删其科文。朽人嘗致書苦勸，彼竟固執舊見，未肯變易，可痛慨也。十二月初三日，曇昉白。」

㉕〈校刻佛說優婆塞五戒相經箋要序〉：「《五戒相經箋要》，今有二本。金陵新刻，校點疏略，文字句讀，併多訛舛。舊刻莫審所出，較前為善，而流布者希，覓求非易。今檢《麗藏》古書，旁考大律，詳校經文，小有改訂，並分章節，指序條貫。雖於文義不無割裂，取便初學，非無益矣。別述補釋三章，錄於卷末。敢以淺學，嚮附前規。明哲儻覽，幸為研盡，備其未詳也。是歲後十三年歲次顓頊之虛。」

附：〈例言〉

一、五戒八戒，當分屬於小乘。然欲秉受戒品，應發大菩提心，未可獨善一身，偏趣寂滅。雖開遮持犯，不異聲聞，而發心起行，宜同大士。菩提心義，委如附錄靈峯文中廣明。

二、歸戒功德，經論廣讚。汎言果報，局在人天。故須勤修淨行，期生彌陀淨土。宋靈芝元照律師所云：一者入道須有始，二者期心必有終。言有始者，卽須受戒，耑志奉持。今於一切時中，對諸塵境，常憶受體。著衣喫飯，行住坐臥，語默動靜，不可暫忘也。言其終者，謂歸心淨土，決誓往生也。以五濁惡世，末法之時，惑業深纏，慣習難斷，自無道力，何由修證？故釋迦出世五十餘年，說無量法，應可度者，皆悉已度。其未度者，亦皆已作得度因緣。因緣雖多，難為造入，唯淨土法門，是修行徑路。故諸經論，偏贊淨土。佛法滅盡，唯《無量壽佛經》百年在世，十方勸贊，信不徒然。

三、受歸戒者，應於出家五衆邊受。（出家五衆者，苾芻、苾芻尼、式叉摩那、沙彌、沙彌尼）。然以從大僧受者（大僧者：苾芻、苾芻尼）為通途常例。必無其人，乃依他衆。若佛前自誓受戒者，惟菩薩戒。《梵網》、《地持》具有明文。三歸五戒，應依師受。《梵網經》云：「於佛菩薩形像前自誓受戒，當以七日佛前懺悔，得見好相便得戒。若不得好相，雖佛像前受戒，不名得戒。」《瑜伽師地論・羯磨文》云：若不會遇，具足功德，補特伽羅，爾時應對如來像前自受菩薩淨戒律儀。

四、受歸戒者，若依律制，應於師前，一一別受。其有多衆併合一時，受者蓋為難緣，非是通途之制。《有部毘柰耶雜事》云：如來大師將入涅槃，五百壯士，願受歸戒。時阿難陀——學處文，準斯明文，若無難緣，未可承用。小註：（依《成實論》及《大智度論》，皆開自受八戒。靈芝《濟緣記》云：成智二論，並開自受。文約無師，義兼緣礙。）

五、《優婆塞戒經》云：準斯而論，今人欲受戒者，當自量度。必謂力弱心怯，不堪致遠，未妨先受一分乃至四分。若不爾者，應具受持，乃可名為戒學。豈宜畏難，失其勝益也。

六、今人乞師證明受歸依者，輒稱歸依某師。俗例相承，沿效莫返，循名覈實，頗有未安。以所歸依者為僧伽，非唯歸依某師一人故。靈峯云：歸依僧者——可云歸依僧也與哉？故已受歸依者，於一切僧衆，若賢若愚，皆當尊禮為師，自稱弟子，未可驕慢，妄事分別。

七、今人受五戒已，輒爾披五條衣，手持坐具，壞濫制儀，獲罪叵測。依佛律制，必出家落髮已，乃授縵條衣。若五條衣，唯有大僧方許披服。今以白衣濫同大僧，深為未可。（《方等陀羅尼經》云：在家二衆入壇行道，着無縫三衣。無縫，即是縵條，非五衣也。

又《成實論》云：聽畜一禮懺衣，名曰鉢吒，即縵條也。）若坐具者，梵言尼師但那，舊譯作泥師壇，此云坐具，亦云臥具。唯大僧用，以襯氈席，防其污穢。此土數以禮拜，蓋出訛傳。大僧持之，猶乖聖教，況在俗衆，誖亂甚矣。（義淨三藏云：尼餘用・敷地——罪。又云牀上禮拜——安可？）

八、既受戒已，若犯上品重罪，即不可悔。若犯中品下品輕罪，悉屬可悔。宜依律制，向僧衆前，發露說罪，罪乃可滅。豈可妄談實相，輕視作法。靈峯云：說——乘道（文）。今於篇末，依有部律，酌定說罪之文。若承用時，未可鋪綴儀章，增減字句，是為聖制，不須僭易。

九、是編宗《五戒相經箋要》纂輯。（《五戒相經箋要》一卷，明靈峯蕅益大師述）學者宜先披尋《箋要》，精研其義。後取是編，對閱詳審，乃可識其源流，貫其條理。（《五戒相經箋要》，收入在家律要中，南京蘇州皆有刻本。）根本有部律文，（具云根本說一切有部，唐義淨三藏法師留學印度二十餘年，專攻此部。歸國已來，譯傳此部律文，凡廿部，二百一卷。）精確詳明，世稱「新律」。故今旁參以補訂之。至其全律，大僧乃可肄習。在家二衆，毋宜輒覽。

一〇、是編以辨明持犯戒相為主。故於異熟果報，不及表入。欲廣覽者，宜別披尋大小乘經律論，委悉其因果報應之差別。若樂簡者，可檢《梵網合註》殺等戒法中第六異熟果報門，所引《華嚴》、《十善業道》、《大乘理趣六波羅密》諸經之文，亦可識其概略。

一一、近世以來，受歸戒者，多宗華山《三歸五戒正範》，曲逗時機，是彼所長；惜其儀文，頗傷繁縟。今於篇末，依有部律錄其受法，簡捷明了，不逾數行。西土相傳，並依此法，匪曰泥古，且示一例。可用與否？願任後賢。

一二、此土自唐以後，門戶之見，日益深固。是此非彼，賢者未免。且如靈芝照律師承南山家業，昌明律學，功在萬世。惟宗《四分》、《成實》，而於《有部》、《俱舍》，詆毀屏斥，不遺餘力，竊惜其言之過失。如來在昔，常預記曰——解脫。又《文殊師利問經》，佛告文殊師利，未來我弟子。——未來起，明弘贊律師釋云如斯——勝益（文）。是編纂輯，多宗有部，世有習聞靈芝之說而滯情未融者，或致疑惑。故綴述聖典，以標證焉。

【按】〈五戒相經箋要序〉及〈例言〉十二條，係據李編《弘一大師文鈔》錄出，中多誤字，或斷句失當，無他書可校，僅能明其大意，讀者亮之。

㉖ 〈補釋〉三章：

一、引律釋文。二、立表辨相。三、別錄旁義。初引律者，凡經文脫略，譯言未融，支舉其要，引大律文以為補釋，使昭然易喻，尋覽無惑。二、立表者，犯相境想開緣，經文箋要，併有闕略。後學遲疑，莫知所擬，故綴集增補，別為圖表。初心之侶，儻有微益。三、別錄者，或引前識，或率私臆，略補其遺，趣使易了，豈曰能盡。持犯之概，差可見耳。又撰新集三皈五戒八戒法戒，自訂凡例十條，悉承有部糾俗之謫，同為一集。次年十月，夏鑑均施資印行。

一九二五年（民國十四年乙丑）　四十六歲

正月，擬移居山中（茶山寶嚴寺——慶福寺下院）。以須修葺始能居住，致書俗姪李聖章，請斟酌資助。聖章施金三十元，師奉函致謝❶。春間自溫至甬，掛褡七塔寺，舊友夏丏尊訪之，延至上虞白馬湖「春社」暫住，姜丹書於〈小傳〉曾略記其爲人與清苦生活❷。夏丏尊亦於〈子愷漫畫序〉記他們最近小聚因緣，發表於鄭振鐸主編之《文學週報》，青年們始知弘一法師其人❸。時溫州鄧寒香老居士先後致書，詢大小乘修持及斷除我執、得戒、失戒諸問題，師作書答之，引《中峯和尚語錄》及諸經論詳爲開示❹❺❻。此三封信最能代表大師生平的佛教思想與見解。四月，欲前往茶山，因感潮濕，背生癬疥，未能決定。上書寂山和尚，自謂「弟子在家時實是一個『書獃子』，未曾用意於世故人情，故一言一動與常人大異，請格外體諒」。又因寂公有「勿用師弟稱呼」之諭，乃婉轉陳情，懇求慈悲攝受，允列門牆❼。

【按】此信初版年譜，原繫於一九二四年，以信中有『弟子以師禮事慈座已將三載，何可忽爾變易？』之語，故應改爲一九二五年方合。

五月以手書《晚晴賸語》十餘篇，寄贈俗姪李聖章，並自題記以為紀念❽附。

【按】此《晚晴賸語》經四十年後，由李聖章贈予著者，已製版刊於《弘一法師》紀念集中。

師閉關城下寮時，溫州道尹林鶤翔、章宗祥，前後慕名來訪，師均稱病，未予接見❾。十月間，夜夢在白馬湖春社晤頤淵居士，見几上有白玉鏡，將鐫字其上，曰「石禪□□碑」，惟中二字，闕而不具，師以「皈佛」二字補之。醒後作〈石禪皈佛碑〉贈之❿。十一月至杭州，小住虎跑，謝客靜養⓫。時虎跑交通不便，通信均由杭州市內延定巷五號丁居士代收。以當時馬一浮埋名遯世，不欲人知，故致函蔡冠洛致意⓬。是年為希倫居士撰〈魏譯無量壽經序〉，闡述前後五譯之特色⓭。冬月，歸溫州，仍居慶福寺，手裝《普賢行願品別行本》贈蔡冠洛，並附題記⓮。

注釋

❶ 致李聖章書：「近以遷徙事，頗有所須，希仁者斟酌資助為感。正月廿八日曇昉。」

❷ 姜丹書〈弘一律師小傳〉：「上人入山後，律己至嚴，治學至勤，操行至苦。雲遊四方，恒跣足芒鞋，子然一擔。民國十四五年間，曾過甬市，掛褡七塔寺，雜遊方僧隊伍。其摯友夏丏尊請至上虞白馬湖暫住。初固辭，強而後行。時丏尊任教於『春暉中

學』，傍湖而居，見其啓擔，一敝席，草已稀疏零落，欲為易之，不可；一敝巾，本白而變灰，欲為易之，亦不可。且曰：其色雖不白，而無害於潔也，尚可用幾許年月焉。說罷便至湖邊洗冷水面。夏君心焉恤之，而無如何也。供張素食，累用香菰，却之。用豆腐，亦且却之。依其意，只許白水煮青菜，用鹽不用油耳。夏君心欲厚之，而無如何也。作客猶然，其平日之茹苦，可想而知矣。」

③夏丏尊〈子愷漫畫序〉：「新近因了某種因緣，和方外友弘一和尚聚居了好幾日。和尚未出家時，曾是國內藝術界的前輩。披鬀以後，專心念佛，見人也但勸念佛。……他這次從溫州來寧波，原預備到了南京，再往安徽九華山去的。因為江浙開戰，交通有阻，就在寧波暫止，掛褡於七塔寺。我得知就去望他。雲水堂中見了我笑容招呼，和我在板凳上坐了說：『到寧波三日了，前兩日是住在某某旅館（小旅館）裡的。』『那家旅館不十分清爽吧？』我說。『很好，臭蟲也不多，不過兩三只。主人待我非常客氣呢！』……我惘然了。繼而邀他明日同往白馬湖去小住幾日，他初說再看機會。及我堅請，他也就忻然答應了。行李很簡單，鋪蓋竟是用粉破的席子包的。到了白馬湖後，在『春社』裡替他打掃了房間，他就自己打開鋪蓋，先把那粉破的席子丁寧珍重地鋪在床上，攤開了被，再把衣服捲了幾件作枕。拿出黑而且破得不堪的毛巾走到湖邊洗面去。……他是過午不食了的，第二日未到午，我送飯和兩碗素菜去（他堅說只要一碗的，我勉強再加

了一碗），在旁坐着陪他。……我家和他寄寓的『春社』相隔有一段路。第三日，他說飯不必送去，可以自己來喫，且笑說乞食是出家人的本分的話。……一九二五年十月二十八日夜，夏丏尊在奉化江畔曙鐘聲中。」

❹

復鄧寒香書㈠：「數日前得本月初五日書，卽復一片，郵寄西門，想不得達。頃乃獲誦六月杪書，欣悉一一。所論甚是，至可感佩。大乘之人，須發菩提心。（心佛衆生，三無差別。）依是自利利他，直至成佛，圓滿菩提，乃可謂大乘人。至發心之後，處衆處獨，皆無不可。《天目中峯和尚語錄》中，曾詳言之。錄其文如下：『或問古人得旨之後，或孤峯獨宿，或垂手入廛，或兼擅化權，或單提正令，或子籌盈室，或不遇一人，或泯絕無聞，或聲喧宇宙，或親嬰世難，或身染沈痾，雖同少室之門，而各蹈世間之路者，何也？幻曰（中峯和尚，名明本，元代高僧，以曾住湖州幻住庵，自稱幻住道人。「幻曰」，卽幻住所言。——著者）：言乎同者，同悟達磨直指之真實自心也。言乎異者，異於各禀三世之幻緣業也。以報觀之，非樂寂而孤峯獨宿也，非愛鬧而入廛垂手也。擅化權而非涉異也，提正令而非專門也。雖弟子滿門，非苟合也；雖形影相弔，非絕物也。其畢世無聞，非尚隱也。其聲喧宇宙，非搆顯也。至若榮枯禍福，一本乎報緣。以金剛正眼視之，特不翅飛埃過目耳，安能動其愛憎取舍之念哉？所以龍門謂報緣虛幻，豈可强為？演祖謂「萬般存此道，一味信前緣。」苟不有至理鑒之，則不能無惑於世相之浮沉也。

《華嚴普賢行願品》卷二十二，善財童子，參德生童子、有德童女，問菩薩云何學菩薩行，修菩薩道？童子童女乃廣讚親近善知識之利益。善財童子又問：云何能於諸善知識法之中，速得圓滿，速得清淨，得不退失？答，須持菩薩戒及別解脫戒。若圓滿頭陀功德，能使二戒悉得清淨，不失善法。繼乃廣讚十二頭陀之行。其圓滿阿蘭若一段，請仁者檢閱之。夫位近等覺，尚須樂於獨處，住阿蘭若。何可謂山居辦道者為小乘人？近來屢聞世人有此謬論，可痛慨也。至語小乘之人，決不說法利他者，亦非通論。小乘律本關（揀別之說）法有十條（揀別如法不如法）。又佛稱弟子聲聞衆中，能教化有情令得聖果者，推迦留陀夷第一。律中具載彼度生之事有十三事。此外關於說法度生之事，小乘律中，屢屢見之。（比丘每日須入城市乞食。施者如請說法，隨緣教化。）茲不具引。小乘所以異於大乘者，在發心趣偏真之涅槃耳，豈有他哉！永嘉禪師謂上乘之人，行上而修中下。二乘何咎而欲不修？寧知見愛尚存，去上乘而甚遠。三受之狀固然，稱位乃僑菩薩。大乘之所不修，而復譏於小學。』以上摘錄原文。在《永嘉集》第七章。又《萬善同歸集》，亦引此文。吾人既歸信佛法，皆應發大乘心，而隨分隨力專學大乘，或兼學三乘，皆無不可。不必執定己之所修為是，而强人人必從。以根器各異，緣業不同，萬難强令一致也。」

❺ 復鄧寒香書㈠：「前日獲手書，迴環披誦，至為欣慰。承詢我執之義，略述如下：

二執
- 我執
- 法執
  - 界內
    - 分段生死
    - 惑
      - 藏初果、通見地、別初住、圓初信 斷
      - 藏四果、通已辦、別七住、圓七信 斷盡
  - 界外
    - 變易生死
    - 塵沙
    - 無明
    - 以下略

所謂我執者，即《圓覺》所云，妄認四大為有身相，六塵緣影為自心相是也。《識論》卷一，言之甚詳。請披尋《唯識心要》卷一第十七頁至廿八頁止。廿八頁中靈峯述辭，至為精確，幸詳味之。又依《大乘止觀》中所云：『若斷我執，須分別性中，止行成就。』請檢《大乘止觀釋要》卷五第五六七頁閱之。而《占察義疏》卷六第十七、十八頁靈峯疏文，即依《大乘止觀》會合。希彼此互參研尋，最易了解。此外如《靈峯宗論》第二册中，亦常常言之。並望披覽。竊謂吾人辦道，能伏我執，已甚不易，何況斷除。故蓮池大師云：『當今之世，未有能證初果者。夫初果，僅能斷見惑，已不可得，遑論其他。』徹悟禪師云：『但斷見惑，如斷四十里流，況思惑乎。故豎出三界，甚難甚難。若持名念佛，橫出三界，校之豎出者，不亦省力乎。』蕅益大師亦云：『無始妄認有己，何嘗實有己哉。或未頓悟，亦不必作意求悟。但專持淨戒，求生淨土，功深力到，現前當來，必悟無己之體。悟無己，即見佛，即成佛矣。』又云：『倘不能真心信

❻

入，亦不必別起疑情。更不必錯了承當。只深信持戒念佛，自然驀地信去。』由是觀之，吾人專修淨業者，不必如彼禪教中人，專恃己力，作意求破我執。若一心念佛，獲證三昧，我執自爾消除。較彼禪教中人專恃己力豎出三界者，其難易奚啻天淵耶？若現身三昧未成，生品不高，當來見佛聞法時，見惑卽斷。但得見彌陀，何愁不開悟。《無量壽經》四十八願中有云：『設我得佛，國中天人，若起想念貪計身者，不取正覺。』誠言如此，所宜深信。但衆生根器不一，有宜一門深入者，有應兼修他行者，所宜各自量度，未可妄效他人。隨分隨力，因病下藥，庶乎其不差耳。余比來久疏教典，未暇一一檢尋詳委奉答，姑卽所見，略述如是。」

致鄧寒香書㈢：「前承詢己得菩薩戒之人，轉變餘生，忘失本念而破重戒者，為失戒否？今檢《羯磨文》釋云：無作戒體，一發之後（無作釋義，見《梵網經釋義》，第二十五、六頁），永為佛種。縱令轉生忘失，然既無退心犯重二緣，當知戒體仍在。文準此義而推之，應失戒也。（或退菩提心，或犯重，有一卽失戒。）宋以前律宗諸師之著述，未有隻字言及持咒者，後世律學衰滅，而《毘尼日用》之書乃出。時人不察，竟以是為律學之綱維，何異執瓦礫為珠玉也？逮及我靈峯大師，窮研律學，深諳時弊，力斥用偈咒者為非律學，並謂正法漸衰，末運不振，實基於此，其說甚當。無如當時學者，皆昧於律學，固守舊見，仍復以訛傳訛。迄於今日，此風不息，是至可為痛心者也。靈峯之文，前曾呈奉仁者，乞為因弘略言其義。今值講授《毘尼日用》之時，再檢奉覽。希與因弘詳言之，俾他日不至隨波逐流，為世俗知見所淆惑也。又沙彌戒法中一則，亦同此義，並以奉覽。

乙丑閏四月廿二日　演音」

【按】以上三信，爲大師生平論學之代表作品。鄧寒香，一說卽溫州周孟由居士化名。

❼ 上寂山和尚書：「師父大人慈座：頃奉　法諭，敬悉一一。尊恙已大痊否？為念。弟子近因感受潮濕，背間生癬疥，幸用西藥擦抹，今已漸減退矣。寶嚴辦道果相宜否？現在頗難決斷，且俟將來再詳為斟酌也。（或不久須遷移他處，亦未可知也。）弟子到此以來，承唯善師兄諸事照拂，慈悲攝護，感激無既。以後恩師與唯善師兄晤面時，乞常常隨時為之諄託一切，至為深感。又弟子在家時，實是一個書獃子，未曾用意於世故人情，故一言一動與常人大異。此事亦乞恩師婉告唯善師兄，請其格外體諒而曲為之原宥也。弟子以師禮事慈座，已將三載，何可忽爾變易，伏乞慈悲攝受，允列門墻，至用感禱。承命因弘與弟子同居，護侍一切，銘感尤深。此復，祈叩慈安。弟子演音稽首，四月初九日。」

❽ 致李聖章書：「爾有友人約偕往普陀，附寄（掛號）寫稿（《晚晴賸語》）並書籍一包，

希收入。……五月七日，曇昉白。」

【附】《晚晴賸語》題記：「歲在星紀（丑年，即一九二五年）木槿榮月（即五月）將入深山，埋名遯世，檢集爻稿得十數首，始於癸亥歲晚，迄於乙丑夏首，題曰《晚晴賸語》，寫付家仲兄子聖章居士，聊記遺念。永寧晚晴院沙門曇昉。」

⑨ 丁鴻圖〈慶福戒香記〉：「師閉關（城下寮）時，溫州道尹林鵾翔來謁三四次，均以病辭不見。後溫州道尹張宗祥隻身來謁，寂公以地方長官，不敢遽辭，乃持張名片至師關房一語以故，及張某來謁。師聞言，兩頰泛赤，如有慍色，繼忽合掌連聲念『阿彌陀佛』（如覺悟在師父前不應現慍色，故合掌念佛懺悔。）垂淚曰：師父慈悲，師父慈悲，弟子出家，非謀衣食，純為了生死大事，妻子亦均拋棄，況朋友乎？乞婉言告以抱病不見客可也。張終未獲一面而去。師居慶福寺，凡家書來，輒託人於信封後批：『該本人業已他往』，均原封退還。詢以何不一為拆閱，即不回信也無妨，何苦均行退還？師答云：既經出家，便應作已死想；倘為拆閱，見家中有吉慶事，恐萌愛心；有不祥事，易引掛懷，不若退還為得也。……」

⑩ 〈石禪皈佛碑〉題記：「歲在星紀（即一九二五年）十月十六日後夜，晨鐘既鳴，余復假寐。夢在白馬湖『春社』，晤頤淵居士。几上有白玉鏡，高二寸餘，晶瑩光潔，上右稜少圓，他悉方角。居士謂將鐫字其上，曰『石禪□□碑』，隸書直寫，體近寶子（即

《爨寶子碑》，近代雲南出土晉碑——著者）；惟中二字，闕而不具。種種擬議，訖未適當。余乃勸以『皈佛』補之。居士問其義，余為釋曰：皈與歸同，回向之義。昔學孔老，今歸佛法。（按：居士昔之學，非專崇孔老者，此據夢中之言記之。）猶面東者，轉而西向。余復轉旋其身，示彼形狀。居士見之，踴躍稱善。余夢遂醒，鐘聲猶未絕也。朝曦旣上，追憶夢中形狀、語言，濡筆記之。並圖鏡形，以奉居士。夢中言狀，一切如實，未增減，冀以存其真也。」

【按】此文作者未署名。石禪爲經亨頤別號，一九三八年秋逝世。

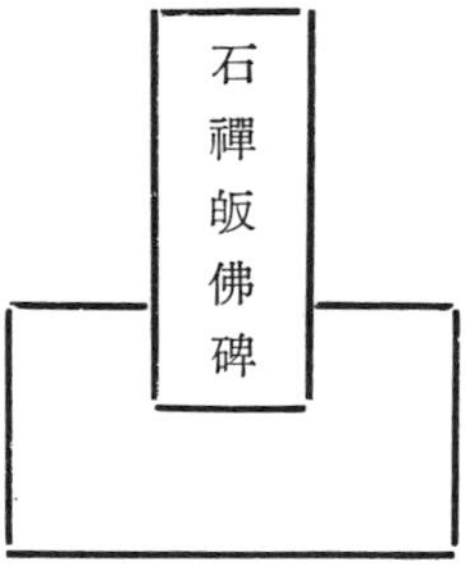

⑪ 與蔡冠洛書：「惠書誦悉。朽人今歲雲游南北，身心疲勞殊甚。於數日前歸臥虎跑，謝客靜養。仁者年前來杭，未能晤談，至為悵然。以後惠書，寄杭州延定巷五號馬一浮居士轉交，因虎跑在深山中，不通郵便也。李居士乞代達。天寒手僵，草草書此。月臂

十一月初五日。」

⑫致蔡冠洛書：「前郵明信，想達慧覽。今後通問，希寄杭州延定巷五號丁居士代收，存交朽人至善。乞勿寫馬居士名，彼埋名遯世，不欲人知。……朽人爾來謝客靜養，每一二月入城一次，便道過延定巷息足，並領取信物，以是復函每致遲遲耳，諸希諒之。明春或返溫州，為長期之掩室，冀早生安養。月臂疏　十一月十一日。」

⑬〈魏譯無量壽經序〉：「是經先後五譯，辭理小殊。以梵文非一，亦譯者意也。明代以來，雲棲專弘魏譯，靈峯獨尚唐寶積本，蓋是一往之論。宋譯簡約而詣達；漢吳二譯，各有其美，寧可偏廢。若夫南宋而後，迄于清季，會譯重治者，如王氏《大阿彌陀經》、彭氏《無量壽經》節本、魏氏《摩訶阿彌陀經》（舊稱「無量壽經」，後易今名），雖曰遣煩，實蕪正典。明識之衆，并致攻難，斯固無足述矣。爾者希倫居士寫魏譯經二卷，壁華居士倡緣弘布。預聞感德，不勝歡讚。懼初心者，或執一非餘，又昧于朱紫。因其請序，聊復示之。歲次星紀晚晴院沙門曇昉撰。」

⑭手裝《普賢行願品別行本》贈蔡冠洛。蔡氏介紹題記：「前後副葉細楷，節錄《清涼疏》、《蓮池記》、〈蕅益偈〉、〈印光序〉。題云：『太歲在析木永寧晚晴院沙門曇昉——敬錄，以貽丏因居士，願同生西方，早成佛道，普利含識。』書面題：乙丑小寒日黃昏，曇昉敬題於華藏室。」

一九二六年（民國十五年丙寅）　四十七歲

三月初六日自溫至杭，寓招賢寺，與諸師友時有晤談❶㊆。以五月將赴廬山，參加金光明法會，願朱書經文結緣，函請豐子愷集道侶數人，合贈英國製水彩顏料數瓶，俾多人得布施之福德❷。時弘傘法師發願，重釐會、修補、與校點《華嚴疏鈔》，由師一身任三務，期以二十年卒業。師謂「朽人老矣，當來恐須乞仁者賡續其業，乃可完成❸。」師自二月在溫，卽患感冒咳嗽，經醫診視，謂感冒已久，濕滯不解。故至杭後，暫居招賢寺調養。但滬上舊友聞風訪謁者多，師頗感難於應付之苦❹。五月，手書佛號贈夏丏尊❺。夏與弘傘法師至江西廬山，參加金光明法會。道出滬上，與豐子愷同訪舊居城南草堂，並參觀江灣立達學園❻，應請至閘北世界佛教居士林，開示《在家律要》，由尤惜陰居士筆記❼。至廬山，初居牯嶺大林寺。八月移居五老峯後之青蓮寺❽。九月寫《華嚴經十廻向品·初廻向章》寄上海蔡丏因居士，屬其付印流通。自許此經是他此生最精工之作❾。時又手書佛號贈日本竹內居士，並爲題記❿⓫。十月中旬自廬山回杭⓬。十一月大雪節後，致書巴黎俗姪李麟玉，報告今年行踪，並約他明年回國時，到杭晤談⓭。臘月，寫贈蔡冠洛《華嚴經》禮誦日課一幅，敎他禮誦華嚴方法，定爲日課，至爲親切丁寧，並勸他於二月十五日佛涅槃日作爲始課，冀其紹隆佛種，擔荷大法，具見師之悲心深切⑭。

注釋

❶ 致蔡冠洛書：「初六日來杭，寓招賢寺。數日以來，與諸師友時有晤談。自廿五日（立夏日）始，方便掩室，不見賓客。〔華嚴〕疏鈔二十九冊、印一方，乞收入。……曇昉疏三月廿二日。」

㊈ 致汪夢空明片：「書悉。在招賢見客之事，甚不願破其例。擬于後天即初九日午前九點鐘，在西泠印社（潛泉附近）晤談。如初九日臨時大雨，乞改初十日（亦九點鐘，若小雨不改）。此次晤談事，乞勿告他人至要。五月初七晨，曇昉白。」（見一九九〇年八月十二日《黃山日報・汪仁齋・弘一法師的兩幀墨迹》）

【按】師到杭小住虎跑寺係一九二五年冬月。五月未見有到杭記載。有之係一九二六年春夏之間，且居裡湖招賢寺，故有「在招賢見客」之語。此明片暫附于此。

❷ 豐子愷〈法味〉：「暮春的有一天，弘一師從杭州招賢寺寄來了一張郵片說：『近從溫州來杭，承招賢老人慇懃相留，年內或不復他適。』……過了幾天，弘一師又從杭州來信，大略說：『音出月擬赴江西廬山金光明會參與道場，願手寫經文三百葉分送各施

主。經文須用朱書，舊有朱色不敷應用，願仁者集道侶數人，合贈英國製水彩顏料Vermilion數瓶。』末又云：『欲數人合贈者，俾多人得布施之福德也。』」

❸ 致蔡冠洛書：「……近與傘法師發願重釐會修補（妙明會本後有人刪節，甚至上下文義不相銜接。《龍藏》仍其誤，今流通本又仍《龍藏》之誤。以上據徐蔚如居士考訂之說。）校點《華嚴疏鈔》。傘法師願任外護，並排版流布之事。朽人一身任『釐會』、『修補』、『校點』諸務，期以二十年卒業。先科文十卷，次懸談，次疏鈔正文。朽人老矣，當來恐須乞仁者賡續其業，乃可完成也。此事須秋暮自廬山返杭後，再與傘師詳酌；若決定編印，尚須約仁者來杭面談一切。」

❹ 致蔡冠洛書：「兩獲手書，歡慰無盡。二月下旬在溫州時，患感冒咳嗽，至今未能復元。前日乞周子叙居士診視，彼云感冒已久，濕滯不解；又以咳久傷肺損脾云云。今擬暫居招賢調養。弘傘師照護一切，甚為周到。不久當可痊癒，希釋懷念。草略奉復，不具。四月初七，曇昉。」

又云：「上月廿五日始，本已謝客，因為舊友自滬上專誠訪謁者，弘傘師不忍謝絕，特為商酌，晤談一次。其後有人聞風訪謁者，亦悉接見。近頗苦於繁瑣，擬不日仍申舊例，一概不見。昔在溫時，固如是也。尊處如有人欲來杭訪問者，乞為婉詞致意。若有要事，可以通信，與面談無以異也。（附白）」

❺ 書贈夏丏尊佛號題記：「歲在丙寅木槿榮月，時居西湖招賢華嚴閣，晚晴沙門曇昉書。」

❻ 豐子愷〈法味〉：「有一天早晨，忽然一箇住在隔壁的學生張皇地上樓來，說『門外有兩箇和尚在尋豐先生，其一箇樣子好像是照相上見過的李叔同先生。』我下樓一看，果然是弘一、弘傘兩法師立在門口。就延他們上樓。……問得他們是前天到上海的，現寓大南門靈山寺，要等江西來信，然後決定動身赴盧山的日期。……這一次他（弘一法師）來上海，因為江西的信沒有到，客居無事；靈山寺地點又在小南門，離金洞橋很近；還有，他曉得大南門有一處講經念佛的地方叫做超塵精舍，也想去看看，就於來訪我的前一天步行到大南門一帶去尋訪。跑了許久，總找不到超塵精舍。他只得改道訪城南草堂去。那裏曉得，城南草堂的門外，就掛著超塵精舍的匾額，而所謂超塵精舍，正設在城南草堂裏面！進內一看，裝修一如舊時。……從前他母親所居的房間，現在已供著佛像，有僧人在那裏做課了。……弘一師講到這時候，好像興奮得很說：『真是奇緣，那時候我真有無窮的感觸啊！』

「這下午談到四點鐘，我們引他們去參觀（立達）學園，又看了他所贈的《續藏經》。五點鐘送他們上車返靈山寺，又約定明晨由我們去訪，同去看城南草堂。

「翌晨九點鐘模樣，我偕W君、C君同到靈山寺見弘一師。……他就換上草鞋，一手挾了照例一箇灰色的小手巾包，一手拏了一頂兩隻角已經脫落的蝙蝠傘，陪我們看城南草堂去。走到了那地方，他一一指示我們。那裏是濱，那裏是橋、樹，那裏是他當時進出慣走的路。……這一天我看了城南草堂，感到人生的無常的悲哀與緣法的不可思議。」

❼

《在家律要》：「凡初發心人，既受三皈依，應續受五戒。倘自審一時不能全受者，即先受四戒三戒，乃至僅受一二戒，都可。在家居士，既聞法有素，知自行檢點，嚴自約束，不蹈非禮，不敢輕率妄行，則殺生、邪婬、大妄語、飲酒之四戒，或不可犯。惟有在社會上辦事之人，欲不破盜戒，為最不容易事。例如與人合買地皮房產，與人合做生意，報稅納捐時，未免有以多數報少數之事。因數人合夥，欲實報，則人以為愚，或為股東所反對者有之。又不知而犯，與明知違背法律而故犯之事，如信中夾附鈔票，與手寫函件取巧掩藏，當印刷物寄，均犯盜稅之罪。凡非與而取，及法律所不許，而取巧不納，皆有盜取之心迹，及盜取之行為，皆結盜罪。非但銀錢出入上，當嚴淨其心，即微而至於一草一木，寸紙尺線，必須先向物主明白請求，得彼允許，而後可以使用。不待許可而取用，不曾問明而擅動，皆有『不與而取』之心迹，皆犯盜取盜用之行為，皆結盜罪。」（龐契誠居士啓請，無相速記。）（文載一九二七年四月出版之《世界佛教居士林林刊》第十七期）

【按】尤惜陰居士，時號「無相學人」。

❽ 致蔡冠洛書：「……復函乞寄牯嶺青蓮寺，昨日移居於此。八月十日，月臂。」

❾ 蔡冠洛〈廓爾亡言的弘一大師〉：「法師書法極有工力，上規秦漢篆隸，而天發神讖、張猛龍、龍門二十品諸碑，更是法乳所在。但出家以後，漸漸脫去模擬形迹，也不寫別的文字，只寫佛經、佛號、法語。晚年把《華嚴經》的偈句，集成楹聯三百。有人請他寫字，總是寫著這些聯語和偈句的。用筆更來得自然，於南派為近。但以前學北碑的功夫，終不可掩，因之愈增其美了。據他自己說：生平寫經寫得最精工的，要算十五年在廬山牯嶺青蓮寺所寫的《華嚴經十迴向品・初迴向章》，含宏敦厚，饒有道氣，比之黃庭。太虛法師也推為近數十年來僧人寫經之冠。法師寄來時也極珍重，信上說：『此經如石印時，乞敦囑石印局萬不可將原稿污損，須格外留意，其籤條乞仁者書寫。』後來《華嚴集聯三百》印成，來信又說：——『邇來目力大衰，近書《華嚴集聯》，體兼行楷，未能工整。昔為仁者所書《華嚴・初迴向章》，應是此生最精工之作，其後無能為矣。』」

❿ 手書《地藏經見聞利益品》跋：「歲次析木江州匡山寺沙門月臂書。」

⑪ 手書佛號贈日本竹內居士題記（計兩紙）：「歲在析木寒露後八日微雪，修葺華嚴堂成，研朱書佛名並寫經偈，江州匡山寺沙門月臂。又一紙題曰：『丙寅九月二十日，書《大方廣佛華嚴經十迴向品・初迴向章》竟，寒夜篝燈，並寫此紙。』」

⑫ 致蔡丏因函中有「十七、八日下山返杭」之語——十月十四日。

⑬ 致巴黎俗姪李麟玉書（明信片）：「自巴黎發來之函，前日披誦，欣悉一一。夏間寄至溫州之函，因輾轉郵遞，已過時日，故未奉復。朽人今年三月至杭州，六月往江西牯嶺，本月初旬乃返杭州，現居虎跑過冬。明年往何處尚未定。仁者於明年到上海時，乞向江灣立達學園豐子愷君處，詢問朽人之居址至妥。倘朽人其時謝客，亦可在他處約談。當於明年三月寫一信預存豐君處。仁者至彼處，即可索閱也，倘豐君不在校，乞問其他職員亦可。以後通信，乞寄杭州延定巷五號馬一浮居士轉交至妥。天寒手僵，草草書此。十一月初五日，舊大雪節後一日，演音。」

【按】李麟玉爲李聖章之名。原信寄至法國巴黎，後轉至里昂中法研究院。

⑭ 致蔡丏因書：「示悉。華嚴經禮誦日課一幅，寄蔡冠洛。中硃書篆字兩行『大方廣佛華嚴經，華嚴海會佛菩薩』十四字。兩旁小楷為香讚、三皈依、讚佛偈誦，別行普賢行願

品、誦經文及隨州遂法師禮誦迴向偈。又函云：每日讀華嚴一卷之外，並可以己意別選數品深契己機者，作為常課，常常讀誦。朽人讀華嚴日課一卷以外，又奉行願品別行一卷為日課，依此發願，又別寫錄淨行品、十願品、十迴向品初迴向及第十迴向章，作為常課。每三四日或五六日，輪誦一遍，附記其法，以備參考。又云：仁者禮誦華嚴，於明年二月十五日，卽釋迦牟尼佛涅槃日始課，最為適宜。……自是日始課者，紹隆佛種，擔荷大法義也。仁者勉旃！月臂疏，十二月十一日。」

一九二七年（民國十六年丁卯）　四十八歲

是年春，閉關杭州雲居山常寂光寺（寺爲近代禪宗老宿微軍和尚所創建。微軍潮州人，曾任揚州高旻寺首座）。二月，陳嘉庚胞弟陳敬賢居士過談，請求開示，所言皆禪理❶。時北伐初成，政局未定，青年用事，唱滅佛之議，且有驅僧之說。師乃函告友人堵申甫居士，謂：「余爲護持三寶，定明日出關。」囑爲照所附致之名單，先爲約定往寺會談。其名中所列者，即爲當日主政之最劇烈者若干人。師先備墨妙若干紙，人贈一紙。各自默視其所交之字條，靜默不言，中有甚至慚汗溢於面部者，師亦終席不發一言，因此滅佛之議遂寢❷。三月十七日，致書浙省當局舊師蔡孑民（元培）、舊友經子淵（亨頤）、馬夷初（敍倫）、朱少卿（兆莘，時任浙江教育廳長），貢獻整頓佛教意見，並推薦太虛、弘傘二法師爲委員，參加整頓佛教。此書可代表他對當時佛教新舊二派之主張❸。春間在常寂光寺編錄《梵網經古迹記科表》❹。是年師在俗所作歌曲十餘種，由裘夢痕、豐子愷編入《中文名歌五十曲》。計有朝陽、憶兒時、月、送別、落花、幽居、天風、早秋、春遊、西湖、夢、悲秋、晚鐘等，由上海開明書店出版，豐子愷作序❺。三月，俗姪李聖章（麟玉）自法回國，擬赴杭奉訪，師致書詳告到常寂光寺交通住宿事項，至爲親切❻。四月，李聖章謁師於常寂光寺，住九日，於西泠印社小龍泓洞合影而別❼。同月下旬，致書弘傘法師，以今春以來，老病纏綿，身心衰弱，日恒思眠，有如八九十老翁。論讀《華嚴》方法，謂《華嚴疏鈔》法法具足，如一部「佛學大辭典」，若能精研此書，於各宗奧義皆能通達❽。七月，移居靈隱寺後之本來寺，李石曾（煜瀛）往訪，爲跋其手書《梵網經》：謂「余不曾學佛，然於其教理則敬慕久矣❾。」秋八月，仲兄李文熙桐岡六十華甲之慶，師欲返津祝壽；至滬後，因津浦鐵路發生戰事，未果行❿。八月二十日，其仲兄桐岡致書，殷勤勸師回津一行，與親友相聚，並滙金百元以爲旅費⓫。返津未成，暫居江灣學生豐子愷家。豐氏因與夏丏尊、內山完造（日本書商）、葉紹鈞（聖陶）、周予同、李石岑等，宴請大師於功德林素食館。飯後並隨師同訪印光法師於太平寺。後來葉紹鈞寫了一篇〈兩法師〉，就是描述這一次宴請弘一法師及同訪印光法師的情況⓬。十月一日，早年天涯四友重聚於滬上，因重寫影留念，由師親自題記⓭。同月書佛眼遠禪師禪偈贈夏丏尊⓮。是年屬李鴻梁繪普賢、文殊二菩薩像，並屬姜丹書布彩，自題菩薩名號，由上海佛學書局影印流通。蔡丏因附記⓯。

注釋

❶〈記陳敬賢居士軼事〉：「十六年丁卯二月，余在杭州雲居山（一稱吳山）常寂光寺，敬賢居士過談，所言皆禪理。余勗以淨土法門，未能契也。」

❷姜丹書〈弘一律師小傳〉：「民國十六年春，杭州政局初變，青年用事，銳氣甚盛，已唱滅佛之議，欲毀其像，收其宇，勒令僧尼相配。是時，上人適卓錫於吳山常寂光寺，倩居士堵申甫轉邀青年主政之劇烈者若干人，往寺會談。談言微中，默化潛移；先備勸誡墨妙若干紙，人贈一紙，來人未足豫約之數，而紙數適符，若有前知者。此數子中，固有舊日門生，其最劇烈某君，出寺門而嘆曰：今方重襲禦寒，何來浹背之汗耶？因此，滅佛之議遂寢。」

❸致浙省當局蔡子民等函：「舊師子民、舊友子淵、夷初、少卿諸居士同鑒：昨有友人來，謂仁等已至杭州建設一切,至為歡慰。又聞　子師在青年會演說,對於出家僧衆，有未能滿意之處。但　仁等於出家人中之情形，恐有隔膜。將來整頓之時，或未能一一允當。鄙擬請　仁等另請僧衆二人為委員,專任整頓僧衆之事。凡一切規劃，皆與　仁等商酌而行，似較妥善。此委員二人，據鄙意　願推薦太虛法師及弘傘法師任之。此二人皆英年有為，膽識過人，前年曾往日本考察一切，富於新思想，久負改革僧制之宏願，故任彼二人為委員，最為適當也。至將來如何辦法，統乞　仁等與彼協商。對於服務社會之一派，如何盡力提倡（此是新派）；對於山林辦道之一派，應如何盡力保護（此是舊派，但此派必不可廢）；對於既不能服務社會，又不能辦道山林之一流僧衆，應如何處置；對於應赴一派（即專作經懺者），應如何處置；對於受戒之時，應如何嚴加限制？如是等種

種問題，皆乞　仁等仔細斟酌，妥為辦理。俾佛門興盛，佛法昌明，則幸甚矣。此事先由浙江一省辦起，然後徧及全國，謹陳拙見，諸乞垂察。不具。弘一，三月十七日。」

❹《梵網經古迹記科表》題記：「十六年丁卯春，住杭州雲居山常寂光寺編錄。二十二年癸酉九月手裝，時住晉水尊勝禪院，甲戌九月補題，弘一。」

❺豐子愷〈中文名歌五十曲序〉：「我們把平時所諷詠而憧憬的歌曲，纂集起來，成這册子。這册子裏所收的曲，大半是西洋的 Most Popular 的名曲。曲上的歌，主要的是李叔同先生——即現在杭州大慈山僧弘一法師——所作或配的。我們選歌曲的標準，對於曲要求其旋律的正大與美麗；對於歌要求詩歌與音樂的融合，西洋名曲之傳誦於全世界者，都有那樣好的旋律。李先生有深大的心靈，又兼備文才與樂才。據我們所知，中國作曲作歌的只有李先生一人。……一九二七年綠陰時節，夢痕、子愷合識於立達學園。」

❻與俗姪李聖章書：「聖章居士：前獲來書，具悉一一。朽人現住杭州清波門內四宜亭常寂光寺。如乘火車抵杭州，天尚未黃昏者，乞喚人力車至清波門內四宜亭（車價至多小洋三角）。如抵杭州已黃昏者，乞在旅館一宿，明日喚車來此。將來到杭州時，以住常寂光寺為宜。一者費用少，二者清潔寂靜，可以安眠也。餘面談。弘一，舊三月廿八日。」

❼與聖章居士合影題詞：「歲在大辰四月，仲兄子聖章居士來錢塘，同攝此影。沙門勝臂

記。」

❽

與弘傘法師論華嚴書：「傘師慈鑒：惠書敬悉。去冬本有撰述歌譜之願，乃今春以來，老病纏緜，身心衰弱，手顫眼花，臂痛不易擧，日恆思眠，有如八九十老翁，故此事只可從緩。承惠日書三册，其中《讚歌》二册敬受，且俟他年恢復康健時，當試為之。《薄伽梵歌》，無有需用，謹寄返。又新刻《華嚴經傳記》一册，「校勘表」四分，並奉上，乞收入。重編《華嚴疏鈔》，已由徐蔚如著手，計科文十卷，先刊經疏百二十卷。（疏鈔別行鈔）九十卷，經科數卷（專由疏中摘出判經之科），《別行疏》二卷（卽行願末卷去鈔存疏）。新編之書，以清涼一人之撰述為限，刊資久已集就。此事決定可以實行。仁者聞之，當甚讚喜。音近來備受痛苦，而道念亦因之增進。佛稱八苦為八師，誠確論也。不久擬閉關用功，謝絕一切緣務。以後如有緇素諸友詢問音之近況者，乞以『雖存若歿』四字答之，不再通信及晤面矣。音近數年來頗致力於《華嚴疏鈔》，此書法法具足，如一部佛學大辭典。若能精研此書，於各宗奧義皆能通達，（凡小乘論、律、三論、法相、天台、禪、淨土等，無不具足。）仁者暇時，幸悉心而翫索焉。謹復，順頌法安。音和南，四月廿八日。

「徐（蔚如）居士說讀《華嚴經》法，讀唐譯至五十九卷《離世間品》畢，應接讀貞元譯《行願品》四十卷，共九十九卷。

「應日誦者為淨行品、向明品、賢首品、初發心功德品、如來出現品及行願品末卷。又十行品、十回向初十之二章。又及。」

❾ 李石曾弘一法師手書《梵網經》題記：「弘一法師，別來十餘年。數訪於玉泉、招賢兩寺不遇。本月九日得弘傘法師陪往見於本來寺暢談，並得兩師贈以佛學書多種。余不曾學佛，然於其教理則敬慕久矣。……今承弘傘上人出此囑題，敬誌數語如此。民國十六年七月十一日石曾李煜瀛。」

❿ 致蔡冠洛書：「初三日赴滬，卽往天津一行，不久擬再返溫州。……勝臂疏，八月三十日。」（按：俗兄桐岡，長師十二歲，故是年爲華甲。憶姜丹書曾撰文發表於《覺有情》，回憶是年之事，謂師至滬後，友人曾宴請於上海壽聖庵，後以津浦路發生戰事，未果行。——著者。）

⓫ 天津仲兄李桐岡家書：「三弟如晤：獲讀手書，得悉弟有意返津，欣慰之至。茲特郵滙去大洋壹佰元，望查收後，趁此天氣平和，交通無阻，卽刻起身回家，不必游移，是為至要。至居住日期及衣服，謝絕親友等項事，悉聽弟便。再赴津船名，起身前務必先來信為要。專此卽問近好。兄桐岡手肅，八月二十日。

「再彼時收弟信時，適麟璽（卽李晉章）兒、叔謙女在座。余云：『汝叔有意回家，事極可快，惜需款甚鉅，余一時手頭拮据，奈何奈何！家中經準姪喜事，已借貸千餘元尚未彌補，一時無款。』麟璽一聞而雀躍曰：『兒願籌此款！』四姑（卽叔謙）亦贊成，擬湊百元。惟未知由杭至津二人旅費足用否？遂與麟玉兒去信，回信云二人旅費，由杭至津七十元已足用，百元尚有餘。伊亦願加入拼湊等語。此等小事，本不必令弟知之。但兒女輩體親之心，盼叔返津相見之切，聊表孝心，亦可愛也。錄之以博一粲。萬望俯念其誠，勿負其意是盼，又及。」

【按】此信係夾在寄存於蔡丏因嘉興濮院可園的經籍中。發信地點爲「天津河東山西會館南李綎」，收信人爲「杭州招賢寺弘傘大師轉交」，據蔡丏因手稿錄出，原函未見。

李筱樓有三子，長子早逝。桐岡排行第二，大師爲第三，故信中稱「三弟」。準姪卽李準，爲大師在俗長子。麟璽卽李晉章，爲桐岡之次子，四姑名叔謙，桐岡之女。麟玉卽李聖章，桐岡長子。

⑫葉紹鈞〈兩法師〉：「……在到功德林去會見弘一法師的路上，懷著似乎從來不曾有過的潔淨的心情；也可以說帶著渴望，不過與希冀看一齣著名的電影劇等的渴望並不一樣。……走上功德林的扶梯……丏尊先生給我介紹之後，教我坐在弘一法師側邊。……晴秋的午前的時光在恬然靜默中經過，覺得有難言之美。……

「飯後，他說約定了去見印光法師，誰願意去可同去。印光法師這名字知道得很久了。並且見過他的文鈔，是現代淨土宗的大師，自然也想見一見。同去者七八人。……到新闊路太平寺……弘一法師從包袱裏取出一件大袖的僧衣來，恭而敬之地穿上，眉宇間異常地靜默。……弘一法師頭一箇跨進去時，便對這（印光）和尚屈膝拜伏，動作嚴謹且安詳。……於是弘一法師又屈膝拜伏，辭別。……弘一法師就要回到江灣子愷先生的家裏。石岑先生，予同先生和我便向他告別。……一九二七年十月八日作畢。」（原載李石岑主編之《民鐸雜誌》，曹聚仁編入《散文甲選》，一九三五年葉氏編入《未厭居習作》，並選爲開明書店「活葉文選」。）

⑬〈天涯四友寫影題記〉：「余來滬上，明年歲在庚子，共寶山蔡小香、袁仲濂、江陰張小樓、雲間許幻園諸子，結為天涯五友，並於寶記像室寫影一幀。爾來二十有八年矣。重游申瀆，小居江灣緣緣堂。蔡子時已殂化，惟袁、張、許子猶數過談，樂說往事。乃復相偕寫影於寶記像室。是時改元後十六年丁卯十月一日。

「袁子年五十四，張子年五十一，許子五十，余四十八。寫影自右，依齒序焉。無著道人。」

【按】此寫影，袁仲濂曾宣佈爲交際博士黃警頑借去遺失（見初版年譜一九二八年條）。一九四八年，余因大師舊友毛子堅居士之介紹，於上海南市救火會張國樑先生處見之，因急將題記錄存。該寫影今則不知仍在人間否耶？

⑭ 手書禪偈贈夏丏尊題記：「聾人也唱胡笳曲，好惡高低自不聞。　佛眼遠禪師句。歲次大辰十月，丏尊居士囑書，智幢。」

【按】佛眼禪師爲宋五祖法演門下三佛（佛果克勤、佛鑑惠勤、佛眼清遠）之一，亦稱龍門清遠。

⑮ 蔡丏因附記：「是年囑李鴻梁繪普賢、文殊二菩薩像，並囑姜丹書布彩，師自題菩薩名號，由上海佛學書局影印流通。」

一九二八年（民國十七年戊辰）　四十九歲

正月在溫州，致書蔡丏因論《往生論註》及《華嚴疏鈔》，引楊仁山居士謂修淨業者須窮研「三經一論」，論即《往生論》也。鸞法師注至爲精妙。又謂「若欲窮研華嚴，於《清涼疏鈔》外，復應讀唐智儼《搜玄記》及賢首《探玄記》❶。」閏二月，復致書蔡丏因，謂「爾將移居大羅山，明歲若往嘉杭，當與仁者晤談」❷。五月於大羅山，誅茆宴坐，馬一浮居士致書道念，託林同莊奉贈嘉興無病居士遺書——《清涼疏鈔》一部，並問其何時復還錫杭州❸。秋自溫至滬，與豐子愷、李圓淨商《護生畫集》編輯工作❹。九月居江灣豐子愷家，二十日爲師壽辰，豐君請說皈依，遂於樓下披霞娜（Piano）旁皈依佛法，取法名嬰行❺。聞黃幼希居士校定《華嚴疏鈔》，致書讚歎，自謂亦久有此志，但衰老日甚，無能爲力耳❻。在滬時曾與蔣竹莊（維喬）居士同聽應慈法師講《華嚴經》於清涼寺❼。冬月，舊友尤惜陰與謝國樑（寂雲）二居士發願相約赴暹羅（泰國）弘法。大師訪於客寓，忽動遠遊之念，因同船南行❽。船到厦門，受到陳敬賢居士招待，並介紹他到南普陀寺去住，認識了性願老法師及芝峯、大醒法師等，留他小住，尤謝二居士旋乘原船赴暹，師即至南安小雪峯寺度歲❾。是冬劉質平、夏丏尊、經亨頤、豐子愷諸友生，以是時政府有毀寺之議，乃醵資爲築常住之所於上虞白馬湖，顏曰：「晚晴山房」⑩。師在南安雪峯寺時，雖在客中，亦不忘律儀之整肅。曾書「座右銘」四句以自勗⑪。

注釋

❶ 致蔡丏因書：「丏因居士丈室：兩書誦悉。《懸談》八冊，昨夕亦齋至。今郵奉疏鈔十一冊，又《往生論註》一冊，亦併假與仁者研尋。楊仁山居士謂修淨業者須窮研三經一論，論即《往生論》也。鸞法師注至為精妙。楊居士謂支那蓮宗著述，以是為巨擘矣。附奉上《行願品》一冊，敬贈與仁者讀誦，並希檢受。《華嚴懸談》，文字古拙，頗有未易了解處，宜參閱宋鮮演《華嚴玄談供擇》，（共六卷，初卷佚失，今存五卷，收入《續藏經》中。）及元普瑞《華嚴懸談會玄記》。（四十卷，常州刻經處刊行，共十冊。）反覆研味，乃能明瞭。仁者若欲窮研華嚴，於《清涼疏鈔》外，復應讀唐智儼《搜玄記》（共五卷，每卷分本末，第四卷之中已佚失，此殘本，今收入《續藏經》中。）及賢首《探玄記》，（二十卷，金陵刻經處刊行，共三十冊。徐蔚如釐會。）《清涼疏鈔》多宗賢首遺軌，賢首復承智儼之學脈，師資綿續，先後一揆。三師撰述，並傳世間，各有所長，寧可偏廢。乃或故為軒輊，謂其青出於藍。尋繹斯言，蓋非通論。前賢創作者難，後賢依據成章，發揮光大，亦惟是纘其遺緒耳，豈果有踰於前賢者耶？至若《慧苑刊定記》，（共十五卷，第

六第七佚失，此殘本今收入《續藏經》中。）反戾師承，別闢徑路，賢宗諸德並致攻難。然亦未妨虛懷翫索，異義互陳，並資顯發，豈必深惡而痛絶耶？春寒甚厲，手僵墨凝，言豈盡意？曇昉疏答。正月十四日。今後郵寄書籍，乞包以堅固之紙數層，外以堅固之麻繩束縛穩牢。因由紹至溫，須數易舟車，包紙易致破碎，麻繩亦易磨斷。附白。」

❷致蔡丙因書：「丙因居士丈室：昔奉惠書，忻悉一一。今乞孫居士齋拙書石印本數種，布受。爾將移居大羅山。明歲若往嘉杭，當與仁者晤談。不具一一。閏二月二十一日，演音疏。」

【按】師同日致書孫選青云：「今日下午，移居大羅山伏虎庵。以後惠函，仍寄慶福寺……。演音疏，閏月二十一日。」

❸馬一浮致弘一法師書：「別遂經歲，俗中擾擾不可言。伏維道體安隱，少病少惱。前累蒙惠寄法書，時出展對，如仰身雲，蹔可慰念。去月李榮祥居士見寄 尊撰《五戒相經箋要》三十部，已分贈所知，並感垂誘之切，敬謝無量。曩時奉對，曾謂欲得《清涼疏鈔》一部，今嘉興陸序茲願以其父無病居士遺書奉贈，謹託同莊為致之，至時希命侍者賜答。有人言：師近入大羅山，誅茆宴坐，未審然否？何時復還錫杭州，兼望示及，不

具。論月大師座下，馬一浮和南，戊辰五月十日。」

【按】大羅山在溫州東南，一名泉山，有庵曰伏虎庵。其一支脈曰茶山，有寺曰寶嚴寺。

❹ 馬一浮〈護生畫集序〉：「月臂大師與豐君子愷、李君圓淨，並深解藝術，知畫是心，因有《護生畫集》之製。子愷製畫，圓淨撰集，而月臂為之書。三人者蓋夙同誓願，假善巧以寄其惻怛；將憑茲慈力，消彼獷心，可謂緣起無礙，以畫說法者矣。……月臂書來，屬綴一言，遂不辭葛藤而為之識。戊辰秋七月　蠲叟書。」

❺ 豐子愷致弘一法師書：「弘一法師座下：今日為法師六十壽辰，弟子敬繪《續護生畫集》一冊，計六十幅，於今日起草完竣。……憶十餘年前在江灣寓樓，得侍左右，欣逢法師壽辰，越六日為弟子生日，於樓下披霞娜（Piano）旁皈依佛法，多蒙開示，情景憬然在目。……民國廿八年古曆九月二十日。弟子豐嬰行頂禮。」

❻ 致黃幼希書：「不晤倏已十載。近聞仁者校定《華嚴疏鈔》，至用歡讚。朽人亦久有此志，但衰老日甚，無能為力耳。前所校點《玄談》，亦僅自備披覽，中多譌闕，且未及與《大正藏》本對校，簡陋殊無足觀，故不奉寄。……蔣竹莊居士，乞代致候。十年前，曾在清涼寺同聽華嚴經，想尚憶記否？謹陳不宣。……廿七年除夕前二日弘一。」

❼蔣竹莊〈晚晴老人遺牘集序〉：「弘一法師，以名士出家，鑽研律部，間有著述，發揮南山奧義，精博絕倫，海內宗之。……回憶戊辰己巳間，上海清涼寺請應慈老法師宣講華嚴經，余恒往列席。某日有一山僧翩然戾止，體貌清癯，風神朗逸，余心異之；但在法筵，未便通話。歸而默念，莫非弘一法師乎？既而會中有認識法師者，告我曰是也。余擬於散會時邀之談話，而法師已飄然長往矣。……」

❽陳海量〈記寂雲禪師兼懷晚晴老人〉：「寂雲禪師，俗姓謝，名國樑，號仁齋。早歲留學日本，習法政，返國後，服官東三省。……一日，遇異僧於途。僧告之曰：我與爾前生是道友，特來度爾。……師大駭，即日茹素，從弘一大師學。……雪行居士號惜陰，無錫人。著有《談因》、《法味》等書。……居士與寂雲師殊投契。同願赴暹，在滬候輪。適弘一大師行脚經滬，晤於客寓。大師曰：『兩居士收拾行李到何處去？』二人謹答：『弟子等到暹羅教化去，明天動身。』大師欣然曰：『好得很，明天我也同你們去。』翌日，遂下輪，結伴南行。同行者尚有一居士，時民國十七年戊辰冬日也。」

【按】寂雲爲浙江天台謝國樑居士出家後法名，號瑞幢，一九三〇年在厦禮轉逢和尚爲師。一九三一年求戒南京寶華山，與巨贊、奧僧照空同戒。抗戰前結茅終南山，抗日軍興，乃攜鉢入川。居樂山，改名了心，號農禪，農園自給。時與馬一浮、楊樵谷爲友。著有《農禪詩鈔》。一九五六年致書巨贊法師，欲往北京參學未果。

尤惜陰，名秉彝，字雪行，別號皈僧，或作無相道人，江蘇無錫人。早歲與師同事於上海《太平洋報》，中年至杭州虎跑寺皈依三寶，法名演本，號弘如。晚年至南洋從德玉上人披鬀。弘法馬來西亞，卓錫金馬崙三寶寺，一九五七年示寂，壽八十五。

⑨〈南閩十年之夢影〉：「我第一回到閩南來，是在民國十七年十一月的時候，起初我是從溫州來上海的。因為我以前一鼎在溫州，在那邊也住得很久，差不多也有十年的光景。這一回由溫州到上海，是為著甚麼事情呢？因為關於編輯《護生畫集》的事，所以到上海來商量一切。到了十一月底，《護生畫集》已編輯好了。那時我有一位舊時很要好的朋友，名尤惜陰居士，聽說他也在上海，於是我很想去看他一看。有一天的下午，我去看尤惜陰居士了。居士說起他要到暹羅國去，於第二天的早晨卽要動身的。我聽到之後，登時覺得很歡喜，於是也想和他一同去。……要到暹羅國去，中間是須經過厦門的。所以我們的到厦門來，是無意中來的。於十二月初，卽到厦門了。那時我們得着陳敬賢居士的招待，也曾在他們的樓上喫過午飯。

「以後陳敬賢居士就介紹我們到南普陀寺來。……到了南普陀寺後，卽在方丈樓上住了幾天。那時常來談談的有性願老法師、芝峯法師，及大醒法師等。……住了幾天之後，

我卽到小雪峯那邊去過年。」（一九三七年《佛教公論》九月號）

⑩ 劉質平等〈為弘一法師築居募款啓〉：

弘一法師，以世家門第，絕世才華，發心出家，已十餘年。披鬀以來，刻意苦修，不就安養；雲水行脚，迄無定居；卓志淨行，緇素歎仰。同人等於師素有師友之雅，常以俗眼，愍其辛勞。屢思共集資材，築室迎養；終以未得師之允諾而止。師今年五十矣，近以因緣，樂應前請。爰擬遵循師意，就浙江上虞白馬湖覓地數弓，結廬三椽，為師棲息淨修之所，並供養其終身。事關福緣，法應廣施。裘賴腋集，端資衆擎。世不乏善男信女，及與師有緣之人。如蒙喜捨淨財，共成斯善，功德無量。

劉質平　經亨頤　周承德　夏丏尊　穆藕初　朱穌典　豐子愷同啓　中華民國十七年歲次戊辰十一月。

⑪ 手書「座右銘」：「正衣冠　尊瞻視　寡言辭　慎行動。　戊辰十二月居泉州雪峯寺敬書。曇昉。」

一九二九年（民國十八年己巳）　五十歲

是年正月自南安小雪峯返廈門南普陀寺，居閩南佛學院約三個月❶。去冬在廈購得晉索靖書《出沙頌》，今春將回溫州，題記留念❷。三月將離廈赴溫州，致書蔡丏因，謂擬於秋涼遷入白馬湖新居❸。四月，由蘇慧純居士陪同，離廈取道泉州赴溫州❹(文)。道經福州，遊鼓山湧泉寺，於藏經樓覽彼所雕《法華》、《楞嚴》方册，精妙絕倫；又發見清初道霈禪師所著《華嚴經疏論纂要》刻本，歎爲近代所希見❺。因倡緣印布二十五部，並以十數部贈予扶桑諸古寺及佛教各大學❻。五月至溫。六月至白馬湖，致書九華山佛學院寄塵法師，謂秋涼後將與蘇居士偕往鼓山印經，並介紹他披閱《雲棲法彙》。謂其中《緇門崇行錄》、《僧訓日記》、《禪關策進》三種，尤爲切要❼。時印西上座以所藏師之影像，請馬一浮居士題偈❽。七月，選錄明薛文清《讀書錄》有關戒除習氣者百餘則，以備尋覽❾。同月，又錄清三韓梁瀛侯《日省錄》，有關警策身心之言爲一卷，並爲題記❿。九月二十日，爲大師五十誕辰，在上虞白馬湖，小住晚晴山房。書唐李義山「天意憐幽草，人間愛晚晴」一聯，贈夏丏尊居士。自題：「己巳九月曇昉，時年五十。」又書「具足大悲心」篆書五字，並自題記⓫。同月廿三日，與紹興徐仲蓀、劉質平居士等至白馬湖放生。撰有〈白馬湖放生記〉⓬。是年，夏丏尊以所藏大師在俗所臨各種碑帖出版，名「李息翁臨古法書」，由上海開明書店發行，師自為序⓭。旋返溫州城下寮，撰聯讚歎地藏菩薩，並自題記⓮。九月，將赴閩中，欲以晚晴山房所藏晉唐譯《華嚴經賢首探玄記》、大本《起信論疏解彙集》等共十三包，寄存蔡冠洛嘉興濮院可園，函詢蔡氏是否同意⓯？旋又移居江心寺，方便閉關，謝絕師友訪問與通信。江心寺為溫州名剎，宋代被列為「五山十剎」之一。著名禪僧眞歇清了曾居於此。師在江心寺與李圓淨、豐子愷計劃編輯《護生畫集》，本擬居住兩年，以交通通信不便（由岸至江心寺，須乘船過江），遂改變計劃⓰。十月，重至廈門南普陀，以寺中有水陸法事，暫時移居太平巖（明末鄭成功讀書處）⓱。是月，為閩南佛學院同學撰「悲智」訓語，並手書以贈⓲。同時為太虛大師所撰〈三寶歌〉作曲⓳。十二月，太虛大師於閩院講《瑜伽眞實義品》，由學僧默如筆記，師逐日親臨聽講⓴。臘月，李慧勳等以師五旬初度欲為祝壽，師以校刻《梵網經菩薩戒疏》為囑㉑。除夕移居雪峯寺㉒。太虛大師亦同蒞寺度歲，作偈贈之㉓。是年，在俗仲兄李文熙桐岡逝世，年六十二。

注釋

❶〈南閩十年之夢影〉：「在廈門住了幾天，又到小雪峯那邊去過年。一直到（十八年）正月半以後才回到廈門，住在閩南佛學院的小樓上，約莫住了三個月工夫。……一直住

到四月間，怕將來的天氣更會熱起來，於是又回到溫州去。」

❷晉索靖書《出沙頌》影本題記：「戊辰十二月來思明，購得此册。爾後留滯南安雪峯者月餘。近將歸臥永寧，重展斯册，聊為題記。明年己巳正月廿三日，月臂。」

❸致蔡冠洛書：「去冬至滬，繼遊南北閩諸勝境。前日乃返溫州，仍居城下寮。秋涼卽遷入白馬湖新居。三月廿三日，演音疏。」

❹《南閩十年之夢影》：「……正月半後才回到廈門……一直住到四月間……於是又回到溫州去。」

㊋與寄塵法師書：「塵法師：惠書誦悉，歡慰無盡。……蘇居士偕返溫州，秋涼後將與居士往鼓山，印刷經典，或在鼓山過冬。……演音和南，舊六月十六日。」

【按】蘇慧純居士，福建泉州晉江人，早年信佛。曾經商南洋，親近轉道和尚。回國後，又親近太虛、弘一諸大師。戰時曾侍轉逢和尚漫遊雲南、印度。晚年在滬經營大法輪書店，出版《覺有情》雜誌，宣揚佛法，不遺餘力。

❺《福州鼓山庋藏經板目錄序》：「昔年余游鼓山，覽彼所雕《法華》、《楞嚴》、《永嘉集》等楷字方册，精妙絕倫。……又復檢彼鉅帙，有清初刊《華嚴經》及《華嚴疏論

纂要》、《憨山夢游集》等，而《華嚴疏論纂要》為近代所稀見者。余因倡緣印布，併以十數部贈予扶桑諸寺。」

【按】《華嚴經疏論纂要》爲清初鼓山道霈禪師所纂。禪師號爲霖，爲永覺元賢法嗣，同被稱爲清初鼓山二高僧。道霈德學兼備，著作等身。其尤著者爲《禪海十珍》一卷、《佛祖三經指南》三卷、《餐香錄》二卷、《秉拂錄》二卷、《還山錄》四卷、《旅泊庵稿》四卷等。

❻ 內山完造〈弘一律師〉：「這時律師說：『還有一種叫《華嚴經疏論纂要》的書，正在印刷中。這書只印二十五部，想把十二部送給日本方面。將來出書以後，也送到尊處。』……據說，律師曾在福建鼓山發見這古刻的板子。這板子在現存的經典中，是很古的東西。日本的《大正大藏經》裏也沒有收入的。由此可見這經典的珍貴了。」

❼ 與寄塵法師書：「……座下天性仁厚，待人接物，與古德雲棲蓮池大師最為相近。竊謂今後能於《雲棲法彙》，常常披閱，則學問當更有進。集中《緇門崇行錄》、《僧訓日記》、《禪關策進》三種，尤為切要，不慧披剃以來，奉此以為圭臬。濫廁僧倫，尚能鮮大過者，悉得力於此書也。願與仁者共勉之。……演音和南，舊六月十六日。」

【按】寄塵法師，安徽合肥人，出家合肥明教寺。早年畢業於武昌佛學院，與大醒、芝峰、亦幻等同學。歷任閩南佛學院、九華佛學院、嶺東佛學院等教師。曾撰〈法味〉一文，介紹弘一大師初到厦門的情形。（見一九三〇年《海潮音》第十一卷、第三期）又大師致劉質平信第二七通，亦曾提及此文。（見《弘一法師書信》一〇一頁）

⑧ 馬一浮題大師影像偈：「看取眉毛拖地，何妨鼻孔撩天。一任諸方撒（？）邈，還他法爾依然。如來叵見色相，普賢徧出身雲。若問觀音正面，更無一物呈君。」

⑨ 明・薛文清公《讀書錄選》題記：「《讀書錄》十卷、《續錄》十二卷，明名臣薛文清（瑄）公撰。其中說性理者，頗近佛法。惜模糊影響，似是而非，故無足取。但其習氣之言，皆精湛切實，可資吾人省惕，故擇錄百餘則，以備尋覽焉。己巳七月賢瓶道人書。」

⑩ 清・三韓梁瀛侯《日省錄選》題記：「余既選錄《讀書錄》一卷，今復披閱三韓梁氏《日省錄》。其中警策身心之言，頗為精切。皆多年閱歷有得而後筆之於書者，故亦選錄一卷，奉於座右，以資修省。梁氏之書，為編集前賢嘉言而成，非一家之言也。」

【按】賢瓶亦稱善瓶、功德瓶等，爲梵語本那伽吒之意譯。賢者善之義，以瓶中能出心所欲求之物，引喩能生善福，故曰「賢瓶」。

⑪ 手書「具足大悲心」題記：「此古法卷紙也。藏於錢塘定慧寺者百年後，歸於余又十數年。爾將遠行，寫華嚴經句，以付後人，共珍奉焉。晚晴院沙門論月時年五十。」

⑫ 〈白馬湖放生記〉：「白馬湖在越東驛亭鄉，舊名泛浦。放生之事，前年間也。己巳秋晚，徐居士仲蓀過談，欲買魚介放生馬湖，余為讚喜，並乞劉居士質平助之。放生既訖，質平記其梗概，余書寫二紙。一贈仲蓀，一與質平，以示來覽焉。時分：十八年九月廿三日五更，自驛亭步行十數里到魚市（在百官鎮），東方未明。……放生之時，岸上簇立而觀者甚衆，皆大歡喜，歎未曾有。是歲嘉平無縛書，時居晉江南補陀禪林，讀誦《華嚴經清涼疏鈔》。」

⑬ 〈李息翁臨古法書序〉：「居俗之日，嘗好臨寫碑帖，積久盈尺，藏於丏尊居士小梅花屋，十數年矣。爾者居士選輯一帙，將以鋟版示諸學者，請余為文冠之卷首。夫耽樂書術，增長放逸，佛所深誡。然研習之者能盡其美，以是書寫佛典，流傳於世，令諸衆生歡喜受持，自利利他，同趣佛道，非無益矣。冀後之覽者，咸會斯指，乃不負居士倡布之善意耳。歲躔鶉尾，如眼書。」（按：鶉尾爲巳年，即一九二九年——著者。）

⑭ 撰聯讚地藏菩薩並記：「多劫荷慈恩，今居永寧，得侍十年香火；盡形修懺法，願生極

樂，早成無上菩提。辛酉三月，余來永寧，居慶福寺，親得瞻仰禮敬，承事供養地藏菩薩摩訶薩，並修《占察懺儀》。明歲庚午，首涉十載。自幸餘生，獲逢聖教，豈無慶躍，碎身莫酬；攬筆成詞，輒申讚願。惟冀見聞隨喜，同證菩提。己巳十月，時年五十，弘一。」——（因弘〈恩師弘一音公駐錫永嘉行略〉）

⑮ 致蔡冠洛書：「寄存之書共十三包。其中大部之書有晉唐譯華嚴經《賢首探玄記》（此書極精要）、大本《起信論疏解彙集》等。是等諸書，朽人他日倘有用時，當斟酌取返數種；若命終者，則以此書盡贈與仁者，以志遺念。……擬託春暉中學楊君暫為收貯。將來覓便，齎奉仁者，未審可否？乞裁酌之。若可行者，希即致函楊君來此領取。朽人十日後即往閩中，衰老日甚，相見無期。……演音，九月七日。」

⑯ 致李圓淨書：「朽人現擬移居，以後寄信件等，乞寫『溫州麻行門外江心寺弘一收』為宜。……又朽人在江心寺，係方便閉關。一概僧俗諸師友，皆不晤談。又各地常時通信之處，亦已大半寫明信片，通告一切：『謂以後兩年三個月之內，若有來信，未能答復。又寫字、作文等事，皆未能應命云云。』……再者，由他處寄至江心寺之函件，須存放某豆腐店，待工人等買豆腐時領取。豆腐店中人及工人等，皆知識簡單，少分別心。雖有雙掛號之函件，彼等亦漠然視之，不加注意。以是之故，雖雙掛號，或亦不免遺失。因郵局之責任，僅送至豆腐店為止，以後即不管也。……九月廿四日，演音

上。」

⑰〈南閩十年之夢影〉：「第二回到閩南，是民國十八年十月，起初先到南普陀寺住了幾天，以後因為寺裏要做『水陸』，所以搬到太平巖去住。等到水陸圓滿，又回到南普陀，而在前面的老功德樓上住著。……不久我又到小雪峯去過年。」

⑱贈閩南佛學院同學「悲智」訓語：「己巳十月，重游思明，書奉閩南佛學院同學諸仁者『悲智』：『有悲無智，是曰凡夫。悲智具足，乃名菩薩。我觀仁等，悲心深切。當更精進，勤求智慧。智慧之基，曰戒曰定。如是三學，次第應修。先持淨戒，并習禪定。乃得真實，甚深智慧。依此智慧，方能利生。猶如蓮華，不著於水。斷諸分別，捨諸執著。如實觀察，一切諸法。心意柔輭，言音淨妙。以無礙眼，等視衆生。具修一切，難行苦行。是為成就，菩薩之道。我與仁等，多生同行。今得集會，生大歡喜。不揆膚受，輒述所見。儻契幽懷，願垂玄察。大華嚴寺沙門慧幢撰。』」

【按】據當時閩院教務主任芝峯法師言：「太虛法師作歌，弘一法師作曲之〈三寶歌〉曲譜，即在是時所作。」

⑲印順著《太虛大師年譜》一九二九年十二月一日條：「（太虛）大師作三寶歌，時弘一

住南寺，為之作譜，其歌曲頗為流行。」

⑳ 默如《七十自述》：「……他如（太虛）大師（一九二九年十二月在閩院）講《瑜伽真實義品》時，弘一大師逐日無間，親臨聽講，余亦記集成册。」（見一九七五年香港《內明》雜誌第四十一期）

㉑ 李慧勳《梵網經·跋》：「右唐法銑撰《梵網經菩薩戒疏》原本兩卷，中土久佚。比年得自東瀛，仍缺下卷；然唐人疏文，一字一句，皆堪寶貴。此疏雖缺下卷，亦足以資探究。弘一法師精究律藏，尤究心於一切有部。歲在己巳，為師五旬初度，同人欲為師壽。師馳書力辭，而以校刻是疏為囑。爰為付之剞劂，以副師『扶律談常』之願。異時倘獲下卷續刻，以成完書，則尤法門幸事矣。己巳臘月優婆塞李慧勳附識。」

【按】「扶律談常」，卽「扶持戒律，談佛性常住之理」的教法。天台宗指《涅槃經》的教說。釋尊因末世有惡比丘，破戒律，不信如來常住之理，因而產生邪見，故爲誡之而說此經。

㉒ 致蔡冠洛書：「交郵明信，想達慧覽。除夕移居雪峯，甚安。……元旦後一日，在郵局書，演音。」

㉓ 太虛法師贈偈並跋：「聖教照心，佛律嚴身。內外清淨，菩提之因。十九年在泉州小雪

峯度歲，曾拈此偈，贈弘一律師；今值六旬誕生，書以為祝。太虛，廿九，十一，十二。」

【按】據芝峯法師言：十八年冬，他與蘇慧純居士，隨太虛法師入泉弘法，除夕同至南安小雪峯寺度歲。時寺主轉逢和尚年屆五十，與弘一法師同年。故太虛法師有「今夕可爲二老合做百歲壽」之語云。

一九三〇年（民國十九年庚午） 五十一歲

是年正月，自南安雪峯寺至泉州承天寺。適性願法師創辦月臺佛學研究社，師隨喜讚歎，曾爲青年學僧演講寫字方法二次，並爲承天寺整理所藏古版藏經，編成目錄❶。又書「以戒爲師」一小幅，贈與月臺佛學社庚午冬考試品行最優者❷。學律高足性常，是年方識師於承天寺❸。是時印月長老將歸厦門虎溪巖，師以其法號「會泉」二字，撰冠頭聯並手書贈之❹。四月初離閩，至上虞白馬湖晚晴山房。是月十四日，夏丏尊四十五生辰，約經亨頤與師共飯蔬食。經氏作畫以祝。師寫《仁王般若經偈》貽之❺。五月至寧波白衣寺，夏丏尊與顯念居士（錢均夫）訪之，師聞顯念已歸依三寶，甚爲歡喜。勸他應到觀宗寺聽諦閑法師講經和天寧寺參謁虛雲老法師❻。白衣寺主安心頭陀以虛雲、弘一二老聚會，勝緣難遇，就寺設齋供養並歡迎攝影，以留紀念❼。六月居晚晴山房，據東瀛古版《行事鈔》校閱天津新刊，改正譌誤❽。時劉質平重到晚晴山房，商榷《清涼歌》，因集華嚴偈句書聯貽之❾。秋自白馬湖法界寺至白湖金仙寺訪亦幻法師。十月十五日在寺聽靜權法師講《地藏經》及《彌陀要解》。即於經期中，爲幻師等五人偏房講自著《五戒相經箋要》。諷誦之餘，致力《華嚴》之研究，並綴成《華嚴集聯三百》。次年由上海開明書店出版❿。十一月下旬，經期圓滿，即離白湖金仙寺至溫州城下寮度歲。時性願法師駐錫厦門雲頂巖，師致書賀之⓫。

注釋

❶〈南閩十年之夢影〉：「第二回到閩南，是民國十八年十月。起初先到南普陀寺住了幾天，……不久又到小雪峯去過年。到了（十九年）正月半才到承天寺來。那時性願老法師亦在承天寺，他正在寫著章程想要辦什麼研究社。不久，研究社成立之後，氣象可以說是十分好的。……當時我也在那邊教了兩回關於寫字的方法。此外在有閒空的時候，曾把寺裏那些古版的藏經整理過一番，後來還編成目錄，至今還留在那邊。我在承天寺約住了三個月，到四月的時候，恐怕天氣要熱了，於是又回到溫州去。」

❷曇昕〈音公本師見聞瑣記〉：「十九年我在月臺佛學社考試後，法師給我一張『以戒為師』四個字的字幅，傍註『敬贈晉江月臺佛學社庚午冬季考試品行最優者惠存，以為紀念。一音』。」

❸性常〈親近弘一大師之回憶〉：「民國庚午年，余始拜識大師於承天月臺佛學社。時承天大師親贈《李息翁臨古法書》一冊，並墨寶數種為紀念。」

❹撰聯贈印月法師並跋：「『會心當處即是，泉水在山乃清』。印月法師歸臥虎溪，書此

呈之。後學月臂，時庚午居豐州。」

【按】印月名明性，字會泉，以字行，印月爲其別號，是厦門南普陀寺第一任十方選賢叢林住持，時已退居。虎溪，即厦門虎溪岩。豐州即泉州南安縣古稱。

❺〈題經亨頤贈夏丏尊畫記〉：「庚午五月十四日，丏尊居士四十五生辰，約石禪及余至小梅花屋共飯蔬食，石禪以酒澆愁。酒既酣，為述昔年三人同居錢塘時，良辰美景，賞心樂事，今已不可復得。余乃潸然淚下，寫《仁王般若經》苦空二偈貽之：

生老病死，輪轉無際。事與願違，憂悲為害。

欲深禍重，瘡疣無外。三界皆苦，國有何賴？

有本自無，因緣成諸。盛者必衰，實者必虛。

衆生蠢蠢，都如幻居。聲響皆空，國土亦如。

永寧沙門亡言，時居上虞白馬湖晚晴山房。」

【按】經亨頤，字子淵，亦稱頤淵，別號石禪，浙江上虞人。少時留學日本，畢業東京高等師範。歸國後入教育界，先後任杭州浙江第一師範及上虞白馬湖春暉中學校長。其題畫云：「『清風長壽，淡泊神仙』，十九年六月，丏尊老兄四十五生辰，頤淵寫此爲祝。」

❻ 顯念居士〈悼弘一師〉：「余於民國十九年春間於役甬江，遇友人夏丏尊於甬江旅舍。丏尊告以汝常念師，今游蹤所至，適駐錫城內白衣寺，如欲參謁者，可於翌晨同往晉見。次日偕往，則見闊別將近二十年之老友，已非昔日風度翩翩之李叔同，而儼為人天師矣。斯時春寒未消，余尚服薄棉，師則衣短裰，赤足納草履。一見即向余謂：『聞君已皈依三寶，走入光明之路，很好很好。今在甬埠，有兩事必須做到：一、諦老法師適在觀宗寺講經，應抽暇至少須往參聽一座，以結善緣。二、應到天寧寺參謁由滇省來游之虛雲老法師。此老法師入定可到二十一日之久，為目前海內所不易遇見者。』」

【按】錢均夫，名家治，「顯念」為他皈依諦閑法師的法名。據錢學敏〈日月璧合·風雨同舟〉（記錢學森夫婦）說：「錢學森的父親錢均夫，是吳越錢武肅王（八九三）的後代。浙江杭州人，博學多才。早年東渡日本學習教育、歷史、地理，回國後，就職於當時北京的教育部。由於他的教育思想比較進步，文筆超凡逸俗，尤喜古典文學、詩書、字畫，因而頗得魯迅的賞識，彼此視為知己。至今在魯迅的日記中，仍可見當時他倆友好交往的多次記載。」（見一九九二年四月二日《人民日報·海外版》；錢學森於一九九一年十月被授予「國家傑出貢獻科學家」的榮譽稱號。）

＊錢均夫後來任教浙江第一師範時，與師同事。這條記事，作者原寫明「民國十九年春（一九三〇）於役

憶之誤。

甬江」與夏丏尊同謁大師；但說「斯時春寒未全消，余尙服薄棉，師則衣短裰，赤足納草履。」當係回

我以師此次至甬已在仲夏，故疑爲二十年（一九三一）之誤，初版年譜改置於二十年條。後見一九三一年《海潮音》月刊十二卷十二期圖版「寧波白衣寺歡迎虛雲、弘一二大師」合影，有「時在庚午仲夏」年月記載，加以師有勸顯念居士「應到天寧寺參謁由滇省來遊之虛雲老法師」之語，故應還原於十九年（一九三〇）條。

❼ 虛雲、弘一二法師攝影題記：「寧波白衣寺歡迎虛雲老和尚暨弘一法師攝影，以誌紀念，時在庚午仲夏。」合影者有虛雲、弘一、文質（天童寺退居）、安心頭陀（白衣寺主）、黃寄慈（大師學生）等。（見一九三二年《海潮音》十二卷十二期圖版）

❽ 〈圈點《南山鈔記》自跋〉：「剃染後二年庚申，請奉東瀛古版《行事鈔記》，未遑詳研。甲子四月，供施江山。逮於庚午六月居晚晴山房，乃檢天津新刊，詳閱圈點，並抄寫科文，改正譌誤。」

❾ 集華嚴偈句書贈劉質平題記：「獲根本智，滅除衆苦；證無上法，究竟清涼。庚午六月，質平居士重來白馬湖晚晴山房，商榷《清涼歌》，因為撰輯第一集，都凡十首，並集《大方廣佛華嚴經》偈句，書聯貽之，以為著述之紀念。法界寺沙門亡言，時年五十又一。」

⑩

亦幻〈弘一法師在白湖〉：「弘一法師在白湖前後共住四次，時隔十載，正確的日期我一時已記不起來。大概第一次是在十九年的孟秋，以後的來去，亦多在春秋佳節。……是年十月十五日，天台靜權法師來金仙寺宣講《地藏經》和《彌陀要解》。弘一法師參加聽法，兩個月沒有缺過一座。權法師從經義演繹到孝思在中國倫理學上之重要的時候，一師恒當著大衆哽咽，涕泣如雨，全體聽衆無不愕然驚懼，座上講師亦弄得目瞪口呆，不敢講下去。……因他確實感動極了。當時自己就寫了一張座右銘：『內不見有我，則我無能。外不見有人，則人無過。一味癡呆，深自慚愧，劣智慢心，痛自改革。』附上的按語是：『庚午十月居金仙，侍權法師講席，聽《地藏菩薩本願經》，深自悲痛慚愧，誓改過自新。敬書靈峯法訓，以銘座右。』……弘一法師在白湖講過兩次律學。初次就在十九年經期中，所講三皈與五戒，課本是用他自著之《五戒相經箋要》，講座就設在我讓給他住的丈室。他曾給它起名為『華藏』，書寫篆文橫額。下面附著按語：『庚午秋晚，玄入晏坐此室，讀誦華嚴經，題此以誌遺念。』因為偏房說法的緣故，只有桂芳、華雲、顯真、惠知、和我（亦幻）五人聽講。靜權法師很懇切地要求參加，被他拒絕了。我現在畢竟記不清楚了，《清涼歌》與《華嚴集聯三百》，是哪一本先在白湖脫稿的？……弘一法師此時（十九年秋）其餘的工作，我記得好像是為天津佛經流通處校勘一部《華嚴注疏》，一部靈芝《羯磨疏濟緣記》。同時他在白湖所研究的佛學，是華嚴宗諸疏。每日飯後，必朗誦《普賢行願品》數卷，回向四恩三有，作為助生淨土的資糧。法師是欽仰靈芝、蓮池、蕅益諸大師的，我揣想他的佛學體系是以華嚴為境，四分戒律為行，導歸淨土為果的。……

「靜權法師經筵於十一月二十日解散，時已雨雪霏霏，朔風刺骨地生寒。弘一法師體質素弱，只好離開白湖，仍歸永嘉的城下寮去。我送他坐上烏蓬船過姚江，師情道義，有不禁黯然的感傷。」

⑪ 致性願法師書：「性老法師慈鑒：……在金仙寺聽經月餘，近已圓滿。擬於明日往溫州度歲。承示法座駐錫雲頂，至用歡忭。明歲當來廈親近座下，以慰渴念。……末學演音稽首（一九三〇）十一月廿六日。」

【按】性願老法師爲師入閩以後摯友。他早年出家，飽參飽學，故師尊爲前輩。在閩住處，多由他介紹。雲頂卽雲頂巖，爲厦門八景之一——所謂「雲頂觀日」是也。

＊太虛法師有〈遊雲頂巖登厦島最高峯〉詩云：「損腰未倦登山輿，得得扶笻造極來。路畔澄潭明鏡映，岩前叢樹翠屏開。寒生六月留雲洞，高越群峯觀日臺。一覽厦門全境盡，海天空濶此蓬萊。」（《海潮音》第十一卷第三期）

是年，上海佛學書局出版《大般若經知津》，師編錄〈大般若經易檢表〉共六版，附刊於《大般若經知津》之後。此事係由美國妙因法師函告，特此致謝。惜該表至今未見。越年九月，師自金仙寺致芝峯法師書云：「末學近擬讀《大般若經》。曩承虛大師諄諄慈訓，深爲感荷。他日通信之時，乞代爲問安。……音和南，九月廿五日。」

一九三一年（民國二十年辛未） 五十二歲

是年春，在溫患瘧甚劇，虔誦《行願品偈讚》，遂覺清涼❶。師致芝峯之書亦云：「今春以來，疾病纏綿，至今尚未復元❷。」時將赴上虞法界寺，函告蔡冠洛居士，願以自圈點之《圓覺經大疏》並節錄鈔文贈之❸。二月，居法界寺，於佛前發專學南山律誓願❹。三月爲法界寺書《華嚴集聯》，以爲紀念❺。四月，立「遺囑」一紙，謂謝世後凡存法界寺之佛典及佛像，皆贈予徐安夫居士❻。是時傳師爲某僧劫持入陝，在甬已上船，爲學生劉質平奪回。師云傳言失實，並非「劫持」❼。旋離白馬湖至慈谿鳴鶴場金仙寺。擬著《靈峯大師年譜》未果，因擷取《靈峯宗論》中的名言，成《寒笳集》❽。又撰《華嚴經讀誦研習入門次第》❾，並手書《華嚴集聯三百》在滬付印，師自爲序❿，弟子劉質平加跋⓫。其後數年名家經亨頤⓬、馬一浮先後爲之跋，至爲推重⓭。五月，白湖金仙寺主亦幻法師發起創辦「南山律學院」，請師主持弘律，遂於五月移居五磊寺。師允任課三年。後因與寺主意見未洽，飄然離去⓮。師居五磊寺時，撰〈南山律苑雜錄・徵辨學律義〉八則，對近代傳戒不如法情況，以問答體裁，辨明傳戒本義，並引蕅益大師之言，寄慨遙深⓯。六月初五日，勝月居士（胡宅梵）三十初度，適金陵刻經處寄到《阿彌陀經疏鈔》，即以此書贈之而爲紀念⑯。九月，在白湖金仙寺撰《清涼歌集》，因歌詞之義深奧，非常人所能了解，因函請閩南佛學院芝峰法師代撰歌詞注釋（《清涼歌集達旨》）⑰。同月得復書允代撰釋文，師致書申謝。學僧密唵近閱禪宗語錄，師勸彼應先於「法相」、「三論」痛下一番功夫，然後再閱禪宗之書，乃爲穩妥⑱。是時厦門廣洽法師函邀赴閩，即自溫州動身前往。至滬後因時局不寧，經友人勸阻未果行⑲。九月中旬到杭州，小住虎跑寺，適圓照禪師往生，請安心頭陀封龕說法。荼毘時，師與道俗助念佛號，並合影留念⑳。十月，由杭州渡江至紹興，卓錫戒珠講寺，蔡冠洛與鴻道人（李鴻梁）爲之寫像，並以纂述年譜請。師以爲無過人行，遜謝未遑。但所談極關重要，於其生平事蹟及出家後修持境界，可得髣髴㉑。住數日，遊覽若耶溪、顯聖寺紹興諸名勝，復回寧波。因棲蓮和尚之懇求，重至五磊寺，與該寺約法十章，旋又他去㉒。臘月，至鎮北龍山伏龍寺度歲㉓。是年爲蔡冠洛撰其父〈淵泉居士墓碣〉㉔。又撰〈永嘉慶福寺緣册題詞〉㉕。並發明「聽鐘念佛法」，撰稿刊布，而不署名㉖。

注釋

❶ 蔡冠洛〈戒珠講苑一夕談〉：「（師言）予今春病瘧，熱如火焚，虔誦《行願品偈讚》，略無間斷，遂覺清涼。一心生西，境界廓然，正不知有山河大地，有物我也。」

【按】蔡氏〈一夕談〉作於一九三一年十一月，時師卓錫紹興戒珠講苑，將去苑之前夕。

❷ 致芝峰法師書：「音今春以來，疾病纏綿，至今尚未復元，故掩室之事不得不暫從緩。前日到金仙寺訪幻法師，藉聞座下近況，至為欣慰。……演音和南，九月四日。」（見澳門《覺音月刊・弘一大師六十大壽紀念號》）

❸ 致蔡冠洛書：「朽人近年已來，兩游閩南各地，並吾浙、甬、紹、溫諸邑，法緣甚盛，堪慰慈念。惟以居處無定，故久未致書問訊耳。去年夏間，曾立「遺囑」，願於當來命終之後，所有書籍悉以奉贈於仁者。是遺囑當來由夏（丏尊）居士受收耳。數日後即返法界寺，秋涼仍往閩南。以後惠書，希寄『紹興轉百官橫塘廟鎮壽春堂藥房轉交法界寺弘一收』。又《圓覺大疏》一部，前在閩時以數月之力圈點，並節錄鈔文，乞仁者檢出（按：此書原寄存嘉興可園蔡冠洛處），見暇讀之，當法喜充滿也。附白。舊正月十一日演音疏。」

❹ 〈圈點南山鈔記自跋〉：「辛未二月居法界寺，於佛前發專學南山律誓願。」

❺ 手書華嚴集聯題記：「如來境界無有邊際，普賢身相猶如虛空。歲在辛未三月居蘭阜，敬書晉譯《大方廣佛華嚴經》偈頌集句：世間淨眼品第一，盧舍那佛品第二。明州大誓願莊嚴院沙門亡言。」

【按】蘭阜即上虞法界寺山名。

❻〈遺囑〉之一：「弘一謝世後，凡寄存法界寺之佛典及佛像，皆贈予徐安夫居士；其餘之物皆交法界寺庫房。辛未四月，弘一書。」

❼致蔡冠洛書：「惠書誦悉，感謝無量，傳言失實，非劫持也。（傳大師爲某法師強迫入陝，已在鄞下船矣，爲劉質平所奪回。余以書訊之，師回示謂「傳言失實」。冠洛注。）今居法界寺尚安。近歲疾病，精神大衰，畏寒尤甚，秋涼仍往閩南耳。爾來法緣殊勝，上海佛學書局發願印拙書佛經及屏聯近二十種，廣為流通。《華嚴集聯》已將寫就，劉居士影印。近又發心編輯，《南山三大部》綱要、表記，約六七載，乃可圓滿，順達不宣。音疏，舊四月六日。」

【按】姜丹書〈弘一律師小傳〉：「謂師至甬上，有某僧以籌濟陝災請至長安，上人不欲拂其意，許隨行。已上船，劉質平突入艙，負之返岸」云云；此事原繫於一九二九年，應改移本年爲是。

❽亦幻〈弘一法師在白湖〉：「此別至明年（二十年）春光明媚的三月，他始由甌江返抵白馬湖的法界寺中和晚晴山房兩處小住。旋來白湖，贈我紹興中學舊門人李鴻梁他們

替他攝的照片與小影多幀。那時他的著作是《靈峯大師年譜》。後來他在《現代僧伽》雜誌上看到閩院學生燈霞，發表一篇〈現代僧青年的模範大師〉，就是捧出一位蕅益大師的道德學問，足為現代青年僧的模範。他對此文認為滿意，因此那篇《年譜》便未寫完。後來編撰蕅益大師的嘉言成一册《寒笳集》，或許就是這工作的變相了。」

❾《華嚴經讀誦研習入門次第》：「讀誦研習，宜並行之。今依文便，分為二章。每章之中，先略後廣。學者根器不同，好樂殊致，應自量力，各適其宜可耳。龍集辛未首夏沙門亡言述。」

❿《華嚴集聯三百序》：「割裂經文，集為聯句，本非所宜。今循道侶之請，勉以綴輯。其中不失經文原意者雖亦有之，而因二句集合，遂致變易經意頗復不尟。戰兢悚惕，一言三復。竭其駑力，冀以無大過耳。茲事險難，害多利少。寄語後賢，毋再賡續。偶一不慎，便成謗法之重咎矣。

「華嚴全經有兩譯：一晉譯有六十卷三十四品，二唐譯有八十卷三十九品。若其支流一品別譯者，凡三十餘部。惟唐貞元譯《普賢行願品》四十卷傳誦最廣，蓋是晉唐譯全經中入法界品別譯本也。今所集者，都三百聯。自晉譯華嚴經偈頌中集輯百聯（附錄四聯，原文連續非是集綴），自唐譯經偈頌中集輯百聯（附錄集句二十五聯，爲前百聯之餘，又附八聯，原文連續，非是集綴），自唐貞元譯《華嚴經普賢行願品》偈頌中集輯百聯（附錄二聯，原文連續非是集綴）。後賢書寫者，於聯句旁，或題曰『某譯華嚴經偈頌集句』，或題曰『某譯大方廣佛華嚴經偈頌集句』，或題曰『某譯大方廣佛華嚴經某品某品偈頌集句』。『集』字勿冠經名之上，昭其敬重耳。輯錄聯文，悉依上句而為次第。惟唐貞元譯七言八言第一，重如字。以義各異，姑附存之。

「隻句片言，文義不具，但覩集聯，寧識經恉。故於卷末別述《華嚴經讀頌研習入門次第》一卷。惟願後賢見集聯者，更復發心，讀頌研習華嚴大典。以茲集聯為因，得入毗盧淵府，是尤余所希冀者焉。於時歲次鶉首四月二十一日大回向院勝髻書。」

【按】鶉首爲辛未年，即民國二十年，核以〈華嚴經讀頌研習入門次第〉敍末所記「辛未首夏」恰符。四月二十一日爲大師亡母之誕辰，師常寫經以資回向。

⑪ 劉質平〈華嚴集聯三百跋〉：「吾師叔同李先生，生有夙根，耽奇服異，弱冠馳騁詞場，雅負三絕之譽。……歲之四月，為太師母七十冥辰，我師緬懷罔極，追念所生，發宏誓願，從事律學撰述，並以餘力集華嚴偈綴為聯語，手錄成册。冀以善巧方便，導俗利生。質平偶因請業，獲覩宏裁，鴻朗莊嚴，歎為稀有。亟請於師付諸影印，庶幾廣般若之宣流，永孝思於不匱。世界有情，共頂禮之。庚午年二月望日弟子劉質平敬跋。」

⑫ 經亨頤〈華嚴集聯三百跋〉：「弘一上人俗姓李，名息，字叔同，別號息霜，本天津望族。余曩任浙師範於民國元年，聘上人掌音樂圖畫，教有特契。藝術之交，亦性理之交也。劉子質平，習於斯凡五年，音樂具夙睿，上人盡授之。今以斯立於世，上人之賜也。上人性本澹泊，卻他處厚聘，樂居杭。『一半勾留是此湖』；而其出家之想，亦一半是此湖也。迨七年秋，毅然入山剃度，身外物盡俾各友，余亦得畫一幀，永為紀念。旋余亦離杭，自此與上人相見遂不易。計自出家，忽忽已十四載。其間二次晤於白馬湖。上人以此處堪長在，愛上人者為築『晚晴山房』於山之麓。余亦居於長松下，顏曰『長松山房』，上人曾納齋於其中。余適以爨碑古詩聯遣興，上人見而稱可。今上人於誦經之餘，亦集聯成巨冊，質平寶之，囑題以永藏弆，並志余與上人質平三人之緣如此。二十一年九月頤淵居士識於滬濱。」

⑬ 馬一浮〈華嚴集聯三百跋〉：「丁丑冬十一月，避寇桐廬北郊，因豐子愷得遇劉質平居士。出弘一大師手書真蹟屬題，患難中一段奇事也。大師未出家時，教授浙中，豐、劉皆出其門，於藝術並有深造，子愷尤好佛法。質平得大師片紙隻字，皆珍若拱璧。積冊至多，裝褙精絕。余為題曰：『音公雜寶』。此為《華嚴集聯》，亦大師欲以文字因緣方便說法之一。非質平善根深厚，何以獨見付囑鄭重如是耶？

「大師書法，得力於『張猛龍碑』，晚歲離塵，刊落鋒穎，乃一味恬靜，在書家當為逸品。嘗謂華亭（董其昌）於書頗得禪悅，如讀王右丞詩。今觀大師書，精嚴淨妙，乃似宣律師文字。蓋大師深究律學，於南山、靈芝撰述，皆有闡明。內熏之力自然流露，非具眼者，未足以知之也。肇公云：『三災彌綸，而行業湛然』。道人墨寶所在，宜足以消除兵劫矣。蠲戲老人識。」

⑭ 致蔡冠洛書：「五磊寺主等發起南山律學院，余已允任課三年（每年七個月，舊曆二月十五日至九月十五日，餘時他往）。明春始業，經費等皆已就緒。自今以後，預備功課，甚為忙碌。半月之後，即往溫州過冬。住址未定，俟後奉聞。……音啓。十月十二日。」

⑮ 〈徵辨學律義〉附錄問答：

問：「百丈清規，頗與戒律相似，今學律者，亦宜參閱否？」

答：「百丈於唐時編纂此書，其後屢經他人增刪，至元朝改變尤多，本來面目，殆不可見。故蓮池、蕅益諸大師力詆斥之。蓮池大師之說，今未及檢錄，唯錄蕅益大師之說如下文云：『正法滅壞，全由律學不明。百丈清規久失原作本意，並是元朝流俗僧官住持，杜撰增飾，文理不通。今人有奉行者，皆因未諳律學故也。』」

問：「今世傳戒，皆聚集數百人，並以一月為期，是佛制否？」

答：「佛世，凡受戒者，由剃髮和尚為請九僧，即可授之，是一人別受也。此土唐代雖有多人共受者，亦止一、二十人耳。至於近代，唯欲熱鬧門庭，遂乃聚集多衆。故蕅益大師嘗斥之云：『隨時皆可入道，何須臘八及四月八？難緣方許三人，豈容多衆至百千衆也。』至於受戒之時，不足半日卽可授了，何須多日。且近代一月聚集多衆者，祇亦令受戒者，助作水陸經懺及其他佛事等，終日忙迫，罕有餘暇。受戒之事，了無關係，斯更不忍言矣。故受戒不須多日，所最要者，和尚於受前受後應負教導之責耳……。」

【按】〈南山律苑雜錄〉，已編入《弘一大師律學著作三十三篇》。

⑯《阿彌陀經疏鈔・題記》：「遜國後二十年歲次辛未六月初五日，胡勝月宅梵居士三十初度。是日又值先吏部公百十九歲冥誕。是晨適由金陵郵寄《阿彌陀經疏鈔》一部並《緇門崇行錄》十五部達五磊。時節因緣，巧為偶合，不可思議也。謹以《疏鈔》奉居士而為三十紀念。一音。」

⑰致芝峰法師書㈠：「音因劉質平居士諄諄勸請，為撰《清涼歌集》第一輯。歌詞五首，附錄奉上，乞教正。歌詞文義深奧，非常人所能了解，須撰淺顯之注釋，詳解其義。音多病，精神衰頹，萬難執筆構思，且白話文字亦非音之所長。擬懇座下慈悲，為音代撰歌詞注釋，至用感禱。演音和南，九月四日。」

⑱致芝峰法師書㈡：「惠書敬悉。承諾代撰釋文，感謝無盡。居金仙已兩旬餘，承幻和尚優遇甚至；自惟德薄能尠，時用懷悚耳。授華雲師習字已半月，頗有進步，亦嘗與密唵

師晤談。彼近閱禪宗語錄，鄙意勸彼應先於『法相』、『三論』痛下一番功夫，然後再閱禪宗之書，乃為穩妥，未審尊見以為如何？末學近擬讀《大般若經》，曩承虛大師諄諄慈訓，深為感荷。他日通信之時，乞代為問安。音和南，九月二十五日。」（見澳門《覺音月刊・弘一大師六十大壽紀念號》）

⑲〈南閩十年之夢影〉：「到了民國二十年九月的時候，廣洽法師寫信來，他說很盼望我到廈門。當時我卽從溫州動身到上海，預備再到廈門來；但因為一班朋友的勸阻，以為時事不大安定，不要遠離好，於是就仍回到溫州去。」

⑳虎跑圓照禪師圓寂攝影題記：「辛未九月十八日，虎跑定慧寺圓照禪師往生極樂。十九日請安心頭陀封龕。說法既竟，與沙門棲蓮、弘傘、弘一，居士徐仲蓀合攝此影，以誌遺念。演音。」

㉑蔡冠洛〈閩行前一夕談〉：「十月五日弘一法師赴閩未果，由杭渡江至紹興，卓錫戒珠講苑。四日將行，余與鴻道人既為之寫像，復以纂述年譜請。謂『法師當代龍象，應化事迹，極為顯著，宜於生前自定年譜，以示後人。』法師答云：『平生無過人行，甚慚愧。有所記憶，他日當為仁等言之。』至二十歲前，陳元芳居士已得其略。年七八歲，卽有無常、苦、空之感，乳母每教誡之，以為非童年所宜。庚子三月，初居滬瀆小南門城南草堂，乙巳東渡。母歿（母歿在前，東渡在後——著者），益覺四大非我，身為苦本。其

後出家虎跑，全仗宿因，時若非卽披鬀不可，亦不知其所以然也。一切無他顧慮，惟以妻子不許為憂，竟亦一嘆置之，安然離俗。學律求反南山之初宗，與今金山、常州（天寧寺）異科。念佛虔誦《華嚴經》，而《普賢行願品》一卷，尤為一經之關鍵，深文奧義，簡明易誦。古德謂：『《普賢行願讚》為略《華嚴經》，《華嚴經》為廣《普賢行願讚》，洵不虛也。是品可讚可傳，可行可寶，實修行之機樞。今春病瘧，熱如火焚，連誦《普賢行願品偈讚》，略無間斷，一心生西，境界廓然。正不知有山河大地，有物我也。與靈巖老人亦稍有不同。……』言已，以《寒笳集》貽余，鼓山《金剛經》貽鴻道人（鴻道人卽李鴻梁），時印西、普行二上人並在座云。」

【按】靈巖老人指印光法師。以老人晚年居蘇州靈巖山，故尊稱之。鴻道人卽李鴻梁。

㉒ 屾盧〈南山律學院曇花一現記〉：

棲蓮和尚見事情弄糟，情急智生，又往寧波白衣寺懇求法師。果然……欲到厦門去過冬的法師，在上海住了一星期，又隻身回五磊寺來了。他大概是想到：既不能從心辦學，不免對不起良心和素志，徒然拘束，不如走回來與棲蓮和尚作徹底的解決。這意思我們不難於他們所定的十項契約中看出。茲並附錄在後面：

㈠於五磊寺團結僧伽，恭請弘一法師演講毘尼，不立律學院名目。

㈡造出僧材之後，任彼等分方說法，建立道場，以弘法為宗旨。

㈢暫結律團，在法師講律期內，無有院長、院董名稱。

㈣大約幾年可以造出講律僧材，隨法師自為斟酌。

㈤倘法師告假出外者，任法師自由。

㈥一旦造出講律僧材之後，任法師遠往他方，隨處自在，並與律學院一切事務脫離關係，不聞不問。

㈦凡在學期內大小一切事務，總任法師設法布置，聽師指揮，無不承順。

㈧凡在學期內，倘有與法師不如意之處，任法師隨時自由辭職，絕不挽留。

㈨以上所定各條件，完全出於棲蓮本意，絕無法師意見；儻以後於以上條件有一件不能遵守時，任法師自由辭職，絕不挽留。

㈩聘請律師二人，擔保以上各條件，各不負約。

民國二十年十一月十九日五磊寺住持棲蓮

見證人亦幻、永睿

原作者按：「此契約之發生，係由法師提出口頭問話後，棲蓮和尚根據自己之答復草成。法師說：『我從出家以來，對於佛教向來沒有做過甚麼事情。這回使我能有弘律的因緣，心頭委實是很歡喜的。不料第一次便受了這樣的打擊。一月未睡，精神上受了很大的不安，看經念佛，都是不能。照這情形看來，恐非靜養一二年不可。雖然，從今以後，我的一切都可以放下，而對於講律之事，當復益精進，盡形壽不退。』」(見二十一年四月十日廈門《現代佛教》第五卷第四期)

㉓ 亦幻〈弘一法師在白湖〉：「弘一法師移住龍山，這時係屬第二次，他與龍山伏龍寺的監院誠一師認識，為我所介紹。初次去時，記由胡宅梵居士送去的。……弘一法師在白湖講過兩次律學，初次就在十九年經期中，……第二次是在廿一年的春天，他突然從鎮北的龍山回到白湖，說要發心教人南山律。」

㉔ 清故淵泉居士墓碣文：「淵泉居士姓蔡，諱宗沈，諸暨月隴村人。累世力田，勤苦自給。居士生有異禀，從塾師讀三四年，已能為帖括文。逮入邑庠，遂厭棄之。率意懷素狂草，頗得錯綜變化之妙。精篆刻，偶作小印，識者珍焉。顧性傲岸，未肯下人，薦紳咸畏憚，不獲於世，坎壈而終。維時遜國後三年，歲次甲寅，春秋六十有八。先娶斯孺人，繼配金孺人，生子冠洛。十載孺人殉，由是不再娶。破屋瓦灶，一燈熒熒。養媳稚兒幼女，蓬髮跣足其側。居士手持《金剛般若波羅蜜多經》為之講說曰：聖道在是矣。今歲五月，冠洛書來陳述軼事。以彼父母，悉積善業，世稱其德，久而勿衰。近將合葬濮院之原，顧乞題碣，亦猶亡親得聞難聞法也。冠洛字丙因，博學能文，篤信佛乘，為

余善友，重韙其意，略記遺行。附以偈曰：『金剛般若，是最上乘，圓頓極談，實相正印。居士往昔，植般若因，故於今生，獲逢妙典。願當來世，更值勝緣，得聞淨土，歸元捷徑。般若開解，淨土導行。解行相資，猶如目足。命終見佛，華敷上品，早成正覺，廣利含識。今依聖教，聊述津要。惟冀見聞，同證菩提。歲次辛未，沙門演音書。』」

㉕〈題永嘉慶福寺緣冊〉：「慶福之名，志乘不載。今所傳者，嘉道間事耳。逮乎清季，寂山上人駐錫是間，整頓清規，增築精舍。勤修淨業，廣行衆善。又復建蓮池會，勸導緇素，一心念佛，往生西方。遠紹廬山之遺軌，近媲法雨之高蹈。勝名留傳，遍及中國。承其勸導，臨終正念，示現瑞相往生蓮邦者，時有所聞。懿歟盛哉！上人光顯法門，闡揚佛化，功在萬世矣。余於辛酉，參學永嘉，依止上人，同住十載。爾者城垣漸廢，觀瞻不尊。寺主因弘賢首與上人謀，將欲重建殿宇，易其方位，以協形相。為立緣冊，集募資財。凡諸善信，當必生歡喜心，隨力而助。所獲功德，無量無邊矣。」

㉖〈聽鐘念佛法〉：

以時鐘行動時，作丁當丁當之響。即以丁當丁當四音，假作「阿彌陀佛」四字，或每一音作二字。欲念六字佛者，或以先二音各作一字，後二音各作二字。或以先二音假作二字，後二音各作一字，如下表：

普通四字佛丁當丁當，六字佛丁　當　丁當
念法：　阿—彌—陀—佛—　南—無—阿—彌—陀—佛—

遲緩：丁當丁當丁當丁當　丁當丁當丁當丁當
念法：四字佛・阿　彌　陀　佛　六字佛・南—無—阿—彌　陀　佛

初學念佛，若不持念珠記數，最易懈怠間斷。若以時鐘時常隨身，倘有間斷，一聞鐘響，卽可警覺也。又在家念佛者，居室附近，不免喧鬧，攝心念佛，殊為不易。今以時鐘置於身旁，用耳專聽鐘響，其它喧鬧之聲，自可不擾其耳也。又聽鐘工夫純熟，則丁當丁當之響，卽是阿彌陀佛之聲，無二無別。常響則佛聲常現矣。

【按】此〈聽鐘念佛法〉，係蔡丏因居士所抄示，特此誌謝。

一九三二年（民國二十一年壬申）　五十三歲

是年正月，住鎮北龍山伏龍寺❶。二月在寺書《佛說五大施經》四幅❷。聞劉質平始學《大悲陀羅尼》、《般若心經》，即書《華嚴行願品偈句》一卷，以志隨喜❸。旋自龍山赴白湖金仙寺，自動發心要講南山律。後以因緣，未遂其願，又返龍山❹。五月赴永嘉，居城下寮結夏。應趙伯廎居士之請，爲其大母蘇氏書《華嚴經・十地品・離垢地》，以爲迴向❺。不久又還龍山。六月五日爲其先父百二十齡誕辰，在龍山敬書《佛說阿彌陀經》十六大幅，以爲迴向❻。劉質平親自磨墨牽紙，觀其書寫。又書其父遺作一聯贈劉質平❼。時夏丏尊哲嗣龍文來書，云將築室楊谿，埋名遯世，書古德法語勗之❽。八月至上虞法界寺，患傷寒病頗重，幸獲舊存之藥，臥床一週，斷食一日即早痊。曾致書夏丏尊乞至法界寺與住持預商後事❾。一說是時舊生印西自西湖步行至法界寺，侍奉湯藥，經二月餘，疾苦始間❿。秋至紹興，居戒珠寺一週，大寫佛號結緣⓫。九月居峙山，因李圓淨有編《九華山志》之意，師爲輯錄《地藏菩薩聖德大觀》一卷，以供參考⓬。同月致書蔡冠洛、李鴻梁，謂將雲游，囑暫勿通信⓭。十月，雲游南閩，至厦門由性願法師介紹至山邊巖（萬壽巖）安居，並時到妙釋寺小住⓮。時滬報誤傳師已圓寂消息，特致書俗姪李晉章闢謠⑮。陽曆十二月二日，在南普陀寺參加太虛法師主持的常惺法師受請住持典禮歡迎會，並同攝影留念⑯。臘月在妙釋寺念佛會講〈人生之最後〉。撮錄古德嘉言，普勸念佛⑰。時學律道侶性常，瑞今、廣洽時來請益，遂於妙釋寺度歲⑱。師居萬壽巖時，曾為同住了智上人刻李義山詩句「看松月到衣」印章。以為紀念⑲。越年廣義（即曇昕）撰〈「看松月到衣」印章題記〉，記此事之因緣⑳。

注釋

❶ 致李晉章書：「久未通信為念。前月託開明書店寄上之書，已收到否？惠復寄『寧波轉鎮海西門外伏龍寺弘一收』，舊正月三日，音啓。」

❷ 手書《佛說五大施經》題記：「歲次壬申二月，大莊嚴院沙門勝髻敬書。」

❸ 贈劉質平手書《普賢行願品偈句》題記：「壬申二月，質平居士始學《大悲陀羅尼》及《般若心經》，書此以奉，敬志隨喜，沙門被甲，時年五十三。」

❹ 亦幻〈弘一法師在白湖〉：「第二次到白湖是在二十一年的春天，他突然從鎮北的龍山回到白湖，說要發心教人學南山律，問我還有人肯發心嗎？我欣悅得手舞足蹈，就以機會難得，規勸雪亮、良定、華雲、惠知、崇德、紀源、顯真諸師都去參預學習；我自己想做個負責行政的旁聽生，好好地來辦一次律學教育。有一天上午，弘一法師邀集諸

人到他的房內，我們散坐在各把椅子上，他坐在自己睡的牀沿上，用談話方式演講一會『律學傳至中國的盛衰派支狀況，及其本人之學律經過。』後來就提出三個問題來考核我們學律的志願：（一）誰願學舊律（南山律），（二）誰願學新律（一切有部律），（三）誰願學新舊融貫通律（此爲虛大師提出，我告訴他的）。要我們填表答覆。我與良定填寫第三項，雪亮、惠知，填寫第二項，都被列入旁聽。只有其他三人，因填寫第一項，他認為根性可學南山律，滿意地錄取為正式學生了。……我因主持白湖未久，百務須自經心，沒登樓恭聞。聽說只講到四波羅夷，十三僧伽婆尸沙，二不定，就中輟了。時間計共十五日。……這講座亦曾訂過章程，但經弘師半月之內，三改四削，竟至變到函授性質，分設於龍山白湖兩地。……崇德、華雲二生，奉命移住龍山半月返白湖，云是復有別種原因，弘一法師要走了。」

❺ 手書《華嚴經・十地品・離垢》地跋：「永嘉趙伯廎居士大母蘇氏歿十年，請為寫經回向菩提。於時歲次壬申，沙門演音並記。」

【按】據芝峯法師言，是年夏師返永嘉城下寮，因趙伯廎懇請，爲其先祖母書《華嚴經》一卷，以資迴向。

❻手書《阿彌陀經》題記：「歲次壬申六月，先進士公百二十齡誕辰，敬書《阿彌陀經》，迴向先考，冀往生極樂，早證菩提，並願以此迴向功德，普施法界衆生，齊成佛道者。沙門演音，時年五十三。」

【按】據劉質平說明：「《佛說阿彌陀經》，屏條式，五尺整張大小，共十六幅。每幅六行，每行二十字，分十六天寫成，爲先師生平最重要墨寶。余親自磨墨牽紙，觀其書寫。先師所寫字幅，每幅行數，每行字數，由余預先編排。布局特別留意，上下左右，留空甚多。師常對余言：字之工拙，佔十分之四，而布局卻佔十分之六。寫時關門，除余外，不許他人在旁，恐亂神也。大幅先寫每行五字，從左至右，如寫外國文。余執紙，口報字，師則聚精會神，落筆遲遲，一點一劃，均以全力赴之。五尺整幅，須二小時左右方成。」

❼贈劉質平書聯題記：「事能知足心常愜，人到無求品自高。先進士公六十八歲生余。今夏六月五日為公百二十齡誕辰。公邃於性理之學，身體力行，是聯句其遺作也。質平居士請書以為紀念。歲在壬申大華嚴寺沙門演音，時居箬山。」

【按】箬山即伏龍山。《讀史方輿紀要》卷九十二：「伏龍山，在（定海）縣西北八十里，狀如臥龍，屹立水際，爲番舶必由之道，一名箬山。」

⑧ 書古德法語贈夏龍文題記：「歲次壬申早秋，安居伏龍講苑。龍文居士書來，云將築室楊谿，埋名遯世，寫此付之，月臂。」

⑨ 致夏丏尊書：「朽人於八月十一日患傷寒，發熱甚劇，殆不省人事。入夜兼痢疾，延至十四日乃稍癒。至昨日（十八日）已獲痊癒，飲食如常，惟力疲耳。此次患病頗重，倘療養不能如法，可以纏綿數月。幸朽人稍知醫理，自己覓舊存之藥服之，並斷食一日，減食數日，遂能早痊，實出意料之外耳。……如此之重病，朽人已多年未患，今以五十之年，而患此病，又深感病中起立做事之困難（無有看病之人）。……陽曆九月十日以後，仁者或可返里，其時天氣已漸涼爽，乞惠臨法界寺，與住持預商臨終助念及身後之事，至為感企。……八月十九日，演音。」

⑩ 印西〈弘一法師〉：「壬申初秋，師大病，臥越東白馬湖之法界寺，漿水不進，彌旬臥床，常呼印西不止。時夏丏尊居士，方亦憩湖上，遽以電告。西自西湖北山靈峯寺，忍炎暑，步行至師前，侍奉湯藥，經二月餘，疾苦始間。」（見《弘一大師永懷錄》一〇八頁）

【按】關於這一年師在法界寺大病一事，我有些疑問，故初版《年譜》未載此事。因師致夏丏尊函，向不記年，至多僅寫月日。函中有「如此之重病，朽人已多年未患，今以五十之年而患此病」云云。此信寫於

「八月十九日」，而《永懷錄》中印西所作〈弘一法師〉一文，謂「壬申初秋，師大病，臥越東白馬湖之法界寺，……時夏丏尊居士方亦憇湖上，遽以電告。西自西湖北山靈峯寺，忍炎暑，步行至師前，侍奉湯藥，經二月餘，疾苦始間。」但師此次大病，據他致夏丏尊書云：「八月十一日患傷寒」，「十八日已獲痊癒，飲食如常」，前後不過一週；而印西謂「經二月餘，疾苦始間」，似言過其實。且師致夏函夾註，有「無有看病之人」之語，故印西所記，似可存疑。

⑪ 李鴻梁〈我的老師弘一法師李叔同〉：「師蒞紹興，先後共有三次。第一次是在一九二四年秋天。……第二次是在民國二十年（一九三一）秋。……第三次，大約是在民國廿一年（一九三二）上半年。那年我雖住在女師，但在五師（第五師範）還留有臥室，室在龍山南麓。……尚可住得，故法師初到卽住於此。學校離我家不遠，飯食由我家送去的。……後因附小學生在下面鬧得厲害，所以住了沒幾天就搬到城東草子田頭普慶庵裏去了。……師在此住了半個多月，寫了三百張佛號，一百張存蔡丏因處，二百張分存孫選青處與我處，囑分贈有緣者。曾名其室為『千佛名室』。」（見一九八三年十一月《浙江文史資料選輯》）

李鴻梁致蔡丏因書：「二十一年秋，重至紹興，居戒珠寺一週，為其先母題像。又與蔡（丏因）黃（寄慈）三人合攝一影為說法圖。」

⑫〈地藏菩薩聖德大觀序〉：「後二十一年歲次壬申九月，余居峙山，上海李圓淨居士來書，謂將助編《九華山志》，屬為供其資料。自惟鬀染以來，至心歸依地藏菩薩十有五載，受恩最厚。久欲輯錄教迹，流傳於世，讚揚聖德，而報深恩，今其時矣。後二月，雲游南閩，住萬壽巖。乃從事輯錄，都為一卷，題曰『地藏菩薩聖德大觀』。將付書局別以刊布，並貢諸圓淨居士備採擇焉。」

【按】峙山即慈谿鳴鶴場白湖金仙寺後之山名。

⑬致蔡冠洛、李鴻梁書：「惠書誦悉，即擬雲游。以後通信處，俟他日奉聞，不宣。演音啓，九月十日。」

⑭〈南閩十年之夢影〉：「於轉年（即民國廿一年）十月，我才又到廈門來，那是我第三回來閩南的時候了。於十月初抵廈門，那時由性願老法師的介紹，住到山邊巖去，但同時亦時常到妙釋寺小住。」

⑮致李晉章書：「惠書誦悉，……數年前上海報紙已載余圓寂之事，今為第二次。記載失實，報中常常有之，無足異也。……星命家言，余之壽命與尊公相似，亦在六十或六十一之數。壽命修短，本不足道，姑妄言之可耳。……舊十一月廿八日，演音啓。」

⑯常惺法師任南普陀寺住持受請典禮：「太虛大師致歡迎詞：『今天（一九三二年十二月二日）是南普陀、閩南佛學院，開會歡迎常惺法師和弘一法師的一天。因太虛此次任本寺本院職務第二屆將滿，……依照民十三年所定的選舉法，選舉新住持。當時承大衆再三留任，但太虛絕不能再留任，故後來大家一致選常惺法師為本寺新住持。常惺法師從前在此住有很久之時期，大概亦為多數人所知。……他對於佛教教育之提倡，其歷史有非常之久遠，其為法為人的廣大心於現在僧伽中實難多得。……這是今天歡迎常惺法師的意義。

「可是恰巧弘一律師亦到此間。弘一律師在中國僧伽中可說是持戒第一。其道德與品格為全國無論識者和不識者一致欽仰，為現代中國僧伽之模範者，這是我們表示不勝歡迎的。』攝影見《海潮音》第十四卷第五號。」（文見一九三三年四月廈門《現代佛教》第五卷第八期，勝濟記錄）

⑰〈人生之最後弁言〉：「歲次壬申十二月，厦門妙釋寺念佛會請余講演，錄寫此稿。於時了識律師臥病不起，日夜愁苦。見此講稿，悲欣交集，遂放下身心，屏棄醫藥，努力念佛。並扶病起禮大悲懺，吭聲唱誦，長跪經時，勇猛精進，超勝常人。見者聞者，靡不為之驚喜讚歎，謂感動之力有如是劇且大耶？余因念此稿雖僅數紙，而皆撮錄古今嘉言及自所經驗，樂簡略者或有所取。乃為治定，付刊流布焉。弘一演音記。」

【按】〈人生之最後〉共分七章：一緒言，二病重時，三臨終時，四命終後一日，五薦亡等事，六勸請發起臨終助念會，七結語。

⑱ 性常〈親近弘一大師之回憶〉：「逮民國壬申年十一月自溫蒞廈。時余居中山公園妙釋寺。適大師獨乘人力車到寺，不勝忭踊。遂對寺主建議，將余臥室讓大師安宿。大師甚喜，立即手書晉譯華嚴經的『戒是無上菩提本，佛為一切智慧燈』一長聯予余。越數日，寺主善契法師對余倡議，懇留大師在寺度歲。余偕契師進大師前拜陳此意，承師喜諾。斯時瑞今法師同廣洽法師住在太平巖。洽師與大師早有密切關係，屢屢偕今師前來拜謁。今洽二師於晤談次，屢勸請大師傳授律學。」

⑲ 曇昕〈音公本師見聞瑣記〉：「他自削髮以來，對於當年雅稱三絕之一的雕刻，很少製作。聽說他在萬壽巖時，曾為了智上人刻一顆『看松日到衣』五個隸字，刀法蒼古，極為難得云。」

⑳ 廣義〈「看松月到衣」印章題記〉：「此印為民國廿一年壬申春二月，晚晴老人居鷺江禾山萬壽巖，刻贈與同住本寺之了智大師者。此中蓋有一段因緣在焉。智師聞老人善畫，欲請畫一彌陀佛像供養。老人謂曰：余自出家未曾事畫，己近廿載。屢請畫未應，不得已刻此印以為紀念，此印亦云希有。」

【按】此印五字，係唐李義山詩句，其中「月」字，前誤爲「日」字。蓋萬壽巖原有古松數株，故「萬壽松聲」，列爲厦門八景之一。智師禪房近古松，故晚晴老人刻李義山此句贈之。了智上人，泉州南安人，爲近代閩南尊宿定賢長老之高足。一九一二年曾於厦門南普陀旃檀林從轉初法師受業，繼參虎溪巖會泉法師。其後參學江浙及南洋各地，曾任職南普陀多年，閩南僧衆推爲老參。晚年歸隱南安湧蓮寺而寂。

一九三三年（民國二十二年癸酉）　五十四歲

正月初八日，自萬壽巖移居中山公園妙釋寺。就寺爲念佛會講〈改過實驗談〉❶。是夜夢身爲少年，偕儒師行，聞有人誦《華嚴經》，並見十餘長髯老人，結席團坐談法。師謂爲乃在閩弘法之預兆❷。醒後乃將夢中所聞《華嚴經》偈句，追憶書贈普潤（廣洽）法師，並加題跋，叙其因緣❸。正月半後，自編《四分律含註戒本講義》，準備在妙釋寺講律❹。開講時，自述弘律之本願與失敗經過，足以窺見大師在閩弘律之因緣❺。是月，竹園居士虞愚以幼年書法呈閱，師爲題二偈，並加題記贈之❻。二月一日致書蔡冠洛，謂在此講比丘律，法緣甚勝，或即在閩南過夏。請他惠施簡要易解的學校用教授法書一部，以備研習教授律學之用❼。同月，爲胡宅梵居士作〈地藏菩薩本願經白話解釋序〉❽。二月八日，重返萬壽巖，開講《隨機羯磨》，並自編講義，至五月八日圓滿❾。時聽衆甚盛，且皆志願堅固，皆自己發心過午不食。師曾致書芝峰法師，道及此事，深致讚歎❿。四月居萬壽巖，重編蕅益大師警訓爲《寒笳集》⓫。五月初三日爲蕅益大師聖誕，師親爲諸學者撰〈學律發願文〉，同發四弘誓願，並別發四願⓬。五月初十日，大師應泉州開元寺主轉物和尚之請，率學者十餘人自厦赴泉，安居於開元寺尊勝院（今爲弘一法師紀念館），專工圈點《南山鈔記》，圈畢自記十餘年研究《行事鈔》始末甚詳⑬。時又爲「南山律苑」撰〈南山律苑住衆學律發願文〉，署名者除大師外，學律弟子共十一人：性常、廣洽、了識、心燦、本妙、瑞今、瑞曦、瑞澄、妙慧、瑞衞、廣信⑭。是時致書蔡冠洛，謂講律尙須繼續，託他代購水彩畫用鉛瓶裝硃紅顏料，以分贈學律諸師圈點律書⑮。是年五月，大師居尊勝院講律時，常定期出題；令學律諸師各寫心得，親爲閱卷並加批改。其中以性常所作諸篇，最受大師賞識。現存性常法師遺作十餘篇，均有大師批語⑯。閏五月爲盧世侯居士，題〈地藏菩薩九華垂蹟圖讚〉⑰。七月十一日在承天寺爲幼年學僧講《常隨佛學》之義，廣引經律，善巧開導⑱。七月底，大師依《瑜伽師地論》錄出〈自誓受菩薩戒文〉，命學律同學隨意自於佛前受之⑲。八月一日始，續編《戒本羯磨隨講別錄》，廿四日始續講。於講期中，並編《南山道宣律祖略譜》(又)。八月性願法師主辦月臺佛學社，培養幼年僧衆，請師代擬教育方法。師致書提了一些具體意見，以備採擇，足見其對幼年僧衆的教育思想⑳。十月三日，爲南山律祖涅槃日。是日大師追憶宣祖晚年手撰《羯磨疏》自終南豐德寺出，爰以「豐德」作爲性常別號，使其不忘宣祖之聖躅，具見其攝化之深心㉑(又)。是秋，弟子廣洽爲大師攝製肖像，請豐子愷題偈，分贈諸友㉒。五月間，師初至泉，即撰一長聯，擬懸之尊勝堂前，後因故未果。十月初以此聯稿書贈普潤法師㉓。小春十月，偶出泉州西門外，在潘山路旁，發見「唐學士韓偓墓道」，登臨展謁，至爲驚喜。師極佩詩人韓偓的忠烈。因韓偓於唐末避地來閩依王審知。被館於招賢院，史家稱他爲唐宋完人。

遂囑高文顯居士編著《韓偓評傳》，自撰〈香奩集辨僞〉一章，可見其文學意趣仍未喪失㉔。（自師展韓偓墓後，泉州老進士吳增（桂生），即勸華僑黃仲訓施資修復。）十月下旬，師撰《梵網經菩薩戒本淺釋》脫稿。十一月十五日，屬瑞今法師往厦妙釋寺代座宣講，性常亦隨今師前往聽習㉕。同日，大師應石獅草庵庵主之請，由傳貫法師陪同蒞庵過冬，性常在厦聽經後，亦詣庵侍大師度歲㉖。爲託高文顯編《韓偓評傳》，致書上海蔡冠洛代購《韓內翰別集》，以供參考。並謂不久仍往惠安講經㉗。歲晚至月臺隨喜佛七法會，受請擬泉州〈梵行清信女講習會規則幷序〉，謂「南閩無比丘尼，常人謂爲憾事。」「律謂女人出家，佛本不許。以若度者，正法減半。阿難上請，佛令依『八敬法』，乃許出家。像季以還，尼行八敬法者，殆所罕聞。乖違律制，摧壞大法。南閩無比丘尼，非憾事也。」師爲女衆定名爲「梵行清信女」，並出規則，以資率循㉘。師至草庵，爲撰「草庵」冠頭聯一副；又撰摩尼石像聯一副，以爲紀念㉙。時蔡冠洛邀師返浙，師以「閩南冬暖夏涼，頗適老病之軀」謝之㉚。是年除夕之夜，大師於意空樓（庵內樓名），登座佛前爲傳貫與性常二師，選講靈峯大師〈祭顓愚大師爪髮衣鉢塔文〉，寄慨遙深㉛。

注釋

❶〈改過實驗談〉：「余於講說之前有須預陳者，即是以下所引諸書，雖多出於儒書，而實合於佛法。因談玄說妙修證次第，自以佛書最為詳盡。而我等初學人，持躬敦品，處

事接物等法，雖佛書中亦有說者，但儒書所說，尤為明白詳盡，適於初學，故今多引之。」

【按】改過次第，分爲「總論」與「別示」二門。總論分「學」、「省」、「改」。別示舉出十條：一、虛心，二、愼獨，三、寬厚，四、喫虧，五、寡言，六、不說人過，七、不文己過，八、不覆己過，九、聞謗不辨，十、不瞋。略引古代聖賢名言，以說明自己五十年來之改過實驗。（見《晚晴老人講演集》）

❷ 性常〈親近弘一大師之回憶〉：「大師於未應請（傳授律學）前，曾於夜中得一奇夢，夢十餘長髯老人結席團坐談法。大師親求加入席間，坐誦華嚴經偈一長篇。醒已尚憶，乃篝燈寫出，贈洽師以留念。大師是朝謂余云：『余於夜闌，得是奇夢，係居閩宏律之預兆。』乃開始編《四分律含註戒本講義》。」

❸ 〈醒後書「華嚴經偈」贈普潤法師題記〉：「歲次癸酉正月八日，移居妙釋禪寺。是夜余夢身為少年，偕儒師行。聞後有人朗誦華嚴偈句，審知其為賢首品文。音節激楚，感人甚深，未能捨去。與儒師返，見十數人席地聚坐，中有一人操理絲絃，一長髯老人即是歌者。座前置紙，大字一行，若寫華嚴經名。余乃知彼以歌而說法者，深敬仰之，遂欲入座。因問聽衆：可有隙地容余等否？彼謂兩端悉是虛席。余即脫履，方欲參座，而

夢醒矣。回憶《華嚴賢首品》偈，似為「發心行相五頌」。因於是夜篝燈書之。願盡未來際，讀誦受持，如說修行焉。演音。普潤法師供養，後五日並記。偈云：

菩薩發意求菩提，非是無因無有緣。
於佛法僧生淨信，以是而生廣大心。
不欲五欲及王位，富饒自樂大名稱。
但為永滅眾生苦，利益世間而發心。
常欲利樂諸眾生，莊嚴國土供養佛。
受持正法修諸智，證菩提故而發心。
深心信解常清淨，恭敬尊重一切佛。
於法及僧亦如是，至誠供養而發心。
深信於佛及佛法，亦信佛子所行道。
及信無上大菩提，菩薩以是初發心。」

❹〈南閩十年之夢影〉：「民國二十二年正月二十一日，我開始在妙釋寺講律。」

❺性常〈親近弘一大師之回憶〉：「擇癸酉正月十六日始講，至二月七日圓滿。大師初開講（《含註戒本》）時，曾述此次講律與未來之希望云：——『余於出家受戒之時，未能如法。準以律儀，實未得戒。本不能弘揚比丘戒律，但因昔時既虛承受戒之名，其後又

隨力修學，粗知大意，欲以一隙之明，與諸師互相研習，甚願得有精通律義之比丘五人出現，能令正法住於世間，則余之宏律責任即竟。故余於講律時，不欲聚集多衆，但欲得數人發弘律之大願，肩荷南山之道統，以此為畢生之事業者，余將盡其綿力，誓捨身命，而啓導之。余於前二年（民二十年）既發宏律願後，五月居某寺（按：慈谿五磊寺），即由寺主發起辦律學院，惟與余意見稍有未同。其後寺主亦即退居，此事遂罷。以後有他寺數處，皆約余辦律學院，因據以前之經驗，知其困難，故未承諾。以後即決定宏律辦法，不立名目，不收經費，不集多衆，不固定地址等。此次在本寺（厦門妙釋寺）講律，實可謂余宏律第一步也。余業重福輕，斷不敢再希望大規模之事業。惟冀諸師奮力興起，肩荷南山一宗，廣傳世間，高樹律幢，此則余所祝禱者矣。』」

❻〈題竹園居士幼年書法〉：「文字之相，本不可得。以分別心，云何測度？若風畫空，無有能所。如是了知，乃為智者。

「竹園居士，善解般若。余謂書法亦然。今以幼年所作見示，歎為玄妙。即依是義，而說二偈。質諸當代，精鑒賞者。癸酉正月，無礙。」

❼致蔡冠洛書：「……音在此講比丘律學，法緣甚勝。數日後仍續講，或即在南閩過夏也。學校用教授法書，乞擇其簡要易解者，惠施一部，以備研習教授律學之用也。盧居士藏東西洋出版佛像畫甚多，有日本人編《蓮座》一部三册，專述佛菩薩像之蓮座種種

形式，甚為美備。仁者未能來此觀覽，至為憾事耳。不宣。演音疏，二月一日。」

⑧〈地藏菩薩本願經白話解釋序〉：「己巳（按：己巳當爲庚午之誤，因己巳年師尚未至金仙寺，或因追記致誤也。）九月，余來峙山，居金仙寺。翌日，宅梵居士過談，齎彼所作五言古詩一卷。余謂其能媲美陶王，求諸當世未之有也。是歲十月，天台靜權法師蒞寺，講《地藏菩薩本願經》義。余以本願章疏，惟有科注一部，淵文奧理，未契初機。乃勸宅梵撰白話解，而為銓鍵。逮於明年，全編成就，乞求禾中古農長者以刪正之。遍將付刊，請書敍言。為述昔日斯事因緣，以示後之學者。於時後二十二年歲次癸酉二月賢首院沙門勝臂。」

⑨性常〈親近弘一大師之回憶〉：「二月八日後，諸同學移住萬壽巖。大師開始編《隨機羯磨講義》。三月九日始講《羯磨》，至五月八日圓滿。」

⑩致芝峯法師書：「此次講律，聽衆甚盛。寄住寺中者六七人，皆自己發心過午不食。內有二人，患肺病甚劇，中一人正在嘔血不止。臥床不起之時，而立刻停止晚餐，不顧身命，尤令人感佩。現已講《羯磨》。若欲深造，非有三五年之工夫專心研習不可。聽衆中有二三人誓願甚堅固，或可發心專修也。演音和南三月三日。」

⑪〈蕅益大師警訓略錄序〉：「壬戌之歲，嘗依《靈峯宗論》摭寫警訓一卷，顏曰『寒笳集』。辛未仲秋，又為裒纂，題曰『蕅益大師警訓略錄』。今復改集，並存二名，挈錄

之意，惟以自惕，故於嘉言，多有闕遺。後之賢者，幸為增訂焉。於時後二十二年歲次癸酉四月，學南山律於禾山萬壽巖。晉水瓔珞院沙門善臂集。」

⑫ 性常〈親近弘一大師之回憶〉：「五月初三日，恭值靈峯蕅益大師聖誕。大師是日親為諸學者撰學律發願文云：『學律弟子等，敬於諸佛菩薩祖師之前，同發四宏誓願已。並別發四願：一願學律弟子等，生生世世，永為善友，互相提攜，常不捨離，同學毗尼，同宣大法，紹隆僧種，普利衆生。一願弟子等學律及以宏律之時，身心安寧，無諸魔障，境緣順遂，資生充足。一願當來建立南山律院，普集多衆，廣為宏傳，不為名聞，不求利養。一願發大菩提心，護持佛法，誓盡心力，宣揚七百餘年湮沒不傳之南山律教，流布世間；冀正法再興，佛日重耀。並願以此發宏誓願，及以別發四願功德，乃至當來學律一切功德，悉以迴向法界衆生。惟願諸衆生等，共發大心，速消業障，往生極樂，早證菩提。』」

⑬ 〈圈點南山鈔記題記〉：「鬀染後二年庚申，請奉東瀛古版《行事鈔記》，未遑詳研。甲子四月，供施江山；逮於庚午六月居晚晴山房，乃檢天津新刊詳閱圈點，並鈔寫科文改正譌誤。迄今三載，始獲首尾完竣。是三載中，所至之處，常供養奉持。辛未二月居法界寺，於佛前發專學南山律誓願。是夏居五磊寺，自誓受菩薩戒，並發宏律誓願。臘月移居伏龍。壬申九月歸臥永寧（溫州）。十一月至南閩，講《含註戒本》於妙釋寺，講

《隨機羯磨》於萬壽巖。癸酉五月居溫陵大開元寺。越二月，乃得點錄校竟，並為述斯事始末，以示後賢。」

⑭

手書〈南山律苑住衆學律發願文〉：

中華民國二十二年，歲次癸酉五月二十六日，卽舊曆五月初三日，恭值靈峰蕅益大師聖誕，學律弟子等敬於諸佛菩薩祖師之前，同發四宏誓願。（別發四願，見本年第⑫條）……

敬祈

南山道宣律師

靈芝元照律師

靈峯蕅益大師，慈念哀愍，證明攝受。

學律弟子：弘一演音　性常宗凝　照融廣洽

傳淨了識　傳正心燦　廣演本妙

寂聲誰真　寂明瑞曦　寂德瑞澄

騰觀妙慧　寂護瑞衞　廣信平願

【按】性常爲學律衆中上首，音公深爲器重。惜大師寂後一年，彼亦示寂，年僅三十二歲，識者惜其早逝。了識、心燦、本妙三師亦早入寂，大師均爲作傳（見《弘一法師・疏銘傳記》）。誰眞卽瑞今（諧音），卽今菲律賓大乘信願寺住持。廣洽，一號普潤，卽今新加坡龍山寺住持，今年已九十一歲。

⑮ 致蔡冠洛書：「惠書，欣悉一一。講律尚須繼續，今歲未能北上，便中乞託人向上海棋盤街藝術社或他處購水彩畫用鉛瓶裝硃紅顏料兩打。原名 Virmilion，德國 Schoenfeld 公司製。……此物分贈與學律諸師圈點律書及余自用，乞以惠施。俟購後付郵寄下為感。演音疏。」

⑯ 《性常學律心得》批語：「一、〈衣藥受淨篇制聽本意〉，批云：『明白暢達』。二、〈諸說戒法篇之鵠義〉，批云：『敘事清楚，起訖尤佳。』三、〈諸衆安居篇注出本意〉，批云：『明顯通達』。四、〈諸衆自恣法篇之要義〉，批云：『若網在綱，有條不紊』。五、〈諸分衣法篇存亡捨施義〉，批云：『秩序井然，善能用心』。六、〈懺六聚法篇之悔露義〉，批云：『羅羅清疏』（開朗放誕貌，見《世說新語・賞譽》）。七、〈染法住持篇之概要〉，批云：『珠聯璧合，如數家珍』。八、〈隨機羯磨法緣成篇大意〉，批云：『清楚明瞭，有如指掌，足徵用心。若依此法，繼續研究他篇，則彌善矣』。九、〈諸界結解篇之肇緣與方法〉，批云：『依文敘述，層次井然，宜與諸同學閱之』。十、〈諸戒受法篇之略義〉，批云：『依此敘述，有條不紊，結文寄慨遙深』。

「越年五月，大師總結批語云：『統觀以前所作諸篇，有美畢臻，精義悉具，實有學律之天才。今後尚能專心繼續研習，深入律海。三年小成，十年大成。弘宣毘尼，紹隆僧種，能令正法，再住世間，匪異人任也。勉之！』

甲戌五月十九日，演音批。」

⑰ 〈地藏菩薩九華垂蹟圖讚〉題記：「壬申仲冬，余來禾島，始識世侯居士，時方集錄《地藏菩薩聖德大觀》。居士割指瀝血，為繪聖像，捧持入山。余感其誠，因請續畫『九華垂迹』。爾後世侯往青陽覲禮聖蹟，復游錢塘、富春。逮於四月，藻繪已訖，余為忭喜，略綴讚詞，併輯一帙。冀以光顯往迹，式酬聖德焉耳。於時後二十二年歲次癸酉閏五月，住溫陵大開元寺尊勝院結夏安居。大華嚴寺沙門弘一演音。」

⑱ 《常隨佛學》：「《華嚴經行願品》末卷所列十種廣大行願中第八曰『常隨佛學』。若依《華嚴經》文所載種種神通妙用，絕非凡夫所能隨學。但其中經律等，載佛所行事，有為我等凡夫作模範，無論何人皆可隨學者，亦屢見之。今且舉七事：

「一、佛自掃地。二、佛自舁弟子及自汲水。三、佛自修房。四、佛自洗病比丘及自看病。五、佛為弟子裁衣。六、佛自為老比丘穿針。七、佛自乞僧舉過。」（詳見《弘一大師講演續錄》）

⑲ 性常〈親近弘一大師之回憶〉：「七月三十日，大師依《瑜伽師地論》錄出自誓受菩薩戒文，命余等諸同學隨意自於佛前受之。」

(文) 八月一日始，大師續編《戒本羯磨隨講別錄》。廿四日始續講。於講期內，並編《南山道宣律祖略譜》。十月三日，為南山律祖涅槃日，《戒本羯磨》，初次講解都訖。時居溫陵尊勝院。

⑳ 致性願法師書：

性老法師慈座，前承詢問學社幼年僧衆教育方法，謹陳拙見如下，以備採擇。

應分三級：

丙級（年不滿二十歲者），以學勸善及闡明因果報應之書為主，兼淨土宗大意。大約二年學畢。

乙級（二十歲以上），學律為主，兼學淺近易解之經論。大約三年學畢。

甲級，學經論為主（精微之教義）。大約三年學畢。

今且就丙級詳記辦法如下：

每日五課：㈠讀、背經；㈡講《安士全書》全部；㈢選讀四書及講解；㈣國語（所用材料如《法味》、《談因》、《彌陀經白話解》等，即依此練習語言，兼獲法益）；㈤習字；又隨時於課外演講因果事蹟及格言等。並選《印光法師嘉言錄》隨時講之。讀經背誦經，所用之經，可以隨意酌定。如《地藏經》、《普門品》、《行願品》等。《安士全書》，印光法師盡力提倡，未可以其前有陰隲文而輕視之也。

四書中，《論語》全讀、先讀，其餘依次選讀之。……

以上之辦法，與印老法師之主張多相合。二年之中，如此教授，可以養成世間君子之資格。既有此根基，然後再廣學出世之法，則有次第可循矣。

以上所陳拙見，敬乞教正，惟乞勿傳示寺外之人。因上所陳者，不敢自謂為盡善。不過姑作此說耳。區聯已寫就，先以奉上。

順頌

法安

末學演音稽首　八月十三日午後

【按】此書可能寫於一九三三年，時師居泉州開元寺，而性願法師則在承天寺辦「月臺佛學社」也。承天寺為泉州三大叢林之一，月臺為承天寺別名。

㉑ 性常〈親近弘一大師之回憶〉：「十月三日，為南山律祖涅槃日，戒本羯磨，初次講解都訖。大師是日追憶宣祖晚年手撰《羯磨疏》，自終南豐德寺出。爰以『豐德』命予別號，使余不忘宣祖之聖蹤。」

(又) 〈唐新羅國青丘太賢法師偈〉題記：

勇士交陣死如歸　丈夫向道有何辭
初入恒難永無易　由難若退何刼成
丈夫欲取三界王　當揮智劍斬羣魔
吾於苦海誓無畏　莊嚴戒筏攝諸方

二十二年歲次癸酉正月二十一日，開講《四分律含註戒本》三卷、《戒相表記》一卷、《刪補隨機羯磨》二卷，迄於十月三日講竟。是日為南山道宣律祖涅槃之時，性常律師爰立別字曰豊德。以我律祖晚年居終南山豊德寺，重修隨機羯磨，刪定僧戒本及重出羯磨疏含注戒本并疏等，皆在此時。律師字曰豊德，將以追隨律祖遺囑，中興律宗而紹隆光大焉耳。　演音書，時年五十有四。

㉒ 豊子愷題弘一法師肖像：「廣大智慧無量德，寄此一軀肉與血。安得千古不壞身，永住世間刹塵劫。廣洽法師屬題弘一法師肖像。一九三三年秋，豊子愷。」

㉓ 〈尊勝堂楹聯并題記〉：「南山律敎，已七百年湮沒無聞，所幸遺編猶存海外；晉水僧園，有十數衆弘傳不絕，能令正法再住世間。
此聯，於今年五月撰就，本擬書寫，懸諸尊勝堂前。後因故不果行。爰以此稿，奉諸普潤法師，聊為紀念耳。
是歲十月二日為講律圓滿前一日　演音」

【按】過了九年，師自將上下聯各改了幾個字。上聯的「七百年」改爲「八百年」。「無聞」改爲「無傳」。「所幸」改爲「何幸」，「海外」改爲「東土」。下聯的「弘傳」改爲「承習」。意義更爲明確。上聯題「南山律苑聯，癸酉夏撰」，下聯題「壬午重錄，忽忽九載矣。善夢」。大師卽於是年入滅，可見他對南山律教如何的關懷了。

㉔ 高文顯〈弘一大師的生平〉：

當癸酉小春的時候，他曾坐車經過西門外，在那潘山的路旁，矗立著晚唐詩人韓偓的墓道，給他看到了。他驚喜欲狂，對著這位忠烈的愛國詩人，便十分注意起來。

他與韓偓很有緣，而且很佩服詩人的忠烈。因為韓偓於唐末避地來閩依王審知，被館於招賢院中，以終其身。那種遭着亡國的慘痛，耿耿孤忠，可與日月爭光。所以唐史稱他為唐宋完人。我們的法師，更想要替他立傳，以旌其忠烈了。

經過一年後，他搜集了許多的參考資料給我，囑我為詩人編一部傳記。我於是經過二三年的搜集，便於去年（廿六年）把傳記完成。不幸於上海戰事起時，開明總廠被焚，而正在排印的稿件也燬於火了。

法師說，也許因為對于韓偓讚美太過了，所以遭着不幸哩！因為他在韓偓的傳中曾有一章〈香奩集辨偽〉，用十二分的考古癖，把《香奩集》證明是偽作，而說韓偓絕不是做

香奩詩的人。因此把韓偓在文學史上做着唯美派的總代表的地位推翻了。（《覺音月刊・弘一法師六十大壽紀念號》）

【按】高文顯所著《韓偓》一書，一九八四年已由臺北市新文豐公司出版。

㉕性常〈親近弘一大師之回憶〉：「十月二十八日，大師撰《梵網經菩薩戒本淺釋》，至十一月十五日，稿本撰就，屬瑞今法師往厦妙釋寺代座宣講。余隨今師前往聽習。」

㉖性常〈親近弘一大師之回憶〉：「十一月十五日，大師應草庵寺主請，由傳貫法師陪大師蒞庵過冬。余在厦聽經畢，遂詣庵伴大師度歲。」

㉗致蔡冠洛書：「前復書，想已達到。唐韓偓墓在泉州城外，近託高文顯居士編《韓偓評傳》一卷刊行。《韓內翰別集》，上海古書店如有存者，乞購一部惠施。此書編輯之旨，在辨明《香奩集》：一非彼所作；一記偓晚年到閩後諸事。其他僅略記梗概耳。余不久仍往惠安，講經後返草庵度歲。……演音啓。」

㉘〈梵行清信女講習會規則幷序〉：
南閩無比丘尼，常人謂為憾事。寧知是固非佛意也。律謂女人出家，佛本不許。以若度者，正法減半。其後便自剃髮，阿難尊者三請。佛令依「八敬法」，乃許出家。像季以

還，尼行「八敬法」者殆所罕聞。乖違律制，摧壞大法。南閩無比丘尼，非憾事也。

南閩女衆習佛法者，恒受三歸五戒，為清信女。亦有併斷正婬者，別居精舍，有如僧寺，俗云菜堂，稱女衆曰菜姑。其貞節苦行，精勤課誦，視比丘尼殆有過之。所缺陷者，佛法大綱罕能洞解，文字智識猶有未足耳。

昔年性願老人深鑒於是，頗欲集諸女衆，施以誨導。乃助緣不具，卒未成就。癸酉（一九三三）歲晚，余來月臺隨喜佛七法會，復為大衆商榷斯事。承會泉、轉塵二長老歡喜讚歎，樂為倡助。并屬不慧為出規則，以資率循。爰據所見，粗陳其概。未能詳盡耳。

十二月八日，沙門演音書。

一、俗云菜姑，亦云貞女。菜姑之名固有未當。貞女之名，亦濫俗稱。據《大智度論》，有五種五戒優婆夷，第五名斷婬優婆夷，正屬今稱清信女。清信女者，優婆夷譯意也。然其文字猶非雅馴，號召未便。茲以私意定名曰梵行。梵行者遠離婬欲行也。受五戒者唯斷邪婬，不名為梵。今正邪皆斷，方乃名梵行也。

一、第一次講習會，期限七日。借承天寺研究社教室講習。

一、每日授課四時，復講二時。（俗稱講小座，於已授者，令學者輪流復講也。）

一、第一次講習者，為佛法綱要及淨土宗大義等。（宜依范古農編《佛教問答》，印光法師《嘉言錄》，黃慶瀾《初機淨業指南》，李圓淨編《飭終津梁》等，講之。）

一、講授時，宜多用俗語。俾不識文字之人亦可了解。文言及佛學名詞，悉應少用。或不得已而用者，宜隨加解釋。

一、此規則甫撰就時，曾就正某師。某師謂教導女衆罕有實益，易致譏謗，勸中止此事。竊嘗反復審思。某師之言，固屬正見。然若辦理如法，十分謹慎，力避嫌疑。例如教師須延老宿，聽講不須對面（學者東西互向，教師一人面佛），課餘不許閒談，寄宿應在寺外。此皆某師所深慮者，今能一一思患預防，格外慎重，庶幾可以免譏謗乎？謹述某師忠告，幷贅拙見，以俟有道匡正焉。

㉙ 草庵冠頭聯：「草積不除，唯覺眼前生意滿；庵門常掩，勿忘世上苦人多。」

摩尼石像聯：「石壁光明，相傳為文佛現影；史乘記載，於此有名賢讀書。」

㉚ 致蔡冠洛書：「惠書誦悉，承護念甚感。講律未竟，不能返浙。又閩南冬暖夏涼，頗適老病之軀也。……演音疏。」

㉛ 〈祭顓愚大師爪髮衣鉢塔文〉：「嗚呼！人不難相愛，難於相知，翁真知我者哉。世縱有一二愛且知者，而志操相攜（離也）。某雖不敢擬翁泰山之德，幸三事略無違焉。尚質樸，絀虛文，不肯苟合時宜。注經論，讚戒律，不肯懸羊頭而賣狗脂。甘淡薄，受枯寂，不肯受叢席桎梏而掣其羈縻。嗚呼！以法門耆宿如翁，而旭過蒙知愛，又志操相合如此，其能已於懷也。翁所證深淺，非某能擬，而生平最傾心處，請略紀之：當今知

識，罕不以名相牽，利相餌，聲勢權位相依倚；如翁古道自愛者有幾？當今知識，罕不以掠虛伎倆，籠罩淺識，令生驚詫，如翁平實穩當者有幾？當今知識，罕不侈服飾，據華堂，恣情適意，如翁破衫草履、茅茨土階者有幾？當今知識，罕不精選侍從，前列後隨，如翁躬自作役，不圖安享者有幾？當今知識，罕不同流合污，自謂善權方便，慈悲調順，如翁不肯苟殉諸方，甘受擔板（具稱擔板漢，喻人之負板者只見前方，不見後方與左右，謂見聞狹窄也。——著者）之誚者有幾？故凡聞翁之風者，頑夫廉而不濫，懦夫立而不傾。伯夷之隘，所以為聖之清也。豈似枉尋直尺詭遇一朝者，身雖存名已先淪也哉。某每悲如來正法，一壞於道聽塗說、入耳出口之夫。再壞於色厲內荏羊質虎皮之徒。其父報仇，其子必且行劫。尤而效之，何所不逞。翁之爪髮衣鉢幸存，則翁之道風未滅，必有聞而興起者，庶共砥狂瀾於末葉乎？……」

大師是夕開示此文，寄慨時弊遙深，幾於流涕。講開示畢，賜余一橫幅，書「紹隆僧種」；右題「歲次癸酉與豐德法師同住草庵度歲，書此以為遺念。演音，時年五十又四。」

【按】顓愚大師名觀衡，霸州趙氏子。十四歲遇五臺惠仁老宿得度。參達觀、雪浪、雲棲諸大師，咸深器重。入曹溪，禮憨山老人。老人曰：此予三十年目所罕見者。師在南岳遇毒，下邵陵就醫。復覲老人於衡陽湖東寺，老人贈以法語千言，遂嗣其法。師在邵陵，結庵雙清磯後，顏曰五臺，不忘本也。丁丑（一六三七）至江西雲居，見山水豐厚，峯巒環拱，曰此天下第一大道場也，遂應請，居七年。振揚宗風，頓成淨土。旋領青原，繼至石城（南京），卓錫城北，顏曰紫竹林，道譽聞於吳楚。丙戌（一七〇六）示寂，弟子方融迎龕，塔於雲居。師一生領悟在楞嚴，時號圓通宗，清苦茹淡，身親畚挿，不事外緣，咸稱古佛。常坐禪大傘下，自署傘居和尚。生平言句行狀，詳見《紫竹林年譜》及塔銘等。（摘錄自《雲居山志》卷三「住持」）

一九三四年（民國二十三年甲戌）　五十五歲

是年元旦，在泉州草庵，講《含註戒本》❶。正月晉江梵行淸信女講習會第一期始業，師爲題「淸高勤苦」以勗勵之❷。同月厦門妙釋寺募資請《宋藏》。有一貧兒捨資一圓隨喜，師感其事，爲撰〈記厦門貧兒捨資請宋藏事〉以表彰之❸。正月廿一日爲蕅益大師忌日，師在草庵爲學友性常、傳貫等講〈祭顓愚大師爪髮衣鉢塔文〉及〈德林座右銘〉。先一夕，師恐塔文中文義不易理解，特略注數處以示學友，並另錄一紙以寄厦門普潤（廣洽）法師，可見其垂教學人的殷勤❹。（見致廣洽法師書附注）

二月，應南普陀住持常惺、退居會泉二法師之請，至厦整頓閩南佛學院僧教育。師至厦後，觀察因緣尚未成熟，整頓不易着手，並未到閩院去❺。同月僧普潤割指瀝血，師爲書《大方廣佛華嚴經》經題多紙，分施有緣❻。三月受請在南普陀爲寺衆講「大盜戒」一座❼。是月，蔡丏因居士居上虞白馬湖晚晴山房，師自厦致書，告以講律多忙，一時未能返浙，勸彼常居晚晴爲宜❽。同月，爲大醒法主撰〈地藏菩薩本願經說要序〉❾。五月，居南普陀後山兜率陀院，撰〈隨機羯磨疏跋〉，盛讚天津徐蔚如居士校刊律典之功德，以爲「正古本之歧誤，便初學之誦習。弘護律教，功在萬世」⑩。是月，書《華嚴集聯》偈句，贈武昌僧懺上人⑪。七月，爲佛教養正院擬定〈教科用書表〉。其所擬教育方法，除授課外，重在教師平時「訓話」；對於服勞及僧中威儀等，尤三致意⑫。同月，據敦煌寫本《隨機羯磨》與天津刊本對校，撰〈四分律隨機羯磨題記〉⑬。八月，披覽見月律師《一夢漫言》，並爲眉注及考輿圖爲繪「行腳圖表」，別錄〈行腳略圖表〉，撰〈一夢漫言跋〉⑭㊇。是年，應上海佛學書局沈彬翰居士之請，爲其母撰〈莊閑女士手書法華經序〉，全篇四言構成，文字至爲優雅⑮。同月，據《續藏》校勘《拾毘尼義鈔》並爲題記⑯。九月，撰〈見月律師年譜摭要並跋〉⑰，又撰〈一夢漫言序〉，並寫《隨講別錄》一紙竟，臥床追憶見月老人遺事，淚落不止痛法門之陵夷⑱。同月，陳敬賢居士之子共存訪師於兜率陀院，師詢敬賢近狀，共存告以已遵印光法師教導，專修淨業，師爲慶悅⑲，時弟子廣洽以大師五十五歲造像，寄贈文學家葉紹鈞（聖陶）居士，葉氏爲文記其事⑳。同月自撰弘律長聯加跋贈曇昕（廣義）法師，自述近年講律情況㉑；冬月應請至萬壽巖參加念佛堂開堂典禮，爲衆開示三日。謂近十數年來，閩南佛法日益隆盛，但念佛堂尚未建立，盛讚巖主本妙發願創建，開閩南風氣之先㉒。十二月，應上海李圓淨居士之請，爲撰〈福州鼓山庋藏經板目錄序〉㉓，又致函天津俗姪李晉章，請刻其常用之「亡言」、「吉目」、「勝音」、「無畏」、「大慈」、「音」、「弘一」等印章數方，並索寄四十年前天津名士所書之《昨非錄》㉔。歲晚居萬壽巖，以近歲僧衆盛倡學問，不尚操履，特選蓮池大師《緇門崇行錄》四門，以供佛學院作爲課本講解，並撰〈緇門崇行錄選錄序〉，以見其志㉕。是年書前後二月餘行事爲〈行腳散記〉，以贈芳遠居士㉖。

注釋

❶ 僧睿《弘一大師傳略》：「甲戌元旦，在草庵講《含註戒本》。」

【按】草庵在今福建石獅市蘇內鄉，創於宋代，爲現存世界摩尼教唯一遺蹟。大師初至草庵，即爲所居「意空樓」篆書樓額，上題「歲在甲戌二月」，下署「沙門一音題 性願贈」。庵內前面石柱，師爲撰「草庵」二字冠頭聯云：「草積不除，唯覺眼前生意滿；庵門常掩，勿忘世上苦人多」。庵內正中，有石造全身放光的「摩尼佛」像。兩旁木聯，師題句云：「石壁光明，相傳爲文佛現影；史乘載記，於此有名賢讀書」。近年草庵已被福建省人民政府立碑，定爲省級文物保護單位。一九八九年十一月二十六日，余與圓拙法師、陳珍珍、葉四遊、王寒風諸居士等同遊，草庵及意空樓已由大師生前學律弟子今居菲島之傳貫大德於一九八六年施資重修，煥然一新；並於庵前新建一大殿名「大華嚴寺」。四周柱聯多刻弘一大師手迹。

❷ 「清高勤苦」題記：「甲戌正月，晉江梵行清信女講習會第一期始業，書此以勗勵之。沙門一音。」

❸ 〈記廈門貧兒捨資請宋藏事〉：「二十二年夏曆六月，廈門妙釋寺募資乞請宋《磧砂

藏》，既已倡布。於十五日，有貧母携兒詣僧房中，舍資一圓，謂願以此助請宋藏。問何人施，曰小兒施。問是一圓何因而得？曰曩母常持一錢與兒，自求所須，兒不靡用，乃以聚儲。母數數與，綿歷歲時，始為一錢，暫盈一圓。久置兒懷，視若球璧。今日侍母詣寺禮佛。聞他人言募請宋藏，歡喜舞躍，歎為勝緣，遂舍所寶，而隨喜焉。兒衣敝衲，赤足無履，未及童年，名武彝也。甲戌正月沙門弘一演音撰。」（見《影印宋磧砂藏經》首册記事）

❹ 〈祭顓愚大師爪髮衣鉢塔文〉略注：「『枉尋直尺』，孟子云：『枉尺而直尋，宜若可為也。』枉尺直尋者言小屈而大伸也。尋，八尺也。今則反之，故曰『枉尋直尺』。詭隨，遇合不以正道也。

「荏，柔也。迡，音痴，走貌。砥狂瀾。砥音底，砥柱，山名，在黃河中。今稱人獨立不撓者，曰『中流砥柱』。穹窿，音窮隆，天之形也，中央高而四周下。古書云：『天穹窿而周乎下』。磋，磨也。甲戌正月廿一日為靈峯蕅益大師涅槃日，敬講〈祭顓愚大師爪髮衣鉢塔文〉及〈德林座右銘〉二首。先一夕，錄此以示學友，沙門演音並記，時居草庵，以奉普潤法師慧覽。」

❺ 〈南閩十年之夢影〉：「民國二十三年二月，又到南普陀寺來。……我這一回的到南普陀寺來，是因為常惺法師約我來整頓僧教育的；但是我觀察到佛學院的情形，覺得因緣

還沒有成熟，要想整頓，一時也無從着手。所以此後並未到閩南佛學院去。」

❻ 二月，「僧普潤割指瀝血，師為書《大方廣佛華嚴經》經題七字多紙，分施有緣。」

（見蔡丏因居士《年譜廣證》）

❼ 僧睿《弘一大師傳略》：「春末，受常惺、會泉二法師請，赴南普陀講『大盜戒』；囑瑞今法師創辦佛教養正院。栽培青年佛徒。並訓示青年應注意四項，即『惜福、習勞、持戒、自尊』。請扶桑藏經，校對南山三大部。四月至七月結夏安居，日食一餐。」

❽ 致白馬湖蔡丏因居士書：「……晚晴（山房）種樹甚好。余為講律多忙，一時未能返浙。仁者能常居晚晴為宜。因空室閉鎖易朽壞……。近得印度 Sultanmòhamed 公司所製名香，折斷為四小枝，附奉上。二月十七日，演音疏。」

❾ 《地藏菩薩本願經說要序》：「余以闇愚，獲聞大法，實由地藏本願攝之，蕅益《宗論》導之。戰戰兢兢，垂二十載。常念慈恩，未嘗一日忘也。去歲大醒法主曾輯《蕅益大師集》，既已付刊，近復齋示《地藏菩薩本願經說要》草稿，殷勤三復，不勝慶躍，為述昔緣，以證志同道合焉。歲次甲戌三月，晉水尊勝院沙門一音。」

❿ 《隨機羯磨疏跋》：「《隨機羯磨》，今所傳者有數本：敦煌石室古寫本（北京圖書館藏）、舊宋藏（宋崇寧三年刊，日本宮內省藏）、高麗藏（宋紹興二十一年刊）、宋藏（宋嘉熙三年刊）、元藏、明藏、及宋磧砂藏、清藏，並明清別刊本等。宋元諸藏，譌舛極多。明

藏雖稍校正，亦多妄改，惟高麗藏較為完善。天津刻經處徐蔚如居士，曾披諸本參互考訂，以麗藏為主，而參用他本之長，並據南山業疏及靈芝記以為指歸（後跋文中具詳），歷時年餘，乃成此册。正古本之歧誤，便初學之誦習，宏護律教，功在萬世。居士校刊諸書近二千卷，當以此册為最精湛，而扶衰救弊之功亦最偉矣。今復檢日本《大正新修大藏經》，詳為覆校，與舊宋藏及宋元明藏並南山疏鈔、靈芝記文，精密審定，稍有修改，俾臻完璧。學者讀此，應生難遇之想。宋元明藏本中，此書譌誤最多，舛錯脫落，滿紙皆是，惟有掩卷興嘆，束置高閣。若無今新校訂本，決定無人能誦習者。南宋以後，南山律教漸以湮沒，殆由是耶？余以夙幸，獲讀新校訂本，歡喜忭躍，歎為稀有。誓願盡未來際，捨諸身命，竭其心力，廣為弘傳；更願後之學者，奉持此册，珍如球壁，講說流布，傳燈不絕。俾吾祖律教可以光大熾盛，常耀世間耳。歲次甲戌十月，沙門演音敬書。」

⑪ 贈僧懺上人華嚴集聯並跋：「當度衆生界，當淨國土界；普入三昧門，普游解脫門。唐譯大方廣佛華嚴經入法界品彌勒菩薩說頌集句。僧懺上人供養，歲次甲戌五月尊勝院沙門髻目敬書。」

【按】僧懺為大醒法師別號，曾任閩南佛學院教務主任，與弘一大師交誼頗深。時在武昌任《海潮音》月刊編輯。

⑫〈擬定佛教養正院教科用書表〉附記：甲戌七月二十日於晉水蘭若出，以奉勝進居士。

（大意如下）：

學者程度：初識文字，不限年齡。

卒業年限：三年。

教育宗旨：深信佛菩薩靈感之事，深信善惡報應不爽，深知為何出家與出家後應作何事等等。

卒業成績：品行端方，知見純正，精勤耐苦，樸實無華。

第一年、第二年、第三年用講本（略）

訓話：（教師應參考書）

〔訓話為極重要之事，每日應二小時以上。各年級僧合併，共坐聽之。〕

釋迦牟尼佛略傳　佛學撮要

發心學佛因緣　觀音靈感錄

淨土聖賢錄　高僧傳初、二、三集等

國文不須別立一科，以所講佛書即是國文也。

僧伽尺牘亦不須學，以其無關緊要也。
習字但求工整，不須求精。
國語課本，由教師依佛法編之，不可用書局國語書，以其唯談世俗事也。
以上計有五件（訓話、讀書、講書、國語、習字），應更加習勞一科。院中不用使役。凡挑水、挑飯、掃地等，一切事務皆由學僧任之。
此外如僧中威儀，行坐進退，言語飲食禮拜，乃至課誦揵椎等，皆由教師於訓話時隨宜授之。
以上匆匆編定，唯就己意隨筆寫錄，恐未允當。謹以呈奉　有道，聊備採擇可耳。

沙門勝義

（第一年至第三年所用講本詳目，見《弘一法師紀念集》圖版四〇。）

【按】大師鑒於閩南沙彌失學，乃商諸南普陀寺住持常惺法師。自是年聘請瑞今法師爲佛教養正院主任，廣洽法師爲監學，廣義、高文顯等爲教員，並定秋季招生開學。師主張僧教育應自「蒙以養正」，故稱「佛教養正院」。

⑬〈四分律隨機羯磨題記〉：「甘肅敦煌有鳴沙山，山麓有三界寺。寺旁石室千餘，壁雕

佛像。清光緒庚子年（一九○○），因掃積沙，於壁破處見藏書甚多，皆唐人及五代人寫本，亦有雕本，佛經尤夥。蓋西夏兵革時保存於此也。壁書既已發現，遂多為英法日本諸國學者將去。吾國人更往搜求，精好之本已不可得矣。殘餘諸本，送存北京圖書館。昔年曾編《敦煌寫本佛經草目》一卷刊行，唯完整之本不可多得。又寫本中錯訛脫簡，充於篇帙，校勘刊布非易事耳。删補羯磨，敦煌石室藏有唐人寫本，僅存上卷及下卷末頁。今由北京刻經處及天津刊本與之對校，既竟，請余為酌定取舍。因汰其錯雜，擇其可依準者，錄入此冊，以備參考焉。甲戌七月十三日剃染十六年，演音謹記。」

⑭〈一夢漫言跋〉：「曩見經目，見《一夢漫言》，意謂今人所撰導俗書也。因求得一冊，披卷尋誦，乃知為明寶華山見月律師自述行脚事也。歡喜踴躍，歎為希有。反復環讀，殆忘寢食，悲欣交集，涕淚不已。因為料簡，附以眉注，並考輿圖，別錄行脚圖表一紙。冀後之學者，披文析義，無有壅滯耳。甲戌八月十日披誦訖，二十五日錄竟並記，時居晉水蘭若，弘一記。」

⑮〈見月律師行脚略圖跋〉：「甲戌（一九三四）八月二十三日，依《一夢漫言》對覓輿圖編錄，翌日錄竟。粗線示行脚所經之地，至丹徒海潮受戒為止。以下未畫粗線，恐致淆亂，學者自尋可耳。又隨侍三昧老人往各地開戒，諸地名等亦未列，因限於篇幅也。沙門一音，時居晉水蘭若幷記。」

⑮〈莊閑女士手書法華經序〉：「十法行中，一者書寫。考諸史傳，魏唐之際，書寫經典，每極殷誠。先修淨園，徧種楮樹，香草名花，間雜交植，灌以香水。楮生三載，香氣四達。乃造淨屋，香泥塗地，覓匠製紙，齋戒沐浴，盥漱熏香，易服出入。剝楮取皮，浸以香水。竭誠漉造，經歲始就。又築淨臺，於上起屋，乃至材瓦，悉濯香湯。堂中莊嚴，旛蓋鈴珮，周布香花，每事嚴潔。書寫之人，日受齋戒。將入經室，夾路焚香，梵唄先引，散華供養，方乃書寫。香汁合墨，沈檀充管，下筆含香，舉筆吐氣。逮及書就，盛以寶函，置諸香廚，安於淨室。有斯精誠，每致靈感。或時書寫，字字放光，或見天神，執戟警衞；或感瑞鳥，銜華供養。大衆仰瞻，咸發弘願，披函轉讀，恒燦異光。如是靈跡，史傳備載。嘗復尋覽，輒為忭躍。雖未能至，心嚮往焉。妙道女士，書法華經，端嚴精粹，得未曾有。邇將影印，宏傳流布，為記先範，冠於卷首，以勗來者，隨力奉行，俾獲感祐，利有情耳。後二十三年歲次甲戌晉江尊勝院沙門月幢時年五十有五。」

⑯〈校勘拾毘尼義鈔跋〉：「比丘尼觀願錄寫科文。今略校正，未及詳審。或恐猶有訛誤，且俟他日，更復披尋鈔文，一一對勘，以補其缺略也。於時癸酉七月十三日，剃染十五周年，居溫陵尊勝院，是歲八月二日，手裝並題，演音。

「歲次甲戌八月，對日本《續藏經》校勘一過。於時衰病纏綿，精力頹弊，多有未盡，俟後當更詳審耳。八月二十一日校竟並記，時居晉水蘭若。」

⑰〈見月律師年譜摭要並跋〉：「甲戌九月，依《一夢漫言》及別傳摭錄，唯舉梗概，未能詳耳。《漫言》上卷，自記年歲數次，可為依據。今編年譜，準此推衍。下卷謂順治七年五十歲者，或有舛誤，以待後賢改訂焉。晉水尊勝院沙門亡言。」

⑱〈一夢漫言序〉：「師一生接人行事。皆威勝於恩。或有疑其嚴厲太過，不近人情者。然末世善知識多無剛骨，同流合污，猶謂權巧方便，慈悲順俗，以自文飾。此書所述師之言行，正是對症良藥也。儒者云：『聞伯夷之風者，頑夫廉，懦夫有立志。』余於師亦云然。九月五日編錄年譜摭要訖，復檢閱《一夢漫言》，增訂標注。九月十三日寫《隨講別錄》二紙竟。臥床追憶見月老人遺事，並發願於明年往華山禮塔。淚落不止，痛法門之陵夷也。弘一並記。」

⑲〈記陳敬賢居士軼事〉：「甲戌九月十九日，共存至南普陀後山石室。余問敬賢近狀，彼謂已遵印光法師教導專修淨業矣，余為慶悅。」（全文見本譜一九二七年條）

【按】共存，爲新加坡僑領廈門大學創辦人、陳嘉庚胞弟陳敬賢之子。

⑳葉紹鈞〈幾種贈品〉：「兩個月前，接到廈門寄來一封信，拆開來看，是不相識的廣洽

和尚寫的，附帶贈我一張弘一法師的相片。……相片是六寸頭，並非『藝術照片』。布局也平常，跟身旁放着茶几，茶几上供着花盆茶盅的那些相片差不多。……依弘一法師的藝術眼光看來，也許會嫌得太呆板了。然而他對不論什麼都歡喜滿足。人家給他這樣布置了，請他坐下來的時候，他大概連連地說『好的，好的』吧。

「他坐在半桌的左邊，披着袈裟，摺痕很明顯；右手露出在袖外拈着佛珠，脚上還是穿着行脚僧那種布縷紐成的鞋。他現在不留鬍鬚了，嘴略微右歪，眼睛細小，兩條眉毛距離得很遠，比較前幾年，他顯得老了，可是他的微笑裏透露出更多的慈祥了。相片上題着十個字『甲戌九月居晉水蘭若造』，是他的親筆。……」（見葉紹鈞《未厭居習作》三九頁）

㉑ 曇昕〈音公本師見聞瑣記〉：「音公曾撰一聯：『願盡未來，普代法界一切衆生，備受大苦；誓捨身命，宏護南山四分律教，久住神州。』給余。跋云：『歲次癸酉正月二十一日為靈峯蕅益大師涅槃日，迄二月十五日，講《含註戒本》及《表記》初二編。三月初九日迄四月初八日居萬壽岩，講《隨機羯磨》。八月二十四日迄十月初三日為律祖南山道宣聖師涅槃日，住大開元寺補講都竟，敬發誓願，以安心策志，資成勝行焉耳。曇昉幷書，甲戌九月以奉廣義法師慧鑑。』」

㉒ 〈壬丙南閩弘法略志〉：「甲戌（一九三四）十一月，萬壽岩開創念佛堂，講說三日。」

〈萬壽岩念佛堂開堂演詞〉：「今日萬壽禪寺念佛堂開堂，余得參末席，深為榮幸。近十數年來，閩南佛法日益隆盛，但念佛堂尚未建立，衆皆引為憾事。今由本寺住持本妙法師發願創建，開閩南風氣之先。大衆歡喜，歎為希有。本妙法師英年好學，親近興慈法主講席，已歷多年，於天台教義及淨土法門悉能貫通。故今本其所學，建念佛堂，弘揚淨土，可謂法門之龍象，僧中之芬陀矣。今念佛堂既已成立，而欲如法進行，胥賴護法諸居士有以匡輔而助理之。……」

㉓

〈福州鼓山庋藏經板目錄序〉：「佛典雕鐫木版，昔人唯稱宋刻。近年於敦煌石室發見佛典，有唐末及五代刊者，乃知刻經始自唐末。然東國扶桑，於神護景雲四年（七七○），已刊《無垢淨光經》、《陀羅尼》四種。其古印本猶存法隆寺中。考彼時代，當吾唐國大曆五年，較敦煌發見者猶勝，遂為世界最古佛典雕版焉。爾後東國扶桑，歷宋迄清，雕版日盛，印傳之本，於今猶有存者，而珍逾球壁。殘楮一卷，值及數百，乃至千金。良由彼土學者，博聞好古，深識雕版意趣。近且有《甯樂刊經史》（甯樂爲日本古都奈良別稱——著者）等諸書傳布，為佛典雕版系統之研考。而吾國緇素，猶未聞於此少加意者，不其憾歟？昔年（按：一九二九年）余游鼓山。覽彼所雕《法華》、《楞嚴》、《永嘉集》等楷字方册，精妙絕倫。以書法言，亦足媲美唐宋，而雕工之巧，可稱神技。雖版角有少腐闕者，亦復何傷，彌益古趣耳。又復檢彼巨帙，有清初刊《華嚴經》

及《華嚴疏論纂要》，憨山《夢遊集》等。而《華嚴疏論纂要》為近代所希見者。余因倡緣印布，并以十數部贈與扶桑諸寺。乃彼邦人士獲斯秘寶，歡喜忭躍。遂為撮影鏤版，載諸報章，布播遐邇。因是彼邦僉知震旦鼓山為庋藏佛典古版之寶窟。然鼓山經版雖馳盛譽於異域，而吾國猶復湮沒無聞。逮及前歲，李圓淨居士乃勸請觀本法師往住鼓山，理整經版并輯目錄，以開流布之端緒。爾者目錄輯就，虛雲、觀本二老人，悉有序言。圓淨復請余別書弁辭，以讚鼓山雕版之殊勝。為略述之，未盡意耳。歲次甲戌十二月晉水尊勝院沙門演音。」

㉔ 致俗姪李晉章書：前奉明片，想已收到。茲有奉託者二事：

一、乞仁者為余刻印二三方，寄下以為紀念。大小大約如□或□（略大）、或○或☽皆可。其文字乞於下列數名中隨意選之。亡言、無得、吉目、勝音、無畏、大慈、大方廣、音、弘一。

二、四十年前津人習白摺小楷、恒用《昨非錄》，係翰林分寫小楷石印精本，共二冊。其文字皆嘉言懿行，頗可流傳。乞向舊書鋪或親友處覓求一部，惠施寄下，至感。

演音啓。寄圖章時，甚費周折，乞向郵局詢問為要。

㉕《緇門崇行錄選錄序》：「明季禪宗最盛，而多輕視德行。雲棲撰《緇門崇行錄》以匡救之。余嘗勸學院主任者，應用是錄為教本，以挽頹風。歲晚多暇，為選擇擬先講解者

而標誌之。十門之中，清素、嚴正、高尚、艱苦四門，選者較多，亦以針對時風，補偏救弊耳。甲戌歲晚，居禾山萬壽巖。勝音。」

【按】《緇門崇行錄》所羅十門，次第爲「清素、嚴正、尊師、孝親、忠君、慈物、高尚、遲重、艱苦、感應」。每門各錄古德善行十四五條。

㉖〈行脚散記〉：「癸酉十一月十一日，居草庵。十五日訖二十日，講《梵網經戒本》。十二月一日訖三日，講《藥師經》，回向故瑞意法師（二月二日、復念佛回向）。除夕夜，講蕅益大師『普說』二則。甲戌元旦訖十四日，講《四分律羯磨》初二篇。十九日二十日講羯磨。二十一日為蕅益大師涅槃日，設供並講大師遺作〈祭顓愚大師文〉〈德林座右銘〉二首。二十二日夜與大衆行蒙山施食，廻向鬼衆及草庵已故諸蜜蜂等。二月三日之廈門南普陀寺，開講《四分律行事鈔資持記》，為書弘律誓願句，並記二月餘行事，贈芳遠居士，以為遺念焉。沙門演音，時年五十又五。」

一九三五年（民國二十四年乙亥）　五十六歲

是年正月，居厦門禾山萬壽巖，校讀清末自日本請回之靈芝元照律師所著《阿彌陀經義疏》。巖主本妙請爲衆宣講，因撰《義疏擷錄》，並撰序述其因緣❶。開講期間，又撰〈淨宗問辨〉一文，於淨土法門，設置問答，剖析至詳，可以見師皈心淨土之宏願❷。二月，俗姪雄河居士李晉章所作篆刻寄至，師至欣喜，特函致謝❸。同月爲李汝晉居士書寫〈大悲咒〉一卷，並書跋語❹。三月，至泉州開元寺，爲衆講見月律師所述行脚求師時事的《一夢漫言》❺。講畢，移居溫陵養老院——卽宋朱熹講學之「小山叢竹」（後稱小山書院）故址。平居常爲養老院老人開示日常勞動諸事❻。時院中朱子祠過化亭缺額，師應葉青眼居士之請，爲補書幷題記❼。四月，將赴惠安錢山（卽淨峯寺）。臨行院長葉青眼居士謂此次州人士多來求字，少求法爲可惜。師答云：「余字卽是法」，可以見其自信❽。同月，師托俗姪李晉章在津訪購之《昨非錄》寄至，特函致謝，並告以將往百里外山中度夏，請暫勿通信❾。赴惠安淨峯寺時，弟子廣洽、傳貫二師隨行。洽師携有大師爲李汝晉所書《大悲咒》一卷，擬爲出版。高文顯居士作序，略述師至淨峯寺情況❿。

師至惠安淨峯之殊勝因緣，及惠安山川風物，人情習俗，可於以下事蹟見之。初至淨峯，見清末莊貽華〈詠淨峯寺〉詩，極爲欣賞，即手書其詩懸於壁上，今猶保存於紀念室⑪，又爲淨峯李仙祠⑫及客堂各題一聯，皆極雅馴⑬。師在淨峯研習南山三大部及靈芝三記。自撰一聯，以自策勵⑭。又爲廣洽法侶代定修持日課，並記蕅益大師入靈峯（浙江北天目山靈峯寺）因緣，可以見其修持思想之一斑⑮。其間曾數次致書夏丏尊，盛道淨峯環境之幽美，有如世外桃源⑯。六月間，編錄《含注戒本疏略科》⑰及撰〈含注戒本科跋〉，並自爲記⑱。九月間，以淨峯寺主他往，致書高文顯謂將移居草庵。〔附白〕：盛讚淨峯山石玲瓏，民風古樸，有如世外桃源⑲。秋晚將離淨峯，詠菊誌別⑳。十月一日，集錄《菩薩戒受隨綱要表》成，自爲題記㉑，同月爲念西法師撰〈龍袴國師傳序〉㉒。十一月間，應泉州承天寺傳戒法會禮請，于戒期中講〈律學要略〉三天㉓。闡述戒律傳入此土之因緣，與弘揚南山律宗之由來，及三皈、五戒、八戒，乃至菩薩戒之意義。要言不煩，全面而概括地介紹戒律的歷史和內容。語重心長，新戒皆感得未曾有㉔。戒期後，移居溫陵養老院。廣洽法師割指瀝血，師爲書寫《戒經》，並以餘血補書詩偈㉕。

十一月十九日，應請往惠安科山寺講演，並爲五人證受皈依。至十二月初三日始回泉州，旋即臥病草庵㉖。病中書「遺囑」一紙付侍者傳貫，吩咐身後諸事㉗。

注釋

❶〈阿彌陀經義疏擷錄序〉：「隋唐以來，釋小本《彌陀經》者數十家，而雲棲《疏鈔》、幽溪《圓中鈔》、靈峯《要解》，尤為時賢推重。但《疏鈔》繁廣幽奧，《圓中鈔》、《要解》亦復義理精微，非始學所能通貫。唯我律祖靈芝元照大師所出《義疏》無多高論，妙協經宗，善契時機，深裨後進。惜夫南宋以降，此土佚失不傳。元明諸師，咸未獲見。逮及清季，乃自扶桑奉返，刊版金陵。三十年來，猶無講解流布者，豈不以其文約義豐，言近旨遠，未有訓釋，無由弘傳耶？甲戌歲晚，余得扶桑國古刊《義疏聞持記會本》。《聞持記》者，南宋戒度，法久二律師撰述，以釋義疏，詮解詳明，曲盡疏旨。時禾山萬壽岩主（本妙）方以講說《阿彌陀經》勸請。余乃披尋義疏，兼考記文，依彼遺軌，隨力敷講。岩主并請別輯《義疏擷錄》一卷，將鏤版弘布，以被樂簡之機。纂錄既訖，為述往緣，用示後賢焉。於時後二十四年龍集乙亥春正月，晉水沙門僧胤居禾山萬壽岩念佛堂。」

❷〈淨宗問辨〉：

古德撰述，每設問答。遣除惑疑，翼贊淨土，厥功偉矣。宋代而後，迄於清初，禪宗最盛。其所致疑，多原於此。今則禪宗漸衰，未勞攻破，而復別有疑義，盛傳當時。若不商榷，或致誑亂。故於萬壽講次，別述所見，冀息時疑。匪曰好辨，亦以就正有道耳。

問：當代弘揚淨土宗者，恒謂專持一句彌陀，不須復學經律論等，如是排斥教理，偏讚持名，豈非主張太過耶？

答：上根之人，雖有終身專持一句聖號者，而絕不應排除教理。若在常人，持名之外，須於經律論等隨力兼學，豈可廢棄？且如靈芝疏主，雖撰義疏，盛讚持名。然其自行亦復深研律藏，旁通天台、法相等，其明證矣……。

【按】此文於淨宗反覆問難，至詳且精。問答全文頗長，茲且從略。

❸ 致李晉章書：「雄河居士：惠書誦悉。印石亦收到，篆刻甚佳。所屬各事，稍暇製就郵奉。先此奉答。演音啓，舊二月八日。」

❹ 手書〈千手千眼無礙大悲心陀羅尼〉跋：「龍集乙亥二月，敬書以奉汝晉居士供養，尊勝院智幢。」

❺ 僧睿〈弘一大師傳略〉：「乙亥春，蒞泉州開元寺，講《一夢漫言》。」

❻ 葉青眼〈紀弘一大師於溫陵養老院勝緣〉：「弘一法師移錫閩南，到溫陵養老院凡三次。第一次為乙亥年，住華珍室一二號房。吩咐晨午二餐，蔬菜不得逾兩味。客來相訪，為先通知，期間一十五天。他對老人開示：祇取日常瑣事，如汲水、破柴、烹茶、燒湯、掃地、洗衣、拂拭几案、澆水種花等操作。謂自己出家以來，皆躬自為

之……。」

❼〈過化亭題記〉：「泉郡素稱海濱鄒魯。朱文公嘗於東北高阜，建亭種竹，講學其中，歲久傾圮。明嘉靖間，通判陳公（陳堯）重建斯亭，題曰『過化』，後亦毀於兵燹。邇者葉居士青眼欲復古蹟，請書亭額補焉。余昔在俗，潛心理學，獨尊程朱。今來溫陵，補題過化，何莫非勝緣耶？遜國後二十四年歲在乙亥，沙門一音書，時年五十有六。」

❽葉青眼〈紀弘一大師於溫陵養老院勝緣〉：「於時……又為余書『南無阿彌陀佛』中堂，及華嚴經句曰『持戒到彼岸，說法度衆生』聯文各一。餘應各方來求者頗多。公將離院赴惠安錢山，余送之。將上車，余謂此次州人士多來求公字，少來求法，不無可惜。公笑謂余曰：『余字卽是法』，居士不必過為分別。」

❾致李晉章書：「惠書誦悉。承施佛像《昨非錄》，至用感謝。在此講律將畢，卽擬往百里外山中度夏。郵政不通，以後乞暫勿通信，俟秋涼時，返厦門再奉告也。雄河居士演音疏，三月十日。」

【按】據惠安當地民間傳說：「淨峯是李鐵枴成仙處。說李是惠安小岞後內人。某年冬天，李替母親燒飯，柴燒完了，一時心急，舉足入灶。恰被雲游至此的呂洞賓所瞥見，知道他具至性，遂度他仙去。李脚跛，所用鐵枴，就是火枴……。淨峯又名錢山。據說鐵枴仙置一大錢在淨峯古井中，它每天生出幾個小錢，李仙的老母上山去取來做生活費用。後來被一齋公瞥見，連母錢帶子錢一併偷去，從此錢山就不再生錢了。」（見旅美華僑王福民《淨峯・李鐵枴・弘一及其他》——〈弘一法師在惠安〉）

⑩ 高文顯〈影印弘一法師手寫大悲咒序〉：「弘一法師來閩數載，居常運用其藝術手腕，書寫經文佛號，贈諸緇素，以廣結勝緣。邇者法師已棲隱淨峯，將編著大部律書，無暇再作文字上之應酬矣。廣洽法師送其入山後，携帶其所寫經文聯句多種，中有為李汝晉居士書寫之《大悲咒》，字迹高古清秀，不著人間烟火之氣。洽師謂余曰：『音公此行，恐將長久棲息于斯矣。蓋其地雖苦，然山水秀美，僻靜幽清，相傳為李枴仙所居之地，實隱者之所也。』」

⑪ 手書清末莊貽華〈詠淨峯寺〉詩幷題記：「淨峯峯高高更曲，半天雲氣芙蓉削。曇貝重重覆翠微，眼中滄海盈一掬。怪石蒼松別有天，嘯傲烟霞看未足。傳燈此地幾何年，淨土依然古天竺。我來恰值海國秋，躡履梯雲騁游矚。蓮華座上禮空王，一炷爐香薰寶籙。最愛夕陽山更幽，酣臥林巒無拘束。人生卽此見蓬萊，安得烏巾占叢竹。戊申秋日漆園後人貽華氏題。　乙亥夏首，尊勝老人居淨峯重錄。」

⑫ 淨峯李仙祠題聯：「是真仙靈，為佛門作大護法；殊勝境界，集僧衆建新道場。」

⑬ 淨峯寺客堂題聯：「自淨其心，有若光風霽月（乙亥首夏，歸臥淨山，書此補壁）；他山之

石，厥惟益友明師。（尊勝院沙門一音撰，時年五十有六。）」

⑭ 淨峯寺書聯自勗題記：「誓作地藏真子（龍集乙亥五十六歲誕日，敬書以自策勵，銘諸座右，沙門演音）；願為南山孤臣。（時居惠安淨峯寺研習《事鈔》並《戒》〔本〕《業》〔羯磨〕二疏及《靈芝記》文。）弘裔。」

⑮ 〈為廣洽法侶定修持日課，附記蕅益大師入靈峯因緣〉：「昔我靈峯老人，三十三歲始入靈峯，卽有偈云：『靈峯一片石，信可矢千秋。』又云：『聊當化城，畢兹餘喘。自非樂土，終弗與易矣。』余今年已五十又六，老病纏綿，衰頹日甚。久擬入山，謝絕人事，因緣不具，卒未如願。今歲來淨峯，見其峯巒蒼古，頗適幽居，遂於四月十二日入山，將終老於是矣。廣洽法侶與余數載聚首，相契頗深。送余入山，居三日，將歸禾嶼，屬訂修持日課，為略書如下：午前，讀法華一卷，閱華嚴一卷。午後，溫習戒本羯磨，讀行願品一卷。餘時默持佛菩薩聖號。布薩日，讀梵網戒本一卷。附記者：余向他處借藏經數十冊，別記如下。謝世之後，布為檢點分還，俾免散失。《頻伽大藏經》三十冊，（每十冊爲一帙），乞送還承天寺。《續藏經》四十九冊（乞寄還溫州大南門外慶福寺）。歲次乙亥弘一演音書。」

⑯ 致夏丏尊書㈠：「丏尊居士道鑒：久未致訊至念。上月徙居山中，距郵政代辦所八里，投信未便，故諸友處悉無音問也。……山鄉風俗淳古，男業木土石工，女任耕田挑擔。

男四十歲以上多有辮髮者，女子裝束更古，豈惟清初，或是千數百年來之遺風耳。余居此間，有如世外桃源，深自慶幸。……演音疏。」

致夏丏尊書㈡：「丏尊居士道鑑：惠書，具悉。……淨峯寺在惠安縣東三十里半島之小山上，三面臨海（與陸地連處僅十分之一），夏季甚為涼爽，冬季北風為山所障，亦不寒也。小山之石，玲瓏重疊，如書齋几上所供之珍品，惜在此荒僻之所，無人玩賞耳。……演音覆疏，舊五月二十八日。」

⑰〈含注戒本疏略科跋〉：「乙亥六月六日敬編錄，時居淨峯。弘一。」

⑱〈含注戒本科跋〉：「乙亥六月二十九日錄訖。時居惠安淨峯寺。弘一。」

⑲致高文顯書及「附白」：「勝進居士道鑒：承施鼓山刊《梵網》及《王摩詰》，歡感無已。淨峯生活甚安適。近以寺主他往，余亦隨其移居草庵。謹復不具。九月六日演音啓。

「附白：淨峯居半島之中（與陸地連者僅十之一二），山石玲瓏重疊，世所罕見。民風古樸，猶存千年來之裝飾，有如世外桃源。種植者以地瓜、花生、大麥為主。」

⑳〈將離淨峯詠菊誌別〉：「乙亥首夏來淨峯，植菊盈畦，秋晚將歸，猶含蕾未吐。口占一絕以誌別：『我到為植種，我行花未開。豈無佳色在？留待後人來。』弘一老人。」

㉑《菩薩戒受隨綱要表》題記：「龍集乙亥十月一日於惠安淨峯寺集錄。沙門一音。」

㉒〈龍袴國師傳・序〉：「念西禪師，今之南閩高僧也。專宏淨業，著作甚富。近以所撰《龍袴國師傳》見示。披卷諷誦，歎為稀有。文筆樸拙，不假修飾，彌益古趣。豐德性常律師，擬以付刊流布，而資亡母冥福。孝思肫誠，尤足多焉。為題卷端，以志歡讚。歲次乙亥十月惠安淨峯沙門一音。」

㉓萬泉〈參禮弘一律師以後〉：「這是民國二十四年冬的事情。……因參加承天寺的戒期勝會，給與我屢次拜見吾敎偉人弘一律師的機會。一天清晨，我親手寫了請弘一律師講〈律學要略〉的牌後，……客堂同人要我充當弘一律師講律的臨時記錄。……因這段因緣，得以常和他老人家談話。〈律學要略〉三天講畢，弘一律師卽欲離承天寺……並留一地址給我，要我二日後再到他所暫住的溫陵養老院去。過了一天，廣洽法師送來一册弘一律師自讀自書的《四分律比丘戒相表記》，說是弘一律師送給我的。十二月七日(陽曆)，壽居約我同訪弘一律師，二人步行到養老院，拜見了弘一老人。……從這次參禮了弘一律師之後，不二日，他老人家卽應惠安居士們之請，同專員黃元秀到惠安講經去了。據說弘一律師由惠安回來，得重病於草庵，……廣洽法師往泉探視弘一律師病況，回來對我說：『弘一老人現在雖得重病，但他仍視若無事，工作如故。』並對廣洽法師說：『你不要問我病好沒有，你要問我有念佛沒有念佛？這是南山律師的警策，向後當拒絕一切，閉戶編述南山律書，以至成功』。」

㉔〈律學要略〉：「我出家以來，在江浙一帶並不敢隨便講經或講律，更不敢赴什麼傳戒的道場。其緣故，是因為個人感覺着學力不足。三年來在閩南，雖曾講過一些東西，自心總覺非常慚愧的。這次本寺（承天寺）諸位長者，再三地喚我來參加戒期勝會，情不可却，故今天來與諸位談談。但因時間匆促，未能預備，參考書又缺少，兼以個人精神衰弱，擬在此共講三天。今天先專為求授比丘戒者，講些律宗歷史，他人旁聽，雖不能解，亦是種植善根之事。」（以下關於三皈、五戒、八戒、沙彌沙彌尼戒、式叉摩那戒、比丘比丘尼戒、菩薩戒等之闡述，文長從略。全文見《晚晴老人講演錄》）

㉕〈血書詩偈贈勝進居士題記〉：「出家以後，所用印章，大半散失。勝進居士屬集為一冊，未之能也。於時乙亥十一月，適普潤廣洽上人，割指瀝血，請寫《戒經》，盞有殘血，為補書詩偈於後。時居溫陵過化亭。」

㉖〈乙亥惠安弘法日記〉（略）：「十一月十九日，復到惠安城，寓黃善人宅。二十日到科峯寺講演，並為十人證受皈依。二十二日，到瑞集岩講演。十二月初一日午，到惠安城，寓李氏別墅。初三日到泉州，臥病草庵。」

㉗傳貫《隨侍音公日記》：「師當大病中，曾付遺囑一紙予貫云：『命終前請在布帳外助念佛號，但亦不必常常念。命終後勿動身體，鎖門歷八小時。八小時後，萬不可擦身體洗面。卽以隨身所著之衣，外裹破夾被，捲好，送往樓後之山凹中。歷三日有虎食則

善，否則三日後，卽就地焚化。焚化後再通知他位，萬不可早通知。余之命終前後，諸事極為簡單，必須依行，否則是逆子也，演音啓。』至翌年春，蒙龍天加被，道體漸康。」

一九三六年（民國二十五年丙子）　五十七歲

是年元旦，臥病草庵，晨起試筆，書「菩薩四攝行」八大字，并自記年月❶。時草庵養蜂四匣，誤食山中毒花，死者百數十，師與諸師行施食法，超度亡蜂，其慈心及於昆蟲❷。在草庵時，患臂瘡甚劇，旋扶病至厦門就醫❸。師自云此次大病，爲生平所未經歷。對於病因、病情發展與險惡及醫療經過，於致夏丏尊❹、念西、豐德❺、劉質平書❻❼❽及蔡吉堂、吳丹明之〈弘一法師在厦門〉等有詳細記述❾❿。

正月，佛教養正院開學。師爲講〈青年佛徒應注意的四項〉，現身說法，聽者無不感動⓫。三月，手書〈乙亥惠安弘法日記〉贈曾詞源，并爲題記⓬。四月，又書〈壬丙南閩弘法略志〉贈蔡契誠（吉堂）並爲題記⓭。同月弟子劉質平假「上海新華藝專」開「弘一上人書法展覽會」⓮。五月，移居鼓浪嶼日光巖⓯，同月爲侍者傳貫亡母許柳女居士寫《藥師經》一卷，以資回向⓰。又爲友生金咨甫居士寫《金剛經》，回向佛道，并加題跋⓱。是時上海世界書局將輯【佛學叢刊】，請師編輯。師適自日本請奉古刊佛典萬餘卷，多明季清初刊本，因檢三册——《釋門自鏡錄》、《釋氏要覽》、《釋氏蒙求》，以供校刊參考，并爲該書題簽及撰〈佛學叢刊序〉⓲。在此之前，師曾致書該局編輯蔡冠洛，計劃編輯第二輯、第三輯，惜皆未見實現⑲。閩南佛學院仁開法師訪師于日光巖，請師發心弘揚律學。師覆書謂：「初出家時，嘗讀靈峯諸書，於『不可輕舉妄動，貽羞法門』、『人之患在好為人師』等語，服膺不忘。豈料到南閩後，遂爾失足。追念往非，決定先將『老法師、法師、大師、律師』等諸尊號取消，誓不敢作冒牌交易。」書意懇摯，令人尊敬⑳。秋日，日光巖念佛會請師開示，師節錄《印光法師嘉言錄》數則，致書囑會衆反覆研味其義。並謂「於佛法中最深信者，惟淨土法門；於當代善知識中最佩仰者，惟印光老法師」㉑。八月，師所作〈清涼歌〉，由弟子劉質平及其門人譜曲，行將出版，夏丏尊為撰〈清涼歌集序〉，略述其在俗致力音樂之精勤與教授音樂之成就，及為《清涼歌集》譜曲之師生㉒。是年在佛教養正院講《十善業道經概要》，並教寫字方法㉓。為士惟居士寫《佛說五大施經》，願早證菩提㉔。是年道侶吳建東居士卜葬杭州玉泉寺山中，師念昔日曾與同修念佛，且移居永嘉城下寮，實居士為之介紹。故撰〈玉泉居士墓碣銘〉以紀念之㉕。泉州草庵為摩尼教遺蹟，向由僧侶董理。師愛其幽寂，晚年屢居其地。為撰〈重興草庵記〉嵌於庵壁，以留紀念㉖。葉恭綽居士從子公超，於英倫博物院見敦煌寫本《僧伽六度經》，為攝影持歸。葉氏請師書寫，並為題記㉗。奇僧法空禪師，善書法，精國術。早歲駐錫檳城，經營動物園，熱心公益事業，譽滿南洋。晚年歸國，居厦門中岩，常以書法與人結緣。是年遷化，師撰〈奇僧法空禪師傳〉彰之㉘。冬月，文學家郁達夫遊厦偕廣洽法師、趙家欣等訪師於日光巖，歸福州後，賦七律一詩奉贈㉙。師居日光巖半載，將移居南普陀，手書《佛說無量壽經》一卷。贈岩主淸智上人，以爲紀念㉚。師於舊十二月初六日（一九三七年一月十八日），移居南普陀。是日勝進居士爲編「弘一法師紀念特刊」，載於厦門《星光日報》㉛。臘月初八日，（高文顯）爲編《韓偓傳記》成。師寫韓偓牌位一紙，並命準備供齋，集衆上供㉜。此次爲韓偓舉行上供儀式，高文顯有文記其事㉝。臘月下半月，在佛學院講《隨機羯磨》，又爲閩院學僧明盌，開示「淨土宗入門初步」。謂淨土宗有二種：一是專修，一是兼修。師自謂所修者，以《普賢行願品》爲主，可說敎淨雙修。除夕，爲傳貫學人講裴休〈發菩提心文〉，並發起印行〈梵唐兩文普賢行願品偈〉㉞。

注釋

❶ 手書「菩薩四攝行」：「布施、愛語、利行、同事。——丙子元旦晨試筆。時臥病草庵，沙門一音年五十又七。」

❷ 致蔡冠洛書：「余所居鄉間草庵，養蜂四匣。昨日因誤食山中毒花，一匣中死者百數十。今日余與諸師行施食法，超度此亡蜂等。附白。〔演音〕，舊正月廿二。」

❸ 〈南閩十年之夢影〉：「到了十一月的時候生了大病，以後卽到草庵來養病。這一回的大病，可以說是我一生的大紀念。民國二十五年的正月，扶病到南普陀寺來……。」

❹ 致夏丏尊書：「丏尊居士道席：一月半前，因往鄉間講經，居於黑暗室中，感受汚濁之

空氣。遂發大熱，神智昏迷，復起皮膚外症極重。此次大病，為生平所未經過。雖極痛苦，幸以佛法自慰，精神上尚能安也。其中有數日病勢凶險，已瀕於危。有諸善友為之誦經懺悔，乃轉危為安。近十日來，飲食如常，熱已退盡。惟外症不能速愈，故至今仍臥床上，不能履地。大約再經一二月乃能全愈也。……演音啓，舊正月初八日。」

❺ 致念西、豐德書：「惠書，敬悉。承誦華嚴法典，感謝無盡。此次大病，實由宿業所致。初起時，內外症併發。內發大熱，外發極速之疔毒。僅一日許，下臂已潰壞十之五六，盡是膿血。然又發展至上臂，漸次潰壞，勢殆不可止。不數日脚面上又生極大之衝天疔。足腿盡腫，勢更凶惡，觀者皆為寒心。因此二症，若有一種，即可喪失性命，何況併發，又何況兼發大熱，神智昏迷，故其中數日已有危險之狀。朽人亦放下一切，專意求生西方。乃於是時忽有友人等發心為朽人誦經懺悔，至誠禮誦，晝夜精勤。……以極誠懇之心，誦經數日，遂得大大之靈感。竟能起死回生，化險為夷。臂上已不發展。脚上瘡口不破，由旁邊脚趾縫流膿水一大碗餘。至今飲食如常，臂上雖未痊愈，脚瘡僅有少許腫處，可以勉强步行。實為大幸。二三日後，擬往厦門請外科醫〔生〕療治臂患，令其速愈。……演音敬啓。」

❻ 致夏丏尊書：「惠書誦悉。宿病已由日本醫學博士黄丙丁君診治，十分穩妥，不久即可痊愈，布釋遠念。……往黄博士處診治，乃由友人介紹，已去十餘次，用電療及注射等

需費甚多，將來或唯收實費，或完全贈送，尚未知悉。俟後由友人探詢清楚，再以奉聞。演音附白。」

❼ 與劉質平書：「……此次大病，為生平所未經歷，亦所罕聞。自去年十一月底發大熱兼外症，一時併作。十二月中旬，熱漸止，外症不愈。延至正月初十，乃扶杖勉強下床步行（前不能下床）。中旬到廈門就醫，醫者為留日醫學博士黃丙丁君（泉州人）。彼久聞余名（人甚誠實），頗思晤談。余請彼醫，至為欣悅，十分盡心；至舊四月底（舊曆有閏三月）共百餘日，外症乃漸痊愈。據通例須醫藥電療注射等費（每日往電療一次）約五六百金。彼分文不收，深可感也。……謹陳。……演音疏。」

❽ 致夏丏尊書：「……宿疾約再遲一月，可以痊愈。此次請黃博士治療，彼本不欲收費。惟電療藥物等實費，統計約近百金。若不稍為補助，似有未可。擬贈以廈門日本藥房禮券五十圓一紙及拙書等。此款乞便中於護法會資支寄惠施，至用感謝。……三月廿八日演音疏。」

❾ 蔡吉堂、吳丹明〈弘一法師在廈門〉：「一九三五年四月至一九三六年，弘一法師曾二度赴惠安大弘佛法。惠安鄉村環境衞生較差，法師左手臂皮膚生濕疹甚劇，返廈居南普陀寺。經我介紹黃丙丁博士為之治療，見效甚速。他曾函曾詞源居士稱：『宿疾已愈十之八，再遲一月，或可痊愈，因係慢性症，不可求速效也。仁者如晤蔡吉堂居士時，乞

為詢病愈後，如何酬謝黃博士，便中示知，不宣。』後來黃丙丁博士婉謝了弘一法師的酬謝。法師即做《大藏經》木箱，外鐫黃博士施助字樣，並手書《心經》和墨寶數件贈黃博士。……」

⑩致夏丏尊書：「……前寄下洋五十圓，曾兩次託人送與黃博士，彼堅不受。後乃商酌，即以此資做《大藏經》木箱數個，箱外鐫刻黃博士施助字樣云云，附陳。」

【按】是年春夏之交，余適在厦門南普陀，與弘一大師有短期同住之緣。每日見廣洽法師陪伴大師赴黃丙丁博士診所電療。黃丙丁（曾留學日本得醫學博士學位，爲厦門名醫）知大師爲當代高僧，甚爲尊敬。當時皮膚病電療爲創新醫學技術，費用甚昂。黃氏爲求速效，每日施與電療達數月之久。愈後，大師欲以金錢或藥品酬之，黃氏堅不肯受，謂願求大師墨寶作爲紀念。於是大師以各體書法手書對聯、立幅、橫披多件以贈。裱褙時，余曾於厦門局口街某裱畫店見之，爲之驚奇不置。

⑪〈青年佛徒應注意的四項〉：「養正院從開辦到現在，已是一年多了。外面的名譽很好。這因為由瑞今法師主辦，又得各位法師熱心愛護，所以能有這樣的成績。我這次到厦門，得來這裏參觀，心裏非常歡喜。……我在泉州草庵大病的時候，承諸位寫一封信來——各人都簽了名，慰問我的病狀；並且又承諸位念佛七天，代我懺悔，都使我感激萬分。……今天所要和諸位談的，共有四項：一是惜福，二是習勞，三是持戒，四是自

尊。都是青年佛徒應該注意的。……」（全文見《晚晴老人講演錄》）

⑫ 手書〈乙亥惠安弘法日記〉贈曾詞源並序：「乙亥四月，傳貫學弟請余入惠安弘法，始居淨山半載，又須奔走鄉村，雖未能大宏佛化，而亦隨分隨力小有成就。適將掩室日光巖，詞源居士以素帖屬書。詞源惠人，因擇錄旅惠日記付之，聊以為紀念耳。歲次玄枵、月旅姑洗南山律苑沙門一音。」

【按】「玄枵」爲子年，卽丙子年（一九三六）。「姑洗」爲十二律之一，《禮・月令》「季春之月、律中姑洗」。旅，次也。卽月在姑洗，謂三月也。師寫後另記「丙子」閏三月十三日書於南普陀。

⑬ 手書〈壬丙南閩弘法略志〉贈蔡契誠（吉堂）並為題記：「余以宿緣，三游南閩。始于戊辰，次為己巳，逮及壬申，是最後矣。迄今丙子，首尾五載，輒不自揆，常預講筵。爾將掩室，因錄弘法略志，都為一卷，以奉契誠居士。匪曰伐德，亦志吾過，思懺悔耳。去歲弘法惠安，嘗記其事，別贈詞源賢首。彼所載者，是冊悉闕略也。歲集玄枵夏首，南山律苑沙門一音。」

⑭ 知岩〈弘一上人書法展覽會〉：「（據該文記載）展出有立軸、屏條、小冊、手簡四類。其中尤以《阿彌陀經》十六大幅為墨林瑰寶。字作晉楷，一筆不苟。」（見上海《佛學半

月刊》一二六期。據一九三六年四月下旬、上海《時事新報》報導摘記。）

⑮ 《南閩十年之夢影》：「……民國二十五年的正月，扶病到南普陀寺來住了幾個月，於五月卽到鼓浪嶼日光巖去。」

⑯ 手書《藥師如來本願功德經》跋：「歲次丙子五月，敬書是經，迴向瑞集傳貫法師亡母龔許柳女居士。願彼業障消除，往生極樂，早成佛道，普利衆生。溫陵資壽寺沙門月音。」

⑰ 手書《金剛經》題記：「歲次丙子三月二十一日敬書，四月初八日書訖。以此功德，回向亡友金咨甫夢疇居士。願彼業障消除，往生極樂世界，早證無上菩提，普度一切衆生，沙門演音弘一并記。咨甫浙金華武義人。弱冠游杭，學於高師藝術專科。榑桑本田氏授手工，讚其精絕，求諸彼邦，未之有也。爾後任杭州師範兼女學歌樂敎師二十年。嘗語余曰：始任敎師頗多佳興，近惟頹倦耳。余來南閩，曠絕音問。甲戌九月，印西上人書來，謂咨甫臥病半載，艱苦備歷，已謝世矣。遺囑請余寫經，為其回向佛道。忽忽二載，及於今夏，書寫乃訖，并誌緣起焉。龍集玄枵、木槿榮月、演音，時掩室鼓浪日光院。」

⑱ 《佛學叢刊序》：「甲丙之際，自榑桑國請奉古刻佛典萬餘卷，多明季清初刊本，求諸彼邦，見亦罕矣。邇者世界書局主纂輯【佛學叢刊】，乃檢三本，付以寫鈔鋟版。一日

《釋門自鏡錄》，唐懷信述。彼邦沙門圓仁《入唐求法請來錄》亦載是書，謂為唐惠詳集，未審何是？安永元歲壬辰八月，維清乾隆三十七年，榑桑平安慶證寺玄智校刊，幷續補十七則附于卷末。一曰《釋氏要覽》，宋道誠集。寬永十歲癸酉三月，維明崇禎六年彫版。一曰《釋氏蒙求》，宋靈操撰。元本有蠹滅者，榑桑義空校補，寬保元歲辛酉三月，維清乾隆六年模刻。《自鏡錄》及《蒙求》，《續藏經》中雖亦輯存，而校讐頗疏；今依古刻儻差勝耶？局主纂輯叢刊，其意至善。以末世學者恒厭煩廣，而樂簡文；又復艱于資財，悕求廉直。故輯叢刊，惟選經律論譯本，及此土撰述卷帙少而易領解者，復精密校刊，廉其直價，廣以流布。闡傳佛法，利益衆生，局主宏願，蓋如是也。余以夙幸，值斯勝緣，豈無忭躍？故述所懷，爰題序云。後二十五年歲集玄枵木槿榮月，沙門髻嚴，時掩室鼓浪日光別院。」

⑲ 致蔡冠洛書：「惠書誦悉。將來共出幾輯似未可預定。若無有銷路，主事者厭倦，卽出二輯為止，否則可以續出。……如第一輯所選者，以短、易解、切要有興味、有銷路為標準。但如此類之佛書，實不可多得。故第二輯以下須另編輯。……第一輯所收者，經律雜集之部類略備。第二輯多為警策身心，剋除習氣之作。第三輯為佛教藝術。……四月二十三日，演音疏。」

⑳ 致仁開法師書：「仁開法師道鑒：前承過談，惠施多品，感謝無盡。荷施十金，擬以請

購日本古版佛書，而為永久紀念也。承示諸事，朽人已詳細思審，至為慚惶。朽人初出家時，嘗讀靈峯諸書，於『不可輕舉妄動，貽羞法門』、『人之患在好為人師』（此語出《孟子》，《宗論》引用），服膺不忘。豈料此次到南閩後，遂爾失足，妄踞師位，自命知律，輕評時弊，專說人非，大言不慚，罔知自省。去冬大病，實為良藥；但病後精力乍盛，又復妄想冒充善知識。卒以障緣重重，遂即中止。至鼓浪後，境緣愈困，煩惱愈增。因以種種方便，努力對治。幸承三寶慈力加被，終獲安穩。但經此風霜磨練，遂得天良發見，生大慚愧。追念往非，噬臍無及。決定先將『老法師、法師、大師、律師』等諸尊號取消。以後誓不敢作冒牌交易。且退而修德，閉門思過。並擬將南山三大部重標點一次，誓以駑力隨分研習。倘天假之年，成就此願，數載之後，或以一得之愚，卑陬下座，與仁者等共相商榷也。前承仁者所示諸事，今非其時，願俟異日，諸希亮察為幸。謹陳不宣。演音啓。此書本擬請傳貫師齋奉，適今有便人，托其帶上。朽人當來居處，無有定所，猶如落葉，一任業風飄泊可耳。」

㉑覆鼓浪嶼念佛會書：「余近居日光巖，方便掩關，諸緇素囑為講演。竊念余於佛法中最深信者惟淨土法門，於當代善知識中最佩仰者，惟印光老法師。今舉《嘉言錄》中數則略釋之。『厭離娑婆』云云（三九頁），『既有真言』云云（四二頁），『一切行門』云云（四九頁）。諸君暇時，乞常閱《嘉言錄》，每次僅閱一二段，不必多。宜反覆研味其

義，不可草草也。演音，丙子秋日。」

【按】此書與《晚晴山房書簡》致高勝進居士第一通內容相同。只多「略爲講釋之」五字，似爲同時另作一書致勝進居士，請代爲「講釋」者。

㉒ 夏丏尊〈清涼歌集序〉：「弘一和尚未出家時，於藝事無所不精，自書法、繪畫、音樂、文藝乃至演劇、篆刻，皆卓然有獨到處。嘗為余言，平生於音樂用力最苦，蓋樂律與演奏，皆非長期鍊修無由適度，不若他種藝事之可憑天才也。和尚先後在杭州南京以樂施教者凡十年，迄今全國為音樂教師者，十九皆其薪傳。所製一曲一歌，風行海內，推為名作。入山以後，從前種種胥成夢影。一日，劉生質平偕余往訪和尚於山寺，飯罷清談，偶及當世樂教。質平歎息於作歌者之難得，一任靡靡俗曲流行閭閻，深惜和尚入山之太早。和尚亦為憮然，允再作歌若干首付之。余與質平皆驚喜，此七年前事也。七年以來，質平及其學友根據和尚所作歌詞，分別譜曲，反覆推敲，必得和尚印可而後定。復于上海新華藝術專科學校、浙江寧波中學等處實地演奏，始攜稿詣余，謀為刊行。作曲者五人，質平為和尚之弟子，學詠、布一、伯英為質平之弟子，紱棠為質平之再傳弟子，皆音樂教育界之錚錚者。歌曲僅五首，乃經音樂界師弟累葉之合作，費七年

光陰之試練，亦中國音樂史上之佳話矣。歌名『清涼』，和尚之所命也。和尚俗姓李，名息，字叔同，又字惜霜，浙之平湖人。二十五年八月，夏丏尊。」

㉓ 曇昕〈音公本師見聞瑣記〉：「是年（廿五年）在佛教養正院，講《十善業道經概要》。又教寫字方法，須由篆字下手，每日至少要寫五百字，再學隸入楷，楷成學草。寫字最要緊是章法。章法七分，書法三分，合成十分，然後可名學書。吳昌碩的字並不好，不過有幾分章法而已。經云：『是法非思量卜度之所能解』，書法亦爾。」

㉔ 手書《佛說五大施經》跋：「歲次玄枵，敬書《佛說五大施經》，回向士惟居士，願往生安養，早證菩提。晉水南山律苑沙門一音，時年五十又七。」

㉕ 〈玉泉居士墓碣銘〉：「居士姓吳，名建東，梵名演定，復名衍，閩浦城楊溪尾人。改元後七年，余始剃染，與程子中和住玉泉，聞居士名。逮及歲晚，乃獲展晤，深以忻憙，因共棲止。居士聞法最早，樂翫般若，於『凡所有相，皆是虛妄』句，常致三復。程子專諷華嚴，後出家字曰弘傘，與余同師門也。翌年冬，結期修淨業。十二月八日共燃臂香，依天親《菩提心論》發十大正願。居士先一夜未嘗睡眠，惟持佛號。爾後道念日進，蓋善友同集，互以策勵而致之也。余嘗披《靈峯宗論》法語示居士，覽未終卷，自謂心意澄澈，異于平時。歷數日，入市求橘，童子昂其直，居士瞋訶，遂復常度。辛酉（一九二一）季春，余徙永嘉，掩室城寮，蓋由居士為之容介。嘗致書曰：『凡所需

求，無慮難繼，有某在耳。』後五載丙寅，余歸錢塘，乃知居士先已遷謝。居士貌溫和而性剛直，守正不阿，好義忘利。年未四十，遂爾淹逝。知其人者，悉為嘆惋。住玉泉久，自號玉泉居士。今歲丙子，介弟澗東夫婦，為卜葬於玉泉寺畔青石橋石虎山中，屬銘于余；因憶往事，粗述其概。系以銘曰：『常樂出家，勤修佛法。勝業未就，薤露朝溘。冀其再來，乘願不忘。一聞千悟，普放大光。』」

【按】薤，音械，似葱的草本植物。「薤露」，古送葬時挽歌。比人命無常如薤上之露而歌者——著者。

㉖〈重興草庵記〉：「草庵肇建，蓋在宋代。建及明初，輪奐盡美。有龍泉岩，其他幽勝。爾時十八碩儒讀書其間，後悉進登，位躋貴顯。殿供石佛，昔為岩壁，常現金容。因依其形，劖造石像。余題句云：『石壁光明，相傳為文佛現影；史乘載記，于此有名賢讀書』。蓋記其事也。勝清御宇，寖以零落；昔日金剎，鞠為茂草。中華建業十二載。瑞意、廣空二上人，傷其廢圮，發意重興。緜歷歲時，營治堂宇。壬申十月，復建意空樓三楹，雖未循復舊觀，亦可粗具規範。余於癸丙之際，歲暮春首，輒居意空，淹留累月。夙緣有在，蓋非偶然。乃為述記，垂示來葉焉。於時二十五年，歲次玄枵，慧水瑞集岩大華嚴寺沙門演音撰。」

㉗ 葉恭綽《僧伽六度經》題記：「民國乙亥，從子公超自英倫博物院攝影，弘一律學大師依以寫布，遐庵葉恭綽題。

「大師自為記云：『此經為敦煌寫本，今存英倫博物館。範成法師獲得影印，將刊石置於南通州狼山僧伽大聖道場，屬為書寫。余以闇短，未由辨其文字，後之賢者，幸審訂焉。丙子勝音書幷誌。』」

㉘ 〈奇僧法空禪師傳〉：「師諱今實，惠安陳族。十六落髮，常誦金剛、法華，脅不着席，食不逾午。嚴冬之際，屏除冠履，苦行精進，邁於恒倫。改元後七年戊午，遠適庇能，建觀音寺。庇能為英吉利屬海峽，閩粵商者習稱檳城。其地繁盛而乏遊觀之所。師以極樂寺寺前多曠土，乃發宏願，營築苑囿，集諸宇內珍禽奇獸，縻資鉅萬，盡其輪奐之美。師故善知物性，撫摩虎豻，若翫掌珍。海南諸粟散王，乃至歐美名士遊庇能者，悉踵師門，展謁禮敬；或致餽饋，達其誠欵，以是盛譽及于萬國。聞師名者，咸生歡喜。師又工書，下逮武技幻術，靡所不諳。震域彼土，或值災祲，或築學黌，集會演技而求資者，師每佐助，復施財寶。凡所希求，皆令滿足。彼土報章，競致讚頌。中外士庶，仰之若慈父母焉。歲次辛未，師返南閩，施千金石鼓（鼓山），修置雜物，而利行者。時以墨妙，頒致諸山，其得之者，珍如球琳。今歲丙子三月，示疾遷化，春秋五十又九。師之奇行瑰節，輙有軼于常軌，豈余凡愚可得闚測？所及知者：巍巍德量，弘廓

淵沖，高山仰止，未能忘懷耳。彼諸化蹟，頗多流傳。今所記述，不及什一。語其詳委，當俟來哲。晉水薝蔔院沙門嚴髻撰。」（一九三六年十月‧廈門《佛教公論》第三期）

【按】李芳遠編《弘一大師文鈔》，該文于末段「未能忘懷耳——」下接：「讚曰：『一人首出，萬類皈依。化及禽獸，思洽蠻夷。人謂菩薩，亦云力士。隨機所見，稱名致美。如天覆物，若海朝宗。化跡昭垂，億劫攸崇。』」但缺最後六句及署名。

㉙ 郁達夫贈詩‧并序：「丁丑春日，偕廣洽法師等訪高僧弘一於日光巖下，蒙贈以《佛法導論》諸書。歸福州後，續成長句卻寄：『不似西冷遇駱丞，南來有意訪高僧。遠公說法無多語，六祖傳真只一燈。學士清平彈別調（弘一法師著有《清涼歌集》），道宗宏議薄飛升。中年亦具逃禪意，兩事何周割未能。』」（弘一法師亦著有《臨終講義》諸書）

【按】郁氏所記「丁丑春日」係陽曆，舊曆尚在丙子年冬，故此詩繫於丙子年條。又是時同訪者，尚有文學家趙家欣。趙氏《風雨故人情》書中，〈記弘一法師〉云：「一九三六年底，郁達夫到廈門，廣洽和我陪同達夫到鼓浪嶼日光巖探訪弘一法師。」詩末句典故《南史‧周顒傳》：「文惠太子問顒，卿精進何如何胤？顒曰：三途八難，共所未免，然各有累。太子曰：累伊何？對曰：周妻何肉？」

㉚ 李芳遠〈記音公移居南普陀事〉：「日光巖為鼓島甲刹，香火甚盛。雖所居在偏僻，亦時為爆竹所驚，乃移居南普陀後山石室。……回憶移居之日，芳遠所贈水仙花，猶含蕊未吐，音公去時乃將水仙花頭起出帶去。所用器皿，如數檢交清智長老。並以手書《佛說無量壽經》裝訂成册，載以木匣，刻以手書經名，藍青加金，奉贈寺主清智上人，以為紀念，藉答半載供養之厚恩。」

㉛ 傳貫《隨侍音公日記》：「丙子十二月初六日上午，由鼓浪嶼日光巖至南普陀，見勝進居士為師出『弘一法師紀念特刊』於《星光日報》（陽曆一九三七年一月十八日）。是夕謂貫曰：『勝進等雖運斯好意，實是誹謗於余也。』古人云：『聲名謗之媒也，余此後閩南恐難容身。』又曰：『若被人謗，切不可分白。余每見有人被謗，欲與分白解釋，多受其虧。不與分解，一謗便罷，更無餘患。』」

㉜ 傳貫《隨侍音公日記》：「初八日，勝進居士為編《韓偓傳記》畢。師寫韓偓牌位一紙，設備供齋以祀。見桌有未正，欲更正之。謂貫曰：我兒童時，桌不正欲就食，母輒止曰：『孔子云：食不正不食』。卽將桌改移命正，然後許食。自後則一切所有安排，須觀端正而後已。」

㉝ 高文顯〈弘一大師逸聞〉：「癸酉小春，（大師）驅車晉水西郊，忽見唐學士韓偓墓道，因命余撰偓傳，並辨《香奩集》韓作之非。書成呈上，大師時居厦門南普陀，遂集

養正院同學在其所居小樓中，設一牌位上供。學僧分兩排對立，他當維那，如世俗之追荐儀式。又命余中立虔拜，恍如與偓有關之家屬。『功德』做完後，大師笑謂余曰：『千年後尚有人為其追荐，可謂奇聞。』不久《韓偓》一書卽寄滬上開明書店夏丏尊先生，大師為撰序文。……後因上海八·一三事變勃發，開明總廠被燬，該書遂告焚如。」

【按】高文顯所著《韓偓》一書，內容分六章：「韓偓的生平」、「韓偓與王審知」、「香奩集辨僞」、「韓偓詩的藝術」、「南安寓止」、「韓偓的佛教思想」，末附韓冬郎年譜。已於一九八四年十月由臺北市新文豐出版公司出版。

㉞ 傳貫《隨侍音公日記》：「十六日，在佛學院學生明鋻師，請問淨土宗入門初步。師曰，淨土宗有二種，一是專修，一是兼修。專修者如印光老法師所教。誦《阿彌陀經》外，惟念一句阿彌陀佛，念至一心不亂，乃至開悟得通，此專修法門也。余亦非常讚喜。兼修者，如前諸祖師，皆是提倡禪淨、或密淨、或教淨等雙修，俱無不可。此是隨衆生根機，不能局定在一處也。至於學法相宗者，亦可回向往生西方，見彌勒菩薩。如《普賢行願品》云：『惟此願王，不相捨離，於一切時，引導其前，一刹那中，卽得往

生極樂世界。到己卯見阿彌陀佛、文殊師利菩薩、普賢菩薩、觀自在菩薩、彌勒菩薩等』是也。但余所修者，以《普賢行願品》為主。以此功德，回向往生西方，可說教淨雙修。蓋經律論三藏，皆余歡喜研讀也。

「除夕夜，為貫一人講裴休居士〈發菩提心文〉，並發起印〈梵唐兩文普賢行願品偈〉。」

一九三七年（民國二十六年丁丑）五十八歲

是年元旦開始，在南普陀舊功德樓爲衆講《隨機羯磨》，至十二日，講完〈羯磨集法緣戒篇〉、〈諸界結解篇〉❶。應煙水庵主之請，爲書明石屋珙〈山居詩〉一聯以贈之❷。時因心緒不佳，諸事繁忙，佛教養正院訓育課，函請高勝進居士代授❸。二十二日，續講〈羯磨諸戒受法篇〉。是日，厦門大學教師李相勗，托勝進居士請師到厦大開示佛法，師辭不往❹。二十三日，克定師自鼓山來聽律，與師共談。師曰：「現在有志僧青年，多趨求文字，學習外典，盡棄己業，佛門前途，深可悲也❺。」

正月廿九日，出門見聞有感三事，書示勝進居士❻。二月十六日，在佛教養正院講〈南閩十年之夢影〉，由高文顯筆記，經師修正，刊于《佛教公論》第九期，後收入《晚晴老人講演集》。此文詳述師與閩南十年之法緣，爲研究大師晚年之重要史料。是時自號「二一老人」，並引古德詩句以釋立名之意❼。三月，讀《佛教公論》萬均（巨贊）法師先後所作〈先自度論〉與〈爲僧教育進一言〉，深爲讚賞，即書《華嚴》集聯，並加題記奉贈❽。三月十一日，移居萬石岩❾。先是師本應會泉法師之請，要在中岩安居，但房屋尚須修葺，故請師暫在萬石岩小住❿。同月，南京果清法師致書，請問亡僧「披衣荼毘」有無違反律制。師引南山、靈芝著作，爲之一一解釋。謂應僅以小衫及褲而焚化爲宜。倘有所不忍者，或可披以破舊之海青而焚化，亦無大違於律制⑪。是時欲往南洋弘法，重圖溫習英語，以從者多，遂未果行⑫。將移居萬石岩時，于《佛教公論》五月號登一啓事，謝絕訪問與通信⑬。是年陽曆五月，厦門市籌開第一屆運動大會，議決函請大師編製大會會歌⑭。是時杭州《越風》文史半月刊，欲出「西湖增刊號」，來信請師撰〈西湖與佛教之因緣〉，師以老疾頹唐，未能執筆撰文，因爲回憶昔年瑣事，口述〈我在西湖出家之經過〉，由高勝進筆記，以塞其責⑮。時青島湛山寺倓虛法師派夢參書記持函到厦，請師往湛山寺結夏，安居講律，師許之。但有三約：一、不爲人師，二、不開歡迎會，三、不登報吹噓。四月初五日啓程⑯。師隨身所帶衣物極爲簡單，只是被單帳子補過的衣服和幾本重要律書而已⑰。初七日至上海。初八日葉恭綽居士、範成法師等，請於法寶館午齋⑱。時葉恭綽居士詢其乘何船前往，爲致電湛山寺迎接，旋知師因此故改乘他船⑲。四月十一日（陽曆五月二十日），到青島湛山寺。上半月於湛山下院爲諸居士講三皈五戒。下半月於湛山寺講〈律學大意〉與《隨機羯磨》⑳。講時用他前數年在泉州草庵所編《隨機羯磨講錄》，並附記居湛山寺歲月㉑。師初至湛山寺，先受大衆請講開示，繼講戒律。他講開示時，標題是「律己」和「息謗」，然後舉例詳細闡說。戒律講的是《隨機羯磨》，他根據自編的《講錄》，頭一課就預備了七個小時㉒。五月間，蘇州靈巖山請題「印光、眞達二老像」手卷，師爲題二偈㉓。是月，靑島市長沈鴻烈，因爲朱子橋居士有事到青島，在湛山寺設齋請他。朱建議也請弘一法師，沈市長表示同意。結果師不赴請，以偈辭之。朱沈得偈，益欽其高風㉔。傳貫《隨侍音公日記》(又)、嘯月《弘一上人傳略》(又)、蓮池大師《緇門崇行錄》等對此皆有記載(又)。倓虛老法師的《影塵回憶錄》，對師初到湛山寺的情況和沈市長請齋，師不赴請以偈作答，也有所記述㉕。大師在湛山寺的日常飲食，倓虛法師本想厚待他，但因他持戒，不「別衆食」，所以也無法厚待㉖。他講《隨機羯磨》的方式，並不坐講堂正位，而坐講堂一旁。又因氣力不足，上課只講半個鐘頭，像唱戲道白一樣，一句廢詞沒有。頭十幾堂課，是他自己講的，以後因氣力不佳，由他的學生仁開代座，有講不通之處去問他，另外他給寫筆記。《隨機羯磨》講完，又接講《四分律》㉗。他從四月到八月，在湛山寺寫成一部《隨機羯磨講錄》和一部《四分律含註戒本講錄》㉘(又)。六月五日致書蔡丏因，並以講稿〈青年佛教徒應注意的四項〉及〈南閩十年之夢影〉奉寄，請蔡氏整理爲一部書㉙。又謂二稿筆記未甚完美，擬請其暇時爲之潤色，並改正其訛字文法及標點，題目亦乞再爲斟酌，爲立一總名(又)。七月十三日爲師出家首末二十年，時倭寇大舉侵華，師居湛山，手書「殉教」橫幅以明志㉚。七月間致書蔡冠洛，謂此次居湛山，前已約定至中秋節止，節前不能食言他往㉛。是秋北方戰事爆發，人或勸其南下，師以有約在前謝之㉜。九月十五以後，北方天氣漸涼。他因習慣南方氣候，決定重返廈門。臨行前向倓老告假，提出五個條件，倓老都一一答應㉝。臨上船時，以手寫《華嚴經淨行品》一卷，奉贈夢參法師，以酬其半載護法之勞㉞。初冬，離青島到上海。時上海戰火正烈，於旅邸會見夏丏尊及諸舊友。師見夏有愁苦神情，以「有爲法如夢如幻」慰之。住滬二日即南返㉟。九月二十七日安返厦門，駐錫萬石岩。時厦門戰局緊張，各方勸師內避，師題其室曰「殉教堂」，以明其志㊱。師決心居住厦門，爲諸寺院護法，誓與厦市共存亡。並致書李芳遠，謂吾人一生之中，晩節爲最要，願與仁者共勉之㊲。師居萬石岩，致書蔡冠洛，謂時事未平靖前，仍居厦門，倘値變亂，願以身殉㊳。是夏曾以所藏《行願品》梵文寫本，託上海佛學書局出版，久無消息。致書蔡丏因託與該局聯繫，將原稿暫爲收藏㊴。又撰〈扶桑普賢行願讚梵本私考序〉㊵。是冬文學家葉聖陶，發表〈弘一法師的書法〉於《星洲日報》副刊，對師書法推崇備至，評論恰到好處㊶。臘月十八日，到泉州草庵度歲㊷㊸。

注　釋

❶ 傳貫《隨侍音公日記》：「丁丑元旦，在南普陀舊功德樓頂，開講《隨機羯磨》，聽者十餘人。十二月，講完〈羯磨集法緣戒篇〉、〈諸界結解篇〉。」

❷ 手書石屋珙《山居詩》句贈煙水庵主題記：「『素壁淡描三世佛，瓦瓶香浸一枝梅』。明石屋珙山居詩句，丁丑歲首，以奉煙水庵主慧鑒，澹泞院沙門亡言書。」（手迹見《弘一法師》所載圖版四六及《弘一大師遺墨》第六四頁）

【按】大師書聯與人結緣，多書《華嚴集聯》或其他偈語。以余（著者自稱）少時頗好吟詠，特寫石屋珙禪師《山居詩》一聯見贈。數十年來，珍重護持，未敢或失。石屋禪師爲元代高僧（師特書爲「明」者，不知何故），名清珙，號石屋，蘇州常熟人。曾參天目高峰不契。後隱湖州霞霧山，結庵號天湖。穿破衲，忘名利。詩偈有寒山遺風，作有《山居詩》七律五十六首。曾主浙江平湖福源寺，故詩集名「福源石屋珙禪師山居詩」。福州鼓山舊有刻本。

❸ 與勝進居士書：「邇來心緒不佳，諸事繁忙，養正院訓育課，擬請仁者代授。四月初旬，講律事卽可結束，將往他方，埋名遯世，以終其天年，實不能久墮此名聞利養窟中，以辜負出家之本志也。」

❹ 傳貫《隨侍音公日記》：「二十二日，續講〈羯磨諸戒受法篇〉。是日廈門大學教師李相勗君，託勝進居士請師到廈大開示佛法，師辭不往。謂貫曰：『余生平對于官人及大有名稱之人，並不敢共其熱鬧親好。怕墮名聞利養故，又防於外人譏我趨名利也。』」

❺ 傳貫《隨侍音公日記》：「二十三日，克定師自鼓山來聽律，與師共談。師曰：『現在有志僧青年，多趨求文字，學習外典，盡棄己業，佛門前途，深可悲也。而不知國文與佛經，不相關用。假如大學畢業之才學，欲研佛經，依舊門外漢。論文法，則經文尚有超過國文多多。』又謂貫曰：『菩薩度生，須觀緣熟方可行化，不然則拱手待之。』」

【按】克定法師，揚州人，俗姓劉。早年就學南京高等師範，爲師再傳弟子。後隨該校校長蔣維喬至上海商務印書館任編輯。出家後參學各方，曾於福州鼓山任教，旋至厦門南普陀從大師學律，安居兜率陀院（曾撰〈安居隨筆〉發表於《佛教公論》第十二期），於律學造詣頗深。一九三七年冬，示寂於厦門萬石岩。

❻ 致勝進居士書：

勝進居士慧覽：

昨日出外見聞者三事：

一、余買價值一元餘之橡皮鞋一雙，店員僅索價七角。

二、在馬路中聞有人吹口琴，其曲為日本國歌。

三、歸途淒風寒雨。

丁丑正月廿九日演音

❼ 〈南閩十年之夢影〉：「到今年民國二十六年，我在閩南居住，算起來首尾已是十年。回想我在這十年之中，在閩南所做的事情，成功的却是很少很少，殘缺破碎的居其大半。所以我常常自己反省，覺得自己的德行，實在十分欠缺！因此近來我自己起了一個名字叫『二一老人』。什麼叫『二一老人』呢？這有我自己的根據。記得古人有句詩，『一事無成人漸老』。清初吳梅村（偉業）臨終的「絶命詞」有『一錢不值何消說』。這兩句詩的開頭都是『一』字，所以我用來做自己的名字，叫做『二一老人』。……這

『二一老人』的名字，也可以算是我在閩南居住十年的一個最好的紀念。」

【按】吳梅村此詞爲〈賀新郎〉，題爲「病中有感」，原詞如下：

「萬事歸華髮。論龔生，天年竟夭，高名難歿。吾病難將醫藥治，耿耿胸中熱血。待灑向，西風殘月。剖卻心肝今置地，問華陀解我愁千結？追往恨，倍淒咽。　故人慷慨多奇節。爲當年，沉吟不斷，草間偷活。艾炙眉頭瓜噴鼻，今日須難決絕。早患苦，重來千疊。脫屣妻孥非易事，竟一錢不值何消說。人世事，幾圓缺。」

❽〈贈萬均法師華嚴集聯題記〉：「去歲萬均法師著《先自度論》，友人堅執謂是余撰。余心異之，而未及覽其文也。今歲法師復著〈為僧教育進一言〉，乃獲披見。歎為稀有，不勝忭躍。求諸當代，少有匹者。豈余暗識，所可及也！因呈拙書，以誌景仰。丁丑三月，集華嚴偈句，一音。聯云：『開示衆生見正道，猶如淨眼觀明珠』。」

❾傳貫《隨侍音公日記》：「三月十一日（陽曆四月廿一日），移居萬石岩。」

❿高文顯〈送別弘一法師〉：「先是法師，本已應會泉和尚之請，要在中岩結夏安居……但房屋尚須經一番修葺，于是由會泉和尚辦理，而請法師暫時在萬石岩小住。」

⓫答果清法師披衣荼毘之問書：

果清法師：惠書誦悉。謹答如下：

唐南山律祖《行事鈔》引《五百問》云：應先白僧（因亡後諸物屬僧，若用時應先白故）。

以亡泥洹僧（裙也，西僧不著褲，下着此裙），僧祇支（掩腋衣也，披於左肩，以襯袈裟），覆屍而送。

案此：卽是以亡人舊有之掩腋衣及裙，覆於屍上而焚化也。吾國僧衆不用掩腋衣及裙，可以小衫及褲代之，著而焚化可也。宋靈芝律師釋上文曰：「世云須披五條者非（因當時有人誤解，謂披五衣而焚化，靈芝以爲不可），以制物令賞看病故。（亡人所遺留之三衣、鉢、坐具、針筒——或云漉水袋——此六物應賞與看病之人故。旣應賞與看病之人，豈可與亡人披之而焚化？）」準以上南山、靈芝之說，就現今習慣斟酌變通，應僅以小衫及褲，著而焚化為宜。倘有所不忍者，或可披以破舊之海青而焚化，亦無大違於律制也。萬不可披七條五條衣。因此應賞與看病之人，酬其勞故。僧衆如此，俗人可知。

再者，俗人生時，僅可披縵衣，不能披五衣，因大僧乃能披五衣故。

後學弘一頂禮　廿六年三月二十八日

⑫高文顯〈送別弘一法師〉：「法師的年紀已經大了，但是他仍志在四方，無時不想努力宣揚南山律敎，使久住神州。……他今年四月間還想到南洋羣島一帶，由新加坡再轉暹羅（泰國）去敎化那些不聞正法的島民。于是他發心再溫習英語。那時曾致一信于作者道：『余需用英語分類會話一冊，仁者如有，乞以惠施；否則乞為購之，以小冊者為宜也。』五十八歲復溫習英語，亦一趣聞也……」

⑬〈釋弘一啓事〉：「余此次至南普陀，獲親近承事諸位長老，至用歡幸。近因舊疾復作，精神衰弱，頹唐不支。擬即移居他寺，習靜養病。若有緇素過訪，恕不晤談；或有信件，亦未能裁答。失禮之罪，諸希原諒，至禱。」（廿六年五月《佛教公論》）

⑭《佛教公論．佛教界消息》：廈門自成立市府以來，各項建設，甚見進步。近復籌開全市第一屆運動大會，以鼓勵國民體育精神。該會因慕弘一法師為音樂界名家，議決函請編製大會會歌。茲抄錄其原函如下：「本會為提倡國民體育起見，訂于本月二十日起，在中山公園舉行全市第一屆運動大會。關於大會會歌，擬請弘一法師編撰，案經本會第二次會議議決通過。相應錄案，函請查照。務希俞允，賜覆為荷。此致　弘一法師。」

廈門市第一屆運動大會籌備委員會啓　五月二日

⑮致《越風》編者黃萍蓀書：「萍蓀居士文席：惠書誦悉。老病頹唐，未能執筆撰文。惟迴憶昔年瑣事，為高居士言之，請彼筆記，呈奉左右，聊以塞責可耳。謹復，不宣。演音疏。」

【按】《越風．西湖增刊號》出版時，北方抗日戰爭已經爆發，余與勝進居士，皆未獲見〈我在西湖出家的經過〉一文。故初版《年譜》，未及引用。勝利後始輾轉借來披讀，有關記事已分別編入各年。

⑯ 傳貫《隨侍音公日記》：「舊曆三月廿三日，夢參法師捧倓虛法師函到萬石岩，請師往青島湛山寺結夏安居，師許之；但有三約：一、不為人師，二、不開歡迎會，三、不登報吹噓。四月初五日起程。」

⑰ 高文顯〈送別弘一法師〉：「在五月十四日那天，有太原輪船可往上海……他帶往的東西很簡單，只是一條被單，一頂帳子，幾件破了又經修補的衣服，及幾本重要的律學書籍而已。法師是不肯租房艙的……可是會泉老和尚恐怕統艙太苦，暗中定了一間房艙給他住，讓他好好地度着海上的生活。……」

⑱ 傳貫《隨侍音公日記》：「四月（舊曆）初七日至上海。初八日，葉恭綽居士、範成法師等請于法寶館午齋。」

⑲ 葉恭綽〈何以紀念大師〉：「猶憶民國二十六年，法師將往青島湛山寺應講律之聘，道經上海。余詢其乘何船前往，為致電湛山寺迎接，以慮法師人地生疏，且寺中應盡地主之誼，非有他也。旋知法師因此故，改乘他船。其不騖聲華，一至於此！」

⑳ 傳貫《隨侍音公日記》：「四月（舊曆）十一日，到青島湛山寺。十四日諸居士請至湛山下院，為衆講三皈五戒。廿二、廿四、廿六三日，在湛山寺講〈律學大意〉。廿九日講《隨機羯磨》。」

㉑ 《隨機羯磨講錄》題記：「癸酉十二月始輯錄，甲戌於晉水草庵開講。丁丑四月居青島

湛山寺。弘一。」

㉒ 火頭僧〈弘一律師在湛山〉：「在他老駕到的幾天後，我們大衆徵求了倓老的同意，便開始要求他老講開示。待了幾天，又請講戒律。他老還真慈悲，一一都首肯了。頭一次講的開示，標題是「律己」。他老說：『學戒律的需要〈律己〉，不要〈律人〉。有些人學了戒律，便拿來〈律人〉。這就錯了。』……他老又說：『何以〈息謗〉？曰：〈無辯〉。人要是遭了謗，千萬不要辯。因為你們越辯，謗反弄得越深。』……第二次講律，課本是《隨機羯磨》……這書在唐宋以後，已經無人闡揚講說。據他老說，他連這次才講到兩次。在頭一天，臨下課時曾這樣說：『我研究二十多年的戒律，這次開講頭一課，整整預備了七個小時。』可見其教學之慎重了。」

㉓ 蘇州靈巖山「印光、真達二老像手卷」題詞：「靈巖中興，厥惟二老。纘述有人，紹隆永保。披圖尋覽，若覩高賢。願茲績卷，奕葉緜傳。丁丑夏五月沙門一音，時居齊州。」

㉔ 火頭僧〈弘一律師在湛山〉：「有一天晚上，朱子橋老因悼亡友，乘飛機來自西安，特來拜訪。他老接見了，同時市長某公，是陪著朱老同來的，也要藉著朱老的介紹和他老見一見。他老急忙向朱老小聲和藹地說：『你就說我睡覺了。』第二天上午，市長請朱老在寺中吃齋，要請他老陪一陪。他老只寫了張紙條送出來，作為答覆。寫的是『為僧

只合居山谷，國士筵中甚不宜。』……」

（又）傳貫《隨侍音公日記》：「五月（舊曆）初八日，朱子橋居士及沈市長鴻烈等，設齋請師。師不赴請，以偈辭之曰：『為僧只合居山谷，國士筵中甚不宜。』」

（又）嘯月《弘一上人傳略》：「師居青島湛山寺，除為學子講律外，屏處一室，杜門謝客。人或見之，非靜坐即拜佛。一日，青島市某要人慕師高行，設齋供師，三請不赴，亦不令見。末逕書一偈付閽者轉達。偈云：『昨日曾將今日期，出門倚仗又思惟。為僧只合居山谷，國士筵中甚不宜。』某公大失所望，然敬慕之忱愈篤。其不羨榮貴，往往如此。」

【按】以上三則記事，對於「昨日」一偈，皆未明示出處。一般或誤爲師自撰句。且前二則只寫後二句。第三則雖揭全偈四句，亦未說何人所作。致近年海外佛教刊物發生不少爭論。余初見此偈于清初雪峰如幻禪師之《瘦松集・偶談》，不知引自何書。後讀宋曉瑩所著《羅湖野錄》（卷中），始知係宋惟正禪師辭葉清臣偈。葉清臣，長洲人，字道卿，天聖中進士，初爲兩浙轉運副使，擢翰林學士權三司使，其間曾知金陵，有文集百餘卷。據《羅湖野錄》載：「惟正禪師字煥然，華亭黃氏子，幼從臨安北山資壽本如肄業。……爲人高簡，律身精嚴，名卿巨公多所推重。葉內翰清臣牧（治也，即地方長官——著者）金陵，迎正語道，選日集賓，欲以優禮尊奉。及期，正作偈辭之：『昨日曾將今日期，出門倚杖又思惟；爲僧只合居巖谷，國士筵中甚不宜。』」前三則所引偈中「巖谷」二字皆作「山谷」，《羅湖野錄》

則作「巖谷」。後又讀宋惠洪《禪林僧寶傳》卷十九〈餘杭政禪師傳〉，始知此書所記爲最古。「政」與「正」當爲同一人，但未記其名上之一字。傳云：「政黃牛者，錢塘人，住餘杭功臣山，幼孤爲童子，有卓識，語皆出人意外。……游方問道三十年乃罷。其居功臣山，嘗跨一黃犢。蔣侍郎堂，出守杭州，與政爲方外友。每來謁，必軍持（梵語，淨瓶也）掛角上，市人爭觀之，政自若也。……一日，郡有貴客至，蔣公留政曰：『明日府有燕飲，師固奉律，能爲我少留一日？』因欵（留也）清話，政諾之。明日使人要之，留一偈而去矣。曰：『昨日曾將今日期，出門倚杖又思惟。爲僧只合居巖谷，國士筵中甚不宜。』坐客皆仰其標致。」（按：《羅湖野錄》所記葉清臣與惟正相交地點在金陵，而《禪林僧寶傳》所記則在杭州，未知孰是。後者時間較早，似以《僧寶傳》爲是。）

◎ 明蓮池大師袾宏所輯《緇門崇行錄》，以此事歸入「高尚之行」第七〈不赴俗筵〉。文曰：唐韜光禪師，結茆於靈隱西峰。刺史白居易具飯，以詩邀之，光答偈不往。有「城市不堪飛錫到，恐驚鶯囀畫樓前。」之句。其高致如此。

贊曰：「有古德辭朝貴招宴偈云：『昨日曾將今日期，出門倚杖又思惟。為僧只居山合谷，國士筵中甚不宜。』與韜光高致，先後如出一轍。噫，斯二偈者，衲子當朝暮吟咏一過始得。」

【按】大師慨今僧青年重學不重德，故極推重《緇門崇行錄》，以為對症良藥。嘗致書寄塵法師謂：「不慧披剃以來，奉此以爲圭臬。濫廁僧倫，尚能鮮大過者，悉得力於此書也。」故他會寫此偈以謝招宴。當係錄自《緇門崇行錄》。

㉕ 倓虛《影塵回憶錄》（第二一二頁）：「朱子橋將軍，多少年來久慕弘老的德望，只是沒有見過面，正趕他有事到青島，讓我介紹，欲拜見弘老。一說，弘老很樂意。大概他平素也知道朱將軍之為人，對辦慈善及對三寶事很熱心，乃接見了他。……有一天，沈市長在湛山寺請朱將軍吃飯。朱將軍說：『可請弘老一塊來。列一〔知單〕（叢林請客通知單），讓他坐首席，我作配客。』沈市長很同意。……第二天臨入席時，又派監院師去請他，帶回一個條來，上寫四句話：『昨日曾將今日期，〔短榻危坐〕靜思惟。為僧只合居山谷，國士筵中甚不宜。』」（《回憶錄》既未寫明此詩的出處，又將第二句的「出門倚杖又思惟」寫成「短榻危坐靜思惟」。此書是大光法師筆記的。證引繁博，記得非常細緻，是一本好傳記。但他恐怕也不知此偈的出處。故特饒舌如此。）

㉖ 倓虛《影塵回憶錄》：「因他持戒，也沒給另備好菜飯。頭一次給弄四個菜送寮房裏，一點沒動；第二次又預備次一點的，還是沒動。第三天預備兩個菜，還是不吃。末了盛了一碗大衆菜，他問端飯的人，是不是大衆也吃這個？如果是的話，他吃，不是，他還是不吃。因此廟裏也無法厚待他。」

㉗ 倓虛《影塵回憶錄》：「他給學生上課時，首講《隨機羯磨》，……《隨機羯磨》是唐道宣律師刪訂的，文字很古老。他自己有編的《別錄》作輔助，按筆記去研究，並不很難。上課不坐講堂正位，都是在講堂一旁，另外設一個桌子，這大概是他自謙，覺得自己不堪為人作講師吧。……因他氣力不好，講課時只講半個鐘頭，像唱戲道白一樣，一句廢詞沒有。餘下的時間，都是寫筆記，只要把筆記抄下來，扼要的地方說一說，這一堂課就全接受了。《隨機羯磨》頭十幾堂課，是他自己講的，以後因氣力不佳，由他的學生仁開代座。有講不通的地方去問他，另外他給寫筆記。《隨機羯磨》講完，又接講《四分律》。」

㉘ 倓虛《影塵回憶錄》：「差不多有半年功夫，弘老在湛山，寫成《隨機羯磨別錄》和《四分律含註戒本別錄》，另外還有些散文。」

又 《四分律含註戒本講錄》題記：「丁丑八月十日居齊州湛山記。弘一。」

㉙ 致蔡丏因書：「『……旬日後郵奉聯幅等時，附講稿二種（〈青年佛徒應注意的四項〉及〈南閩十年之夢影〉），皆在養正院所講者（去年正月及今年二月）。養正院創辦于三年前，朽人所發起者。今夏或將與他院合併，養正之名，難可復存。此二講稿可為養正院紀念之作品，為朽人居閩南十年紀念之作也。』……六月五日，演音疏。」

又 致蔡丏因書：「……唯〔講稿〕筆記未甚完美，擬請仁者暇時為之潤色（多多刪改無妨，因所記錄者，亦不盡與演詞同也）；並改正其訛字文法及標點。題目亦乞再為斟酌（青年佛徒等）。更乞仁者為立一總名。即以此二篇講稿合為一部書。雖非深文奧義，為大雅所不取，或亦可令青年學子瀏覽，不無微益也。……」

㉚「殉教」橫幅題記：「曩居南閩淨峰，不避鄉匪之難；今居東齊湛山，復值倭寇之警。為護佛門而捨身命，大義所在，何可辭耶？於時歲次丁丑舊七月十三日，出家首末二十載。沙門演音，年五十有八。」

㉛致蔡冠洛書：「惠書誦悉。青島或可無戰事，惟商民甚苦耳。朽人此次居湛山，前已約定至中秋節止（中秋以前不能食言他往，人將譏為畏葸）。節後如有輪船往滬者甚善；否則須乘火車至浦口轉滬杭。若有戰事，火車不通，惟有仍居青島耳。……七月二十一日，演音。」

㉜蔡冠洛〈廓爾亡言的弘一大師〉：「廿六年北方戰事爆發，他在青島湛山寺。報上的消息，青島已成軍事上的爭點了。形勢十分緊急，有錢的人都紛紛南下，輪船至於買不到票子。我就急急寫信去請他提早南來，說上海有安靜的地方，可以卓錫。但他的來信卻說：『惠書誦悉，厚情至為感謝。朽人前已決定中秋節乃他往；今若因難離去，將受極大之譏嫌。故雖青島有大戰爭，亦不願退避也。諸乞諒之！』這種堅毅的態度，完全表出他的人格了。」

㉝倓虛《影塵回憶錄》：「弘老雖是生長北方，可是他在南方住的時候多，對於南方氣候、生活都是習慣。……湛山寺本來預備留他久住的，過冬的衣服也給預備了。可是他的身體，不適於北方的嚴寒。……到了九月十五以後，到我寮房來告假，要回南方過冬。我知他的脾氣，向來不徇人情，要走誰也挽留不住。當時在口袋裏掏出來一張紙條，給我定了五個條件。第一，不許預備盤川錢。第二，不許備齋餞行。第三，不許派人去送。第四，不許規定或詢問何時再來。第五，不許走後彼此再通信。這些條件我都答應了。在臨走的前幾天，給同學每人寫一幅『以戒為師』的小中堂，作為紀念，另外還有好些求他寫字的，詞句都是華嚴經集句，或明蕅益大師警訓，大概寫了也有幾百分（幅）。」

㉞火頭僧〈弘一律師在湛山〉：「臨上船的一天，……他老在和（夢）參師將別的當兒，從挾肘窩下拿出厚累累的一部手寫經典，笑容滿面的向參師說：『這是送給你的。』參師喜不自勝的携回展示，是部他老手寫的《華嚴經淨行品》。字體大約數分，異常工整遒勁，是拿上等玉版宣寫的。末幅有跋云：『居湛山半載，夢參法師為護法，特寫此品報之。晚晴老人。』」

㉟夏丏尊〈懷晚晴老人〉：「八一三以後不多久，我接到他的信，說要回上海來再到廈門去。那時上海正是炮火喧天，炸彈如雨，青島還很平靜，我勸他暫住青島，並報告他我

個人損失和困頓的情形。他來信似乎非回廈門不可，叫我不必過慮。……在大場陷落的前幾天，他果然到上海來了。……我趕去看他已在夜間，他却沒有細問什麼。幾年不見，彼此都覺得老了。他見我有愁苦的神情，笑對我說道：『世間的一切，本來都是假的，不可認真，前回我不是替你寫過一幅《金剛經》的四句偈了嗎？「一切有為法，如夢幻泡影，如露亦如電，應作如是觀。」──你現在正可覺悟這真理了。』他說三天後有船開廈門，在上海可住二日。」

㊱僧睿《弘一大師傳略》：「冬返廈，駐萬石，時廈戰局緊張，各方勸師內避。師曰：『為護法故，不怕砲彈。』因自題室曰『殉教堂』。」

㊲致李芳遠書：「朽人已於九月二十七日歸廈門。近日廈市雖風聲稍緊，但朽人為護法故，不避砲彈，誓與廈市共存亡。……吾人一生之中，晚節為最要，願與仁者共勉之。弘一上，十月二十三日。」

㊳蔡冠洛〈廓爾亡言的弘一大師〉：「他到廈門，又值變亂。他怕我和夏師掛念他；來信說：『廈門近日情形，仁等當已知之。他方有諄勸余遷居避難者，皆已辭謝，決定居住廈門，為諸寺院護法，共其存亡，必俟廈門平靜，乃能往他處也。知勞遠念，謹以奉聞。』其實那時看到報上的消息，我已經寫信去勸請他移居了。不久，又得到他的覆信，甚而至於說：『惠書誦悉。時事未平靖前，仍居廈門。倘值變亂，願以身殉。古人

詩云：〈莫嫌老圃秋容淡，猶有黃花晚節香。〉謹復不具。』這可見法師對於生命並沒有懷戀的意思。」

㊴ 致蔡丏因書：「是間（廈門）近無變化，稍遲或往鄉間，屆時再以奉聞也。茲有懇者，今夏朽人曾以所藏《行願品》梵文寫本，託佛學書局影印流通。……朽人在青島時，曾得高（觀如）居士書，謂不久即可出版云云。迄今尚無消息，頗為懸念。……此書原稿甚為珍貴，請其寄還。至今已一月餘，無有復音，乞仁者為致電話詢沈（彬翰）居士。倘書局已歇業，原稿遺失，則可作罷論；倘原稿仍在者，乞彼送至仁者處，乞仁者暫為收藏（勿寄廈門）。費神至感，演音啓。」

【按】《普賢行願讚梵文私考》，爲十八世紀日本梵學大家慈雲尊者所手寫。慈雲名飲光，著有《梵學津梁》一千卷。高觀如居士爲當時上海佛學書局編輯。沈彬翰居士爲佛學書局經理。

㊵ 〈扶桑普賢行願讚梵本私考序〉：「有唐末葉，扶桑僧侶，嘗入唐土習秘密教，而不空三藏所譯《普賢行願讚》及梵字元本，亦遂因是流傳彼邦。稽其請來目錄數種，可歷見也。丁丑歲首，余自扶桑其中書林請奉《普賢行願讚梵本私考》一卷，首列梵字及不空譯文。附載東晉《文殊師利發願經》，并貞元《行願品別譯偈頌》，以資考證。卷末

有梵字校異數紙。依貞永元年（此土南宋穆宗）寫本，永和五年寫本（此土明太祖洪武十二年），並高野山古本，讐校同異焉。是書為扶桑高僧飲光尊者輯訂，古傳謂弟子慧日尼書，而近人一道庵主考辨此卷筆蹟，疑是尊者弟子智幢，非慧日尼所寫本也。又謂卷册横端書名，頗似尊者御筆。横端所書『日貝賛』為『普賢讚』略字，彼邦習用者也。諸說雖未能倉卒斷定，而為扶桑古僧手寫真蹟，蓋無可異議也。尊者曰慈雲，真言宗正法律始祖。享保三年生（此土清聖祖康熙五十七年）。博通顯密，尤精律教，朝夕誦梵字普賢行願讚等以為日課。具如《續日本高僧傳》所云。」

㊶

葉聖陶〈弘一法師的書法〉：「弘一法師對於書法是用過苦功的。在夏丏尊先生那裏，見到他許多習字的成績，各體的碑刻他都臨摹，寫什麼像什麼。這大概因為他弄過西洋畫的緣故。西洋畫的基本練習是木炭素描，一條線條，一筆烘托，都得和擺在面前的實物不差分毫。經過這樣訓練的手腕和眼力，運用起來自然能够十分準確，達到得心應手的境界。於是寫什麼像什麼了。

「藝術的事情，大都始於摹仿，終於獨創。不摹仿打不起根基，摹仿一輩子就沒有了自我，只好永久跟隨人家的脚後跟。但是不必著急，用真誠的態度去摹仿的，自然而然會遇到蛻化的一天，從摹仿中蛻化出來，藝術就得到了新的生命。不傍門戶，不落窠臼，就是所謂獨創了。弘一法師近幾年來的書法，可以說已經到了這地步，可是我們不要忘記，他是用了多年的苦功，臨摹各體的碑刻，而且是寫什麼像什麼的。

「弘一法師近幾年來的書法，有人說近於晉人，但是摹仿那一家呢？實在指說不出。我不懂書法，然而極歡喜他的字。若問他的字為甚麼教我歡喜？我只能直覺地回答，因為他蘊藉有味，就全幅看許多字是互相親和的，好比一堂謙恭溫良的君子人，不亢不卑，和顏悅色，在那裏從容論道。就一個字看，疏處不嫌其疏，密處不嫌其密，只覺得每一畫都落在最適當的位置，移動一絲一毫不得。再就一筆一畫看，無不教人起充實之感、立體之感。有時有點像小孩子所寫的那麼天真，但一邊是原始的，一邊是純熟的，這分別又顯然可見。總括以上這些，就是所謂蘊藉，毫不矜才使氣，意境含蓄在筆墨之外，所以越看越有味。這種淺薄的話，方家或許要覺得好笑，可是我不能說我所不知道的話，只得暴露自己的淺薄了。」

【按】此文發表於一九三七年十一月七日，新加坡《星洲日報》的副刊「晨星」，一九八七年九月廿四日修改後，收入《葉聖陶文集》上冊。

㊷ 致李芳遠書：「前復書及附寄佛典，想已收到。朽人於前夕到草庵，暫不他往。以後惠書，乞寄泉州南門外石獅下檀林街靈鷲寺轉交草庵。……演音疏。舊十二月二十日。」

㊸《梵網經菩薩戒本疏》題記：「剃染以來，即獲披賢首疏。歷十數年，並誌標記，粗具規模。邇者將以此本，傳示同學，因見舊稿，頗多參錯，乃為精密校正。始於九月下旬，訖於十一月二十三日，乃得蕆事。於盜戒第六種類輕重門，更編寫科文一卷。冀諸學者，依科讀疏，可勝如指掌耳。沙門勝髻時居晉水草庵。」

【按】火頭僧，法名隆安，字保賢，山東東平縣人。幼年出家，歷住北京廣濟寺弘慈佛學院，青島湛山寺佛學院。先後從空也、慈舟、弘一諸法師研究天台止觀及律學，造詣極深。後到蘇州主講靈岩山佛學院，又到上海圓明講堂親近圓瑛法師學楞嚴，所至道場，無有空過。一九五二年在滬，與余時相過從，其後遂不聞動定。一九五八年，始知已赴香港，時以「火頭僧」筆名發表文章於各雜誌。後在港組織「佛教青年中心」，接引青年學佛，爲佛教培養新生力量。一九八七年以癌症寂於香港，享年七十九。（見能榮〈火頭僧傳略〉，一九八八年《南洋佛教》三四〇期。）

一九三八年（民國二十七年戊寅）五十九歲

是年元旦，在泉州草庵講《普賢行願品》❶。正月初十日，致書李芳遠，謂約于二十左右赴泉州，住承天寺。二月一日起復講《行願品》❷。十九日以講稿一篇寄上海蔡冠洛，與以前共三篇，題曰「養正院親聞記」，囑于明年師六十歲時出版以爲紀念❸。舊二月一日始，復講《行願品》于承天寺。聽衆甚多，黨部青年乃至基督教徒，皆甚歡讚。二月十二日始，于開元寺講《心經》三日❹。三月一日講《華嚴》大意于清塵堂，並囑緇素弟子讀誦《行願品》十萬遍，回向國難消除，民衆安樂❺。其間曾應請于梅石書院講「佛教之宗派和源流」，由陳祥耀記錄。講畢在該校圖書樓應供，並爲圖書樓書「無上清涼」，以爲紀念❻。旋至惠安講經。住數日，仍返泉州承天寺❼。三月下旬，擬赴厦門應請于鼓浪嶼了閒別墅講經。下月初往漳州，由南山寺介紹住鄉間某寺過夏。此次住泉州不滿兩月，寫字近千件❽。不久，漳州嚴笑棠居士親持請帖，到泉陪師至厦，于了閒別墅講《心經》三天❾。厦門淪陷前四天（舊曆四月初八），師已到漳州弘法，故能幸免於難❿。師至漳，居南山寺數日，自謂身心康寧，即擬在念佛社說法，並致書託許宣平轉贈其友楊君手書小幅⓫。又數日，雖在倉皇避難之間，仍不忘補錄他在數年前於泉州草庵所寫之

《藥師經科文》⓬。五月一日，致書上海夏丏尊，告以厦門變亂前四天已到漳州弘法，今居瑞竹岩靜養⓭。同月應請撰〈瑞竹岩記〉，於瑞竹岩之歷史故實，多所是正⓮。六月致函泉州承天寺覺圓法師，託代換取「特別通行證」，並請其將郁達夫致錢東亮師長之介紹信交去⓯。七月十三日，爲大師剃染二十周年，是日應漳州居士之請，開講《阿彌陀經》於城中尊元經樓並攝影留念。十九日講經圓滿，許宣平設齋供養三寶，爲書古德偈句，以爲紀念⓰。是日講經之暇，幷書〈苦樂對覽表〉二紙，以奉尊元經樓紀念⓱。致書夏丏尊，謂在漳州城區宏揚佛法，十分順利。時豐子愷欲迎師往桂林，師以世壽將盡，猶如夕陽，殷紅絢彩，瞬即西沉，謝之⓲。閏七月，擬講經數種，並復興念佛會⓳，又爲瑞竹岩下本鄉保長講《地藏經》，聽者甚衆⓴。秋間應嚴笑棠之請，爲其「祇園」題寫園額，並撰〈祇園記〉以爲紀念㉑。九月十三日，離漳乘船至石美（時漳泉公路因戰爭破壞），經同安梵天寺於二十日至泉州安海㉒(又)(又)。十月六、七、八三日，在安海金墩宗祠講演佛法三日，集有《安海法音錄》一册，後編入《晚晴老人講演錄》㉓。許書亮爲撰〈安海法音錄・序〉㉔。師因居閩南十年，受當地人士種種優遇，故于今年往各地宏法，以報閩南人士之護法深恩㉕。十月下旬到泉州，居承天寺，致函王正邦居士，請轉告廣洽法師勸募再版手書《金剛經》㉖。十月致函漳州馬冬涵（海髯）論篆刻書法，此書可代表大師對書法藝術的見解㉗。旋應葉青眼居士之請，于溫陵養老院開示淨土法門，由瑞今法師譯爲閩語。適有某當局來院，葉氏起而招待，來往頗頻。師見之不謂然，即諭令停講㉘。時舊日門生石有紀（當時安溪縣長）來訪，師生敍舊，至爲歡忭。翌日卽錄唐人李益五言律詩一首奉贈㉙。十一月十四日于佛教養正院同學會，講〈最後之□□（懺悔？）〉，概述今年的行蹤和弘法活動，對于追求「名聞利養」作最後的「懺悔」㉚。十二月初一日，爲弟子廣義起別名曰「曇昕」，並加注釋，謂「曇昕」示「法日將升」之義，寄與極大之希望㉛。是冬漳州築祠雲洞巖，將以祀明蔡鶴峯並略庵居士，師適覽《王遵巖集》有〈壽鶴峯布衣序〉，深致景仰，爲篆書「南無阿彌陀佛」名號以祝，並加題記㉜。（按：初版年譜此則誤作〈雲洞巖鶴鳴祠記〉，應予更正。）歲暮，居泉州月臺，時印光法師撰〈歷朝名畫觀音寶相精印流通序〉，師爲精心書寫，附印於該書㉝。是年手書草庵門聯，略加說明贈安海俞嘯川居士，並加題記㉞。

注釋

❶ 葉青眼《千江印月集》：「戊寅元月一日，公在草庵講《華嚴經普賢行願品》。」

❷ 致李芳遠書：「余約於二十左右，往泉州承天寺。自二月初一日起，講經數日。舊正月初十日，音啓，草庵。」

❸ 致蔡丏因書：「惠書誦悉。……近有講稿一篇（〈最後的□□（懺悔）〉），擬列於前二篇（〈青年佛徒應注意的四項〉與〈南閩十年之夢影〉）之後，共三篇，題曰『養正院親聞記』。能於舊曆己卯明年付印為宜。明年朽人世壽六十，諸友人共印此書，亦可藉為紀念也。

……正月十九日，演音啓。」

❹ 致蔡冠洛書：「近至泉州，定於舊二月一日始，仍講《行願品》，並預定以後再於某處講《華嚴》大意，又於多處講演。法緣殊勝，昔所未有也。……地方安寧，身體康健，乞勿念。演音啓。舊正月廿四日。下月初旬，尚須往惠安縣講經。……在承天寺講《行願品》，至昨日圓滿。聽衆甚多，黨部青年乃至基督敎徒，皆甚歡讚。自明日始，在各處演講五日。後在開元寺講《心經》三日。又數日後在善堂講《華嚴》大意三日，二月十一日附白。」

❺ 葉青眼《千江印月集》：「三月一日，講《華嚴》大意于清塵堂，並切囑緇素弟子讀頌《行願品》十萬遍。以此功德，回向國難消除，民衆安樂。」

❻ 陳祥耀〈息影閩南的弘一法師〉：「二十七年的春天，這位渴想見面的老人，竟如流水行雲，飄然涖晉，聽說他這回到泉州，已是第二遭兒，可是却特別打動泉州人士的心弦，集中泉州人士的視線。因為法師這回對泉州人士特別改變態度，特別廣結法緣，破例為泉州人士寫許多字，說許多法，甚至居然肯赴幾回宴。但不久以後，法師依然深居簡出，息影於古寺之中了。……法師初到泉州，住承天寺，即起首講《普賢行願品》全部。講畢再往開元寺續講他種經典，聽衆大半為僧徒居士之流。在學生界中，我可說是常常出席的一個。……在一天黃梅細雨的星期日上午，法師特赴我校之約，到『梅石書

院』講演，題為『佛教的源流和宗派』，由我擔任記錄。講畢在我校圖書樓吃素齋，並題圖書樓以『無上清涼』四字。……不久以後，法師即離泉州，到惠安各地去弘法。」

❼ 致李芳遠書：「近來講務甚忙，下月初旬到惠安。月底或往厦門，但尚未決定也。俟後奉達，謹復，不宣。舊二月二十四日，演音疏。」

❽ 致李芳遠書：「余于二十一日或二十二日往厦門（二十日有人由厦門來迎接）。大約自二十六日起，講三天。下月初往漳州，由南山寺介紹住鄉間某寺過夏。近來多忙，而身體甚健。此次住泉州不滿兩月，寫字近千件，每日可寫四十件上下。……演音白。古曆三月十三日。」

❾ 致李芳遠書：「古浪了閒別墅已有正式請帖寄到。明日嚴笑棠居士到泉陪接。遲二三日，即偕往厦門。下月初四五日，往福州城內功德林、佛化社諸處演講，但尚未確定。不久仍返泉州。……演音白，三月十九日。」

【按】戰前鼓浪嶼有「了閒社」，為在家佛教團體，由林寄凡、嚴笑棠諸居士所組織，設于林氏之了閒別墅。又據圓拙法師函告，是年法師本接受福州居士之請，訂期前往。後因漳州居士懇請赴漳，約期半月，而厦門淪陷（陽曆五月七日），滯留漳州，福州之行遂不果。

⑩ 李芳遠〈送別晚晴老人〉：「厦市淪陷，我急得忍不住，四出查訪，均無消息。因法師性如閒雲野鶴，孤往獨來，向不肯預告於人。最後才接得來書云：『朽人於厦市難事前四天，已到漳州弘法，故能幸免於難。現擬往鄉間瑞竹岩消夏，俟秋涼後或車路可通，即返泉州也。演音啓。舊四月十八日寄于龍溪南山寺。』」

【按】曾隨大師自厦到漳照顧其生活之淨慧師語我：「師自厦門妙釋寺起程，同行者有嚴笑棠、馬乾驊二居士（皆漳州人）及淨慧共四人，經鼓浪嶼渡海至嵩嶼登陸。到漳州後，暫住九龍飯店（嚴笑棠所經營）。翌日移居南山寺，時住持廣心和尚、監院傳證已離寺赴泉。小住數日，由執事僧送師與淨慧到距城十餘公里之瑞竹岩。」

⑪ 致許宣平書：「前居厦門，諸承護念，至用感謝。楊居士囑書小幅，附奉上，乞為轉交，並代致候。泉州交通行長劉居士，名號已忘記，便乞寫示。近在漳居南山寺，身心安寧，不久擬在念佛社演講數次，謹陳不備。舊四月十日，演音疏。」

⑫ 〈藥師經科文題記〉：「歲次乙亥十二月，臥病草庵，曾力疾坐起，書錄是科文，草率不足觀。今居龍溪南山寺，復得錄寫焉。戊寅四月十三日，時倭寇侵鷺嶼。沙門演音並記。」（鷺嶼為厦門別名——著者）

⑬致夏丏尊書：「今年在閩南各地弘法至忙。於廈門變亂前四天，已至漳州弘法。今居東鄉瑞竹岩靜養。……舊五月一日演音啓。」

⑭〈瑞竹岩記〉：「瑞竹岩，名非古也。昔唐楚熙禪師結廬萬松山巔，曰德雲庵。宋大覺璉禪師興建梵宇，仍其舊稱。降及明季，皇子蒞山，見枯竹鐘萌，謂為瑞相，因題岩名曰瑞竹。而德雲庵名，自是不顯於世。其時宰官陳天定曁住持絶塵禪師，發願重建佛殿，移其基址，趣落下方，磐石屏衡，林木蓊鬱，視昔為勝矣。又復相傳有林閣老者，未第時讀書山中；及躋貴顯，乃建『介石雲窠』于佛殿右，今唯存其殘址，俗謂為八卦樓也。清宣宗時，智宣禪師駐錫瑞竹。禪師為邑望族，梵行高潔，工詩善書，亦能紹隆，光顯前業，為世所稱。厥後遺風日微，寖以衰廢。洎今歲首，檀越迎請智峯法師入山，興復舊蹟。法師學行高邁，乘願再來，夙夜精勤，誓隆先德，復禮大悲懺儀為日課。賞語余曰：為寺主者，應自行持，勤修三學，軌範大衆，豈惟躬佩勞務已耶？余深服其所見高卓，可謂今之法門龍象矣。余於曩月，弘法漳惠，鷺嶼變起，道路閡絶，因居瑞竹，獲覩勝蹟，夙緣有在，蓋非偶然。（下略）歲次戊寅五月弘一（印）。」

【按】《龍溪縣誌》記載：「瑞竹岩，五代僧楚熙結廬于此，剜竹引泉，竹生筍，因名瑞竹。……明季正統年間，絕塵祖師修行于此，作瑞竹樓居，圓寂後遺骨存于寺後『無法續傳』石室中舍利塔。」又清乾隆時漳州詩僧隱愚《石林集》，載有宋大覺懷璉與江東橋有關詩篇。懷璉乃北宋高僧，他雖爲漳人，但終身似未回鄉。此說恐係傳說附會。大師所撰〈瑞竹岩記〉，「謂瑞竹岩初名『德雲庵』，至明季皇子蒞山，見枯竹箨萌，謂爲瑞相，因題岩名爲『瑞竹』」。想當別有所本，或傳聞致誤歟?憶十餘年前，泉州圓拙法師函告，謂大師居瑞竹岩時，引水竹筧生嫩葉，好事者將其寫成〈弘一法師逸事〉，登於漳之《福建新聞》，謂爲大師蒞山之瑞應。師知之卽令某居士致函闢謠，旋卽移居他處。〈逸事〉文中引明末鼓山永覺禪師應溫陵開元寺之請，行次洛陽橋，潮水適來，歡迎者謂「龍王參禮和尚」!師曰：「莫誣老僧好」。音公之闢謠，亦此意也。〈瑞竹岩記〉(下略)下文意似未完，亦未署名，只蓋弘一一長印。然爲手迹無疑。

⑮ 致泉州覺圓法師書：「……茲有二事，奉託如下：㈠余之『特別通行證』已滿期。乞向師部換取新者。乞訪蔣百齊參議室主任或張參謀長皆可。又有郁達夫居士致錢東亮師長之介紹書，亦乞交去。㈡前送寄百源庵之……《清涼歌集》一小包，乞檢出四册交郵局掛號寄下。『特別通行證』如可換得，亦請一併寄下。否則將《清涼歌集》寄下為感。

……六月廿二日，音啓。」

【按】抗戰時泉州地區，往來須有「通行證」。當時最高長官爲錢東亮師長，聞爲錢大鈞之姪云。

⑯ 書古德偈句贈許宣平題記：「『祇今休去便休去，若待了時無了時』。歲次戊寅閏七月

十三日，為余鬎染二十周年。是日始講《阿彌陀經》于龍溪尊元經樓。宣平居士（任職銀行）先一夕自福州歸，獲預法會。逮十九日講經圓滿，居士設齋供養三寶及諸善信，慶幸歡忭，得未曾有。居士久處塵勞，恒思厭離，乃囑題句，用自惕勵，並志近事，以為紀念焉。一音錄古德句。」

⑰〈苦樂對覽表〉題記：「華民二十七年，歲次戊寅七月十三日，余鬎染出家二十周年。是日諸善友集聚尊元經樓，為余誦經懺罪。余于是日始講《阿彌陀經》一卷，迴向衆生，同證菩提；並書〈苦樂對照表〉二紙，呈奉經樓，以為紀念焉。沙門一音。」（見《龍溪新志初稿》第一輯．一九四五年）

⑱夏丏尊〈懷晚晴老人〉：「……近來在漳州城區弘揚佛法，十分順利，當此國難之時，人多發心歸佛法也。……厦門陷落後，豐子愷君從桂林來信，說想迎接他到桂林去。我當時就猜測他不會答應的。果然子愷前幾天來信說，他不願到桂林去。他復子愷的信說：『朽人年來老態日增，不久即往生極樂。故于今春在泉州及惠安盡力弘法，近在漳州亦爾。猶如夕陽，殷紅絢彩，瞬即西沉。吾生亦爾，世壽將盡，聊作最後之紀念耳。……緣是不克他往，謹謝厚誼。』這幾句話非常積極雄壯，毫沒有感傷氣。」

⑲致蔡冠洛書：「近在漳州城區弘揚佛法，甚為順利，不久擬講經數種，並復興念佛會，每週念佛一次。……閏月六日演音啓。」（是年陰曆閏七月）

⑳ 致蔡冠洛書：「承施地藏菩薩經像，昨夕已經收到，感謝無盡。後日適值菩薩聖誕，先三日寄到，因緣巧合，誠為漳城佛法復興之象也。近日請本鄉保長講此經，聽者甚衆。仁者法施功德，曷有極耶？謹復並謝。不宣。閏七月二十八日演音疏。」

㉑ 〈祇園記〉：「笑棠居士性高尚，不治生業，唯于舍旁拓地數弓，雜植花木，以為游息弦誦之所。顏曰『祇園』，意謂是外無長物也。又亦假用梵典之名，而音釋悉異，藉以志其景仰所歸也。戊寅仲秋，余弘法龍溪，居士請題園額，為述其義如是，因併記之。溫陵沙門一音。」（見一九四五年《龍溪新志初稿》第一輯）

【按】漳州佛法，久乏聞熏。自大師至漳，文化界人士爲之興起，施拔甘、施慈航、施勝良、蔡竹禪、馬冬涵、劉綿松等，皆因師而歸佛法。

㉒ 致施慈航書：「居漳半載，諸荷護念，至用感謝。擬于明日啓行，未敢勞諸善友相送，將來有緣，仍可再來漳也。尊翁（施拔甘）及尊元（經樓）諸善友，均乞代為致候。謹陳，不宣。戊寅九月十二日演音啓。」

㊀ 致施慈航書：「前上明信，想已達。二十日抵安海，居水心亭，約下月望後乃他往。前在閩漳，與仁等時相過從，至為歡欣。今離羣索居，悵惘何已！……謹陳，不宣。演音

啓。舊九月二十六日。」

㉒致施慈航書：「惠書誦悉。朽人居安海已將一月，講法數次，聽衆甚多，近七百人。不久擬返泉州草庵。附奉三聯，一贈與楊遂厂、一贈與林春元（漳州著名麗華齋印泥店主——著者），一贈與王文象（卽前余動身時，送余乘船至石美者），均乞轉交為感。……謹陳，不宣。演音，九月三十日。」

【按】水心亭，具稱水心澄渟院，在安海安平渡。師居水心亭時，爲書「戒是無上菩提本，佛爲一切智慧燈」一聯，刻於寺門，今尚存在。

㉓《晚晴老人講演錄》：「〈佛法十疑略釋〉，戊寅十月六日，在安海金墩宗祠講。〈佛法宗派大概〉，戊寅十月七日在安海金墩宗祠講。〈佛法學習初步〉戊寅十月八日在安海金墩宗祠講。」

㉔許書亮〈安海法音錄・序〉：「二十七年秋晚，弘一法師來安海，居于水心澄渟院，知者甚尠。越數日，友人始語余。余因久慕師者，乃往晤談，至為歡契。……。」

㉕致李芳遠書：「惠書誦悉。不久卽擬往草庵靜養，謝絕一切諸事。……今年所以往閩南各地弘法者，因余居閩南十年，受當地人士種種優遇。今余年老力衰，不久卽可謝世。

故于今年往各地弘法，以報答閩南人士之護法厚恩耳。現在弘法已畢，卽擬休養，故往草庵。明年將往惠安，閉門謝客，以終其天年耳。古十月十日，音寄自安海。」

㉖致王正邦書：「正邦居士道席：惠書誦悉，前由漳州到安海，住一月。近已返泉州，居承天寺。今年在各地弘法甚忙，法緣殊盛。但自慚道德學問皆無成就，勉力支持，至用汗顏耳。廣洽師所印拙書《金剛經》，所存無幾。此書接引新青年至為逗機，乞勸廣洽師發心募印再版。……演音啓。十月二十八日。」

㉗與漳州馬冬涵論篆刻書法書：「冬涵居士道席：惠書誦悉。承示印稿至佳。刀尾扁尖而平齊若椎狀者，為朽人自意所創。錐形之刀，謹能刻白文，如以鐵筆寫字也。扁尖形之刀可刻朱文，終不免雕琢之痕。不若以錐刻白文，能得自然之天趣也。此為朽人之創論，未審有當否耶？屬寫聯及橫幅，並李、鄭二君之單條，附掛號郵奉，乞收入。仁者暇時，乞為刻長形印數方，因常須用此形之印，以調和補救所寫之字幅也。

「朽人於寫字時，皆依西洋畫圖案之原則，竭力配置調和全紙面之形狀。與常人所注意之字畫、筆法、筆力、結構、神韻，乃至某碑、某帖、某派，皆一致屛除，絕不用心揣摩。故朽人所寫之字，應作一張圖案畫觀之，斯可矣。不惟寫字，刻印亦然。仁者若能于圖案法研究明了，所刻之印必大有進步。因印文之章法布置，能十分合宜也。又無論寫字刻印等皆足以表示作者之性格（此乃自然流露，非是故意表示）。朽人之字所示者，平淡、恬靜、冲逸之致也。乞刻印文，別紙寫奉謹復，不宣。舊十月二十九日，演音疏。」

㉘ 葉青眼〈紀溫陵養老院勝緣〉：「第二次到養老院為戊寅年，由尤居士廉星代余禮請，繼續開示淨土法門，瑞今法師擔任翻譯。時將及午，院董老人悉集，將開講矣。適某當局偶然來院，余起招待，來往頻頻。公見之不謂然，諭令停講。余急請今師緩頰，行懺悔。結果改訂明晨。余自親近以來，素荷包含。此次碰一大釘，公意殆訶余之雜念而不純。余始知「雜」之為害大。」

㉙ 劍痕（石有紀）〈懷弘一法師〉：「廿七年的秋天，他于劉廷灝前輩處聽到我在安溪的消息，劉先生一面又寫信通知我：『老法師已經到了泉州，住承天寺。聽說你在安溪，甚為喜悅。有便望來泉一謁。』我卽于某次因公之便，在一個暮靄蒼茫的黃昏，在承天寺大殿右邊一個大園的盡頭，一間小小的矮屋之內，去拜見老人家。房間是那麼狹小，一几一榻以外，僅能容膝。我和他對坐着，談些別後的事情。……這一夕的相會，是很值得紀念的。據一位近他的和尚告訴我：『老法師晚間從來不肯會客。出家二十年，不曾點過燈火。這次為你，是很特別的。』過了幾天之後，我接到他一封信，附着他寫的一幅單條，一副對子。對子寫的是華嚴經句，是勉勵我做好官的。單條上則寫着一首唐人的五言律詩：

十年離亂後，長大一相逢。問姓驚初見，稱名憶舊容！
別來滄海事，語罷暮天鐘，明日巴陵道，秋山又幾重！

其書略云：『錄唐人詩一首，頗與仁者在寺相見情形相似。』亦足知他心中的感慨了。」

【按】此詩爲唐李益〈喜見外弟又言別〉。李益，唐詩人，與李賀齊名，見《唐才子傳》。巴陵，今湖南岳陽也。

㉚

〈最後之□□（懺悔）〉：「可是到了今年——二十七年，比去年更不像樣子了。自從正月二十到泉州，這兩個月之中，弄得不知所云。不只是我自己看不過去，就是我的朋友也說我以前如閒雲野鶴，獨往獨來，隨意棲止。何以近來竟大改常度，到處演講，常常見客，時時宴會，簡直變成一個『應酬的和尚』了。這是我的朋友所講的。……如是在泉州住了兩個月之後，又到惠安、至廈門、至漳州。……日常生活，總不在名聞利養之外。雖在瑞竹岩住了兩個月稍少閒靜；但是不久，又到祈保亭冒充善知識，受了許多善男信女的禮拜供養，可以說是慚愧已極了。

「九月又到安海住了一個月，十分的熱鬧。近來再到泉州，雖然時常起一種恐懼厭離的心，但是仍不免向這一條名聞利養的路上前進。可是近來有一件可慶幸的事，因為我近來得到永春十五歲小孩子的一封信，他勸我以後不可常常宴會，要養靜用功。信中又說起他近來的生活，如吟詩、賞月、看花、靜坐等，洋洋千言的一封信。啊！他是一個十五歲的小孩子，竟有如此高尚的思想、正當的見解。我看到他這一封信真是慚愧萬分了。」

㉛ 曇昕〈親近音公瑣記〉：「師為起法名曰『曇昕』，並注釋云：『曇昕梵漢合立，晉魏六朝時高僧，頗有此類之名，閱《高僧傳》可知。曇者梵語，具云曇無，亦云達摩，法也。昕者漢語，朝也；日將出也。清初史學大家錢大昕，亦用此昕字為名，號曰曉徵。曇昕者示法日將升，普照衆生之義也。』戊寅十二月初一日，沙門一音識。」

㉜ 為漳州雲洞岩鶴鳴祠篆書佛號題記：「戊寅歲晚，築祠雲岩，將以祀明蔡鶴峯大儒並清略庵居士。時余方覽《王遵巖集》，有〈壽鶴峯布衣序〉，因得闚其所學，粹然一出于道。略庵居士好善樂施，惠及鄉里，並以學行垂諸不朽。余維闇短，未能歌讚令譽。敬書佛號，以斯功德，回向菩提。並願見聞隨喜，同植勝因，齊成佛道云。一音。」

【按】蔡烈，明龍溪人，學者稱鶴峯先生。其墓在漳州東門外雲洞巖下。有碑云：「鶴峯千仞，龍江一曲。中有一邱，其人如玉」。王愼中，字道思，號遵巖。明代學者，泉州人，官至河內布政使參政。嘉靖三十八年卒，年五十一。工文章，尤致力漢以上古文，爲明代文章之正宗，著有《遵巖集》，見《明史·文苑傳》。

㉝〈歷朝名畫觀音寶相精印流通序〉：「中華民國二十七年戊寅重陽日印光撰。是歲將暮，晉水月臺沙門一音書。」

㉞書草庵門聯贈俞嘯川居士題記：「草積不除，便覺眼前生意滿；庵門常掩，勿忘世上苦人多。」此數年前為草庵所撰寺門聯句，下二句，疑似古人舊句，然亦未能定也。眼前生意者，生意指草而言。此上聯隱含慈悲博愛之意。宋儒周程朱諸子文中，常有此類之言，卽是觀天地生物氣象，而興起仁民愛物之懷也。

嘯川居士玄覽　　亡言

一九三九年（民國二十八年己卯）　六十歲

是年元旦，在泉州承天寺手書佛號及華嚴經偈，贈漳州劉綿松及其母氏❶。初春出城遊清源山，愛其地之幽勝，遂暫居於清源洞❷。二月五日爲亡母謝世三十四周年，於《前塵影事》册上書金剛經偈頌，回向菩提❸。仲春，在月臺（承天寺）集華嚴長聯，手書贈了智法師，并題記❹。將往永春，與黃福海寫影留念，並爲題記❺。新曆四月十四日，自泉州入永春，居城東桃源殿。越數日爲衆講演《佛教之簡易修持法》❻。旋入毘峯（蓬壺）普濟寺。自是屏除應接，閉戶靜修，從事著述。林奉若居士記普濟寺情況及師至寺因緣頗詳❼。初夏，師以《華嚴玄談會玄記》向無標點，《弘教藏》乃由榑桑僧侶率意加點，吾國之《頻伽藏》又依《弘教藏》編印，校訂多疎。居永春時，乃稍正其誤❽。六月，李芳遠入山相訪，師書偈贈之。是偈即世所傳師臨滅前遺偈二首之一❾。其另一偈，亦見林漢忠〈弘一法師在永春〉所記❿。是夏，擷取南山、靈芝詮釋「盜戒戒相」之義。輯爲《盜戒釋相概略問答》一卷，並錄太賢、藕益二師遺偈，以自策勵⓫。九月二十日，爲師六十初度，弟子豐子愷畫《續護生畫集》六十幅爲壽。乞師指教，并加題詞⓬。時在抗戰期間。我國著名畫家徐悲鴻至新加坡開畫展，支援抗戰。弟子廣洽特請作師半身油畫像一幅，以爲六十紀念。勝利後徐氏在北平補作題記奉寄⑬。時郁智朗布施八金爲師祝壽，師囑在寺供養緇素諸衆，廣結善緣。並擬自是日始，掩關習靜，謝絕通信⑭。九月，各方道友爲募印手書《金剛經》及《九華垂迹圖讚》，並徵集詩詞以爲師六秩紀念。澳門《覺音》月刊，上海《佛學半月刊》等佛教刊物，均出「弘一法師六秩紀念專刊」祝賀⑮。蔡冠洛舊藏杭州雷峰塔出土《陀羅尼經》數卷，請師題簽。師允與致佳時書之，及後寄至，歎爲筆精墨妙⑯。冬月，李圓淨等募印《護生畫集》初稿，師允再寫一組題字，以備製版⑰。時安居普濟山中，致書曇昕法師，關心他的行持，冀爲佛門龍象，言至懇切。其愛護後學之心，溢于言表⑱。師自謂童年恒覽《格言聯璧》，離俗二十一載，仍百讀不厭。是年特題《格言聯璧》，以自策勵⑲。時泉州培英女中學生陳珍珍，因抗戰時期隨校內遷永春蓬壺。聞師盛名，遂約數同學訪於普濟寺致敬仰之意。蒙師開示，並承贈《佛教之簡易修持法》，回家後遂奉佛法⑳。是年編輯《南山律在家備覽》，以無書可考，頗感難于着手，且存草稿，以俟再訂㉑。臘月，致書林奉若居士，詳述各類蔬菜之營養，所食以價廉而適於衞生之物爲合宜，乞爲寺中執務者講解其義㉒。

注釋

❶ 手書佛號及華嚴經偈贈劉綿松題記：㈠「『佛法僧』。勝華居士禮敬供養　己卯元旦，沙門一音書。」㈡「『與世為依怙，如日處虛空』。大方廣佛華嚴經偈句。勝華居士供

養　己卯晚晴老人。」㈢「『南無阿彌陀佛』。惠瀞老女居士　禮敬供養　己卯元旦沙門一音敬書。」㈣「『妙智清淨日，大悲圓滿輪』。大方廣佛華嚴經偈句　惠瀞老女居士供養　一音。」

【按】勝華，爲劉綿松皈依法名；惠瀞老女居士，爲劉綿松母氏法名。

❷ 致李芳遠書：「惠書誦悉。仁者應先修淨土宗，詳細閱覽《嘉言錄》為要。朽人不久或往永春，餘俟晤談，不宣。二月初六日，自晉江清源山。（芳遠按：大師此時掩室清源洞。）」

❸ 《前塵影事》題記：「二月五日為亡母謝世三十四周年，敬書金剛經偈頌『一切有為法，如夢幻泡影，如露亦如電，應作如是觀』，回向菩提，時年六十歲。」

❹ 手書集華嚴經句贈了智法師題記：「『速見如來無量光，具此普賢最勝願；勤修清淨波羅蜜，恒不忘失菩提心。』了智法師供養，歲在己卯仲春，華嚴經普賢行願品句，後學一音集書于月臺。」（見《弘一法師》圖版五〇）

【按】了智，泉州南安人，早歲出家，禮定賢上人爲師。一九一二年於廈門南普陀寺旃檀林（學院），親近轉初法師學經論。其後參學江浙諸大叢林及南洋各地。回閩後，歷任厦門南普陀，泉州開元、承天諸寺職事。其間曾於厦門萬壽巖與弘一法師同住多時。晚年歸隱南安官橋湧蓮寺，閩南推爲老參上座，故師贈聯自稱後學。

❺ 黃福海〈弘一法師與我〉：「法師答應我和他去攝一張紀念照片。我低着頭跟隨法師以輕捷的步子向照相館走去。正走之間，他忽然步履轉慢，我擡頭看見前面遠處走着個矮和尚。法師指着他的背像，用低微的聲音對我說：『這位就是承天寺的大和尚（按：卽轉塵老和尚——著者）。他歲數比我大，出家比我早，是佛門中的老前輩。所以我這時要慢一點走，不能走到他的前頭。』在照相館前，法師雙手捏着佛珠，立定不動。我請問：『怎麼樣照才好？』他很客氣地答：『隨便』。我與照相師布置背景，調適光線；又請問：『這個樣照如何？』他答：『就這樣好。』法師過後在相片上題了幾句：『己卯二月二十日與黃柏（卽福海）賢首同寫影於清原，時年六十，將往永春山中習靜。弘一。』」

❻ 李芳遠〈弘一大師入永春記〉：「新曆四月十四日（舊二月廿五日），乘車來永春，掛錫城東桃源殿，與李芳遠等數人游環翠亭。四月十六日，在桃源殿講演，由李芳遠編成《佛教之簡易修持法》，在該地印行。」

❼ 林奉若〈弘一律師與普濟寺因緣〉：「弘一律師，寓永春普濟寺頂茅蓬五百七十二日——農曆己卯年二月廿八日到，庚辰年十月初九日去——為入閩十餘年來第一久住之所。在此著《盜戒問答》、《護生畫續集》、《南山律在家備覽》、《華嚴疏科分》、《藥師如來法門一斑》、《修淨業宜誦地藏經為助行》等書。……普濟寺在永春治西蓬壺山中，古名剎也。……民國以來徧地荊棘。奉若深抱杞憂，而性孤介，拙於應酬。自知不宜於世，遂就寺頂曠地築茅蓬棲止。爰邀本寺檀越，同請性願法師前來住持，講經說法，邑人皈依者甚衆。乃願師旋應菲律賓之聘，往海外開化。師身居異域，心懷故國，命敦請弘一律師來寺駐錫，以樹僧範。弘公愛茅蓬僻靜，奉若即以茅蓬供師，并任供養之役。……」

❽ 《華嚴玄談會玄記》題記：「吾國《會玄記》刊本，向無標點。溥桑校刊《弘教藏》時，另由彼邦僧侶率意為之。記文中有『故』字者，大半標點于『故』字下，乃是彼邦之習例，可為證也。輓近《頻伽藏》本，即依《弘教藏》翻印，而校訂多疎，故此記中標點，訛誤益繁。今歲仲春，避寇難居溫陵月臺，曾請諸師，依《頻伽藏》本，照錄標點于此刊本中，以待將來修正。近徙居桃源，老病頹唐，殊無修正之力。唯有以墨筆圈點者數處，稍正其誤。其他悉仍其舊，未及校改，姑俟當來可耳。歲次己卯夏首，沙門一音時居蓬峯。」

⑨ 李芳遠〈普濟寺訪弘一大師〉：「芳遠入山，師賦偈見贈曰：『問余何適，廓爾亡言。華枝春滿，天心月圓。』書『無畏』篆額贈芳遠。跋云：『芳遠童子淵詧。己卯殘暑，一音。時年六十，居蓬峯。』」

⑩ 林漢忠〈弘一法師在永春〉：「是年秋，因病書偈：『君子之交，其淡如水。執象而求，咫尺千里。』居普濟寺半載，賦偈志別：『問余何適？廓爾亡言。花枝春滿，天心月圓。』己卯秋，一音，年六十。」

⑪ 《盜戒釋相概略問答》跋後：「發心學律已來，忽忽二十一載。衰老日甚，學業未就。今擷取南山、靈芝撰述中詮釋盜戒戒相少分之義，輯為《盜戒釋相概略問答》一卷。義多闕略，未盡持犯之旨。後此賡續，當復何日？因錄太賢、蕅益大師遺偈，附於卷末。用自策勵焉。歲集己卯殘暑，沙門一音，時年六十，居永春蓬峯。」

⑫ 豐子愷致弘一法師書：「弘一法師座下：今日為法師六十壽辰，弟子敬繪《續護生畫集》一冊，計六十幅，於今日起草完竣，正在請師友批評刪改。明日起用宣紙正式描繪，豫計九月廿六日可以付郵寄奉。敬乞指敎，並加題詞，交李居士付印，先此奉稟。憶十餘年前在江灣寓樓，得侍左右，欣逢壽辰。越六日為弟子生日，於樓下披霞娜piano旁皈依佛法，多蒙開示，情景憬然在目。……民國廿八年古曆九月二十日，弟子豐嬰行頂禮。」

【按】嬰行爲豐子愷皈依法名。

⑬ 徐悲鴻〈弘一大師畫像題記〉：「早歲識陳君師曾，聞知今弘一大師之為人，心竊慕之。顧我之所以慕師者，正為師今日視若敝屣之書之畫也。悲鴻不佞，直至今日尚沉緬于色相之中，不能自拔。於五六年前，且懇知友丏師書法。鈍根之人，日以惑溺，愧於師書中啓示，未能領悟。民國廿八年夏，廣洽法師以記念弘一師誕辰，屬為造象，欣然從命。就吾所能，竭吾駑鈍于師，不知不覺之中，以答師之唯一因緣，良自慶幸。所愧卽此自度微末之藝，尚未能以全力詣其極也。卅六年初秋，悲鴻重為補書於北平寓齋。」

【按】徐悲鴻題記，於抗戰勝利在北平補題後，原寄新加坡廣洽法師保存。油畫先已送交泉州開元寺弘一法師紀念館陳列。其後洽師曾托歸國僑胞齎此題記，送泉州弘一法師紀念館，俾與原畫合璧。時值「文革」高潮，無由轉致，題記甚至下落不明。後悉爲同安馬巷中學某美術教員於待焚書畫中發見之，認爲題記有保存價值，私自取出收藏，秘不示人。洽師幾番托人探詢，願以相當代價酬謝，均不得要領。一九八五年回國至廈，又提及此事。適遇率團訪問新加坡之方友義先生（時任廈門市委宣傳部長），聞知此事，乃親赴馬巷中學訪問某美術教員，曉以大義，闡明政府落實文物政策。並謂此題記除與畫併存外，實無甚意義。其人乃欣然將題記交方君攜至廈門。是晚有關人士集會於南普陀，共祝珠還合浦之慶。越日浛師即遣人專送題記於泉州開元寺，俾永久保存。是役余適陪浛師至厦，因將題記失而復得之始末，略記如此。

⑭ 致郁智朗書：「前復書，想已收到。本月二十日為朽人六旬初度，即以仁者前施之八金，在寺供養緇素諸衆，廣結善緣。併擬自是日始，掩關習靜，暫未能通信；他處寄來之信，亦付郵寄還。俟將來他往時，再以奉聞。謹達不宣。九月二十日，音啓。」

⑮ 僧睿《弘一大師傳略》：「己卯秋，為師六秩大壽，……諸弟子為印《金剛經》及《九華垂迹圖讚》，《覺音》與《佛學半月刊》出專刊慶祝。」

⑯ 蔡冠洛請題雷峯塔藏經：「雷峯塔，舊藏《一切如來心秘密全身舍利寶篋印陀羅尼經》。甲子塔圮，藏經散出。余得三卷，並繫以縑帶，裹以黃色絹，尚未裝裱也。乞師題簽一二紙，師允與致佳時書之。及見寄，筆精墨妙，勝于他書，因知為精心之作也。」

⑰ 致李圓淨書：「畫稿不久可由承天寺轉寄到。朽人近來身體衰弱，天氣亦寒，約須數日乃可寫就。……佛學書局出版之英文畫集，係依原稿所攝影製版者，極為清晰，與原稿無異。……初編中朽人題字，擬俟閒暇時，再寫一組寄上，以備新製版時改換；但文句仍舊不動，以保存舊迹，並為永久之紀念也。……夏曆十一月二十四日音啓。」

⑱ 曇昕〈親近音公瑣記〉：「二十八年，師居普濟山中，靜修梵典。曾示我一函云：『曇昕法師道鑒：惠書誦悉。……仁者近來行持如何？時以為念。常閱《高僧傳》否？誦經念佛日益精進否？仁者係出名門，幼受教育，應當自尊自重，冀為佛門龍象，以挽回衰頹之法運，扶持顛覆之僧幢。蕅益大師寄徹因比丘書云：〔吾望公甚高，勿自卑。〕又云：〔所有不絕如縷之一脈，僅寄足下。萬萬珍重愛護，養德充學，以克荷之。〕余于仁者，亦云然矣。《寒笳集》甚能警策身心，乞常閱之，不宣。音啓。』我拜讀之後，不覺大汗淋漓，慚愧無地。」

⑲ 〈題格言聯壁〉：「余童年恒覽是書，三十以後，稍知修養，亦奉是為圭臬。今離俗已二十一載，偶披此卷，如飲甘露，深沁心脾，百讀不厭也。或疑『齊家』、『從政』二門，與出家人不相涉；然整頓常住，訓導法眷，任職叢林，方便接引，若取資於此二門，善為變通應用，其所獲之利益，正無限也。演音。」

⑳ 陳珍珍致陳海量書：「……憶自小學畢業後，即入晉江培英女子中學肄業。該校係基督教會創辦。不慧在此肄業六年之久。民國二十八年，學校因時局關係，奉命內遷。不慧亦隨校避居永春蓬壺。時聞弘一大師卓錫蓬壺普濟寺，遂邀數同學登山詣大師，致敬仰之意。蒙大師慈悲開示，並承贈《佛教之簡易修持法》一書。時不慧年紀尚幼，對於大師之金玉良言不甚了解，惟此心已深信佛法。……不慧陳珍珍合十。」（見《覺有情》第

七卷二三—二四期）

㉑ 〈南山律在家備覽例言〉：「養疴山中，勉輯是編，偶有疑義，無書可考。益以朽疾相尋，昏蒙非一。舛譌脫略，應所未免。率為錄出，且存草稿。重治校訂，願俟當來。」

㉒ 致林奉若書：

奉若居士澄覽：關於食物之事，略陳拙見如下，乞為轉陳執務者為感。依律，食物亦名曰藥。以其能調和四大，令獲康健，俾能精進辦道。但貪嗜甘美之物，律所深呵。常食昂價之品，尤為失福。故以價廉而適于衞生之物，最為合宜也。

豆類，含有蛋白質，為最重要之滋養品。但亦不能多食，多食則不消化（與常人食補藥者同，須以少量而每日食之。但不可一次多量，若過量者，反致增疾）。

蔬菜之類，且就本寺現有者言之。菠薐菜，為菜中之王，含有鐵質及四種維他命，為滋養最良之品。

白蘿蔔（俗稱菜頭），亦甚能滋補，紅蘿蔔亦然。

白菜，亦甚佳（或白色或綠色皆佳）。若芥菜，雪裡蕻，則性稍燥，不可常食。

花生，含有油質，食之有益（但不可多食）。且以拙見言之，菜食一盂之中，約以蔬菜五分之四，豆類及花生等占五分之一，乃為適宜也。

近來本寺送與朽人之菜食，其中豆類太多，蔬菜太少，未能調和。故陳拙見，以備採擇。

再者，前朽人云不願食菜心及冬笋者，因其價昂而不食，非因齒力不足也。菜心與白菜相似，而價昂數倍，冬笋價極昂。西醫謂其未含有何種之滋養質也。

又香菰亦不宜為常食品。明蓮池大師曾力誡之。

煮豆類花生及蔬菜之湯，亦不可棄。其中含有多分之滋養料。倘棄其湯，而唯食其質，猶如服中國藥者，棄其藥湯而唯食其藥渣也。

以上種種拙見，乞為執務者講解其義，令彼了知，至用感謝。謹陳，不宣。

十二月廿七日　善夢啓

一九四〇年（民國二十九年庚辰）　六十一歲

是年春，仍在永春蓬壺普濟寺閉關。時有衰病，謝絕訪問，外間遂傳其圓寂❶。林奉若特致書郁智朗，詳述其起居情況，以正訛傳❷。澳門《覺音》月刊，亦刊出〈弘一律師近蹤〉，以息羣疑❸。春夏之間，手書南山《行事鈔》警訓，贈圓拙法師❹。又寫篆書小聯加跋，贈李芳遠❺。二年前李圓淨輯《梵網戒本彙解》寄泉州承天寺，請爲校定。閣置二年，始獲展誦，乃爲作序流通❻。時寧波郁智朗居士擬發心出家，欲禮師爲師。師以出家後發誓不收剃度徒衆，或任寺中監院住持等職，婉言謝之❼。勸他出家事不可執着。並引蓮池大師之言謂：「求之旣不可得，卻之亦不可免。」當待因緣成熟❽。後見郁氏出家志願誠懇，自旣未能違越宿誓，乃爲介紹閩南高僧轉法爲師，囑學律弟子性常爲之斡旋❾。略云：「能荷慈允固善，否則亦請性常法師代覓請他位良師。性常法師爲在杇人處學律資格最久者……。彼於仁者出家之事，可以負責介紹。」❿。因其家室不許，郁氏擬潛行出走，師力戒不可，致書反覆啓導。謂潛行出走而出家者，多無好結果。與其出家後而返俗，貽人譏笑，不如不出家之爲善也⓫。七月地藏菩薩聖誕，至永春城區，爲衆講〈淨宗道侶兼持誦地藏經・要旨〉，以爲紀念⓬。仲秋爲《王夢惺文稿》題偈，勗以

「士應文藝以人傳，不應人以文藝傳⑬。」九月二十日爲世壽周甲，於普濟寺後精舍題壁「閉門思過，依教觀心。」以自勗勵⑭。又集古詩句爲普濟寺補壁⑮。在普濟寺時，因山鼠擾害，晝夜不寧。憶古人謂以飼貓之飯飼鼠，則無鼠患。姑試爲之，果驗。乃撰〈飼鼠免鼠患之經驗談〉⑯。十月初九日，將移居南安靈應寺。改所居茅蓬曰「梵華精舍」，命林奉若返舊居⑰。離普濟寺至永春城，居桃源古寺，當地人士請留一天。越日，乘帆船至南安洪瀨鎮，掛錫樹德寺，繼步行至仁宅靈應寺安居⑱**附**。十二月朔，轉應老法師應靈應寺禮懺。應老於晨課時，梵音圓朗，威儀端嚴。師親見之，大爲歎服。手書短聯，并爲長題贈之⑲。師至靈應寺，慕名往訪者頗不乏人。晉江南安各小學校長，都請謁見。時生活程度高漲，小學教師至爲清苦。師以「小學教育爲栽培人材基礎，關係國家民族至重且大，人格至爲高尚」，勉之⑳。應上海居士之請，撰寫《受八關齋戒法》，自爲書寫并加題記㉑。時前泉州開元慈兒院學生慧田（法名傳如）居水雲洞，聞訊訪師於靈應寺，邀師往遊水雲洞。師到後開示僧青年應過節儉生活，不可講究華麗。不久，即至水雲洞度歲㉒。泉州人士請題「李贄象贊」以爲紀念；師爲題一偈，頗爲推重㉓。是年新加坡佛教居士林求書，師集書《華嚴經》句致贈㉔。

注釋

❶ 陳祥耀〈息影閩南的弘一法師〉：「翌年春天，始乘車入居永春毘峰山下的普濟寺。自

是而潛形息影，一味精修律學。聽說到永春後，法師的身體比較不大安適，外地遂謠傳法師辭世的消息。」

❷ 林奉若致郁智朗書：「……弘公道體近來勝常，可舒錦念。惟因閉關，專事輯律。謝絕一切往來，特囑蓬壺郵局，凡各方來信，概行退回。故凡直接寫弘公名，皆不得達。即間接寄交普濟常住，亦未敢轉呈。致各方請安、請書、請教者，皆失所望，且或誤會而起疑點。……朽人于己未年，即弘公出家之次年，在普濟寺頂得數百步地基，建靜室數間，隱居奉佛。適弘公來寺掛錫，以寺中繁雜，喜靜室修持。朽人遂以靜室供養弘公。公之飯菜，亦由朽人供奉。公之道德，雖莫測高深，其起居飲食之安適，堪以告慰耳。弟奉若合十。二十九，二，廿五。」

❸ 《覺音．弘一律師近蹤》：「弘一律師年前息影泉州永春蓬壺普濟寺，謝絕一切，專編律典情形，已迭誌本刊。近據友人來書，謂已遷居南安之靈應寺，依舊杜門謝客，從事律部編著。所有酬酢，皆已決絕；即編者為出專刊，曾去數函，亦蒙原璧封存。……」

❹ 手書《行事鈔》警訓贈圓拙法師：「應自卑下，如拭塵巾。推直於他，引曲向己。常省己過，不訟彼短。」

南山《行事鈔》警訓，書奉圓拙法師供養。庚辰夏，一音時年六十有一。

❺ 篆書小聯贈李芳遠：「『見性』、『明心』。歲次壽星暑初，居毘湖普濟山中，養痾習

靜。書此以奉芳遠童子。老病頹唐，無能工也。善夢，時年六十有一。」

❻〈梵網戒本彙解．序〉：「戊寅夏尾，圓晉居士郵書溫陵，併所輯《梵網戒本彙解》，請為校定。時余方避亂龍溪，翌年轉徙毘湖。逮及今歲夏首，有人自溫陵歸者，乃齎居士書至。閣置兩載，未嘗佚失，終獲展誦，誠勝緣也。《彙解》宗天台、雲棲、靈峰諸撰述，而條理疏治之。匪惟利導初機，亦足資益宿學。余以衰病，未及詳校。略述其概，聊志讚喜云。歲次壽星木槿榮月沙門一音書。」

❼致郁智朗書：「……仁者發心出家，至用歡讚。但剃度之師，以靈岩山監院代理住持妙真法師為最適宜。將來即可久居靈岩，由師為之護助一切也。朽人自初出家後，屢在佛前發誓願，願盡此形壽，絕不收剃度徒眾，不任寺中監院或住持。二十餘年以來，未嘗有違此誓願。希仁者鑒此苦衷，而曲亮之。……音啓。四月廿七日。」

❽致郁智朗書：「惠書誦悉。辟谷似可不須，出家事亦勿執著。惟自懺悔業障，厚植勝因可耳。蓮池大師云：『求之既不可得，却之亦不可免。』乞仁者深味此言。素位而行，以待因緣成熟也。……演音啓。」

❾致郁智朗書：「仁者發心出家，志願誠懇。朽人以誓願故，未能違越，深負盛意，迄今時用歉憾。竊思閩南頗多高僧，如泉州鄉間某寺轉法老法師，高年隆德，為是信眾所欽仰。朽人已托人預為商請，未審尊意如何？但仁者來閩之時，須待秋涼之後（或冬初），

其時朽人大約可返泉州相晤談也。……六月十七日，音啓。」

⑩ 致郁智朗書：「朽人已托性常法師致書與轉法老和尚商懇，能荷慈允固善，否則亦請性常法師代覓請他位良師（閩南各縣）。性常法師為在朽人處學律資格最久者，今居普濟下寺，為朽人護法，照拂一切（朽人所居者爲頂寺，一人獨居，距下寺約半里），彼於仁者出家之事，可以負責介紹。……仁者於下次來信時，乞附寫一箋與性常法師致謝一切。……剃度師請妥，來閩之期延遲無妨。宜俟時節因緣，未可勉强急迫也。」

⑪ 致郁智朗書：「來書所謂潛行出走，朽人竊以為未可。若如是者，將來恐不免糾葛。倘仁者之妻來閩尋覓，謂仁者言：『若不偕歸者，卽決定於仁者面前自殺。』當此之時，仁者若任其自殺，則有傷仁慈，否則只可偕歸矣。……朽人出家以前，亦先向眷屬宣布。其他友人有潛行出走而出家者，多無好結果。與其出家後而返俗，貽人譏笑，不如不出家之為善也。拙見如是，希垂察焉。……出家之人，應學朝暮課誦，并宜熟背誦之。此文載在《禪門日誦》中，乞仁者預先學習。……七月十五日，音啓。」

⑫ 《普勸淨宗道侶兼持誦地藏經·前言》：「余來永春，迄今一年有半。在去夏時，王夢惺居士來信，為言擬偕林子堅居士等來普濟寺，請余講經。斯時余曾復一函，謂俟秋涼後卽入城講《金剛經》大意三日。及秋七月，余以掩關習禪，乃不果往。……今日適逢地藏菩薩聖誕，故乘此勝緣，為講《淨宗道侶兼持誦地藏經·要旨》，以資紀念。」（庚辰

地藏誕日在永春講）

⑬〈題王夢惺文稿〉：「文以載道，豈唯辭華。內蘊真實，卓然名家。居士孝母，騰譽鄉里。文章藝術，是其餘技。『士應文藝以人傳，不應人以文藝傳。』至哉斯言，居士有焉。庚辰仲秋，晚晴老人。」

⑭蓬壺普濟寺後精舍題壁：

「『閉門思過，依教觀心。』庚辰九月二十日，世壽週甲，書以自勗勵　晚晴老人。」

⑮集古詩句為普濟寺補壁：「『山靜似太古，人間愛晚晴。』蓬壺普濟寺補壁，歲次庚辰集古詩句。晚晴老人。」

⑯〈飼鼠免鼠患之經驗談〉：「昔賢謂以飼貓之飯飼鼠，則可無鼠患。常人聞者罕能注意，而不知其言之確實有據也。余近獨居桃源山中甚久，山鼠擾害，晝夜不寧。毀壞衣服等無論矣。甚至嚙佛像手足，并於像上落糞。因閱舊籍，載飼鼠之法，姑試為之，鼠遂漸能循馴，不復毀壞衣物，亦不隨處落糞。自是以後，即得彼此相安。現有鼠六七頭，所飼之飯不多，備供一貓之食量，彼六七鼠即可滿足矣。或謂鼠類生殖太繁，未來可慮。今就余年餘之經驗，雖見屢產小鼠甚多，然大半殤亡，存者無幾，不足慮也。余每日飼鼠兩次，飼時并為發願迴向，冀彼等早得人身，乃至速證菩提云云。」

⑰林奉若〈弘一律師移錫靈應寺〉：「一公因靈應寺五次懇請，前往弘法。於農曆十月初

九日，出游行化。改所居茅蓬為『梵華精舍』，並書區額於廳堂。兩壁則書蕅益警訓，印光法語，以垂教誡，命奉若返舊居。」

⑱《福建日報．弘一法師移居靈應寺》：「當代高僧弘一法師，前年入永春蓬壺普濟山居，掩關編輯律典。近月已完成《南山律在家備覽略編》一書，付滬開明書店影印出版，由中佛學書局發行。法師山居有年，因水土不合，近應洪瀨靈應寺住持定眉和尚之請，於十一月十日動身，下榻永春州中桃源古寺，當地人士敦請，勾留一天。十二日乘帆船至洪瀨，是晚住樹德寺過夜。翌晨步行至仁宅，入靈應寺安居。同行者性常、傳貫、靜淵、妙齋等。查該寺建自唐代，為文愈禪師真身證聖道場（俗謂李公祖師）。其地莊嚴幽雅，祖師肉身，迄今千有餘載，仍存人間。弘一法師此次來居是寺，蓋有因緣在焉。師於十四日，至十六日三天內，曾接見各位訪者，過後卽掩關著作云。」

【按】一九三三年夏，師居泉州開元寺時，靈應寺主定眉，曾請古志禪師（性願）撰〈唐神僧靈應祖師現化記〉，師爲書寫，署名月音。但清初雪峰如幻禪師所著《瘦松集．重修靈應岩募化敍》，則謂神僧係宋時人。〈募化敍〉云：「紫峰靈應岩者，文愈大師顯化道場也，師近鄉李氏子，宋皇祐間，童眞棄俗，梵行精修，屢著神異。及報緣已謝，跏趺長往，容色和暢，異香浹旬。於是道俗駭慕，卽其肉身，塗飾金像，於坐化之地，興建招提，卽今之岩宇是也。……」

〔附〕＜唐神僧靈應祖師現化記＞：

「溫陵自古多佳勝，靈秀所鍾，聖蹟彌著。世傳有三眞人六祖師，靈應即其一也。師字文愈，示蹟唐代，誕生仁宅李家，幼有孝行，迥異群倫。常現神變，事蹟昭聞。如渡溪飛笠，行路鞭甕，立石朝天，插竹茁地。逮及示寂，坐化茄籐，異香遠聞。鄉人柯長者感其靈異，因奉眞身而建伽藍。迄於近世，香火因緣，普被遐邇。有仁宅沐恩弟子黃種樹、黃書漢，景仰慈光，冀報大德，募建浮圖，永鎭山中。爰略紀事實，以示將來。使見聞瞻禮，獲福於無窮焉。中華二十二年癸酉夏月，住山比丘定眉立石、沙門古志撰文，沙門月音書寫。」

⑲ 贈轉應老法師短聯題記：「閩南砥柱，佛法金城。」歲次庚辰十二月朔，靈應寺主延請諸師蒞寺禮懺，齋天燄口，日夜勤勞，行者疲憊。翌朝黎明，轉應老法師孑身入大殿，持誦晨課，梵音圓朗，威儀端嚴。余親見之，大為歎服。師道心堅固，任事正直，久為緇素所稱讚。朝暮二課，數十年來，精勤無間，尤為衆所難能。世衰道微，人多文弱，不具剛骨。有如師者，可謂末法芬陀利矣。謹書聯句，奉慈座以志敬仰。並勵後賢。

晚學一音・時年六十又一。

⑳ 月笙＜靈應寺訪弘一法師＞：「當代高僧弘一法師……客夏說法永春桃源殿，靜修普濟寺中。上月（十月）初旬南來，避寒於吾邑玳瑁山靈應寺，遐邇人士聞訊往訪者頗不乏

人。一月初，偶過縣立爐內中心小學，聆該校校長潘詩泓言：渠於上月十八日，偕惟仁小學校長潘北山及蓬谿小學校長廖博厚，聯袂遊是寺，適晉江縣立金谿中心學校校長林高懷等一行八人，亦來隨喜。不期而晤，傾蓋言歡。僉議機會難逢，請謁法師。法師以諸君皆從遠道來，且為教育界人士，破例接見。晤談間某教師問及：『當此生活程度提高，一輩小學教師，家費無法維持，是否可以改業？』法師言：『小學教育為栽培人材基礎，關係國家民族，至重且大。小學教師目下雖太清苦，然人格實至高尚，未可輕易轉途云。……』余久仰法師之名，難免見獵心喜。特于月初八日，偕同志文炳，重游名山。石徑盤紆，花木掩映，梵宇琳宮，依稀如昔。於是稍憇禪房，見懸有法師肖像，貌極清癯，高齡似已逾花甲。問諸主持定眉，知法師與其高徒二人住東廂，恐精神分散，妨礙著作，不願再見客。惟託其寫字，或者願意，因渠頗好與閩南文人結緣云。余遂向定眉借紙筆，伏案書一便箋曰：『聞法師飛錫蒞臨，閉關著述，肯否惠賜一謁？以抒景慕之忱。法師書法出塵絕俗，不染人間煙火氣，並欲恭求各揮贈一幀，以留紀念。袁子才曰：「佛說〔因緣〕二字，足補聖經賢傳之缺」，法師其有意乎？』署欵畢，交定眉持入。未幾復出，攜宣紙兩幀。上書《華嚴經》偈句：『不為自己求安樂，但願衆生得離苦』二句：……苦口婆心，現於楮墨之間，殆為法師寫照乎？定眉言：『法師性愛花木，東廂所植，盡命移出。日僅清早六時一餐。』於此益信其修養有素。」

㉑ 〈受八關齋戒法・跋〉：「歲次壽星，沙門善夢敬書，時居豐州靈應山中。」

【按】「八關齋戒」，爲在家信徒於一日一夜之間所持的出家之戒律。卽不殺生戒、不偸盜戒、不邪淫戒、不妄語戒、不飲酒戒、不塗飾香鬘歌舞視聽戒、不眠坐高廣嚴麗牀座戒、不非時食戒的八戒。此中第八爲正齋，前七是戒。關者禁之義。豐州爲南安別名。

㉒ 慧田〈我虔念着弘一大師〉：「記得是大前年（廿九年）的一個冬天裏的一天下午，我正在南安水雲洞外的麥田上伴着工人冬耕。得着弘一大師由永春蓬壺移錫附近靈應寺的消息。不由得喜出望外，丟下了工作，跑過山嶺去拜訪這位多年不見的大師。我見他的時候，已是他老人家到來的第三天，而又是他開始不見客的第一天。聽說他不見客，我也就不敢動問要見他的話。不知却早有人告訴他說，我特地趕來見他。故在我停脚後飯還沒吃完，他已先來請我進去，說是特別的會見。這時使我得着莫大的歡慰。……他先行開口，問我現在住在什麼地方？我告訴他就在附近的一個山上躬耕，並乘機請他到我那裏去玩玩。本來心裏是想請他去住的，因為覺得自己住的房子太簡陋，不由得換一口氣請他去玩玩。因為我說得非常起勁，竟引起他發奇的問我：住的地方到底是出家人的地方呢？還是農家人的地方，有幾個人同住？誰曉得他這一問，和我的一答，竟成就了

他二次伴我水雲山居的因緣。「由於水雲地方的簡陋，設備的不全，故大師來住的時候……睡眠的牀還是由我讓下的兩扇門板搭成的。在我很是過意不去，而他老人家見了，却非常的歡喜，滿口都是很好很好的。……他告訴我：『我們出家人，用的東西都是十方施主的。什麼東西都要節儉愛惜。住的地方只要有空氣乾淨就好，用的東西只要可以用，不必什麼精巧華麗。這是太貴族化，我們出家人不應該有的，要受人家的批評。我住的地方也只求簡潔清淨而已，用不着高樓大厦。像這樣的房子，我們是住得慣的。』大師的話也許是安慰我，也許是訓誨我。……」

㉓ 〈李卓吾先生象贊〉：「由儒入釋，悟徹禪機。清源毓秀，千古崔巍。」

㉔ 手書贈新加坡居士林聯句題記：「『普令衆生得法喜，猶如滿月顯高山。』晉譯《華嚴經》偈句，新加坡居士林供養。 沙門一音集書。」（見《新加坡佛教居士林成立廿五周年紀念特刊》）

一九四一年（民國三十年辛巳）　六十二歲

是年春仍居南安靈應寺。各方祝壽詩詞陸續寄至。天津舊交王吟笙、曹幼占、姚彤章，皆有詩寄賀；其他國內知名人士，楊雲史、馬一浮、柳亞子、呂碧城、鄭翹松、嚴叔夏，太虛等所賀詩詞，均充滿友情與崇敬❶。四月自靈應寺重過水雲洞，手書古德偈句贈陳海量❷。旋移居晉江檀林鄉福林寺閉關，爲學者講《律鈔宗要》，並編《隨講別錄》及《晚晴集》❸。又於福林寺念佛期講〈略述印光大師之盛德〉❹。時友人黃福海往訪于福林寺，越數日師寫唐韓偓詩二絕贈之❺。閏六月惠安勝王江山爲其先父求當代名人書「孝歎傳芳」作爲匾額，以彰懿行，特至福林寺謁師請求揮毫。王氏對福林寺規模及其室內陳設略有記載，可以想見大師當日居處的情況❻。秋日，爲劉蓮星寫〈隨分自誓受菩薩戒文〉並略析其疑義❼。初冬賦〈紅菊花偈〉示傳貫侍者❽。時同住福林寺之青年比丘愴痕（妙齋）患病，師親爲看護，並勸其專心念佛。又爲起名「律華」，並加解釋，可知其思想之所寄託❾。又作〈遺書〉一通，囑彼愼重保存，待其圓寂後方可啓視，足見其諄諄訓誨青年後學之苦心❿。九月二十日爲師誕辰，時値抗戰末期，泉州食物頗缺。開元寺特備素齋數事，由都監廣義、監院傳淨及定林、密因二師，步行二十餘里，親送至福林寺供養大師，略伸敬意。師聞傳淨監院正禮《法華》，乃書蕅益大師警訓一則，以嘉勗之⑪。仲冬，在百原寺爲永春淡生居士梁鴻基證受皈戒，取名曰勝聞。其後梁氏時至百原，助師料理瑣事⑫。後以自撰聯句請師書寫，師爲略加潤色，並附注釋⑬。臘月，在泉城百原寺（俗稱銅佛寺）小住。蔣文澤、楊嚴潔二居士前往參謁，請師開示修持法門。師告以修持當一門深入，久久專修，方有成就希望。又說：「閱佛書萬不可如閱報紙，走馬觀燈，一過目便歇。須是細心玩索……以文會意，方得實益。至于打坐鍊氣，非佛法也⑭。」旋至開元寺小住。上海劉傳聲居士，探悉閩南叢林缺糧，恐師未能完成南山律叢書。特奉千元供養，師慨然辭之。謂自民國七年出家，一向不受人施。後以此款充開元常住爲道糧，由開元復函致謝。又謂以前「摯友夏丏尊贈余美國眞白金水晶眼鏡，因太漂亮，余不戴，今亦送開元常住變賣爲齋糧⑮。」又致李芳遠書，告以「此次至泉城住二十天，見客寫字，至爲繁忙。自今以後，擬謝絕諸務，閉門思過，於尊處亦未能通信⑯。」十二月二十二日午，自泉城回福林寺度歲⑰。應陳海量居士之請，爲撰其父〈陳復初居士傳〉及〈立鈞童子生西事略〉⑱。是年澳門佛教界有大小乘經典中輕視女性的說法之討論，函詢大師請決。師引律文及鈔疏，致函竺摩法師答之，以爲佛說各被一機，不須合會⑲。是冬，泉州大開元寺結七念佛，時値抗戰期間，師爲書「念佛不忘救國，救國必須念佛」警語，以策勵之，並題記說明⑳。

注釋

❶各方祝壽詩詞：

其一　天津　王吟笙（新銘）清末孝廉

世與望衡居，夙好敦詩書。聰明匹氷雪，同儕遜不如。猥以十年長，謙謙兄視余。少卽嗜金石，古篆書蟲魚。鐵筆東漢字，寢饋於款識。唐有李陽氷，摹印樹一幟。家法衍千年，得君益不墮。為我治一章，深情於此寄。憶自君南游，悠悠數十秋。樹雲思不已，歲月去如流。比聞君祝髮，我髮早離頭。君為大法師，我猶浮生浮。老賡翰墨緣，遠道寄楹聯。經言開覺路，書法示真詮。筆墨俱入化，如參自在禪。裝池張座右，生佛在吾前。

辛巳春，小詩奉祝

一音大法師無量壽，尚希郢政。吟笙王新銘拜草，時年七十有二。

其二　天津　姚彤章（召臣）

仙李盤根歲月真，千秋事業有傳新。殘山賸水須珍貴，稽首慈雲向永春。

其三　天津　曹幼占（振綱）

高賢自昔月為鄰，早羨才華邁等倫。馳騁詞章根史漢，瑰琦刻畫本周秦。形游東海求新學，心向西方拜聖人，書法空靈關覺悟，從知明月是前身。

其四　江東　楊雲史

詞人風調美人骨，徹底聰明便大哀。綺障盡頭菩薩道，水流雲亂一僧來。
和尚應知苦病空，形神如鶴壽如松。本來無相何僧俗，多事袈裟著一重。

其五　紹興　馬一浮（蠲叟）

世壽迅如朝露，臘高不涉春秋。寶掌千年猶駐，趙州百歲能留。
徧界何曾相隔，時寒珍重調柔。深入慈心三昧，紅蓮化盡戈矛。

其六　吳江　柳亞子（棄疾）

弘一大師，俗名李息霜，與蘇曼殊稱為南社兩畸人。自披剃大慈山以來，濶別二十餘年矣。頃閉關閩海，其弟子李芳遠來書，以俗壽周甲紀念索詩，為賦二截。
君禮釋迦佛，我拜馬克斯，大雄大無畏，救世心無歧。
閉關謝塵網，吾意嫌消極，願持鐵禪杖，打殺賣國賊。

其七　旌德　呂碧城（寶蓮）

謹依楊雲史詩意，寄奉芳遠先生，以祝弘公大法師無量壽。

鵲踏枝

氷雪聰明珠朗耀，慧是奇哀，哀慧原同調。綺障盡頭菩薩道，才人終曳緇衣老。
極目陰霾昏八表，寸寸泥犁，都畫心頭稿。忍說乘風歸去好，繁紅刻地憑誰掃。

其八　永春　鄭翹松　前清孝廉

海嶽仙人杖錫來，祥風一掃瘴雲開。神醫果有伽陀藥，天匠能容郄落才。
率土山川瞻瑞相，諸天日月傍蓮臺。遠公倘許東林住，準擬淵明真醉回。

其九　福州　嚴叔夏

祝弘一大師六十壽

疇昔儒林彥，於今釋苑雄。視身猶棄物，並代幾高風。
產業華嚴富，威儀梵網隆。從來無甲子，隨俗慰鴻濛。
道喪已云久，微公孰與尊？燈明南海嶠，觀徹一真源。
淡漠無為意，虛凝豁大昏。臨箋無限意，深自愧忘言。

其十　沙門　太虛

贈弘一法師

以教印心，以律嚴身，內外清淨，菩提之因。

❷ 手書贈陳海量偈句跋：「『卽今休去便休去，若欲了時無了時。』古德偈句。辛巳四月十九日，第二次居南浦水雲，明朝將復之福林。書此以奉海量居士，晚晴老人，時年六十又二，未御目魚書。」（目魚，眼鏡也。）

❸ 瑞今〈弘一大師弘法略記〉：「辛巳夏，來泉福林寺閉關，為學者講《律鈔宗要》，編

《律鈔宗要隨講別錄》及《晚晴集》。」

❹ 〈略述印光大師之盛德〉（在泉州檀林福林寺念佛期講）：「大師為近代之高僧，衆所欽仰。其一生之盛德，非短時間所能敍述。今先略述大師之生平，次略舉盛德四端（習勞、惜福、注重因果、專心念佛），僅能於大師種種盛德中，粗陳其少分而已。……」（全文見《晚晴老人講演集》）

❺ 黃福海〈弘一法師與我〉：「我在石獅，有一天張人希君來說：『法師已由永春來了。』我一聽到這話很為歡喜。隨卽問他住在什麼地方？『住在本區檀林鄉福林寺。剛才我就是皈依法師來的。』

「我卽於次日，獨自跑到福林寺，由傳貫師領我上樓。法師正憑着闌杆，左手捧着一本經，面對東面一個水塘在遠眺。他轉首見我來，隨卽邀我進客室。先說給我一點他的近況，又問我來石獅的原委，以及我離開江蘇省的年數。隨後彼此默默地對坐了很長的時間。……過了幾天，法師托人帶來贈我的一幅小中堂，上寫韓偓絕詩兩首。詩為：『炊煙縷縷鷺鷥棲，藕葉枯香插野泥。有個高僧入圖畫，把經吟立水塘西。』『江海扁舟客，雲山一衲僧。相逢兩無語，若箇是南能？』前一首詩，似為法師的寫照；後一首詩，正是彼此相逢時的素描……。」

【按】前一首詩，題爲「曲江秋日」；後一首詩，題爲「與僧」。《見全唐詩》十之七韓偓詩。此詩末句「難能」應爲「南能」（卽南能北秀之意），初版年譜誤植，未及校正。其後香港、臺灣翻印，皆仍其誤，今特改正。

❻ 勝王江山〈謁弘一大師追記〉：「歲辛巳閏六月二十三日由惠安啓程，將之晉江謁弘一上人於福林寺。先是靈瑞山妙拔法師托友人某欲向弘一上人求匾書，而余自先嚴棄養後，亦欲求大德名人為書『孝歟傳芳』四字，以誌先嚴之懿行。孝歟者先嚴別字也。弘一上人當代高僧，書法冠一時。若能求得墨寶，勒之貞珉，堪垂不朽。……福林寺近檀林村，外殿三間，背建二層樓一座。弘一上人住樓上。……有寺僧傳貫者出，向余等問訊。余等告以來意，欲謁見弘一上人，並求法書。傳貫師答稱，上人不會客，且謝絶書寫匾額，余等咸感失望。是晚宿寺中，翌早貫師傳上人諭，許接見。由貫師導引登樓，維摩丈室，清淨無塵。上人道貌清癯，身材瘦長，自言已六十二歲。室內陳設簡潔，祇一桌數櫈。桌上置筆墨硯等物。壁間懸有上人手書『尊瞻齋』三字橫額。吾等就坐後，上人垂詢惠安地方治安及糧食等狀況，余等一一答之，不敢多談。旋卽辭出，甚以獲覲上人道範為幸。……下午二時許，上人擲下手書『孝歟傳芳』四字，余恭敬頂受，歡喜踴躍。……廿五日早，余更求上人賜一頂款，俾資識別。復蒙另紙書付，文曰『悅萱居

士千古』……。」

❼〈隨分自誓受菩薩戒文析疑附記〉：「劉蓮星慧日居士，請寫〈隨分自誓受菩薩戒文〉，將付影印，為析其疑義，未能詳盡耳。於時歲次鶉尾秋仲，居苐林禪苑，弘一。」（苐即福之別寫字——著者）

❽〈紅菊花偈〉並跋：「辛巳初冬，積陰凝寒。貫師贈余紅菊花一枝，為說此偈：『亭亭菊一枝，高標矗晚節。云何色殷紅？殉教應流血！』晚晴老人於苐林。」

❾愴痕〈哭弘一大師〉：「公每對愴太息佛法陵夷，至于極點。僧人頹狀，不堪言喻。嗚呼，……愴於福林患病，得公親為看護，且用慈音安慰。勸愴放下一切，專心念佛。……公為愴標名「律華」，自謂義有三解：一奉持律敎，如華開敷，當來能結聖果。（今開花後結果）。二敬護律儀，戒香熏修，則淨域蓮華，漸以敷榮。（受持戒律功德，能生極樂淨土，見《觀經》。）《往生論》云：『初發心，極樂寶池，已萌蓮種。若精進不退，日益生長，華漸開敷；其或懈退，日漸憔悴。若能自新，華復鮮麗，其或不然，芽焦種敗。』（自新，即改過自新）。三行依律，敎啓華嚴。（如律行持之時，復依《華嚴經》，發廣大宏願。）嗚呼，愴顧名思義，能無愧乎？公復為愴書律偈曰：『名譽及利養，愚人所愛樂，能損害善法，如劍斬人頭。』並加題記云：『明誦帚道昉禪師，晋江溜澳人，住開元寺。嘗以是偈，銘諸座右。余初落髮，亦書是偈，用自惕勵。邇者律華法師，於是偈言，深

為愛樂，復請書寫。余嘉其志，讚喜無已。願師自今以後，熟誦靈峯所撰《誦帚師傳》，盡此形壽，奉為師範，如誦帚所行，一一追蹤而實踐之。甘淡泊，忍疲勞。精勤禪誦，唾棄名利。以氷霜之操自勵，以穹窿之量容人。親近善友，痛除習氣。勇猛精進，誓不退惰。余所期望於師者至厚，所遵仰於師者至高，故不覺其言之縷縷也。』」

⑩致律華法師〈遺書〉：「（公於未寂滅之前一年，曾貽書於愴，囑愼重保存，須待公圓寂後，方可啓視。）今啓見之，其遺囑曰：『律華法師澄覽：朽人與仁者多生有緣，故能長久同住，彼此均獲利益。朽人對於仁者之善根道念，十分欽佩。朽人撫心自問，實萬分不及其一。故朽人與仁者長久同住，能自獲甚大之利益也。妙蓮法師行持精勤，悲願深切，為當代僧衆中所罕見者。且如朽人心中，敬彼如奉師長。但朽人在世之時，畏他人嫉妬疑議，不敢明言。今朽人已生西矣，心中尚有懸念者，以仁者年齡太幼，若非親近老誠有德之善知識，恐致退惰。故敢竭其愚誠，殷勤請於仁者。乞自今已後與妙蓮法師同住，且發盡形承侍之心，奉之如師，自稱弟子，並乞彼時賜教誨。雖受惡辣之鉗錘，亦應如飲甘露，萬勿捨棄，至囑，至囑。』」

「嗚呼，愴當日以業障深重，每感慈訓過于嚴厲，兼妙蓮法師在旁督促，時有興退之念。而今已矣，雖再欲願受惡辣鉗錘，已不可得矣。……」

⑪手書蕅益大師警訓贈傳淨法師：

專求己過，不責人非。步趨先聖先賢，不隨時流上下。

傳淨法師頂禮《法華經》，書此以為供養。演音。

【按】此事乃余於一九八九年冬在泉州開元寺時，親聞之於傳淨法師者，特記之以存紀念。

⑫ 題淡生居士自撰聯句附記：「辛巳仲冬，淡生居士獲見「觀世音菩薩寶相」發起信心。自十二月一日始，蔬食茹素。二日余來溫陵，居百源禪苑。五日余與相遇于承天寺大雄寶殿前。八日歸依三寶，余為證明，立名曰勝聞。爾後日必至百原數次，助余料理瑣事。嘗自撰聯句，請余書寫。今將歸臥茀林，掩室習靜，為附記其往事，聊志遺念云。」

⑬ 為淡生居士書所撰聯題記：「淡生賢首自撰聯句屬書，略為潤色，并附注釋其意，以奉慧覽。『游衍書績』者，游衍見《詩・大雅》傳記云：自恣之意。績與繪通。『唾棄利名』者，輕賤鄙棄也。歲集辛巳嘉平六日，晚晴老人書于百原。」

⑭ 蔣文澤〈弘一大師開示略記〉：「辛巳臘月十九日，陪楊嚴潔居士趨百原禪苑，拜謁一公。楊居士乞公開示，荷公垂慈，諄諄啓導。略記如次：『修持當一門深入，久久專修，方有成就希望。若心無主宰，見異思遷。正修淨土，又欲修禪，旋思學密等。一向

⑮

混和亂參，志向不一，紛紛無緒，何由成功？現今修持，求其機理雙契，利鈍咸宜，易行捷證者，是在淨土法門。可閱《印光法師文鈔》及《嘉言錄》，尤其是《嘉言》分類易閱。開端之處，如覺難領會，不妨從中間較淺顯處先閱。閱佛書萬不可如閱報紙，走馬觀燈，一過目便歇。須是細心玩索，……以文會意，牢記勿忘，方得實益。至於打坐鍊氣，係煉丹法，非佛法也，切不可學。』」

廣義〈弘一大師之盛德〉：「弘一大師，駐錫閩南，十有四載。除三衣破衲，一肩梵典外，了無餘物。精持律行，邁于常倫。皎若冰雪，舉世所知。此次滬上劉傳聲居士，探悉閩南叢林，糧荒異常，深恐一公道糧不足，未能完成南山律叢書，特奉千元供養。信由廣義轉呈，而大師慨然辭之。謂：『吾自民國七年出家，一向不受人施。即摯友及信心弟子供養淨資，亦悉付印書，分毫不收。素不管錢，亦不收錢，汝當璧還！』廣義謂上海交通斷絕，未能寄去。師乃謂：『開元寺因太平洋戰事，經濟來源告絕，僧多粥少，道糧奇缺，可由此款撥充，經柯司令證明，余不覆信。並不寫信與彼，由開元寺函復鳴謝可耳。』」

「又謂：『民二十年間，摯友夏丏尊居士，贈余美國真白金水晶眼鏡一架，因太漂亮，余不戴。今亦送開元寺常住變賣為齋糧。』約計價值五百餘元。該寺遵命後，聞已議決公開拍賣，購充齋糧云。辛巳臘月記。」

⑯ 致李芳遠書：「惠書誦悉。諸承關念，並示箴規，感謝無盡。此次余至泉城，雖不免名聞利養之嫌，但較三、四年前則稍減輕。……余在泉城住二十天，惟以見客寫字，至為繁忙。夫見客寫字，亦是宏揚佛法。但在于余，則道德學問皆無所成就，豈有宏揚佛法之資格？勉強撐持，終日遑遑，殊覺十分慚愧不安耳。自今以後，擬謝絶諸務，閉門思過，於尊處亦未能通信，乞愍其老朽而曲諒之，幸甚！謹復，不宣。音啓。」

⑰ 致李芳遠書：「惠書忻悉。朽人此次居泉兩旬，日墮於名聞利養陷阱中，至用慚惶。明午即歸茀林（即福林寺），閉門靜修。特刊（六秩祝壽紀念特刊）一冊，附掛號郵奉。……先此略復，不宣。音啓。古十二月二十一日。」

⑱ 〈陳復初居士傳〉：「居士諱克賢，浙江天台人，世業儒。父榜山公，德學卓著，矜式鄉里。居士少讀儒書，工文詞，天性仁厚，樂為人排難解紛。嘗入市拾鉅金，訪其遺者還之。賈於仙居，受厚俸。值母許氏小疾，遂辭返，不復遠遊，其孝思純篤如此。天台質肆，昔有陋規，苦偪貧民。居士恫其弊，乃私撰狀，告於有司。規廢，人無知其為者。晚歲覽《安士全書》，歸信佛法。二十八年夏季示疾，遺誡諸子，勗以樂貧敦品，隱惡慎言。迨疾篤，安詳捨報，如入禪定，春秋六十又二。配茅氏，勤儉治家，長齋奉佛，族黨稱其賢。子四：立鰲、立超、立鼎、立鈞，女一。立鰲字海量，別字普悲。曩居南閩，從余修學。邇以書來，述居士懿德，並立鈞童子生西瑞相，請為之記。俾示子

孫，世知奉佛。因書其概，委如別記云。」

附：立鈞童子生西事略

居士四子立鈞，童年信佛。在學黌勸人念佛，從者綦衆。偶小妄言，立鰲哂之，童子大慚不自容，宿慧蓋有在也。二十九年夏，病肺亡。先自云見觀世音菩薩放白光，將導之往，因起坐。復曰：「我乘白光去。」口念佛不輟，遂爾坐化。歷時久，頂門猶溫，往生極樂，蓋無可疑。世壽十五齡。為附記傳末，以示來哲焉。

於時三十年歲集鶉尾，大慈沙門一音撰並書。

⑲

致竺摩法師書：（上略）茲綜合律文，及南山靈芝鈔疏記義。列表如下：

犯相——與女說法，過五六語——波逸提。

五六語，且舉陰入。靈芝謂亦可說餘法也。此戒制意，如南山戒疏云：「凡說法生善，事須應時。不請而說，理無強授。本無敬信，情懷奢慢。脫因斯次，致有過非，不免譏謗，清白難拔。」靈芝釋云：「敘制意有二：一乖說法之儀。二是生譏之本。」

開緣——在有智男子前，過五六語說——不犯。

有智男子者，解知粗惡不粗惡事，即簡小兒癡狂等。

不在有智男子前；若女請問者，應答廣說——不犯。靈芝云：「若請說，若問義，隨多少者。以虛心求請，義非強說。故，不限多少。」

真諦三藏之三種解釋中，第三解謂：「女性闇弱是故律云云。」此與律文不同。是戒緣起，因與女耳語說法，發生嫌疑而制。絕未云闇弱二字也。說法貴觀機，不可拘泥。為女衆說法時，可以不用第三解。於前二解中，擇其契機者用之可耳。

大小乘佛典中，雖有似輕女性之說。此乃佛指其時印度之女性而言。現代之女衆不應於此介懷。

又佛之所以出此等語者，實於大慈悲心，以誡誨勗勵，冀其改過遷善，絕無絲毫輕賤之心也。

大小乘佛典中，記述女人之勝行聖跡甚多，如證初二三四果，發無上道心，乃至法華龍女成佛，華嚴善財所參善知識中，亦有示現女身者。惟冀仁者暇時，徧採《大藏經》中此等事迹，彙輯一篇，以被當代上流女衆之機，則閱者必生大歡喜心，欣欣向榮，寧復輕生疑謗乎？

佛典中常有互相歧異之處，人每疑其佛意何以自相矛盾？寧知此乃各被一機，不須合會，無足疑也。（上海《覺有情》第五十二—三期，江之萍〈一個與學佛婦女有關的問題〉）

【按】「女性闇弱，是故律明爲女人說法過五、六語，犯波逸提。」五語即指五陰（即五蘊），六語即指六入

（即六根）。《五分律》第六卷云：「五語者，色無常，受想行識無常。六語者，眼無我，耳鼻舌身心無我。」意謂爲女人說法，不得超過陰、入處義。以女性闇弱，不能多受。故若爲說超陰、入義，即犯「波逸提」罪。

【按】波逸提，梵語，亦稱波逸底迦（Payattika），比丘六聚戒之一，譯爲「墮」。屬戒律中的輕垢罪。犯之者，或捨財物，或單向別人懺悔，即得清淨。但若不如法懺悔，將構成墮於惡趣的罪業，故譯爲「墮」。

⑳〈念佛不忘救國・救國必須念佛〉題記：

佛者覺也。覺了真理，乃能誓捨身命，犧牲一切，勇猛精進，救護國家。是故救國必須念佛。

辛巳歲寒，大開元寺結七念佛　敬書　呈奉　晚晴老人。

一九四二年（民國三十一年壬午） 六十三歲

師居福林寺時，邂逅檀林鄉杜安人診療所醫師杜培材（字安人，原籍惠安。畢業某醫科學校，醫術精湛，學術豐富，信奉基督教），在檀林鄉行醫多年，遠近聞名。病家雖佩其妙手，而苦醫費過昂，貧者無力就醫。杜安人醫師因仰慕大師高名，曾專程拜訪，頗受感動。時值戰時，藥物尤貴。大師聞之，以舊藏貴重西藥十四種贈之，囑其普施貧民；並以其名撰一冠頭聯奉贈，暗勸培養醫德❶。杜氏得贈藥物，致函道謝。並陳述去年晤談時所領教的，句句是立身的座右銘。自謂「在公醫制度尚未實行的社會裏，所謂醫生者充其量亦不過是一種靠技術換生活，與其他職業無異。」並謂「由于領受這次的恩賜以後，我希望良心會驅使我，把我既往的卑鄙、從前的罪惡，在可能範圍內盡量地改革過來，效法師『慈悲衆生』的婆心，眞正地把『關懷民瘼』的精神培植起來❷。」不久，師將離福林寺，杜安人又致一函表示惜別，並撰寫「讚詞」，以彰師之學德❸，後改書一匾奉贈，今猶存福林寺❹。二月下旬，應舊日門生惠安縣長石有紀之請，赴靈瑞山講經❺，但以君子之交，其淡如水，不迎不送，不請齋，過城不停留，逕赴靈瑞山三條件爲約。在靈瑞山月餘，石有紀曾三次上山奉謁，備極禮敬❻，並作詩二首呈似❼。在惠安時，應楊景和居士之請，爲龍安佛寺作冠頭詩一首❽。三月廿七日，回泉州百原寺。欲重赴石獅福林寺掩關未果，旋應葉青眼、尤廉星之請，移居溫陵養老院❾，勝聞居士請寫遺訓，書《論語》一段贈之❿。又題其贈東華法師畫册⓫。三月底王夢惺請入桃源，師以衰老日甚，「未可豫定」答之⓬。時文學家郭沫若自重慶馳書李芳遠，請代求大師墨寶。師寫《寒山詩》五絕一首贈之。上款書「沫若居士澄覽」，郭氏復書致謝，遂以「澄覽大師」稱之⓭。又致書李芳遠，謂澄覽大師言甚是。文事要在乎人，有舊學根柢固佳；然僅有此而無人的修養，終不得事也。古人云：「士先器識而後文藝，殆見道之言耳⓮。」五月自知將西歸，致書弟子龔天發（勝信），作最後之訓言⓯。時汕頭蓮舟法師著《靈山正宏集》在上海出版，請密林法師作〈詠靈山八景詩〉，乞師爲書寫影印⓰。六月福州羅鏗端、陳士牧居士倡議修建怡山長慶寺（即西禪寺）放生池，以修建事迹見寄，師爲潤色幷手書刊石，是爲最後之遺作⓱。師出家後，持「非時食戒」甚嚴。是年特撰〈持非時食戒者應注意日中之時〉，以明時非時之義⓲。初秋，張人希以先人所藏畫册請題，師爲題「承平雅頌」四字，幷加題詞⓳。時王夢惺滙寄旅費，請入永春弘法。師以老病日增，謝未能往，幷以所寄旅費璧還⓴。七月廿一日，在泉州朱子「過化亭」敎演出家剃度儀式㉑，出〈删訂剃頭儀式鈔本〉一卷。謂自宋靈芝律師後，失傳約七八百年，今爲删訂此本，昨已集數師於此演過。將來出家者，令依此授之㉒。八月十五六日，講《八大人覺經》及《淨土法要》于養老院，翻譯者爲開元寺曇昕上人㉓。師出家以後，自己絕少鐫石。每有所需，輒命友人代刻㉔。常謂剃染以來，於文藝不復措意。嘗誡人云：「應使文藝以人傳，不可人以文藝傳。」又謂十四五歲時常學篆書，弱冠以後，玆事遂廢㉕。八月廿三日，漸示微疾，爲轉道、轉逢二老書大柱聯後，猶力疾爲晉江中學學生寫中堂百餘幅。廿八日下午，自寫遺囑于信封上。九月初一日書「悲欣交集」四字與侍者妙蓮，是爲最後的絕筆。九月初四日（卽陽曆十月十三日）午後八時，安詳圓寂於泉州不二祠溫陵養老院晚晴室㉖。師「遺囑」共三紙。一、囑臨終一切事務，皆由妙蓮師負責，他人不得干預㉗；二、細囑臨終助念及焚化等作法㉘；三、囑溫陵養老院，應優遇老人，並提具體意見㉙。遺囑發表後，卽以手書《藥師經》一部及《格言別錄》送與妙蓮供養㉚。臨終幷將〈遺書〉附錄「遺偈」二首，分別致其故友夏丏尊及弟子劉質平告別㉛。又致菲律賓性願法師遺囑，因當時在戰爭中，托人代達，爲人所遺㉜。其另一致性老遺囑，則在戰後始見㉝。

注釋

❶ 手書贈杜安人醫師聯句：「安寧萬邦，正需良藥；人我一相，乃謂大慈。」（聞師原有題記，惜已遺失。）

❷ 杜安人醫師來書之㈠：

弘一法師：記得去年中秋，我曾因仰慕心的衝動，一度專誠拜謁。那時候雖然是簡短的談話，但是我所領教得來的却句句是金科玉律，句句是立身的座右銘。至今深刻在腦海中的，還是無限的愉快欣慰。我以後數度想要再去受訓，祇恐未便打擾。所以雖有近在咫尺的機會，畢竟是天涯一般的遙遠，抱憾之至。

昨承惠賜良藥十四件，接受之餘，萬分慚愧。因為在公醫制度尚未實行的社會裏，所謂醫生者，充其量亦不過是一種靠技術換生活，與其他職業無異——為工作而生活，為生活而工作。這種自私自利的心理，還談得上甚麼「本我婆心，登彼壽域」，或甚麼「濟世為懷」這類虛偽或廣告式的言詞嗎？不過由于領受這次的恩賜以後，我希望良心會驅使我，把我既往的卑鄙、從前的罪惡，在可能範圍內，盡量地改革過來，效法師「慈悲衆生」的婆心，真正地把「關懷民瘼」的精神培植起來。藉符 法師去年為我題贈「不為自己求安樂，但願衆生得離苦」之箴言。那麼，我所受惠的，其於精神方面的價值，將較勝於物質的百萬倍矣。我該用最誠懇的謝忱來結束這張信。敬頌 康健。 檀林杜安人診療所杜培材謹呈。 卅一年三月十七日

③

杜安人醫師來信之(二)：

弘一法師鈞鑒：自法駕蒞檀（檀林鄉），倏將一載。材獲有機緣拜謁，不勝欣幸之至。材雖身奉耶教，然生平受感最深者僅有兩次。第一次為醫學畢業時代，吾師以外國箴言相勗勉。其原詞如下：

I shall pass through this world but once, any good or kindness that I can show to any human being, let me do it, let me not defer or neglect it, for I shall not pass this way again.

【按】英文大意是：「我只能經歷一次人生，讓我把全部善良和仁慈獻給人類。我毫不遲疑，絕不忽視，因爲我不可能再經歷一次人生。」

（聞友人云：法師素通英文，故敢直陳，勿怪是荷。）此次法師亦以輕小我重大我之人生觀相示，使材知世之宗教僅可視為一規模之團體，而其最高尚標的，不外為共同之美德，如博愛、和平、慈悲等是也。

法師之高尚，曾留居此窮鄉僻壤之福林寺。此種富有歷史意義之勝地，材擬題匾額一方，藉以表揚　法師之偉大於萬一，亦所以作永久之紀念也。惜材才學疏廢，漢文苦無根柢。故一時礙難辦到，應請諒宥。惟大意如下：

「法師弘一，一代高僧。文章道德，博古通今。環肥燕瘦，書法尤精。榮華富貴，獨享無心。空門修行，寒暑屢更。為民度苦，埋頭著經。犧牲自我，慈念衆生。循循善誘，救世明星。我奉耶教，受感同深。福林一敘，欣賞良箴。念茲勝地，發揚嘉音。覽遊斯寺，必信必欣。超凡入聖，法壽隆亨。」

以上詞句，未能表揚法師之偉大。惟於世道人心，冀能有所裨益。材擬請友人斧正，然後付刻耳。

法駕不日他錫，最好傳貫師護送，以便沿途及抵地時之照料。至于老師尊恙，雖未克一時康復，然不足為慮也。別離在即，材因英墩事務，恐未克躬送，罪甚。所望不久，法駕再臨斯寺，亦附近千萬「罪民」所懇切企求者也。肅此奉陳，敬頌法安。

鄙人杜培材敬上　卅一年四月三日。

【按】以上二書，均載一九四二年三月，泉州《佛教公論》，復刊第七期，時師尚無恙也。

❹ 福林寺紀念：〔掛福林寺紀念〕

當代高僧
讀徧佛經
書法尤精
貪念不萌
寒暑再更
道岸得登
與人何爭

救世福星
幸覩儀型
時見牆羹
難再同升
想望葵傾
不滅不生

杜安人敬立　壬午年蒲節

【按】一九八九年冬，我在泉州，曾和圓拙法師等訪問福林寺。在弘一大師故居的樓上走廊東邊，見懸掛着右面黑漆一匾，用金字寫着十三句連韻的四言詩。大概是杜氏請人將前頌壓縮而成的。「墻羹」亦作「羹墻」，即深致思慕之意。《後漢書・李固傳》：「昔堯殂之後，舜仰慕三年，坐則見堯於牆，食則覩堯於羹。」

❺ 僧睿〈弘一大師傳略〉：「壬午春，應惠安石縣長請，赴靈瑞山講經，三月回百原。」

❻ 劍痕（石有紀）〈懷弘一法師〉：「去（三十年）冬重到泉州，即聞法師掛錫銅佛寺（百原寺），因往拜謁。……久別重逢，說不盡的愉快。……他告訴我明後日即擬還駐石獅

福林寺。……我請他到惠安來住些時，以便朝夕領教。他答應開春以後天氣暖一些再說。後來我又託曾詞源先生專程赴石獅迎迓。他回信說：『過了二月二十日（陰曆）天氣放晴，即便動身。』末附數條云：『㈠君子之交，其淡如水。㈡不迎不送，不請齋。㈢過城時不停留，逕赴靈瑞山。』我當然是尊重他老人家的意旨的。

「在惠安一個多月，我一共上山去三次，他進城一次。我帶我妻和我女孩子去見見他，他很歡喜。我們曾經拍過一張照，他勸我茹素念佛。他評改過我的詩，他指點過我的字。我覺得他是多才、多藝、和藹、慈悲、克己謙恭、莊嚴肅穆、整潔寧靜。他是人間的才子，現在的彌陀。他雖然避世絕俗，而無處不近人情。」

❼

石有紀〈參謁弘一法師詩〉有序：「壬午生辰，適值禮拜。與汪澄之、康元為、曾詞源、盧清苑、黃恩諸君，同上靈瑞山參謁弘一法師。師以『勝緣巧合』，書『無量壽佛』一幅見遺，受寵若驚，慨然有感。冒雨下山，衣履盡濕。是晚內人為治薄饌，邀諸同事歡飲。紀也千里飄零，一官匏繫，茫茫身世，百感交幷。憶母懷人，尤增痛楚。率成二律，不知是墨是淚也。石有紀未是草。

三十八年轉瞬過，學書學劍悔蹉跎。離家已近三千里，別母於今兩載多。
無補時艱空許國，欲酬壯志且橫戈。年年此夕傷懷甚，酒盡燈殘一曲歌。
三春風雨悵凄其，稽首靈山拜老師。如此勝緣如此巧，一番參扣一番遺。

當年名士今朝佛，滿腹牢騷兩首詩。最是滿堂哄笑夜，挑燈獨坐意如痴。」

⑧ 勝信〈龍安佛寺詩〉題記：「壬午之夏，晚晴老人卓錫惠安靈瑞山寺，應楊景和居士之請，撰〈龍安佛寺冠頭詩〉，敬錄如次。侍者勝信謹識。『龍勝空宗傳竺土，安清古譯冠中邦。佛曦徧照閻浮境，寺刹崔嵬建法幢。』

惠安　華藏寺沙門一音。」

【按】龍勝，原譯爲龍樹，亦譯爲龍猛，佛滅後六七百年生於南印度。自幼穎悟，初學小乘三藏，既不滿意，去而越雪山地方，遇一老比丘授以大乘經典而研修之。後更遊歷諸國，廣求大乘經典，深達奧義，繼馬鳴之後，宣揚大乘法門，著有《大智度論》、《中論》、《十住毘婆娑論》、《十二門論》等，被稱爲八宗祖師。安清卽安世高，原爲安息國（波斯）太子，父崩，讓位於叔父，專攻佛教，尤精通小乘經典及禪經。後漢時到洛陽，先後譯經有《無量壽經》等九十五部，爲我國初期佛教著名翻譯家。

⑨ 葉青眼〈紀溫陵養老院勝緣〉：「第三次（來養老院），卽今年壬午三月。先是公在百原，又將適檀林。諸仁以時局擾攘，公在城較便。致函請公蒞院，結夏養靜，公有許意，而未決意何時。適余有永安（當時臨時省會）之行，乃由尤居士（廉星）代達衆意。旋獲公賜示云：

「『青眼居士慧鑒：頃奉諸居士公函，厚愛誠摯，感謝無盡。擬於舊曆二十五日後動身。此次至泉，依去年與仁者所約定者，暫住溫陵養老院。同行者已請定覺圓法師及陳天發童子，與朽人同住院中，由彼照料一切，至為妥善。謹此豫達，不宣。三月初十日，音啓。』

「自是法師徇余等請，安住溫陵，並請得妙蓮法師同來，一行四人。公住晚晴室，蓮師等住華珍室一二三號房。」

⑩ 勝聞居士屬寫遺訓題記：「壬午初夏，衰老益甚，將遯世埋名，求早生極樂。勝聞居士屬寫遺訓。余行疏學淺，何敢妄談玄妙？謹錄余生平不敢忘懷《論語》一章，以酬勝屬。

「曾子有疾，召門弟子曰：『啓予手，啓予足。』詩云：『戰戰兢兢，如臨深淵，如履薄冰。而今而後，吾知勉夫，小子。』是為予生平得力處，願共勉焉。晚晴。」

⑪ 題勝聞居士贈東華法師畫冊：「『鏡花水月，當體非真。如是妙觀，可謂智人。』勝聞居士以畫冊呈贈東華法師，為說是偈，書冠卷首，亡言。」

⑫ 致王夢惺書：「夢惺居士文席：居惠安一月，昨夕返泉，惠書忻悉。仁者精進向道，甚慰。八關齋戒可緩，乞先素食一年。朽人邇來衰老日甚，何日入桃源(永春)，未可豫定，至用歉然。齋額寫奉，空白處乞鄭老居士題跋，並布代為致候。謹復，不宣。農曆

三月廿八日，音啓。」

【按】「鄭老居士即鄭翘松，永春人，滿清孝廉。民國後任永春中學校長，著有《永春縣志》，工詩文，大師稱之爲永春通儒。」

⑬ 李芳遠〈摩頤行者叢署〉：「『澄覽』。壬午之春，法師寫寒山大士詩：『我心似明月，碧潭澄皎潔。無物堪比倫，教我如何說？』託芳遠轉奉吾國文豪郭沫若。上款署曰：『沫若居士澄覽』。郭氏回贈一紙，稱他為『澄覽大師』。法師蒙是號，欣然受之。」

⑭ 郭沫若致李芳遠書：「五月廿日手書，奉悉。辱承囑書〈歸國詩〉，因往事不忍回憶，謹錄近作一首奉教，望諒之。澄覽大師言甚是：文事要在乎人，有舊學根柢固佳，然僅有此而無人的修養，終不得事也。古人云：『士先器識而後文藝』，殆見道之言耳。專復，順頌時祉。郭沫若叩，六月八日。」

【按】郭沫若〈歸國詩〉（依魯迅〈慣于長夜過春時〉詩韻）如下：「又當投筆請纓時，別婦拋雛襞有絲。去國十年餘淚血，登舟三宿見旌旗。忍看骨肉埋諸夏，哭吐精誠賦此詩。四萬萬人齊蹈厲，同心同德一戎衣。」

⑮ 致龔天發（勝信）書：「勝信居士，與朽人同住一載。竊謂居士曾受不邪婬、不飲酒戒，今後當盡力護持。若犯此戒，非余之弟子也。余將西歸矣，書此以為最後之訓。壬午五月一日，晚晴弘一。」

⑯ 靈山八景詩題記：「密林法師詠靈山八景詩，歲次鶉火夏仲，晚晴老人書。時年六十又三，居溫陵。」

【按】「是年五月，汕頭蓮舟法師編《靈山正宏集》問世，密林法師爲詠靈山八景詩，乞大師書寫。密林名持松，別號師奘沙門，俗姓張，湖北荆門人，早歲出家，歷參諸大德，曾從月霞法師學于上海華嚴大學，遂嗣其法。中年東渡日本，學密於高野山金山穆韶阿闍棃。歸國後，弘密于全國各地，深受緇素敬信。歷住常熟興福寺、武昌洪山寶通寺、上海靜安寺諸大刹。」

⑰ 〈福州怡山長慶寺修建放生池記〉：

閩中自唐以來，梵宇林立，禪德輩出，故放生之風，迄今猶盛。……福州西郊怡山長慶寺，又名西禪寺，為閩省一大叢林。寺中舊有放生所，廢圮殊甚。十六年歲次丁卯，羅鏗端、陳士牧居士游怡山，見而感喟。乃倡議募資，重為修建。……計園池修建，前後歷十餘年，費資萬餘金。羅鏗端、陳士牧居士始終董其務。近述修建經過事迹，請撰碑記，垂示來葉。爰依其草稿略為潤色，幷書寫刊石，以志讚喜云。

華民三十一年歲集壬午夏六月，南山律苑沙門演音。

⑱

〈持非時食戒者應注意日中之時〉：「比丘戒中有非時食戒，八關齋戒中亦有之。日中以後卽不可食。又依《僧祇律》日正中時名曰時非時，若食亦得輕罪，故知進食必在日中以前也。

「日中之時，因卽校正鐘錶，以此時為十二點鐘也。然以此方法常常核對，則發見可懷疑者二事：一者雖自置極精良正確之鐘錶，常盡力與日晷儀核對，其正午之時，每與日晷儀參差少許，不能符合。二者各都市城邑之標準時鐘，如上海海關大自鳴鐘等，其正午之時亦每見其或遲或早，茫無一定也。今說其理由如下：

「依近代天文學者言，普通紀日之法，皆用太陽。而地球軌道原非平圓，故日之視行有盈縮，而太陽日之長短亦因是參差不齊。泰西曆家以其不便於用，爰假設一太陽，卽用真太陽之平均視行為視行，稱之曰平太陽。平太陽中天時謂之平午，校對鐘錶者卽以此時為十二點鐘。若真太陽中天時則謂之視午，就平午與視午相合或相差者大約言之，每年之中，惟有四天平午與視午大致相合，餘均有差。相差最多者平午比視午或早十五分或遲十六分。其每日相差之詳細分秒，皆載在吾國教育部中央觀象臺所頒發之曆書中。「若能瞭解以上之義，於昔所懷疑者自能袪釋。因鐘錶每日有固定同一之遲速，絕不許其參差，而真太陽日之長短則參差不齊。故不能以真太陽之視午而校正鐘錶，恆定是為十二點鐘也。其各都市城邑之標準時鐘皆據平午。以教育部曆書核對卽可瞭然。吾人持非時食戒者當依真太陽之視午而定日中食時之標準，絕不可誤據平午而過時也。至於如何校正鐘錶，可各任自意。或依平午者宜購求教育部曆書核對，卽可知每日視午之時。若如是者，倘自置精良正確之鐘錶，則可不必常常校正撥動。否則仍依舊法，以日晷儀之正午而校正鐘錶，恆定是為十二點鐘，此亦無妨。但須常常核對日晷儀，常常撥動鐘錶時針。因如前所說，太陽日之長短參差不齊，未能如鐘錶每日有固定同一之遲速也。又近代天文學者以種種之理由，斥日晷儀所測得者未能十分正確。此說固是，但其差舛甚微，無足計也。」

⑲ 題張人布先人所藏畫冊：

「承平雅頌」　歲次鶉火秋仲，溫陵晚晴老人。

書畫風度，每隨時代而彰易。是為清季人作，循規蹈矩，猶存先正典型，可寶也。

（按：彰爲變之古字。）

壬午秋　亡言　時年六十有三。

⑳ 致王夢惺書：「夢惺居士文席：惠書誦悉。朽人老態日增，精神恍惚，未能往尊邑弘法，至用歉然。……不久閉門靜養，謝絕緣務，誦經念佛，冀早生極樂耳。承寄旅費，已無所需，附以寄返，乞改作他用。并乞代向諸居士致謝。諸希鑒諒為禱。謹復不宣。七月廿六日，音啓。」

㉑ 葉青眼〈紀溫陵養老院勝緣〉：「公旋閉關，謝絕接見，不收信件。余等因公在院，每月半必聚會一次，商所需，常數週不獲其面。逮至七月廿一日，假過化亭為戒壇，教演出家剃度儀式，為廣翰、道詳二沙彌，證明傳授沙彌戒。余等始得參與觀禮，再聆教益。蓋雖在咫尺間，真同萬仞壁壘。」

㉒ 師慚〈略記弘一大師德惠〉：「今夏釋迦寺，以剃度沙彌儀軌，疑有未妥，及餘數端，委余求正於師。適大師閉關溫陵養老院，乃以函禀。旋奉轉諭，期以七月廿一後賜見。余乃於廿二日趨謁。席次，師出《剃頭儀式》鈔本一卷，示曰：『自靈芝律師後，失傳約七八百年。今為刪訂此本，昨已集數師在此演過。此卷由妙蓮師繕贈。將來發心出家者，令依此授之。如未明瞭，請壽山師等為指導，當可如法也。』」

㉓ 葉青眼〈紀溫陵養老院勝緣〉：「八月十五、六二日，徇余等之請，講《八大人覺經》及《淨土法要》。擔任翻譯者為開元曇昕上人。練習講稿至數次，故譯時甚為詳明。講時聽衆先朗誦經文一遍，然後開講。」

㉔許霏〈我憶法師〉：「他雖然出家後對藝術事並不措意，但對於我們的藝術工作很是同情。……他因為出家以後，自己絕少鐫石。每有所需，輒命我刻製。因此他所常用的印，很有幾顆是我刻的。……今年二月，他還叫我刻小圓形的一顆。」

㉕致晦廬居士書：「惠書誦悉。諸荷護念，感謝無已。朽人剃染已來二十餘年，於文藝不復措意。世典亦云：『士先器識而後文藝』。況乎出家離俗之侶？朽人昔嘗誡人云：『應使文藝以人傳，不可人以文藝傳』，即此義也。承刊三印，古穆可喜，至用感謝。篆額二紙，率爾寫奉。十四五歲時常學篆書，弱冠以後茲事遂廢。今老矣，隨意信手揮寫，不復有相可得，寧計其工拙耶？數日後掩室習靜，謝絕訪問。數月之後，乃可與諸友問訊也。其敏居士乞代問候，不宣。音啓。」

㉖葉青眼《千江印月集》：「(十) 公之盛德莊嚴，見之於臨終之際。……公自八月十五、十六日講經，精神雖然興奮，然聲音語氣已微帶黯然神傷之意。……逮八月廿三日為轉道、轉逢二老寫大柱聯後，下午即云身體發熱。廿四日食量遂減。二十五日復為學生寫字。廿六日食量減去四分之三，又照常寫字。廿七日整天斷食，只飲開水，醫藥悉被拒絕。廿八日叫蓮師到臥室寫遺囑。廿九日囑臨終助念等事。三十日整天不開口，獨自默念佛號。九月初一日上午，師為黃福海居士寫紀念冊二本；下午寫『悲欣交集』四字交蓮師。初二日命蓮師寫回向偈。初三日因蓮師再請喫藥，示不如念佛利益，及乘願

再來度生等囑。初四日因王拯邦居士力懇吃藥及進牛乳，說十誦戒文等。是晚七時四十五分鐘，呼吸少促。八時正，遂吉祥西逝。」

㉗ 遺囑三紙：「二付蓮師，一付溫陵養老院董事會。付蓮師遺囑如下，廿八日下午五時囑云：『余於未命終前、臨命終時、既命終後，皆託妙蓮師一人負責，他人無論何人，皆不得干預。國曆十月七日弘一。』並蓋上私章，又叮囑謝絕一切弔問。」

㉘ 廿九日下午五時復付囑蓮師五事：「㈠在已停止說話及呼吸短促、或神志昏迷之時，即須預備助念應需之物。㈡當助念之時，須先附耳通知云：『我來助念』，然後助念，如未吉祥臥者，待改正吉祥臥後，再行助念。助念時誦《普賢行願品讚》，乃至『所有十方世界中』等正文。末後再念『南無阿彌陀佛』十聲（不敲木魚，大聲緩念）。再唱回向偈：『願生西方淨土中』，乃至『普利一切諸含識』。當在此誦經之際，若見余眼中流淚，此乃『悲歡交集』所感，非是他故，不可誤會。㈢察窗門有未關妥者，關妥鎖起。㈣入龕時如天氣熱者，待半日後即裝龕，涼則可待二三日裝龕。不必穿好衣服，只穿舊短褲，以遮下根即已。龕用養老院的，送承天寺焚化。㈤待七日後再封龕門，然後焚化。遺骸分為兩罎，一送承天寺普同塔，一送開元寺普同塔。在未裝龕以前，不須移動，仍隨舊安臥床上。如已裝入龕，即須移居承天寺。去時將常用之小盌四個帶去，填龕四脚，盛滿以水，以免螞蟻嗅味走上，致焚化時損害螞蟻生命，應須謹慎。再則，既

送化身窰後，汝須逐日將填龕脚小盌之水加滿，為恐水乾去，又引起螞蟻嗅味上來故。」

【按】遺囑中第㈣「不必穿好衣服，只穿舊短袴，以遮下根卽已」之遺囑，在六年前師答「果清法師披衣荼毘之問」時，已經闡明。謂「就現今習慣斟酌變通，應僅以小衫及褲，着而焚化為宜。倘有所不忍者，或可披以破舊之海青而焚化，亦無大違於律制也。」

㉙ 付溫陵養老院遺囑：（初三日上午，公囑由蓮師手寫交與院中。）

㈠請董事會修臺（卽指過化亭一部份破損應卽修葺者）。㈡請董事會對老人開示淨土法門。㈢請董事會議定：住院老人至八十歲，應舉為名譽董事，不負責任。㈣請董事會審定湘籍老人，因已衰老，自己雖樂為助理治圃責任，應改為庶務，以減輕其負擔。

㉚ 晉江通訊：「此遺囑發表後，卽將手書《藥師經》一部，及《格言別錄》一本，交與蓮師供養。」

㉛ 致夏丏尊遺書：「丏尊居士文席：朽人已於九月初四日遷化。曾賦二偈，附錄於後：『君子之交，其淡如水。執象而求，咫尺千里。問余何適，廓爾亡言。華枝春滿，天心月圓。』謹達，不宣。音啓。前所記月日，係依農曆。又白。」（致劉質平書偈內容悉同）

㉜ 古志（即性願）《晚晴山房書簡》書後：「太平後，聞友人言：師於臨終時，有遺書托付於余。文曰：『□□（性公）座下：朽人已於某月日西歸矣。』（全書皆其親筆，唯示寂日子，囑人塡入附寄）。另有偈云：『君子之交，其淡如水。執象而求，咫尺千里。』又一偈云：『問余何適，廓爾亡言。花枝春滿，天心月圓。』此信原迹，為人所遺，故未附入，順記。佛曆二五〇二年歲在戊戌仲春。南行沙門安般行人古志謹識。」（見菲律賓信願寺翻印《晚晴山房書簡》影印本）

㉝ 大師圓寂二年前，在永春普濟寺時，亦有致性願老法師一信，類似「遺囑」。書云：「性公老人慈座：後學居南閩十數載，與　慈座交誼最篤。今將西逝，須俟迴入娑婆，再為晤談。甚望今後普濟寺道風日盛，律儀宏闡。後學迴入後，仍可來普濟居住，與諸緇素道侶相聚首也。謹達，順頌法安，不宣。後學演音稽首。」

【按】此書未署年月，從內容看，當係一九四〇年，師居永春蓬壺普濟寺時所寫，留以致性願法師者。一九四八年劉勝覺居士自閩攜至上海，因得見其眞跡。（見一九四八年、上海靜安學苑《學僧天地》第一卷第六期）

譜後

【按】梁任公《中國歷史研究法續篇》（姚名達編）第五章，談到「年譜」說：「我自己做《朱舜水年譜》，把舜水交往的人都記得很詳細。朱舜水與日本近代極有關係。我們要了解他影響之偉大，須看他的朋友和弟子跟着他活動的情形。在他的年譜，附載當時的人當然愈詳細愈好。」又說：「我做《朱舜水年譜》，在他死後還記了若干條，那是萬不可少的。假如此類年譜沒有『譜後』，是不能成佳作的。」

由於梁任公先生的啓示，我在《大師新譜》的「譜後」，補充大師滅後幾十年的一些重要紀事，以供讀者參考。

一、一九四二年農曆九月初六日，曇昕、蔣文澤〈大師移龕概況〉綜合報導：「大師滅後，諸弟子遵遺囑，經十小時以上，再入其房巡視，見遺體如生。初六日十一時爲師攝影，下午一時入龕。大師德化感人甚深，送龕者男女四衆達千餘人。自不二祠養老院經洲頂南大街轉入打錫巷，經承天寺小巷，入承天化身窰。緇素各穿海青，競來擡龕。路上儀式，紙幢一方，大書大師法銜，次幢旛數對，再次卽護送之各界及四衆弟子。靜默緩行，如喪考妣，不聞謦欬，唯六字洪名，異口同音，未嘗中止。沿途觀者，無不肅然起敬。

「至十一日晚，大衆集會，誦《普賢行願品》完，起讚佛偈念佛，至八時焚化(遵老人過七日焚化遺命)，至十時餘化畢。大師遺骸分兩罎，開元、承天各奉其一，當時檢出舍利頗多。農曆十二月十五日，爲大師生西百日，各界假開元寺兒童教養院，開擴大紀念追悼會，當地報社再出特刊，遠近送來誄詞極多。由紀念會收編爲《弘一大師生西紀念刊》。」

二、一九四二年十二月至一九四三年三月，上海《覺有情》雜誌，連出「弘一大師紀念號」五期。登載有夏丏尊、性常、震華、范古農、李圓淨、袁希濂、姜丹書、顯念居士(錢均夫)、胡樸安、馬叙倫、觀一居士(葉恭綽)、蔡冠洛、朱文叔、陳祥耀、陳海量、陳無我、徐松、丁桂樵、張一留、費慧茂、王心湛、溫定常、屈翰南、章錫琛、莊子才等紀念文字。

三、一九四三年《弘一大師永懷錄》出版。

同年泉州《弘一大師生西紀念刊》出版。

同年上海玉佛寺設立「弘一大師圖書館」。

著名畫家陳抱一爲大師畫半身油畫像成。

十月十七日在玉佛寺舉行弘一大師圓寂周年紀念會，到者三四百人，展覽同事門生夏丏尊、竇存我、朱穌典等所藏大師墨寶數十件。

四、一九四四年十月，弘一大師圓寂二周年紀念會在玉佛寺舉行，展覽大師遺墨如故。林子青所著《弘一大師年譜》出版。

五、一九四七年十一月九日，弘一法師圓寂五周年紀念會，仍在玉佛寺舉行。同時並紀念經子淵、夏丏尊兩先生及震華法師。蒞會者不下三四百人。此次展出弘一法師遺墨中以剃度前所著《斷食日志》及民國十六年國民革命軍初收復浙江時致蔡孑民、馬敍倫諸先生書手迹最爲珍貴，原稿藏杭州堵申甫先生處。

六、弘一法師逝世五年祭——《永恒的追思》出版。作者計：陸淵雷、豐子愷、葉聖陶、施蟄存、楊同芳、傅彬然、仁綸、鍾吉宇、勤生等。

七、一九五四年，豐子愷、葉聖陶、錢君匋等，築弘一大師之塔於杭州虎跑定慧寺，一九五七年，廣洽法師更集淨財增築。先是菲律濱華僑劉勝覺者，於一九四八年自泉州護送大師部分遺骸至滬，與劉質平、林子青同送至杭州招賢寺暫存，由大師同門弘傘法師代爲保管，越六年始完成造塔之願。

八、一九五八年，泉州開元寺尊勝院設立弘一法師紀念館，陳列大師出家後所書各種墨寶及照片故居遺物等。

九、一九六二年爲「弘一大師生西二十周年紀念」，豐子愷編輯，錢君匋裝幀，馬一浮題簽的《弘一大師遺墨》，由新加坡廣洽法師等施資，在上海三一印刷廠出版；用上等宣紙精印三百部，作爲非賣品分贈各方有緣人，版存新加坡彌陀學校。

一〇、一九六五年，臺灣陳慧劍著《弘一大師傳》，至一九九一年，再版十五次，由東大圖書有限公司印行。此書曾於一九七〇年獲得「中山文化學術基金會傳記文學獎」，共六四五頁巨册。

一一、一九八〇年爲弘一大師誕生一百周年紀念，中國佛教協會於北京法源寺舉辦「弘一法師書畫金石音樂展」一個月，參觀者達萬餘人。後來從展品中精選出一部分編爲紀念集，書名就叫做《弘一法師》（一九八四年，北京文物出版社出版）。紀念集除圖版外，還選刊了法師的著作約十三萬字，故舊紀念文章約十一萬字，滙爲巨帙。附錄文章有：夏丏尊的〈弘一法師之出家〉、豐子愷的〈懷李叔同先生〉、歐陽予倩的〈記春柳社的李叔同〉、黃炎培的〈我也來談談李叔同先生〉、柳亞子的〈懷弘一上人〉、內山完造的〈弘一律師〉、林子青的《弘一大師傳》等，可謂洋洋大觀。

一二、一九八〇年爲大師誕生百周年紀念，泉州弘一法師紀念館於北郊清源山彌陀岩，建造弘一大師塔院。楊勝南居士爲撰〈塔志〉，謝義耕書寫。

一三、一九八四年十月，弘一大師發起、高文顯編著的《韓偓傳》，由臺灣新文豐出版公司出版。此書在戰前業已寫就，已交上海開明書店出版，後因戰事，版燬於兵火。大師的主旨，在考證《香奩集》非韓偓所作。對韓偓的忠節，備致崇敬。曾於無意中在泉州西門外潘山之麓發現冬郎的墓地，並攝影紀念。泉州老進士吳增（桂生）因此勸募同邑名士黃仲訓捐資修復韓偓的墓。

一四、一九八六年泉州惠安、淨峯寺設立弘一法師紀念室，並與惠安縣文化館淨峯鄉文化站合編《弘一法師在惠安》一書。介紹法師與淨峯的因緣。

一五、一九八六年，中國書法家協會編的《中國書法》第四期，發表劉質平的〈弘一法師遺墨保存及其生活回憶〉、樹恒的〈絢爛之極歸於平淡——李叔同的書法藝術〉、〈弘一法師作品選〉、包立民的〈弘一法師的墨緣〉等。

一六、一九八六年由福建陳珍珍、圓拙、廣洽、宏船、瑞今、廣淨、妙燈、常凱、廣義、元果、林子青、沈繼生等海內外緇素發起編輯【弘一大師全集】，設編委會於泉州開元寺，由福建人民出版社出版。全集計分佛學卷、文學卷、詩詞卷、傳記卷、序跋題記卷、書法卷、書信卷、附錄卷等共十冊，並挿入若干珍貴照片，經六年編委共同努力，預定於大師圓寂五十周年全部出版。（本書出版時，仍未見問世。）

一七、一九八六年，杜苕著的《弘一法師李叔同》（小說），由山西太原北嶽出版社出版。此書未出版前，曾連載於上海《解放日報》，題爲「芳草碧連天」。

一八、一九八七年，由北京夏宗禹編、華夏出版社出版的《弘一大師遺墨》，印刷紙張皆極精美。內容有葉聖陶的〈弘一法師的書法〉、趙樸初的〈翰墨因緣〉、〈弘一大師遺墨選〉、〈李息翁臨古法書〉、《李叔同詩詞、美術、戲劇、音樂、金石剪集》。附錄有林子青的〈漫談弘一法師的書法〉、劉質平的〈弘一大師遺墨珍藏記〉。

一九、一九八八年四月，天津市政協文史資料研委會與天津市宗教志編委會合編的《李叔同——弘一法師》，由天津古籍出版社出版。此書插圖，收入李叔同一家照片、天涯五友圖及早年字畫書札圖片等，頗爲名貴。文字有李叔同在俗次子李端的〈家事瑣記〉、姪孫女李孟娟的〈弘一法師的俗家〉、徐廣中的〈我收藏的李叔同早年的幾件文物〉，及其他幾位天津鄉親回憶李叔同青少年時代逸事的文章，都具有參考的價値。

二〇、一九八八年十月，徐星平所著的小說《弘一大師》由中國青年出版社出版，此書共三十章，描寫從大師誕生直到示寂爲止的六十多年間重要事蹟，文筆流暢，頗受讀者歡迎。書中所收的有關大師在俗青年時期與次兄文熙奕棋的照片，尤爲珍貴。

二一、一九九〇年，林子青所編並略注的《弘一法師書信》由北京三聯書店出版，此書共收書信七百餘封，除了《晚晴山房書簡》第一輯及菲律賓影印的同名《書簡》四百多封以外，其餘有林氏多年從各方面蒐集稀見的書札。惜此書印數無多，未能滿足海外的讀者需求爲憾。

二二、一九九〇年，爲慶祝弘一大師誕生一一〇周年，由大師崇仰者天津李載道先生施資，於天津市河北區宙緯路七號，建立一座「弘一書法碑林」，於是年十月落成。該林共刻大師生前所寫法書一百二十方，每碑高約一米，受到書法藝術愛好者的稱贊。碑林後方安置一尊一・五米高的大師銅造坐像，立於一座石臺之上，莊嚴肅穆，令人起敬。四周花木扶疏，小橋流水，境至幽靜。

二三、一九九〇年十二月，福建莆田廣化寺爲紀念弘一大師誕生一一〇周年，出版《晚晴鴻爪錄》，收錄林子青的〈以出世精神，做入世事業〉、趙樸初的〈弘一大師弁言〉、豐子愷的〈我與弘一法師〉，葉紹鈞（聖陶）的〈兩法師〉，瑞今的〈親近弘一大師學律和辦學的因緣〉，馬一浮的〈輓弘一法師〉、郁達夫的〈贈弘一法師〉、施蟄存的〈弘一法師贊〉、楊勝南的〈弘一大師塔志〉等十餘篇。

二四、一九九一年，浙江上虞百官鎮金兆年醫師（其父金赤文爲大師在杭州一師任教時的學生）等，組織「弘一大師研究會」（參加者多紹興上虞一帶知名人士），並發起重建大師故居白馬湖「晚晴山房」。由於金居士的奔走勸募，聞已得海外菲律賓、新加坡及福建等地緇素的捐助，將於一九九二年動工重建云。

二五、一九九一年九月，臺北陳慧劍編《弘一大師永懷錄新篇》，由「龍樹菩薩贈經會」印行，收文五十六篇，計三六六頁，約二十五萬字。

二六、一九九二年，林子青費十年功夫寫成的《弘一大師新譜》（卽本書）共計二十五萬字，由臺北東大圖書公司出版，作爲大師圓寂五十周年的紀念著作。

後記

一九四四年春，本書初版將付印時，著者適臥病上海仁濟醫院。輾轉病榻，歷時經月。幸蒙三寶加被，旋卽病除，本書初版始得以問世。厥後閱四十八年，其間所歷曲折艱辛，余已於自序文中述之備矣。今當「大師新譜」初稿告成之日，余又罹腦疾，就醫北京北醫三院，前後因緣，何其巧合。自四月廿日入院，至五月廿九日出院，歷時凡四十日。其間終日臥床，思索盡廢。唯念尚有「譜後」一章，未及命筆，深慮爲山九仞，功虧一簣，故極力振作，力疾爲之。然病後精神疲弱，時作時輟，疏漏之處，幸讀者諒之。扶病書此，十方大德當知我此時情也。

一九九二年六月廿八日林子青識。

附：初版年譜後記

本書行將付印，余忽罹傷寒，就醫仁濟醫院。日夜輾轉病榻，思索盡廢，欲作後記，久未能握管，致出書延遲彌月，良用歉然！本書體例無所取法，而材料之獲得又至不易，初非一人之力所能辦也。蓋弘一大師一生之生涯，極波譎雲詭之奇觀，雪泥鴻爪，踪跡靡定；晚年益自韜晦，入山唯恐不深，欲求其有系統之記述，洵非易事。然及今不記，他日必且流爲神話，使大師明朗、崇高之人格，爲神話所同化，豈不可惜。故余不揣譾陋，博採窮搜，不厭繁瑣，片鱗半爪，無不徵之，有所見聞，卽錄以存證。年餘之間，行腳徧江南，凡大師之故舊，皆已採訪殆盡。故本書內容雖覺駁雜，然所記錄，皆鑿鑿可據，於大師一生之生涯，幸尚可見一斑，此余所引以告慰者也。

本書限於篇幅，尙有若干插圖未能刊出，又預定之年譜大事索引及大師寂後各方之餘響、已出版未出版之大師著作表等，不得不從割愛，幸讀者亮之。本書出版匆促，謬誤之處，知所難免。十方大德博雅君子！如蒙垂教，實爲幸甚。

〔一九四四年〕民國三十三年九月十日　口授梅生記　子青於上海仁濟醫院

文明叢書——

把歷史還給大眾，讓大眾進入文明！

文明叢書 03

佛教與素食

康　樂／著

雖說「酒肉穿腸過，佛祖心中留」，但是當印度的素食觀傳入中國變成全面的禁斷酒肉，肉食由傳統祭祀中重要的一環，反成為不潔的象徵。從原始佛教的不殺生到中國僧侶的茹素，此一演變的種種關鍵為何？又是什麼樣的力量左右了這一切？

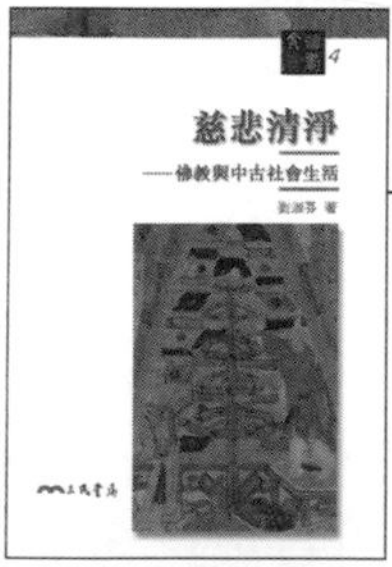

文明叢書 04

慈悲清淨——佛教與中古社會生活

劉淑芬／著

你知道嗎？早在西元六世紀的中國，就已經出現了有如今日「慈濟功德會」一樣的民間團體。他們本著「夫釋教者，以清淨為基，慈悲為主」的理念，施濟於貧困中的老百姓，一如當代的「慈濟人」。透過細膩的歷史索隱，本書將帶您走入中古社會的佛教世界，探訪這一道當時百姓心中的聖潔曙光。

文明叢書 05

疾病終結者——中國早期的道教醫學

林富士／著

金爐煉丹，煉出了孫悟空的火眼金睛，也創造了中國傳統社會特有的道教醫理。從修身道士到救世良醫，從煉丹養生到治病救疾，從調和陰陽的房中術到長生不老、羽化升仙的追求，道教醫學看似神秘，卻是中國人疾病觀與身體觀的重要根源。

文明叢書 06

公主之死——你所不知道的中國法律史

李貞德／著

丈夫不忠、家庭暴力、流產傷逝——一個女人的婚姻悲劇，牽扯出一場兩性地位的法律論戰。女性如何能夠訴諸法律保護自己？一心要為小姑討回公道的太后，面對服膺儒家「男尊女卑」觀念的臣子，她是否可以力挽狂瀾，為女性爭一口氣？

文明叢書 07

流浪的君子──孔子的最後二十年

王健文／著

周遊列國的旅行其實是一種流浪，流浪者唯一的居所是他心中的夢想。這一場「逐夢之旅」，面對現實世界的進逼、理想和現實的極大落差，注定了真誠的夢想家必須永遠和時代對抗；顛沛流離，是流浪者命定的生命情調。

文明叢書 08

海客述奇──中國人眼中的維多利亞科學

吳以義／著

毓阿羅奇格爾家定司、羅亞爾阿伯色爾法多里……，這些文字究竟代表的是什麼意思──是人名？是地名？還是中國古老的咒語？本書以清末讀書人的觀點，為您剖析維多利亞科學這隻洪水猛獸，對當時沉睡的中國巨龍所帶來的衝擊與震撼！

文明叢書 09

女性密碼──女書田野調查日記

姜　葳／著

你能想像世界上有一個地方，男人和女人竟然使用不同的文字嗎？湖南江永就是這樣的地方。與漢字迥然不同的文字符號，在婦女間流傳，女人的喜怒哀樂在字裡行間娓娓道來，建立一個男人無從進入的世界。歡迎來到女性私密的文字花園。

文明叢書 10

說　地──中國人認識大地形狀的故事

祝平一／著

幾千年來一直堅信自己處在世界的中央，要如何相信「蠻夷之人」帶來的「地『球』」觀念？在那個東西初會的時代，傳教士盡力宣揚，一群中國人努力抨擊，卻又有一群中國人全力思考。地球究竟是方是圓的爭論，突顯了東西文化交流的糾葛，也呈現了傳統中國步入現代化的過程。

文明叢書 11

奢侈的女人──明清時期江南婦女的消費文化　巫仁恕／著

「女人的錢最好賺。」這句話雖然有貶損的意味，但也代表女人消費能力之強。明清時期的江南婦女，經濟能力大為提升，生活不再只是柴米油鹽，開始追求起時尚品味。要穿最流行華麗的服裝，要吃最精緻可口的美食，要遊山玩水。本書帶您瞧瞧她們究竟過著怎樣的生活？

文明叢書 12

文明世界的魔法師──宋代的巫覡與巫術　王章偉／著

《哈利波特》、《魔戒》熱潮席捲全球，充滿奇幻色彩的巫術，打破過去對女巫黑袍掃帚、勾鼻老太婆的陰森印象。在宋代，中國也有一群從事巫術的男覡女巫，他們是什麼人？他們做什麼？「消災解厄」還是「殺人祭鬼」？他們是文明世界的魔法師！

文明叢書 13

解構鄭成功──英雄、神話與形象的歷史　江仁傑／著

海盜頭子、民族英雄、孤臣孽子、還是一方之霸？鄭成功到底是誰？鄭成功是民族英雄、地方梟雄、還是不得志的人臣？同一個人物卻因為解讀者（政府）的需要，而有不同的歷史定位。且看清廷、日本、臺灣、中共如何「消費」鄭成功！

文明叢書 14

染血的山谷──日治時期的噍吧哖事件　康　豹／著

噍吧哖事件，是日治初期轟動一時的宗教反抗，震驚海內外。信徒憑著赤身肉體和落後的武器，與日本的長槍巨砲硬拼，宛如「雞蛋碰石頭」。金剛不壞之身頂得住機關槍和大砲嗎？臺灣的白蓮教──噍吧哖事件。

國家圖書館出版品預行編目資料

弘一大師新譜／林子青著.－－初版二刷.－－臺北市：東大，2009
面；　公分.－－(滄海叢刊)
ISBN 978-957-19-1462-6 (精裝)
ISBN 978-957-19-1463-3 (平裝)
1. 釋弘一－年表

229.385　　　　82001464

© 弘一大師新譜

著作人　林子青
發行人　劉仲文
著作財產權人　東大圖書股份有限公司
臺北市復興北路386號
發行所　東大圖書股份有限公司
地址／臺北市復興北路386號
電話／(02)25006600
郵撥／0107175-0
印刷所　東大圖書股份有限公司
門市部　復北店／臺北市復興北路386號
重南店／臺北市重慶南路一段61號
初版一刷　1993年4月
初版二刷　2009年11月
編　號　E 780800
行政院新聞局登記證局版臺業字第〇一九七號

ISBN 978-957-19-1463-3 (平裝)

http://www.sanmin.com.tw 三民網路書店